EL PELOTÓN ROJO

MEMORIA CRÍTICA

CLINTON ROMESHA

EL PELOTÓN ROJO

Doce horas en el infierno.
La verdadera historia de una heroica
resistencia

Traducción castellana de
Hugo A. Cañete

CRÍTICA

Obra editada en colaboración con Editorial Planeta – España

Título original: *Red Platoon*

Diseño de portada: Planeta Arte & Diseño
Fotografía de portada: © Moises Saman / Magnum Photos.
Fotografía de contraportada: © Peter Andrew / Reuters

© 2016, Clint L. Romesha, LLC
© 2017, Traducción: Hugo A. Cañete
© 2016, Del mapa: David Cain

© 2017, Editorial Planeta S. A. – Barcelona, España

Derechos reservados

© 2019, Ediciones Culturales Paidós, S.A. de C.V.
Bajo el sello editorial CRÍTICA M.R.
Avenida Presidente Masarik núm. 111, Piso 2
Colonia Polanco V Sección
Delegación Miguel Hidalgo
C.P. 11560, Ciudad de México
www.planetadelibros.com.mx
www.paidos.com.mx

Primera edición impresa en España: junio de 2017
ISBN: 978-84-17067-01-4

Primera edición impresa en México: abril de 2019
ISBN: 978-607-747-675-7

Impreso en los talleres de EDAMSA Impresiones, S.A. de C.V.
Av. Hidalgo núm. 111, Col. Fracc. San Nicolás Tolentino, Ciudad de México
Impreso y hecho en México - *Printed and made in Mexico*

A mis camaradas caídos y a sus familias,
y a todos los soldados del 3.ᵉʳ Batallón del 61.º Regimiento
que sirvieron con nosotros en Afganistán

Que nadie hable de consuelo:
hablemos de tumbas, de gusanos y de epitafios

SHAKESPEARE, *Ricardo II*

PELOTÓN ROJO

1.ª Sección
Escuadrón Bravo del 3.ᵉʳ Batallón del 61.º Regimiento de Caballería
4.ª Brigada de combate
4.ª División de Infantería

Sección Alfa	Sección Bravo
Primer teniente Andrew Bundermann	Sargento primero Frank Guerrero
Staff sergeant Clinton Romesha	*Staff sergeant* James Stanley
Sargento Joshua Hardt	Sargento Justin Gallegos
Sargento Bradley Larson	Sargento Joshua Kirk
Especialista Nicholas Davidson	Especialista Kyle Knight
Especialista Justin Gregory	Especialista Stephan Mace
Especialista Zachary Koppes	Especialista Thomas Rasmussen
Especialista Timothy Kuegler	Especialista Ryan Willson
Soldado de 1.ª clase Josh Dannelley	Soldado de 1.ª clase Christopher Jones

Adjuntos
Sargento Armando Avalos Jr, observador avanzado
Especialista Allen Cutcher, sanitario

BLACK KNIGHT TROOP

COP KEATING

Sección de Mando
Capitán Stoney Portis
First sergeant Ron Burton

Pelotón Rojo	**Pelotón Blanco**	**Pelotón Azul**
Primer teniente Andrew Bundermann	Primer teniente Jordan Bellamy	Primer teniente Ben Salentine
Sargento primero Frank Guerrero	Sargento primero Jeff Jacobs	Sargento primero Jonathan Hill

FUERZA INTERNACIONAL DE ASISTENCIA PARA LA SEGURIDAD (ISAF)

AFGANISTÁN
Mayo-octubre de 2009

Aeródromo de Bagram, Kabul
General Stanley McChrystal, comandante de la ISAF
General David McKiernan, comandante de la ISAF

FOB Fenty, aeródromo de Jalalabad, provincia de Nangarhar
Coronel Randy George, comandante, 4.ª Brigada de combate

FOB Bostick, provincia de Kunar
Teniente coronel Robert Brown, comandante de escuadrón, 3.er Batallón del
61.º Regimiento de Caballería

COP Keating, provincia de Nuristán
Capitán Melvin Porter, comandante (saliente), Black Knight Troop
Capitán Stoney Portis, comandante (entrante), Black Knight Troop
Teniente Robert Hull, oficial de operaciones, Black Knight Troop

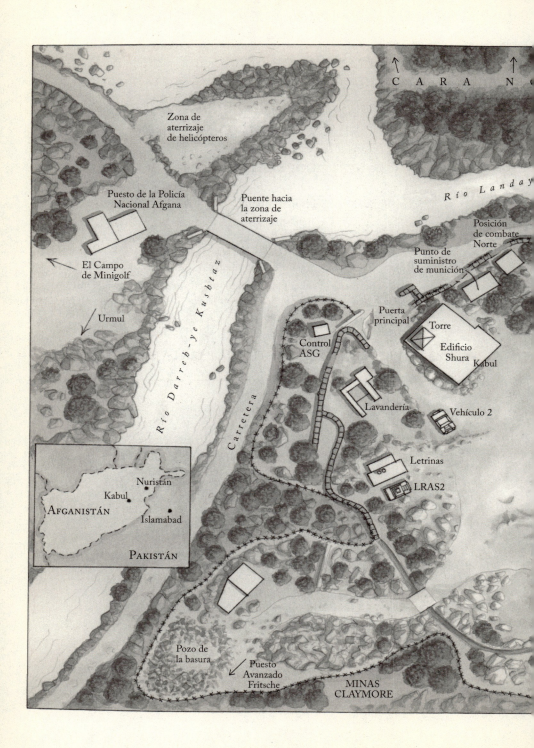

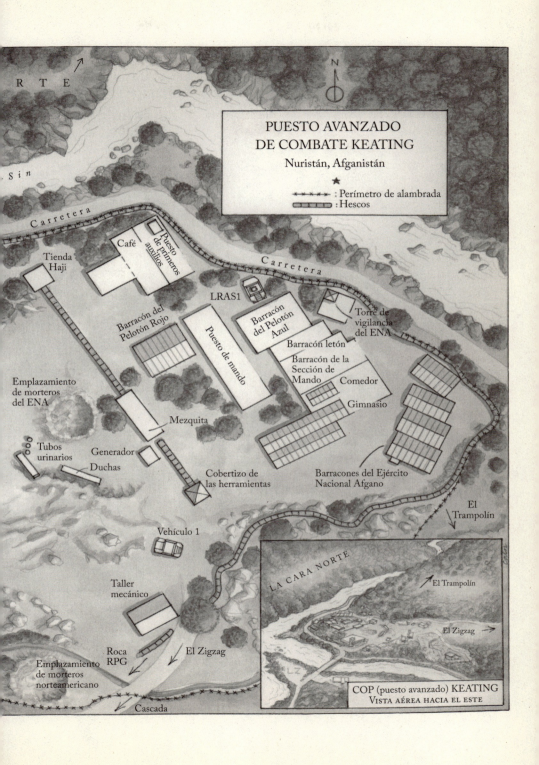

PUESTO AVANZADO
DE COMBATE KEATING

Nuristán, Afganistán

★

+++++++ : Perímetro de alambrada
▭▭▭▭▭ : Hescos

N

RTE

Sin

Carretera

Carretera

Café

Puesto de primeros auxilios

Tienda Haji

LRAS1

Barracón del Pelotón Rojo

Puesto de mando

Barracón del Pelotón Azul

Torre de vigilancia del ENA

Barracón letón

Barracón de la Sección de Mando

Comedor

Emplazamiento de morteros del ENA

Gimnasio

Mezquita

Tubos urinarios

Generador

Duchas

Cobertizo de las herramientas

Barracones del Ejército Nacional Afgano

Vehículo 1

El Trampolín

Taller mecánico

Roca RPG

El Zigzag

LA CARA NORTE

El Trampolín

El Zigzag

Emplazamiento de morteros norteamericano

Cascada

LZ

COP (puesto avanzado) KEATING
VISTA AÉREA HACIA EL ESTE

Introducción

No mejora

5.45 a. m., barracón del Pelotón Rojo.
Puesto avanzado de combate Keating,
provincia de Nuristán, Afganistán.

Zach Koppes estaba en su camastro, medio despierto, con la oreja puesta en la radio que había en el reservado contiguo a unos pocos metros de distancia pasillo abajo. En la semioscuridad que precede al amanecer esperaba a que se produjera «la llamada», el requerimiento profundamente desagradable que generalmente tenía lugar unos minutos antes de que le tocara el servicio de guardia de primera hora de la mañana.

Efectivamente, allí estaba, con la precisión de un mecanismo de relojería:

—Hola, eh... ¿podría alguien decirle a mi relevo que me sustituya aquí fuera? —decía una voz metálica a través del equipo de transmisiones de combate—. *De veras* que necesito ir a cagar.

Koppes suspiró.

Todas las mañanas la misma historia. Josh Hardt, uno de los cuatro jefes de equipo del Pelotón Rojo —lo que implicaba un empleo o rango superior al de Koppes y casi cinco años de servicio—, casi nunca lograba llegar al momento del relevo de primera hora de la mañana sin que antes necesitase aliviar la explosión volcánica de sus entrañas. De ahí la petición, que en realidad era más bien una orden, a quienquiera que tuviese que relevarlo de levantarse antes y dirigirse al Humvee blindado designado como LRAS1, situado en la parte oriental del puesto avanzado, permitiendo así que Hardt pudiera salir disparado hacia las letrinas, que se hallaban a unos noventa y dos metros hacia el oeste.

En cierto modo a Koppes siempre le parecía que era él, y ningún otro, el que se hallaba al otro extremo de la llamada. Pero como se recordó a sí mismo mientras se levantaba del camastro y se ponía el equipo, ese día iba a ser diferente por una serie de razones importantes, una de las cuales se hallaba depositada allí mismo, en la cama contigua.

Cuando terminó de ponerse el equipo se estiró y cogió la revista recién llegada que planeaba leer en la torreta del Humvee, la enrolló lo más apretadamente que pudo y se dispuso a meterla en un lugar donde nadie pudiera verla.

Sobra decir que un hombre no puede encaminarse al puesto de guardia llevando una revista en la mano. Se trataba de la clase de infracción por la que te caía una bronca de campeonato de nuestro *first sergeant** Ron Burton, que era un perfecto aguafiestas aun en lo tocante a las normas más insignificantes. Pero Koppes tenía un pequeño escondrijo en su chaleco antibalas de placas de cerámica, que llevábamos para proteger nuestros cuellos y torsos, al que llamaba la «zona ideal».

Odiábamos esas placas por su peso y por lo calientes que se ponían, aunque tuviesen un par de ventajas, siendo la principal su capacidad para evitar que la bala de un AK-47 acabara convirtiendo el interior de tu pecho en carne fresca para perro. Por lo demás, justo en la parte frontal de la placa había un pequeño hueco, un espacio muerto, en el que Koppes había descubierto que se podía meter una revista que poder leer hasta la hora del relevo de la guardia.

Este sistema había sido suficientemente eficaz como para que, durante nuestra estancia de cinco meses sobre el terreno, Koppes se llevara asiduamente consigo viejos *Playboy* cuando le tocaba ir al Humvee. Su compañero Chris Jones tenía en su poder un respetable alijo que le había estado enviando su hermano mayor en el interior de paquetes de alimentos. En ellas salían mujeres como Carmen Electra, Bo Derek o Madonna, a las que Jones y algunos de los muchachos pertenecientes a las escalas más básicas les habían acabado reconociendo, después de mucha discusión, cierta evidencia sólida de que estas chicas de las páginas centrales de la lejana década de los ochenta tenían en realidad cierto atractivo.

Sin embargo, esa mañana del 3 de octubre Koppes llevaba en el interior de su chaleco antibalas algo aún mejor que el porno erótico *vintage*. La tar-

---

* El *first sergeant* es un empleo con código OTAN OR-8, equivalente al rango de brigada en el Ejército de Tierra español. *(N. del t.)*

de anterior uno de los Chinook* había traído un cargamento de provisiones, y por alguna clase de milagro habíamos recibido nuestro correo. En la valija venía un ejemplar muy reciente de *SportsPro*† con Peyton Manning‡ en la portada, que traía un resumen exhaustivo de los cien mejores jugadores de la temporada de otoño de 2009 de la NFL.

Cierto, estábamos a casi once mil kilómetros del bar deportivo más cercano. Y sí, seguiríamos atrapados en este lugar mucho después de que acabasen los *play-offs*§ y la *Super Bowl*.¶ Pero Koppes sabía, al igual que el resto de nosotros, que cuando al fin le permitieran volver a casa podría muy bien hacer ese viaje en el interior de un ataúd de metal cubierto con la bandera norteamericana. Así que la perspectiva de ojear las estadísticas de los jugadores y las clasificaciones de los equipos con el objeto de permitir que su mente viajara mucho más allá de las negras laderas del Hindú Kush, que constreñían nuestro mundo, restringían nuestros movimientos y ofrecían una ventaja perfecta para que nuestros enemigos nos dispararan —la mera idea de poder emprender un viaje imaginario como ese, no importa lo breve que fuera— era suficiente para provocarle un estado de ánimo positivo. Razón por la que cuando metía la revista dentro de su chaleco y se dirigía al Humvee, un trayecto de no más de cincuenta pasos, Koppes murmuraba una frase a la que a todos nos gustaba recurrir en momentos semejantes. Un mantra cuya concisión y perspicacia resumía las numerosas contradicciones que se apoderaban de los pensamientos de todo soldado norteamericano atrapado en el puesto avanzado de combate más remoto, peligroso y tácticamente jodido de todo Afganistán.

No mejora.

Arriba, en los travesaños del techo de nuestro barracón de madera, exactamente tres cubículos más allá del camastro de Koppes, había un tablón en el

---

* El Boeing CH-47 Chinook es un helicóptero bimotor de transporte de carga o personal dotado de rampa trasera. *(N. del t.)*

† Revista deportiva perteneciente al grupo mediático *SportsPro*, especializado en deportes a nivel mundial. *(N. del t.)*

‡ Jugador profesional de la Liga Nacional de Fútbol Americano (NFL). En el momento relatado jugaba en la posición de *quarterback* con los Indianapolis Colts. *(N. del t.)*

§ Fase de eliminación para llegar a la final de la NFL, también conocida como *Super Bowl*. *(N. del t.)*

¶ Final del campeonato de la NFL. *(N. del t.)*

que uno de los anteriores inquilinos, un soldado que formaba parte de la unidad que había estado desplegada aquí antes de que llegáramos, había garabateado un pequeño mensaje para sí, un recordatorio sobre cómo era la vida en Afganistán.

Al resto de los muchachos del Pelotón Rojo y a mí nos gustó tanto lo que estaba escrito en aquella tabla, que para finales de nuestra primera semana de servicio allí ya lo habíamos adoptado como nuestro lema informal. Representaba con precisión cómo nos sentíamos después de haber sido traídos al extremo equivocado de un país tan absolutamente remoto y tan rabiosamente hostil a nuestra presencia, que algunos de los generales y políticos responsables de que estuviéramos aquí se referían al lugar como «el lado oculto de la luna».

Esas palabras eran tan contundentes que cuando algo se salía de madre, si nos enterábamos por ejemplo de que nos esperaba otra semana sin comida caliente porque el generador había sido alcanzado por otro impacto de RPG,* o que el correo procedente de Estados Unidos del mes anterior todavía no había sido entregado porque los pilotos del Chinook se negaban a asumir el riesgo de exponerse al fuego enemigo por otra cosa que no fueran los suministros más indispensables, o cuando llegaban noticias de lo último que había ido mal, nos dirigíamos unos a otros una media sonrisa socarrona, alzábamos la ceja y nos decíamos:

—No mejora.

A nuestro entender, esa frase definía una de las verdades esenciales, puede que incluso *la* verdad esencial, respecto a estar atrapados en un puesto avanzado cuyas vulnerabilidades tácticas y estratégicas eran manifiestamente obvias para todo soldado que hubiera puesto alguna vez el pie en aquel lugar, y cuyo propio nombre —*Keating*— se había convertido en una especie de broma de doble sentido.† Una muestra del peculiar talento del ejército para aglutinar probabilidades contra sí mismo de tal modo que casi se garantizase el que todo acabase volando de alguna forma espectacular, para luego negarse a retirarse de la mesa.

Con todo, nos tomábamos los defectos de Keating con resignación, porque como soldados no era asunto nuestro hacer preguntas más allá de

* *Rocket Propelled Grenade*, lanzagranadas portátil de fabricación rusa muy popular entre las tropas insurgentes. *(N. del t.)*

† Se refiere a un juego de palabras. La expresión inglesa *kidding*, cuya pronunciación es muy parecida a Keating, se emplea para preguntar si uno está de broma. *(N. del t.)*

cuál era nuestra categoría salarial, y mucho menos formarnos opiniones acerca del panorama general: por qué estábamos allí y qué se suponía que debíamos conseguir. Nuestra tarea principal tenía una simplicidad escueta y binaria: mantenernos vivos y mantener al enemigo al otro lado de la alambrada. Pero de vez en cuando alguno de mis muchachos no podía resistirse a la necesidad de ponderar la misión principal y de preguntar en el nombre de Dios cuál era la razón de mantener una base de fuego* que violaba tan flagrantemente los principios más básicos e imperecederos de la guerra.

Por lo general, las respuestas más insolentes y mordaces provenían de Josh Kirk, uno de los otros sargentos y probablemente el mayor cabrón de todo el pelotón. Kirk se había criado en una hacienda remota del Idaho rural, no muy lejos de Ruby Ridge, y nunca se echaba atrás en ningún tipo de confrontación, sin importar lo grande o pequeña que esta pudiera ser.

—¿Queréis saber por qué estamos aquí? —nos preguntó una tarde mientras retiraba la tapa de plástico de su ración de comida, una tortilla vegetariana MRE,† el plato del menú que más detestábamos por tener el aspecto de un ladrillo de vómito compactado.

—Nuestra misión en Keating —dijo— es convertir estas MRE en mierda.

Sin embargo, la verdadera belleza de *No mejora* radicaba en que tenía una doble cualidad que le permitía actuar como una moneda. Por el anverso la frase no solo expresaba sino que, de alguna manera, lograba ensalzar el punto al que quería llegar Kirk, es decir, que lo horrible de Keating estaba magnificado y resaltado por su sinsentido e inutilidad; y que para un hombre que había sido entrenado para adoptar el estado de ánimo preceptivo, el estar atrapado en semejante lugar podía infundirle una especie de orgullo obstinado y feroz.

Por otra parte, si cogías la frase y le dabas la vuelta en tu mente podías ver que significaba algo completamente diferente, y que este nuevo significado descansaba en el fiero sentido resolutivo que a veces adoptan los jóvenes, especialmente aquellos a los que les está permitido llevar armamento muy pesado, cuando se ven empujados hacia una situación que está total e irremediablemente jodida.

* También denominadas bases de fuego de apoyo, son pequeños enclaves provisionales ampliamente utilizados en la guerra de Vietnam e ideados en su origen para proporcionar fuego artillero de cobertura a las operaciones de la infantería. *(N. del t.)*

† *Meal Ready to Eat*, comida preparada lista para comer. *(N. del t.)*

Por supuesto, la razón principal por la que la vida en Keating no iría a mejor residía en que, para empezar, era de todo punto imposible. Pero por uno de esos pequeños giros singulares, la clase de ironía que solo un grupo de muchachos que sirven en una unidad de infantería de primera línea pueden apreciar de verdad, estábamos convencidos de que todos acabaríamos recordando nuestra estancia allí, suponiendo que lográramos sobrevivir a esa maldita cosa, como uno de los momentos más memorables de nuestras vidas.

Continuó siendo una fuente de malestar considerable para mis muchachos del Pelotón Rojo el hecho de que el suboficial de mayor graduación de nuestro contingente en Keating, *first sergeant* Burton, no estuviera dispuesto a tratar de entender nada de esto. Burton, que era un gran adepto de los protocolos militares formales, que suelen funcionar en cualquier guarnición allá en los estados pero que no tienen sentido alguno en una zona que estaba en la línea de fuego, decidió que nuestro pequeño eslogan era una expresión que rezumaba «baja moral». Así que cada vez que escuchaba a alguno

La inscripción «No menjora» en el interior de los barracones del Pelotón Rojo.

de nosotros repitiendo estas palabras se aseguraba de ir hasta donde estuviera el tipo y le decía que cerrase la puta boca.

Sin embargo, lo que nunca entendió Burton es que era un imposible categórico establecer una norma como esa en un lugar como Keating. Para cuando nuestra primera semana de servicio fue tocando a su fin en el puesto avanzado ya había arraigado el «*No mejora*» en lo más profundo de nosotros, en los oscuros y fértiles estratos de la mente en los que las palabras arraigan y luego brotan en forma de convicción y creencia. Depurarla de nuestra mente hubiera sido como tratar de barrer a los talibanes de las laderas y líneas de crestas que rodeaban cada costado de la posición. Y eso hubiera sido como tratar de arrancar cada zarza y cada pequeña flor venenosa adosadas a las laderas del Hindú Kush.

En lo que a nosotros atañía, Keating no solo no iría a mejor, es que no podía ir a mejor, porque ya estábamos haciendo todo lo jodidamente imposible para convertirlo, a pura fuerza de la voluntad, en la mejor cosa posible.

Era algo a lo que todos sacábamos partido, y un buen ejemplo de su funcionamiento era exactamente lo que hacía Koppes cuando se encaminaba con su revista al vehículo blindado a relevar a Hardt.

El Humvee blindado al que se dirigía Koppes era uno de los cinco vehículos de esa clase posicionados a lo largo del perímetro del puesto avanzado, y formaba parte del dispositivo de defensa principal. Justo encima de la cabina montaba una torreta de acero armada con un Mark 19, que es básicamente una ametralladora que en vez de balas dispara granadas de 40 milímetros. A pleno rendimiento esta arma es capaz de efectuar casi trescientos disparos por minuto, una potencia de fuego asombrosa. Se supone que un Mark 19 es capaz de reducir un edificio de dos plantas a un montón de escombros en menos de tres minutos.

Koppes nunca había presenciado una cosa semejante con sus propios ojos, aunque esta pequeña trivialidad le causaba cierto consuelo cada vez que trepaba al Humvee y empezaba a sopesar las numerosas y evidentes vulnerabilidades del vehículo, comenzando por el hecho de que cuando se agazapaba detrás del Mark 19 sus piernas, manos y torso quedaban protegidos, pero su cabeza y hombros quedaban totalmente expuestos. De forma igualmente desconcertante, la torreta solo giraba en derredor de un arco de ciento diez grados, lo que le imposibilitaba poder devolver el fuego a alguien que estuviera tratando de dispararle por la espalda.

Sin duda, como casi todo lo demás en Keating, no era lo ideal, razón por la que habíamos estado planeando reemplazar el vehículo blindado por una torre vigía convenientemente reforzada. Pero estos planes habían quedado en suspenso poco antes, cuando nos dijeron que nos preparásemos para desmantelar el puesto avanzado, empaquetarlo, y salir echando leches de esta parte de Nuristán. De hecho, el comienzo de esta operación estaba programado en setenta y dos horas, aunque a la mayor parte de los soldados con graduación similar a la de Koppes no se lo habían comunicado todavía.

Para cuando Koppes llegó al lateral del vehículo, Hardt ya se había bajado de la torreta, con la intención de irse a las letrinas lo antes posible. Se esperó el tiempo justo para informar a Koppes de las últimas novedades de inteligencia.

De acuerdo con la pequeña red de informadores afganos, que se suponía que debían mantener a los oficiales de Keating al tanto de cualquier acontecimiento que se produjera en las áreas circundantes, un grupo de talibanes había estado reuniéndose en el poblado de Urmul, una diminuta aldea situada a menos de cien metros al oeste de la posición, al otro lado del río Darreh-ye Kushtāz.

Esto difícilmente podía considerarse una noticia. Desde nuestra llegada, hacía cuatro meses, bien podríamos haber recibido por esa vía una advertencia cada tres o cuatro días. El patrón era el mismo en cada ocasión. El informe decía que cincuenta o setenta y cinco combatientes enemigos se estaban reuniendo para llevar a cabo un ataque importante. Pero cuando el ataque llegaba por fin, resultaba que solo estaban involucrados cinco o seis insurgentes; o más frecuentemente solo uno o dos hombres armados. Al final comenzamos a no tomarnos en serio estas advertencias.

Esto no quiere decir que no esperáramos que nos fueran a atacar. En todo el verano y en lo que llevábamos de otoño habíamos sido alcanzados una media de al menos cuatro veces a la semana. Pero para los hombres que estaban de guardia un soplo sobre un asalto inminente no lograba hacer saltar ya ninguna alarma. Y por eso, cuando Hardt le dio las novedades a Koppes, este simplemente asintió y se acomodó en la torreta mientras se concentraba en cosas más perentorias.

Para un soldado de la graduación y responsabilidad de Koppes los placeres que le daba la vida en Keating eran pocos y espaciados entre sí, así que era vital saborear cualquier diversión, sin que importara lo pequeña que esta pudiera ser. El nuevo número de *SportsPro* era sin lugar a dudas una de ellas. En efecto, la revista de por sí ya hubiera sido más que suficiente para que Koppes pasase toda la mañana. Pero había un premio añadido, porque hoy era sábado, lo que significaba que cada uno de los cincuenta soldados norteamericanos de Keating había de recibir no una sino dos comidas calientes, un acontecimiento cuya importancia era casi imposible de exagerar.

Desde que llegamos a esta posición habíamos estado recibiendo una comida caliente a la semana, sobreviviendo el resto del tiempo con las MRE, generosamente complementadas con Pop-Tarts* y pudín de chocolate, que estaba tan caducado que te hacía plantearte si acaso no estaba el ejército tratando de echarle una mano a los talibanes.

En estas circunstancias dos comidas calientes en el mismo día sobrepasaban casi la capacidad de imaginación de Koppes, especialmente por considerar que el desayuno consistiría supuestamente en huevos y sémola de maíz. Y lo que es más, si Thomas, nuestro cocinero, estaba este día generoso, bien pudiera llevar también algo de beicon. Y aún no se acababa ahí la historia.

Lo mejor de todo esto, en la mente de Koppes, era que si estabas de guardia cuando Thomas comenzaba a repartir desayunos en el comedor, el tipo que te acababa de relevar debía ir allí a recoger tu comida y llevártela hasta el vehículo, e incluso servírtela.

Para Koppes, cuyo nombre era pronunciado, muy oportunamente, como la palabra «copacetic» [excelente], la confluencia de estos acontecimientos era como la cosa más grande del mundo. No solo tenía su revista con la clasificación de los cien mejores jugadores de fútbol americano, sino que estaban a punto de servirle un desayuno caliente como si hubiera puesto el Humvee en el autoservicio de un Sonic.[†]

Era cierto, qué duda cabe, que esa vianda iba a serle entregada por alguien que acababa de hacer su deposición mañanera. ¿Pero eso importaba? Para un hombre como Koppes, alguien que gracias en parte al lema que todos habíamos adoptado era capaz de ver el lado más amable de prácticamente cualquier cosa, sin que importara lo enmerdada que esta pudiera estar, la respuesta era un enfático *no*, eso no importaba un comino.

¿Sabes qué, Hardt?, se dijo para sí mientras se ponía detrás del Mark 19 y su sargento se iba a toda velocidad a las letrinas. *Tú vete al cagadero y haz tus cosas.*

Aquí todo va absolutamente genial.

---

* Marca de una especie de galleta rellena muy popular en Estados Unidos. *(N. del t.)*
† Cadena norteamericana de restaurantes de comida rápida. *(N. del t.)*

Mientras Koppes se ponía en posición en el vehículo de guardia, otro soldado raso llamado Stephan Mace contaba los últimos minutos de su propia guardia de cuatro horas en otro de nuestros vehículos blindados, que estaba apostado en el lado opuesto del campamento, a unos ciento diez metros al oeste. Designado como LRAS2, ese Humvee constituía la posición de guardia más alejada y arriesgada de todo el puesto de combate avanzado. Se encontraba a solo treinta y seis metros y medio del río Darreh-ye Kushtāz y estaba orientado directamente hacia el grupo de edificios de paredes de barro que conformaban la aldea de Urmul.

Mace, que era el mejor amigo de Koppes, estaba esperando a ser relevado por un sargento llamado Brad Larson, que resultaba ser *mi* mejor amigo. Y al igual que Koppes y Hardt, Mace y Larson tenían un pequeño ritual que recreaban casi todas las mañanas cuando estaban haciendo el relevo de la guardia.

Aunque Mace era uno de los soldados de más baja graduación de Keating, también era uno de los personajes más divertidos del campamento. Dotado de un agudo ingenio y un perverso y retorcido sentido del humor, se le ocurría un torrente continuo de chistes improvisados y observaciones de listillo sabelotodo que podía alejar de tu mente todas las miserias que te rodeaban, aunque solo fuera durante uno o dos segundos. En resumen, Mace era el tipo de persona que todo el mundo quería tener cerca, y una medida de ese divertimiento era que incluso Larson —un tipo lacónico y reservado de Nebraska que raramente tenía más de un par de palabras que compartir con nadie, incluyéndome a mí— se levantaba *voluntariamente* unos minutos antes para dirigirse al puesto de guardia y acomodarse en el asiento delantero del Humvee a escuchar las tonterías de Mace.

Las cosas de las que hablaban los dos abarcaban un amplio espectro. El abanico podía ir desde acalorados debates sobre a qué animal deberías disparar primero durante un safari de caza mayor en África hasta minuciosas descripciones de profesoras buenorras que habían tenido en el colegio. Pero el contenido de sus conversaciones probablemente importaba menos que el hecho de que les gustaba estar uno en compañía del otro; tanto, que algunas veces simplemente se sentaban en la cabina del vehículo blindado y miraban en silencio a través del parabrisas mientras Mace sacaba uno de sus Marlboro Lights y Larson le daba un tiento a su lata de tabaco de mascar.

Sin embargo, esta mañana en particular se habían saltado su rutina habitual porque Larson tenía alguna urgencia de la que debía hacerse cargo primero. En vez de montarse directamente en el Humvee pasó junto a la puerta del conductor hacia el frontal del vehículo y puso su casco y su arma en el capó; a continuación separó sus piernas, se desabrochó los pantalones, y se quedó allí, con la cabeza descubierta y mirando hacia el oeste, aliviándose las muchas ganas de orinar que tiene uno cuando está recién levantado.

Técnicamente hablando Larson tendría que haberse ocupado de esto en los urinarios, la hilera de tubos de PVC de diez centímetros de diámetro que estaban hundidos a más de noventa centímetros en la tierra junto al remolque de las duchas. En el trayecto que había que hacer hasta el vehículo blindado se pasaba justo por donde estaban los tubos, y normalmente se hubiera parado ahí. Pero estos apestaban más que cualquier otra cosa en el campamento y por la razón que fuera decidió que el hedor a orina estancada era algo que no le apetecía oler en ese momento.

Entre tanto, al ver Mace lo que estaba haciendo Larson, se bajó del vehículo y se dirigió al este, cruzando la posición hacia el edificio del barracón, donde el resto de nuestro pelotón dormía todavía profundamente en los camastros.

Eran las 5.50 horas y ya amanecía cuando Larson hacía sus cosas contemplando el paisaje que tenía delante. Los primeros rayos del sol de la mañana teñían las paredes de barro de Urmul de un color dorado ligeramente rosáceo, lo que hizo que dirigiera su mirada hacia la estructura más alta de la aldea, que era su mezquita.

A diferencia de las *masjids** que embellecían las ciudades y pueblos más grandes y prósperos de Afganistán, la mezquita de Urmul no podía vanagloriarse de tener ni de un delicado chapitel cónico ni de una cúpula en forma de cebolla. Era una torre tetragonal, gruesa y humilde, que no solo reflejaba la dureza y austeridad, sino también la pobreza de esta esquina remota y aislada de Afganistán.

Más cerca, Larson podía ver el río, espumoso y brillante, mientras fluía por debajo del puente de hormigón de un solo carril que llevaba a la pequeña isla que hacía las veces de zona de aterrizaje para los enormes Chinook con forma de yunque, que eran el cordón umbilical que unía a Keating con el resto del mundo; traían de todo, desde diésel y munición hasta cajas de Dr Pepper† y botellas de plástico de agua mineral.

Al otro lado del río, una densa pared de vegetación ocultaba a los monos, pájaros y otras criaturas salvajes que poblaban las laderas del estrechísi-

---

* *Masjid* o *masyid*, 'mezquita'. *(N. del t.)*

† Bebida refrescante muy popular en Estados Unidos. *(N. del t.)*

mo valle en el que se asentaba Keating. Y elevándose por encima de todo, Larson podía ver los accidentes geográficos que dominaban y determinaban nuestras vidas en ese lugar: las montañas.

Sus paredes se elevaban rectas y escarpadas sobre el valle del río, y en las alturas, por encima de ellas, podía ver, a lo lejos, las cimas cubiertas de nieve que en ese momento resplandecían con el tinte naranja del amanecer contra el fondo de un cielo que se había vuelto de un profundo e impenetrable color cobalto.

En otro lugar y en otro tiempo un paisaje como el que se presentaba ante Larson no hubiera distado de ser glorioso. Pero aquí no podías permitirte que algo como la gloria pudiera seducirte hasta el punto de olvidar que estábamos en guerra y que los hombres contra los que habíamos sido enviados aquí a luchar, los combatientes cuyo deseo más anhelado era matar a tantos de nosotros como les fuera posible, se hallaban agazapados entre esa belleza.

Ahora, volviendo la vista atrás a ese momento, he tratado de imaginarme la escena desde la perspectiva de los trescientos combatientes talibanes que habían tomado posiciones durante la noche y que habían obligado a los civiles de la zona a abandonar sus casas, que habían establecido emplazamientos de disparo en los edificios y en las laderas de las colinas situadas en los cuatro puntos cardinales, y que en ese momento estaban contando los últimos segundos para lanzar sobre nosotros un ataque coordinado desde todos los ángulos con fuego de RPG, morteros, ametralladoras, armas ligeras y cañones sin retroceso.

La fuerza que habían reunido nos superaba en número en una proporción de seis a uno, y la embestida que estaban a punto de desencadenar sería considerada como el asalto más sofisticado, grande y feroz nunca visto en esa parte de Afganistán, a la que el alto mando estadounidense se refería como Sector Este.

Sin embargo, tan impresionante como todo esto pueda parecer, lo que era quizá más notable era la profunda ignorancia colectiva en la que estábamos sumidos en aquel instante.

Entre tanto, Brad Larson seguía allí, exhibiendo su minga, ensimismado y distraído con el sonido que hacían las salpicaduras en la tierra más allá de la punta de sus botas, sin tener la más leve sospecha de que su cabeza estaba encuadrada en los puntos de mira de al menos diez francotiradores, armados cada uno de ellos con un fusil Dragunov ruso y con intenciones de meterle un cartucho del 7,62 en toda la frente.

Zach Koppes no podía imaginar que no iba a haber ningún servicio de desayuno caliente, que su revista nunca sería abierta y que en unos pocos segundos iba a quedar aislado en el interior de su Humvee, disponiéndose a combatir a docenas de insurgentes mientras que más de tres docenas de soldados del ejército afgano, que se suponía que eran nuestros aliados y compañeros, abandonaban sus posiciones y huían, haciendo que el perímetro defensivo oriental de Keating colapsara por completo.

Josh Hardt no tenía ni la más remota idea de que en cuestión de una hora estos insurgentes lograrían penetrar la alambrada, apoderarse de nuestro depósito de municiones, incendiar la mayor parte de nuestros edificios, y, por fin, apuntar hacia él un RPG con la intención de volarle los sesos.

En cuanto a mí, durante esos últimos segundos previos a que los talibanes desataran el infierno, estaba acostado en mi camastro, profundamente dormido y ajeno al hecho de que en el espacio de treinta minutos todos los que aún estuvieran vivos en el interior de nuestro asediado puesto avanzado, se estarían retirando hasta la que más tarde se conocería como «posición Álamo», disponiéndose a ofrecer una resistencia a ultranza en los dos únicos edificios que no estaban incendiados, mientras diez de nuestros camaradas quedaban abandonados en el exterior de su perímetro.

Todo esto me hace recordar nuestro pequeño lema, la frase que nos sostuvo:

No mejora.

Esa mañana había cincuenta norteamericanos en el interior de la alambrada de Keating, incluyendo a los hombres que formaban el Pelotón Rojo. Gracias en parte a esas palabras no solo entendimos, sino que aceptamos con toda claridad, lo mal que se habían puesto las cosas: lo insostenible de nuestras líneas, la imposibilidad que supondría defender efectivamente nuestro perímetro, y lo lejos que nos encontrábamos de la fuerza de socorro más cercana. Y sin embargo, la realidad era que ni uno solo de nosotros albergaba la más leve sospecha de la furia descomunal que se iba a precipitar sobre nuestras cabezas.

Lo que sigue no es la historia de un hombre, sino la de un pelotón completo. Es una historia que todavía tiene el sudor y la suciedad incrustados: una epopeya cuyos personajes, en lo mucho o en lo poco, son menos heroicos de lo que uno pudiera desear, y mucho más humanos de lo que se pudiera desprender de las menciones para la concesión de medallas por esta batalla.

Los hombres del Pelotón Rojo no eran una panda de monaguillos. Ni tampoco éramos la clase de superhéroes con voluntad de hierro y mirada acerada que parecen poblar los numerosos relatos que han surgido durante la última década de guerra. Éramos bastante distintos a los tipos duros del escuadrón de fuerzas especiales que habían cabalgado a lomos de caballo por las llanuras del norte de Afganistán para tomar la ciudad de Mazar-e Sarif en las semanas siguientes al 11 de septiembre. Y no teníamos casi nada en común con los cuatro hombres de operaciones especiales de un equipo ejecutor cuya dura experiencia en el verano de 2005, apenas a unos pocos kilómetros al sur de Keating, sería convertida más tarde en crónica en el libro y en la película *El único superviviente*.

Si nos tildan de héroes, entonces el heroísmo que exhibimos ese día de otoño de 2009 fue cortado de un trozo de paño más basto, un tejido cuyos pliegues ocultan las deficiencias y flaquezas de hombres excepcionalmente ordinarios que fueron sometidos a una prueba extraordinaria. Hombres acosados por el miedo y las dudas. Hombres que habían discutido sin cesar y sufrido todo tipo de mezquindades. Hombres que habían sucumbido a —y en algunos casos todavía estaban huyendo de— una letanía de flaquezas que incluían depresión y adicción, apatía y carencia de metas, falta de honradez e ira.

Si fuéramos un grupo de camaradas unidos por los lazos fraternales del combate, entonces es importante destacar que entre nuestros hermanos había un soldado raso que una vez había tratado de suicidarse ingiriendo limpiador de alfombras, un soldado que fue sorprendido fumando hachís en una zona de fuego mientras hacía su servicio de guardia, y yo: un hombre tan interesado en ir a la guerra que nunca se molestó en consultar a su esposa antes de presentarse voluntario para ser desplegado en Irak; y que con posterioridad le mintió diciéndole que no tenía otra elección al respecto.

Pero siendo todo esto cierto, también lo es que éramos soldados que nos queríamos con fervor los unos a los otros, y con una pureza que no tiene paralelo en la vida civil.

Para comprender a fondo cómo era debes saber un poco más sobre cómo se formó mi pelotón y la senda que nos trajo hasta Afganistán.

Parte I

Rumbo a Nuristán

1

Pérdida

Provengo de una vieja familia de rancheros de Nevada con una tradición militar que se remonta a mi abuelo Aury Smith, que se hizo pasar por su hermano en el reclutamiento del verano de 1943 y acabó siendo enviado a Normandía como zapador de combate justo un par de días después del Día D. Seis meses más tarde Aury quedó sitiado con la 101.ª División Aerotransportada en el perímetro de Bastoña durante la batalla de las Ardenas. De un modo u otro logró sobrevivir, y terminó su estancia en Europa ayudando a montar espectáculos para las USO* como jinete a pelo de caballos de rodeo.

Casi treinta años más tarde mi padre fue enviado a Vietnam. Y aunque nunca dijo una sola palabra sobre las dos veces que estuvo desplegado cerca de la frontera camboyana con la 4.ª División de Infantería, que había sufrido un terrorífico número de bajas por ese tiempo, su silencio pesó lo suficiente como para que sus tres hijos se alistasen en las fuerzas armadas.

Mi hermano mayor, Travis, ingresó en el ejército nada más acabar el bachillerato, participó en la invasión de Haití, y luego fue transferido a la fuerza aérea. El siguiente en la línea sucesoria era Preston, que se enganchó en los marines. Para cuando yo cursaba el último año de bachillerato en Lake City, California, una población tan diminuta que nuestra promoción estaba integrada por quince personas, mis hermanos supusieron que también acabaría alistándome, a pesar de las esperanzas que albergaba mi padre

---

* United Service Organizations Inc. Organización sin ánimo de lucro que ofrece programas de entretenimiento a los soldados estadounidenses. *(N. del t.)*

de que yo rompiera el molde y siguiera la carrera que me había preparado matriculándome en el Seminario Mormón.*

Mis hermanos estaban en lo cierto. Me alisté en septiembre de 1999 y fui destinado al Black Knight Troop [Escuadrón Caballero Negro], una unidad mecanizada acorazada cuyos sesenta y cinco hombres estaban repartidos en tres pelotones: Rojo, Blanco y Azul.

En la jerga militar el Black Knight pertenecía a la 4.ª Brigada de combate, formada por cuatro mil hombres, que a su vez era parte de la 4.ª División de Infantería, compuesta por veinte mil hombres. En términos para profanos y en resumidas cuentas, lo que quiero decir es que yo no era más que una diminuta pieza de engranaje en las entrañas de la maquinaria de guerra más grande y sofisticada del mundo. También significaba que formaba parte de la misma división de infantería en la que había servido mi padre.

Mi primera misión tuvo lugar en Kosovo, donde desempeñamos labores de mantenimiento de la paz y vimos muy poca acción. Pero tras los ataques al World Trade Center en 2001 me presenté voluntario para ir a Irak. Tras una estancia de quince meses en Corea me encontré al mando de un carro de combate M1A1 en Habbaniyah, un área situada a unos ochenta kilómetros al oeste de Bagdad, a medio camino entre Ramadi y Faluya. Allí permanecimos la mayor parte del año 2004, combatiendo al núcleo duro de los insurgentes de Al Qaeda, que se habían especializado en explosivos improvisados. Sufríamos una media aproximada de un ataque con IED† al día.

Al término de esta primera misión en Irak fuimos enviados de vuelta a Colorado, donde toda la unidad fue reclasificada, cambiando su estatus de blindados a reconocimiento ligero, con el propósito de iniciar nuestra preparación para el tipo de lucha que pudiéramos encontrarnos con el tiempo en Afganistán. Como parte de esa transición fui enviado a la escuela a formarme como explorador de caballería. Once meses más tarde, en junio de 2006, estábamos de vuelta en Irak, esta vez en un lugar llamado Salman Pak, a unos treinta y dos kilómetros al sur de Bagdad, a lo largo de una amplia curva que hace el río Tigris y no muy lejos de una conocida instalación

---

* Programa educativo de cuatro años de la Iglesia de Jesucristo de los Santos de los Últimos Días, más conocida como iglesia Mormona. *(N. del t.)*

† *Improvised Explosive Device*, artefacto explosivo improvisado. La mayoría eran fabricados a partir de proyectiles de artillería que se detonaban con un temporizador o de forma inalámbrica. *(N. del t.)*

militar que según se rumoreaba había sido la piedra angular del programa de armas químicas y biológicas de Sadam Husein. Era también un semillero para la milicia extremista, que puso todo su empeño en hacer nuestras vidas lo más miserables posible.

Fue aquí donde comenzó a dar sus frutos mi nuevo entrenamiento.

Generalmente se piensa que un explorador de caballería es los ojos y los oídos de un comandante durante la batalla, pero en realidad el papel del explorador va bastante más allá. Nos referimos a nosotros mismos como «hombres de todos los oficios y maestros de ninguno», y estamos entrenados para estar familiarizados, de forma bastante literal, con cada cometido en el ejército. Somos expertos en reconocimiento, contravigilancia y navegación, aunque también nos sentimos extremadamente cómodos con todos los aspectos relacionados con las comunicaciones por radio y por satélite. Sabemos cómo montar y desplegar escuadras de caza/ejecución[*] de tres hombres. Somos muy buenos volando cosas con minas y alto explosivo. Podemos hacer las veces de sanitarios, mecánicos de vehículos y zapadores de combate. Y tenemos un conocimiento profundo de cada sistema de armas, desde una pistola de 9 milímetros a un obús de 120 milímetros.

Muchos soldados pueden encontrar desafiante el dominio de un conjunto de capacidades tan eclécticas, así que fue extraño que pudiera asimilar todo esto con tanta facilidad. Antes de ingresar en el ejército la escuela me parecía bastante difícil, sobre todo en lo relativo a las ideas abstractas. Pero absorbía estas nuevas disciplinas de forma tan instintiva que era casi inquietante. No importaba si se trataba de tácticas de unidades pequeñas o de maniobrar con todos los blindados de una compañía, la lógica me resultaba obvia de forma innata. Y lo que es más, amaba cada aspecto relacionado con ser un explorador, teniendo una maña particular para lo que llamamos ejercicios de «reacción al contacto», que consisten en trazar un plan de combate en el mismo momento en que la mierda entra en el ventilador.

Sin embargo, había dos cosas que no me entraban fácilmente en absoluto.

La primera tenía que ver con la posición en la que nos encontramos en Irak, donde quedamos relegados a un papel meramente reactivo, y donde

---

[*] *Hunter-Killer Team.* Se trata de una maniobra táctica en la que un pelotón de reconocimiento, en colaboración con una fuerza de gran potencia de fuego, hace las labores de búsqueda de un objetivo y una vez encontrado comunica su posición a esta fuerza, que aparece y lo destruye. *(N. del t.)*

nos vimos obligados a cumplir unas estrictas reglas de enfrentamiento, o ROE,* que nos impedían disparar primero; lo que significaba que generalmente solo podíamos devolver el fuego cuando éramos atacados.

Para mí esto era intolerable, no solo desde un punto de vista táctico, sino también a nivel psicológico. Y para compensarlo desarrollé un estilo de liderazgo heterodoxo que consistía en provocar una reacción del enemigo. Por ejemplo, cuando dirigía un convoy blindado ordenaba a menudo al conductor de mi carro de combate que cambiara de carril de forma abrupta, llevando a toda la columna directamente contra el flujo de tráfico en toda la extensión de la calle de una ciudad, forzando a los vehículos que venían de frente a quitarse del camino o a arriesgarse a una colisión frontal. En casos extremos hasta me convertía en un señuelo. Para descubrir a los francotiradores, por ejemplo, me subía en el *sponson* del carro de combate de cabeza, un gran compartimiento rectangular de almacenaje que hay en la torreta, a modo de tabla de surf, y me balanceaba allí mientras rodábamos con estrépito por las calles de Habbaniyah, desafiando a cualquier tirador iraquí oculto a que me disparase y revelase su posición.

A menudo estas tácticas funcionaron bien, aunque nunca aliviaron del todo mi frustración con las reglas de enfrentamiento. Y pese a encontrar tan incomprensibles las ROE, este cuestionamiento quedó empequeñecido por un segundo problema, uno que surgió como consecuencia inevitable de ejercer una posición de liderazgo en una zona de guerra.

Lo que fue para mí más duro que cualquier otra cosa, de lejos, fue presenciar cómo mataban a uno de mis muchachos. La primera vez que me sucedió algo así fue justo a las afueras de Ciudad al-Sadr, y le sobrevino a uno de los mejores soldados que haya conocido nunca.

El verano y el otoño de 2007 fueron malos tiempos para los tres pelotones de primera línea del Black Knight Troop. A estas alturas llevábamos varios meses inmersos en una nueva estrategia en la que la administración de George W. Bush trató de estabilizar Irak enviando cinco brigadas adicionales a la vez que prorrogaba el tiempo de servicio de casi todos los soldados que estaban ya desplegados. Aunque este aumento de efectivos provocó una disminución de la violencia en general, por razones que continúan siendo un misterio (y que probablemente solo se debieran a la mala suerte),

---

* *Rules of Engagement. (N. del t.)*

nuestro escuadrón comenzó a sufrir ataques más contundentes y con más frecuencia. En septiembre, uno de los jefes del Pelotón Blanco recibió un disparo en la espalda, y aunque sobrevivió, la bala le seccionó la médula, quedando paralizado de pecho para abajo. No mucho tiempo después perdió a otros dos hombres a causa de una bomba colocada en el arcén de la carretera. Y luego, en septiembre, fue alcanzado Snell.

Eric Snell era un explorador de treinta y cuatro años cuando lo conocí en Irak, aunque ya había logrado destacar de forma extraordinaria desde que era un soldado recién alistado. Había sido seleccionado como *outfielder** por los Indians de Cleveland nada más acabar el bachillerato en Trenton, Nueva Jersey, pero había decidido renunciar a una carrera en las ligas mayores para centrarse en los estudios. Se licenció en ciencias políticas y luego se mudó a Sudáfrica como director de proyectos de AT&T. Hablaba francés y había vivido en Italia. Además, era tan apuesto que lo habían fichado como modelo masculino y había aparecido en revistas como *Mademoiselle*, *Modern Bride* y *Vibe*.

Snell lo tenía todo, y lo empeñó en la tarea de convertirse en el tipo de soldado que lo hacía todo *perfecto*. Nunca tenías que darle una orden o una instrucción dos veces. Aprendía rápido y aprendía bien. Mostraba iniciativa y demostraba liderazgo. De hecho, lo único que parecía de todo punto peculiar era el desconcierto que provocaba en nosotros el que se hubiera alistado de soldado raso como primera opción.

—Por el amor de Dios, Snell, con todos esos estudios y esas credenciales —le decíamos—, ¿por qué coño ingresaste en el ejército como soldado raso?

—Bueno, sí, algún día iré y me haré oficial —era su respuesta—. Pero antes quiero saber cómo es ser soldado.

También eso nos causaba impresión.

Fue ascendido a sargento dos años después de alistarse, muy por delante de sus compañeros de promoción. Solo dos semanas más tarde, el 18 de septiembre de 2007, él y yo, y otros dos muchachos más, recibimos órdenes de llevar a cabo una misión de vigilancia† a las afueras de Ciudad al-Sadr a un grupo de soldados iraquíes que estaban colocando barreras de cemento para

---

* En béisbol, jugador que se coloca en la posición más alejada del bateador, en los puntos más extremos del campo. *(N. del t.)*

† *Overwatch* en inglés, movimiento táctico que implica dar apoyo a otra unidad y realizar fuego de cobertura en caso de ser necesario. *(N. del t.)*

Eric Snell.

bloquear el paso de coches bomba suicidas. El Pelotón Blanco había estado
de servicio durante la mayor parte de esa mañana y nuestro capitán había
ordenado que el Pelotón Rojo lo relevara, una idea que tanto mi sargento
de pelotón como yo consideramos poco prudente, porque si había algún
francotirador en la zona sabría ahora nuestro patrón de movimientos.

Nuestras objeciones fueron ignoradas, así que Snell y yo comenzamos
a crear nuestro perímetro de seguridad. Yo estaba inclinado en el interior
del Humvee haciendo tareas de coordinación por radio con otro pelotón
que estaba situado al otro lado de la zona de combate, y Snell se hallaba de
pie justo detrás de mí en la parte trasera del vehículo, asomando solo su
cabeza, cuando fue alcanzado por un francotirador apostado enfrente. La
bala entró justo por debajo del borde de su casco, le atravesó el ojo derecho
y reventó en la parte posterior de su cabeza. Nada más mirar hacia abajo
y verlo tumbado en el suelo supe que estaba muerto.

Era la primera vez que presenciaba la muerte de uno de mis hombres.
Hasta ese momento había estado convencido de que había alguna es-

pecie de causalidad entre lo bueno que eras y lo que te sucedía en el teatro de operaciones. Pero después de ver cómo asesinaban a Snell de esa manera me di cuenta de que una de las verdades fundamentales sobre la guerra es que las cosas horribles le pueden pasar, y a menudo así será, a cualquiera, incluso a un soldado que lo tenga todo dispuesto a la perfección.

En los días que siguieron me vi atrapado en una lucha interior por las implicaciones que esto suponía. Pese a que te esforzaras en hacerlo lo mejor posible, y pese a que podías exigir a todos los que estaban bajo tu mando que se plegaran a estas normas, la realidad era que al final ninguna de ellas podía marcar una mierda la diferencia, incluso para un as como Snell.

Cuando pierdes a un hombre así, puede provocar una sensación de resignación que llegue a ser absolutamente paralizante. Si no hay una conexión causal entre el mérito y el destino, si todo en el campo de batalla se reduce a poco más que a una lotería, ¿qué sentido tiene molestarte en perfeccionar tus capacidades o cultivar tu excelencia?

La pérdida también puede crear un problema de índole práctica. Cuando a un soldado tan bueno como Snell le perforan el cerebro, aun en el caso de que quisieras tratar de sustituirlo, ¿cómo iba a ser siquiera posible encontrar a alguien que estuviera a su altura?

Sin embargo, como se vería más tarde, la mala suerte de perder a Snell terminó abriendo un resquicio de esperanza al respecto, porque precipitó la llegada de un soldado que estaba destinado a convertirse en mi mano derecha en Afganistán. Un hombre que sentaría las bases de lo que acabó siendo el Pelotón Rojo y de lo que más tarde conseguiría durante su prueba de fuego en Afganistán.

Aproximadamente un mes después de la muerte de Snell llegó a Irak un nuevo contingente de reemplazos procedente de Fort Carson, situado a las afueras de Colorado Springs, para cubrir las plazas de nuestros caídos.

Cuando llegaba una nueva remesa de soldados, los sargentos de los tres pelotones evaluaban a los nuevos y luego negociaban cómo repartírselos. Estas sesiones de valoración y regateo eran a menudo intensas porque el resultado iba a tener un gran impacto en la calidad de cada pelotón. Y los criterios en los que se basaba todo se reducían básicamente a nuestro mayor pasatiempo: los partidos de fútbol americano entre pelotones.

Ray Didinger, un cronista deportivo que había cubierto la NFL durante más de veinticinco años, dijo una vez que el fútbol americano es el juego de equipo más «genuino» porque no ocurre nada si todos los jugadores están desempeñando sus cometidos a la perfección. «Todo el mundo tiene que hacer su contribución en cada partido —argumentaba—. Puedes tener a los muchachos yendo adelante, haciéndolo todo exactamente de la misma forma en que se supone que deberían hacerlo; pero si uno falla, si no entiende bien la jugada o va en la dirección equivocada, entonces todo el juego se desmorona.»

No es un mal resumen de las tácticas militares de una pequeña unidad, especialmente cuando consideras que el fútbol americano no consiste más que en asaltar el territorio de otro equipo y conservar luego ese territorio frente a una serie de contraataques. Además, citando de nuevo a Didinger, «el fútbol americano es también un juego violento, y los tipos que lo juegan deben aceptar este hecho». Quizá es por ello por lo que nos sentimos tan profundamente identificados con este juego, especialmente en el Pelotón Rojo, donde nos lo tomábamos con tal seriedad que literalmente estuvimos años sin perder un solo partido entre pelotones.

Brad Larson era un recluta de Chambers, Nebraska, una aldea cuya población (288 habitantes) era casi tan diminuta como la del minúsculo lugar del que yo procedía. Tenía orejas de soplillo que le sobresalían de los laterales de la cabeza, cejas gruesas de caricatura, y casi nada que pudiera sugerir que tenía la clase de destreza atlética que buscábamos en el Pelotón Rojo. Así que cuando al fin tuvimos que acabar cargando con él me propuse ignorarlo al principio, dirigiéndole la palabra lo menos posible, pese a ser el conductor de mi Humvee. Aparte de «ve a la izquierda» y «gira a la derecha» no creo que le dirigiera una sola palabra durante más de dos semanas.

Al final resultó que Larson había jugado de *free safety*[*] en el colegio universitario al que había asistido en Nebraska antes de ingresar en el ejército. Y como descubrimos después de que por fin consintiéramos que saliera al campo durante uno de nuestros partidos entre pelotones, podía jugar prácticamente en cualquier posición, porque era asombrosamente rápido. Más impresionante aún era su misterioso sentido de la *visión*. Cada vez que el *quarterback* echaba su brazo hacia atrás para dar el pase, Larson sabía exactamente hacia dónde iría el balón. Salvo por un tipo que tenía un extraño balanceo lateral que era casi imposible de adivinar, Larson podía descifrar adónde iba a ir el balón solo con mirar a los ojos del *quarterback* y el ángulo de su antebrazo. A continuación, gracias a su gran velocidad, era

---

[*] Posición defensiva de fútbol americano en la que un jugador se queda atrás a unas diez o quince yardas de la línea de *scrimmage*. (*N. del t.*)

Brad Larson.

capaz de ir en línea recta hasta ese punto y neutralizar a cualquiera que fuera el objetivo.

Eso me puso sobre aviso y me hizo tomar nota de él. También sirvió de base para la relación que rápidamente se forjó entre nosotros, porque no me llevó mucho tiempo darme cuenta de que cuando practicábamos maniobras de combate Larson hacía uso de las habilidades que mostraba en el campo de fútbol y me las aplicaba a mí.

También se adaptaba con increíble rapidez; tanta, que casi nunca tenía que sentarme con él para explicarle nada. En su lugar, sencillamente me miraba cuando estaba haciendo algo y, solo por el hecho de estar tan concentrado y embelesado en ello, ya asimilaba la lección.

Tan pronto como me di cuenta de su potencial comencé a prepararlo para el cometido que había estado desempeñando Snell con anterioridad como mi jefe de equipo. Al igual que Snell, Larson lo hacía todo con una atroz precisión y atención a los detalles. Pero lo que más valoraba era el modo en que conectábamos.

En cuestión de unos meses los dos habíamos construido la clase de compenetración que hacía que cuando estábamos llevando a cabo algún ejercicio con la sección, digamos asaltando un objetivo o tratando de encontrar un depósito de armas, facilitaba a mi equipo las instrucciones del comandante, esbozaba la misión y anunciaba: «Larson, tú vas delante». A continuación comenzábamos a caminar en patrulla: Larson al frente y yo en la retaguardia, con dos o tres compañeros entre nosotros.

Cuando llegábamos a un lugar donde teníamos que hacer una parada táctica y decidir cómo proceder a continuación —si pasar de terreno elevado a terreno más bajo, o cómo sortear un obstáculo de cualquier tipo—, Larson se daba la vuelta y me miraba. Ambos teníamos radio pero no necesitábamos usarla. Nuestros ojos se encontraban, yo asentía con la cabeza, y lo que fuera que estuviera pensando, él sabía *exactamente* qué hacer. Era casi como si cada uno de nosotros fuera un par de ojos extra y un segundo par de manos del otro.

Además de esto, nuestras fortalezas y debilidades se solapaban haciendo que nos complementásemos mutuamente, de manera que juntos éramos más del doble de buenos que cuando íbamos por separado. Por ejemplo, yo soy un poco torpe cuando se trata de números y matemáticas, pero esto era algo que se le daba bien a Larson de forma innata. Cuando patrullábamos y yo estaba al mando, me veía a menudo saturado de información y trataba de escribir cosas con un rotulador en mis guantes o en la ventana de mi Humvee, que me servían de libreta. Si no podía seguir el ritmo me inclinaba hacia Larson y le decía: «Oye, nos comunican la cuadrícula de un blanco en 4S M6J 180 2245. Quédate con ella».

Veinte minutos más tarde, cuando le pedía que me diera la cuadrícula, la soltaba de memoria en el acto.

Hasta este momento nunca había experimentado nada igual en el ejército. Estábamos sincronizados. Habíamos hecho *clic*. Y con todas estas cosas cada uno hacía mejor al otro.

Si hay un término para esta clase de conexión nunca me lo he encontrado, quizá porque la mecánica es tan difícil de precisar que se resiste a ser encorsetada. No sabría decir cómo encajamos, solo sé que lo hicimos, y que no hay una manera de explicarlo, salvo reconocer que funcionaba. De hecho, funcionaba tan bien que pronto resultó obvio para el resto del pelotón, donde provocó tanta curiosidad que nuestro teniente nos llevó finalmente a un sitio aparte y nos preguntó qué estaba pasando.

Desconcertados por no poder dar una respuesta adecuada, Larson y yo recurrimos a la única explicación que tenía sentido para nosotros.

—Es algo parecido a la manera en que funciona un embrague *Posi-Traction*[*] en la parte trasera de un Ford Mustang —dije.

—¿Y cómo funciona? —preguntó el teniente.

—Una forma de explicarlo —repliqué— es que tiene un sistema diferencial autoblocante que permite pequeñas variaciones en la velocidad angular del eje de salida.

—Pero la *mejor* manera de explicarlo —intervino Larson— es decir que todo se reduce a la PFM.

—Ya, vale, y yo me lo creo —dijo el teniente—. ¿Qué demonios es la PFM?

—La PFM es una tecnología tan avanzada que no se le puede explicar a un profano más que como si fuera hechicería o brujería —repliqué—. Se trata de pura y jodida magia.

—Y ahí lo tienes —dijo Larson—. PFM.

Como sucede con la PFM, el fragor del combate puede crear un grado de confianza que no conseguirás en ningún otro sitio. Que a su vez puede acarrear algunas obligaciones serias, y eso me lleva de vuelta a la idea que esbocé sobre la manera en que perdimos a Eric Snell.

La muerte de Snell me obligó a admitir y aceptar que la dinámica del combate es inmune al control humano. Pero a raíz de esa revelación decidí que había al menos dos cosas en las que merecía la pena concentrarse y que yo *podía* controlar.

La primera implicaba tratar de tener todas las papeletas a favor de mis hombres y de mí siendo muy muy buenos.

La segunda se refería, a falta de una mejor manera de decirlo, a la enorme importancia de fomentar una sensación de desafío en relación a cómo concluíamos las cosas.

Puede que no hubiera logrado controlar lo que sucedía durante el combate, pero tenía mucho que decir sobre lo que pasaba después del mismo. Y contando con eso decidí que el desarrollo y el final importaban. Y mucho.

Después de coger a Snell y sacarlo de la calle, tuvimos que llevarlo de vuelta a nuestra base, la primera etapa de un trayecto que lo llevaría a la Base de la Fuerza Aérea de Dover, en Delaware, sede de la morgue militar

---

[*] Tecnología precursora del ESC (Electronic Stability Control) o control de estabilidad electrónica. *(N. del t.)*

más grande de Estados Unidos, donde se llevan tradicionalmente los restos mortales de aquellos que han fallecido en ultramar; y de ahí a Trenton, Nueva Jersey, donde sería enterrado. En una situación como esta el procedimiento habitual era colocar el cuerpo en el capó del Humvee, pero no quise que Snell fuera en el exterior expuesto a la vista de todo el mundo. Aun con todo, debido a que era increíblemente alto, no pudimos cerrar la puerta trasera lateral derecha del vehículo, pese a poner a Snell atravesado en los dos asientos desmontados de la parte posterior y doblar sus piernas flexionando sus rodillas.

Dejar abierta la puerta de un Humvee blindado era una violación grave de las normas de seguridad, pero nada me hubiera podido importar menos. Me senté en el asiento del comandante con mi brazo derecho extendido hacia atrás sujetando la correa de la puerta de ciento ochenta kilos de peso. Y así es como circulamos por mitad de Bagdad, haciendo los giros tan rápido como podíamos sin volcar el vehículo.

Esta es la clase de gesto que pudiera parecer carente de sentido y quizá incluso un poco absurdo. Sin embargo, por aquel entonces, me pareció que la manera en que traíamos a Snell de vuelta a casa era tremendamente importante.

Mirándolo ahora en retrospectiva, no he cambiado de opinión.

2

Preparados

Durante nuestra estancia en Irak el Black Knight Troop perdió a tres hombres, incluido Snell. Otra media docena resultaron heridos, varios de ellos de forma horrible. Pero para cuando el despliegue tocó a su fin y regresamos a casa a Colorado en marzo de 2008, nuestros efectivos habían disminuido más aún por un desgaste de otro tipo.

Debido a la avalancha de cambios de destino, retiros y reubicaciones disciplinarias que tuvieron lugar durante las semanas que siguieron a nuestro regreso, el Pelotón Rojo quedó rápidamente reducido a apenas una sombra de lo que había sido. De los veinte hombres que teníamos en Irak solo quedaron tres: yo mismo, un tipo que pronto resultaría herido cuando se pilló las manos con un remolque y el tío de soplillos e inmensas cejas de Nebraska. Todos los demás se habían esfumado.

Esto significaba que, además de pasar tiempo con nuestras familias y de hacer el resto de cosas que habíamos soñado cuando nos asfixiábamos en el calor y el polvo de Irak, íbamos a tener que recomponernos desde cero.

Eso iba a implicar bastante más que el simple hecho de escoger a buenos tipos por cualquier medio a nuestro alcance. También tendríamos que encontrar una forma de forjar a estos recién llegados para convertirlos en una unidad cohesionada. Un grupo de hombres que pudieran trabajar bien juntos, confiar los unos en los otros, y mantenerse vivos unos a otros cuando llegara nuestro próximo despliegue. Y en el contexto de los grandes acontecimientos que estaban sucediendo a nuestro alrededor, esto iba a ser un desafío infernal.

Después del 11 de septiembre, cuando Norteamérica se dispuso a librar dos prolongadas guerras en ultramar, una en Irak y otra en Afganistán, destinó a un contingente de jóvenes soldados relativamente pequeño a algo relativamente nuevo, que consistía en enviarlos al exterior en repetidas ocasiones y lanzarlos al combate una vez y otra, y otra.

Estos despliegues de combate en ultramar no se limitaban a una o dos misiones por cada soldado, como había sido habitual en la segunda guerra mundial, en Corea o en Vietnam. Ni fue compartida la pesada carga de esos despliegues entre toda una generación. La mayor parte del esfuerzo de nuestra lucha en todo este tiempo fue desempeñada por menos de un 1 % de la población, y muchos de los tipos que acabaron en primera línea —especialmente esos machacas de la infantería— eran gente como yo, hombres que se habían alistado nada más acabar el bachillerato y que llevaban tres o cuatro misiones a sus espaldas para el tiempo en que sus compañeros de clase estaban acabando la universidad. Algunos de nosotros, especialmente aquellos que se hacían sanitarios o aviadores, o ingresaban en las fuerzas especiales, llevaban siete u ocho experiencias de combate a sus espaldas. A finales del invierno de 2008, tras casi una década de guerra en Irak y Afganistán, el precio que esos despliegues múltiples se estaban cobrando en el ejército empezaba a aflorar sin duda.

Uno de los indicadores más claros del problema era la tasa alarmantemente alta de PTSD,* especialmente entre los soldados. Esto no era siempre fácil de detectar. Pero se podía atisbar en los crecientes casos de suicidio y abuso de drogas. En un mes o dos la brigada se vio enfrentada a problemas de consumo de sustancias que iban desde la marihuana hasta la cocaína o las metanfetaminas, además de casos de depresión que acabarían provocando tres suicidios. Al mismo tiempo, Fort Carson se vio azotado por una de las peores tasas de criminalidad de las bases militares del país, incluyendo violencia doméstica, robo a mano armada, atraco, violación y asesinato.

En el transcurso de ese año seis soldados de nuestra brigada serían condenados por matar a otros soldados o civiles. El caso más notorio fue el de un especialista† de Míchigan llamado Robert Marko, que era miembro del Black Knight Troop. Marko padecía un delirio psicopático en el que creía descender de una especie de criaturas extraterrestres parecidas a los dinosaurios conocidas como Black Raptor Tribe. Varios meses después de que regresáramos de Irak fue acusado de violar y asesinar a una mujer de diecinueve años con discapacidad mental que había conocido por internet. Tras

---

* Trastorno por estrés postraumático (*Post-Traumatic Stress Disorder*). *(N. del t.)*

† Graduación del ejército norteamericano con código OTAN OR-4, equivalente al empleo español de cabo primero. *(N. del t.)*

confesar a la policía que había llevado a la mujer a las montañas que dominan Colorado Springs, que le había vendado los ojos y que luego la había degollado, se declaró inocente por causa de la demencia. (En febrero de 2011 fue condenado por asesinato en primer grado y actualmente está cumpliendo una condena de cadena perpetua sin posibilidad de obtener la libertad condicional.)

Esto fue suficiente para que la noticia saltara a nivel nacional.

En cierto modo, puede que sea injusto mencionar a Marko, porque se trataba de una aberración extrema. Pero si Marko era una excepción a la regla, puso al descubierto una clara evidencia del inquietante hecho de que no todos los hombres que estaban ingresando en el ejército en esta época representaban a la flor y nata; y que los problemas que traía Marko consigo, como los de todo el mundo, se vieron agravados por los múltiples despliegues de combate.

Marko era también un indicador de a lo que nos enfrentábamos Larson y yo cuando nos dispusimos a reconstruir el pelotón con el mejor material que pudiéramos encontrar, un proceso conocido como «Preparación».

Como miembro de mayor antigüedad del Pelotón Rojo se me toleraba un poco de ventaja a la hora de seleccionar nuevo personal, y sabía exactamente lo que estaba buscando. Sin embargo, mi influencia escapaba a uno de los elementos más importantes de todos —uno que marcaría la pauta de toda la unidad—, que era quién habría de ser nuestro nuevo jefe.

Andrew Bundermann era un estudiante de historia de la Universidad de Minnesota que había hecho un serio esfuerzo (y eficaz en extremo) para obtener el mínimo de créditos necesarios para graduarse de cara a pasar el resto del tiempo que le quedaba en la universidad «de copas», lo que en esencia significaba beber y andar por ahí con sus colegas. En paralelo a estas actividades cumplió también con sus obligaciones en el ROTC[*] con el fin de conseguir su objetivo de volar reactores desde portaaviones, un sueño que quedó truncado cuando la marina lo rechazó de plano. Y así es como,

---

[*] Reserve Officers' Training Corps. Se trata de un programa de formación de oficiales ligado a los colegios universitarios. Junto a las clases propias de la carrera, los alumnos del ROTC reciben entrenamiento y formación militar superior en la rama del ejército elegida. Si logran graduarse en el programa se convierten en oficiales del Ejército de Estados Unidos. *(N. del t.)*

en mayo de 2007, Bundermann se vio enrolado como segundo teniente[*] en el Ejército de Estados Unidos.

Fue enviado a la *tournée* habitual de introducción al servicio para oficiales: primero a Oklahoma, con el objeto de recibir un entrenamiento básico en Fort Still, que incluía, entre muchas otras cosas, enseñarle a montar y desmontar una ametralladora de calibre .50 en menos de diez minutos sin que se avergonzara de sí mismo. A continuación venía una temporada en Fort Knox, Kentucky, donde debía dar unas vueltas en carros de combate y vehículos de combate Bradley mientras volaba cosas, experiencia de la que disfrutó mucho.

Esta escalada progresiva en entrenamiento y seriedad estaba diseñada en parte para conferirle una base de conocimiento militar de cómo hacer las cosas. Pero su propósito principal era exponer a Bundermann a los hombres en los que más estrechamente tendría que confiar en combate: los *first sergeant*, los sargentos y los cabos que habían de ser sus suboficiales, los encargados de llenar el vacío entre las órdenes que les pasara Bundermann de parte de los superiores y los machacas, cuyo trabajo era hacer que las cosas sucedieran. Y fue durante este período cuando Bundermann comenzó a interiorizar la primera lección para todo oficial de nuevo cuño *no* graduado en West Point, una lección que no todos los tenientes en la posición de Bundermann eligen interiorizar, que es escuchar a tus suboficiales y permitirles que, en cierto modo, te moldeen hasta convertirte en su líder.

Pero resulta que esto era más complicado de lo que Bundermann había pensado en un principio, porque el mensaje principal que su suboficial quiere transmitirle es *confía siempre en tus suboficiales*. Este consejo es bueno en general; pero como Bundermann pronto descubrió, no *siempre* lo es. Sin duda es importante para un joven teniente tomarse en serio las opiniones de sus sargentos y hacer un esfuerzo por entender sus motivos. Pero esto no significa que deba hacer literalmente todo lo que le digan que haga. De hecho, proceder de esa manera le llevaría a joderla de un modo increíblemente rápido.

Aunque los sargentos de un pelotón saben mucho más que su teniente, al menos desde un punto de vista técnico, no suelen pensar en términos estratégicos. En su lugar, lo que hacen principalmente es tratar de asegurarse de que las cosas vayan como la seda para ellos y los muchachos de sus pelotones. Por tanto, una de las lecciones básicas que un teniente debe asimilar se reduce a lo siguiente: escucha a la gente a la que lideras de manera que

---

[*] Código OTAN OF-1, equivalente al grado de alférez en el Ejército de Tierra español. *(N. del t.)*

El teniente Andrew Bundermann.

vean que tienen voz, incluso aunque en realidad no la tengan, pero nunca pierdas de vista el hecho de que tu preocupación principal no son los hombres, sino la *misión*.

Algunas veces sucede que el mayor interés de cara a la misión coincide con el de los hombres. Y otras veces no. En cualquier caso, la preocupación principal de un oficial comienza y termina con la misión. Así que aunque es importante escuchar a tus hombres, no estás allí para hacer amigos, porque no siempre tendrás en mente sus intereses principales.

Yo conocía bien esta estructura de pensamiento cuando fui convocado al edificio de oficinas del Black Knight a principios de otoño de 2008 para conocer al hombre que estaría al mando del Pelotón Rojo en su próximo despliegue, así que me hacía una buena idea de las nociones que le habían inculcado al nuevo teniente. Aunque lo desconocía todo del hombre como tal.

El tipo de aspecto desgarbado que se sentaba ante mí en una silla de metal estaba tan delgado como un espárrago en cuya parte superior alguien había sujetado un mechón de pelo castaño claro y una cara presidida por unas gafas de montura metálica de friki total.

—Muy bien, este es el trato —anunció Bundermann a modo de presentación—. Me gusta mascar tabaco, me gusta beber cerveza y no me gusta trabajar duro.

Eso fue suficiente para captar mi atención.

—Tú eres un suboficial, lo que significa que eres más listo que yo y que tienes más experiencia que yo —continuó—. Confiaré en ti un cien por cien de las veces para hacer lo que sea que creas necesario, y si la jodes yo me ocuparé del papeleo y me aseguraré de que te la cargas echando leches.

Ahora sí que me tenía pillado.

—Todo lo que pido a cambio es que no me hagas parecer como un gilipollas, ¿vale?

Esto era una sorpresa. Por lo que me estaba diciendo, el hombre con el que hablaba no era el típico oficial, y si los demás muchachos y yo lo tratábamos bien, la cosa podría tener buena pinta.

Hasta ese momento había tenido un puñado de jefes de pelotón, pero ninguno que me gustara realmente. Cuando salí de aquel despacho tampoco tenía claro si me gustaba Bundermann. Pero sabía que me gustaba lo que había dicho, y pronto resultó evidente que los demás suboficiales iban a pensar de la misma forma.

A partir de ese día tuvimos un acuerdo tácito de *quid pro quo* con el teniente. Por nuestra parte, cuidaríamos de él asegurándonos de que siempre tuviera una amplia provisión de tabaco de mascar y cerveza, y haríamos lo posible por que pareciera una estrella de rock a ojos de sus superiores.

A cambio, entendimos que nos dejaría hacer nuestro trabajo sin interferencias, especialmente nuestra tarea más importante en ese momento, que era la preparación del pelotón, animando al *first sergeant* del Black Night y al *sergeant major*[*] del escuadrón a escoger los hombres más fuertes de entre los nuevos soldados que estaban siendo enviados para reforzar a la tropa y enviárnoslos.

Un pelotón típico se compone de dieciséis soldados de primera línea divididos en dos secciones, designadas «Alfa» y «Bravo». Cada una de ellas está

---

[*] Empleo con código OR-9 OTAN, equivalente al rango de subteniente en el Ejército de Tierra español. *(N. del t.)*

Justin Gallegos.

dividida en dos escuadras integradas por cuatro hombres al mando de un sargento, conocido como «jefe de equipo». Justin Gallegos era un corpulento jefe de equipo, hispano de Tucson, al que conocía desde 2005, cuando ambos habíamos sido enviados a la escuela de exploración de Fort Knox, Kentucky.

El activo más evidente de Gallegos era su corpulencia. No era excepcionalmente alto, no más de uno setenta y ocho, pero pesaba alrededor de ciento cinco kilos y cada gramo era músculo. Se jactaba tanto de su corpulencia y de su fuerza bruta que los demás soldados le llamaban «Camión de Tacos», aunque era algo que solo hacían a sus espaldas y nunca a la cara, porque de otra forma sabían que probablemente no sobrevivirían al puñetazo que les atizara.

Sin embargo, la cualidad que realmente definía a Gallegos nada tenía que ver con sus dimensiones y sí con la agresividad de alto voltaje que podía aflorar o interiorizar como si fuera el interruptor de la luz. Esto le había supuesto una ventaja cuando de joven deambulaba por los ambientes de bandas de Tucson, y había desempeñado un importante papel cuando ingresó en el ejército con la esperanza de evitar el destino que tuvieron sus hermanos mayores (de los que se rumoreaba que habían muerto en luchas intestinas entre bandas). Cuando llegó a Carson acababa de concluir su segunda misión en Irak, de manera que nos hicimos con él de inmediato, sabedores de que estábamos de suerte al poder contar con un jefe de equipo con una amplia experiencia de combate.

Gallegos pasaría las dos semanas siguientes en modo piloto automático, apareciendo a menudo en nuestras sesiones de entrenamiento físico de la mañana con una botella de Gatorade mezclada con algo de vodka. Pero nosotros achacamos este comportamiento a su necesidad de liberar tensiones tras su regreso de Bagdad. Lo importante era que cumplía perfectamente con todas sus obligaciones.

Además de dominar todos los cometidos de su trabajo, Gallegos se aseguró de que los hombres que formaran parte de su escuadra en la Sección Bravo supieran también cuáles eran los suyos. Era un jefe de equipo excepcionalmente competente, y sus fortalezas se incrementaron de forma significativa cuando justo antes de Navidad logramos enganchar a otro sargento llamado Josh Kirk, que acabaría convirtiéndose en su homólogo y compañero en Bravo.

Tras haber regresado recientemente de su primer despliegue en Afganistán, donde participó en combates de importancia en la provincia de Kunar y fue recomendado para una medalla al valor,[*] Kirk tenía derecho a disfrutar de tres o cuatro meses en Estados Unidos antes de volver a ser enviado a una nueva misión. Sin embargo, había renunciado a ese privilegio y había tramitado una solicitud especial para ser enviado de nuevo a ultramar lo antes posible, una actitud muy poco habitual, aparte de una constatación contundente de su amor por el combate.

Kirk aportó al pelotón un nivel de fervor y coraje tan fuera de serie que era casi de locura. Para él *todo* consistía en acabar con ellos antes de que ellos acabasen con nosotros, y su energía no distaba de ser demoníaca, atributos que se magnificaban más aún por su corpulencia y su fuerza. Era más alto que Gallegos, pesaba al menos noventa y cinco kilos, y tenía unas manos tan poderosas —parecían palas—, que una vez que perdió los estribos du-

---

[*] Las tres medallas al valor más importantes del Ejército de Tierra de Estados Unidos son, por orden: la Medalla de Honor del Congreso, la Cruz de Servicio Distinguido y la Estrella de Plata. *(N. del t.)*

rante un combate de lucha libre estuvo a punto de romperle todos los dedos a su oponente. Pero lo que hacía único a Kirk era su pasión por las herramientas de la guerra.

Los hombres que sirven en un pelotón de caballería tienen al alcance de la mano una increíble cantidad de potencia de fuego para prácticamente cualquier situación de combate. Dada la variedad de opciones disponibles, la mayor parte de los muchachos tenderán a sentirse atraídos por una pieza preferida. Algunos apuestan por los lanzagranadas Mark 19, mientras que otros se decantan por poner las cosas claras detrás de una ametralladora de calibre .50. Sin embargo, Kirk nunca se limitaba a un solo sistema de armas, porque los codiciaba y los apreciaba todos.

De acuerdo con algunos de los hombres con los que había servido en Afganistán, Kirk había estado allí como un niño en una sala de juegos. Al comienzo de un tiroteo, nos dijeron, agarró un lanzacohetes AT4 y se desató, luego saltó sobre una calibre .50 y largó un par de largas ráfagas que le causaron gran satisfacción antes de irse al Mark 19. No era raro que terminase disparando de nuevo con el AT4. Le gustaba tanto disparar y el chute de adrenalina que inevitablemente conllevaba, que en algunas ocasiones sus jefes tenían que sacarlo de su trance.

—Hoy no estamos buscando pelea —le decían—, así que vamos a calmarnos un poco.

Al igual que Gallegos, Kirk no le tenía miedo a nada, aunque prefería que sus reacciones durante el combate se dejaran llevar por la emoción más que por el análisis, mientras que Gallegos era más metódico y más prudente. De esta forma se equilibraban el uno al otro, y su fiereza combinada los hacía considerablemente más formidables de lo que lo hubieran sido por separado.

Todo esto eran cosas que Bundermann apreciaba y valoraba, lo que hacía que nuestro teniente pasara por alto los inconvenientes: el consumo de alcohol y los volátiles estados de ánimo de Gallegos; o la arrogancia y la imposibilidad de que Kirk cerrara la maldita boca, además del placer que sentía al cometer infracciones leves como no cortarse el pelo o vestir un pañuelo de cuello no reglamentario de las fuerzas especiales bajo su uniforme, lo que sacaba de sus casillas a nuestro *sergeant major*.

En opinión de Bundermann, las capacidades y personalidades de Kirk y Gallegos se complementaban para proporcionar unos robustos cimientos a la Sección Bravo. Sabían lo que tenían que hacer, cuidaban de la gente que estaba bajo su mando, y se encontraban en unas condiciones físicas de primera. (Esto último pudiera no parecer de gran importancia pero era *vital*

Josh Kirk.

en el manual de Bundermann, porque nada le causaba más dolor de cabeza que un mayor o un capitán que pasaran junto al pelotón y se fijaran en alguno que tuviera un aspecto flácido y debilucho.)

En resumen, Kirk y Gallegos reforzaron la sensación de que nuestra unidad estaba engrasada y funcionando, una impresión que supuso un contrapeso efectivo cuando nos vimos obligados a escoger a un par de personajes nuevos ligeramente menos duros.

Zach Koppes se había criado en la región habitada por los amish* en Ohio, y estudió en una escuela menonita hasta que fue expulsado por robar la plantilla maestra de un examen tipo test y tratar luego de vender las respues-

---

* Comunidad religiosa menonita anabaptista protestante conocida por su modo de vida tradicional y su renuencia a la utilización de nuevas tecnologías y costumbres modernas. *(N. del t.)*

Zach Koppes.

tas a sus compañeros de clase. Ese fue el comienzo de una larga cuesta abajo
que llevó a Koppes a fumar una cantidad escandalosa de marihuana, a tener
un trabajo sin perspectivas de futuro en un mostrador de la franquicia de
pretzel* Auntie Anne's en Colorado, y a ir a una tienda de Petco,† donde esperaba solicitar un puesto de trabajo que quedó descartado cuando
pasó junto a una oficina de reclutamiento del ejército, vio un cartel que pro-
metía veinte mil dólares de prima de enganche, y decidió que trabajar con
animales no sonaba ni de lejos tan excitante como dispararle a la gente.

Al final de la senda que lo llevó por la instrucción básica y un destino
en Corea, estaba nuestro pelotón. Y allí, poco después de que llegara en junio, entabló amistad con otro de los recién llegados: un tipo que compartía
las inclinaciones de Koppes a combinar el humor y las tonterías con una
vena rebelde que era espectacular, única e irrepetible.

---

* Dulces muy populares en forma de lazo originarios de Alemania. *(N del t.)*
† Cadena de tiendas especializadas en productos para mascotas. *(N. del t.)*

Stephan Mace procedía de la Virginia rural, y a medida que fue creciendo se interesó tanto por las armas que se hizo aprendiz de un maestro armero en el bachillerato, construyó un rifle a partir de piezas sueltas y se lo regaló a su padre por Navidad. Además, sentía regusto por ese tipo de irreverencias, como bajarse los pantalones mientras iba en el asiento del copiloto del coche de su madre para enseñarle el trasero a su entrenador de fútbol al pasar junto a él.

Cuando Mace ingresó en el ejército esas travesuras comenzaron a aflorar de manera desesperante y entrañable, a menudo a un mismo tiempo. Si le aburría lo que estabas diciendo cerraba los ojos e inclinaba la cabeza a un lado, luego se hundía en su silla y comenzaba a roncar ruidosamente, como si hubieras logrado dormirlo. Por el contrario, si pasaba junto a tu camastro mientras *tú* estabas durmiendo, te sacudía insistentemente el hombro hasta que te despertabas y preguntabas qué estaba pasando.

—Oh, me estaba asegurando de que estabas dormido —decía inocentemente antes de marcharse.

Entre bromitas de este tipo se iba a presumir ante el resto del pelotón de los «espectaculares» resultados que estaba consiguiendo con ExtenZe, un alargador de pene que había descubierto en internet. Luego sugería encarecidamente que quizá algunos de los demás muchachos deberían pensar en probarlo porque resultaba evidente que necesitaban ayuda en esa zona aún más de lo que lo necesitaba él.

Esparcir mierda de esta forma podía ser peligroso, especialmente cuando iba dirigida a tipos que no se andaban con chiquitas, como Larson, Kirk y Gallegos. Pero cuando uno de ellos era provocado hasta el punto de casi coger la cabeza de Mace para meterla en el retrete, a menudo no tenía más remedio que soltarlo porque él mismo estallaba en carcajadas.

Y esto, por supuesto, animaba a Mace aún más.

Koppes compartía algo de esa misma energía, y probablemente esto tuviera mucho que ver con la razón por la cual él y Mace se convirtieron rápidamente en inseparables. Pero lo que de verdad los mantenía unidos, pienso, tenía que ver en mayor grado con la virtud más profunda y sorprendente de Mace: su voluntad de hacer lo que fuera para ayudar a un amigo.

Cuando Mace se dio cuenta de que Koppes era totalmente incapaz de levantarse de la cama por las mañanas a las 5.30 para formar y hacer el entrenamiento físico, concibió una rutina que consistía en venir por el pasillo del barracón y dar golpes en la puerta hasta que Koppes abría. A continua-

Stephan Mace.

ción Mace se quedaba allí fumándose un cigarrillo hasta que Koppes se vestía y estaba listo para salir.

Hacía lo mismo cada mañana sin falta.

Más tarde, en esa primavera, Koppes fue abandonado despiadadamente por una mujer con la que estaba saliendo. Una noche que trató de llamarla con la intención de rogarle que volviera, Mace interrumpió la llamada haciendo la señal de tiempo muerto.

—Sé lo fastidiado que estás —le dijo gentilmente—. Dame el teléfono y yo le hablaré por ti.

—¡Escucha zorra! —gritó Mace cuando Koppes le pasó el auricular—: ¡Mantente alejada de mi amigo!

Poco después de ese incidente Koppes se rompió algunos ligamentos del tobillo durante un partido de baloncesto entre pelotones. Mace vio de inmediato una oportunidad para reclutar a una nueva novia para Koppes llevándoselo a una fiesta, donde Mace comenzó a contarle a toda mujer que se ponía a su alcance una mentira diferente sobre la lesión de Koppes.

—Oye, ¿te importaría venir conmigo y decirle hola a mi amigo? —le preguntaba señalando a Koppes—. Acaba de llegar de Afganistán, donde fue alcanzado por un IED, y le vendría bien un poco de ánimo.

Si no funcionaba, se iba a por otra mujer.

—Pues sí, mi amigo se lastimó el tobillo en ejercicios de entrenamiento consistentes en saltos nocturnos desde helicóptero —le decía—. Está un poco desanimado porque es un bailarín magnífico: ¿no te importaría ir y hablar con él un minuto?

Para finales de verano Mace estaba orquestando una campaña ininterrumpida a fin de encontrarle una novia estable a Koppes o, al menos, para asegurarse de que su amigo tuviera la mayor cantidad de sexo posible antes de que nos enviaran a la siguiente misión. En pos de estos dos objetivos pasaron la mayor parte de su tiempo libre aquel otoño dándose vueltas por Colorado Springs con unas pelucas* de las que estaban convencidos, a pesar de la abrumadora evidencia en contrario, que los hacían irresistibles a las mujeres que estaban rondando.

La lealtad y generosidad mostradas por Mace hacia Koppes no eran raras en el ejército, donde las amistades llegan a menudo a una intensidad que difícilmente puede ser encontrada en la vida civil. Pero lo que hacía a Mace tan singular era que su vínculo con Koppes no era óbice para que también forjara otras relaciones con algunos de los reclutas recién llegados, incluyendo a muchachos a los que nadie más dirigiría la palabra, como Jonesie.

Cuando Chris Jones tenía nueve años, su padre compró una pequeña granja en el sur de Virginia, justo en la frontera con el estado de Tennessee, donde pretendía criar pollos; hasta que Tyson se echó para atrás en el contrato que habían firmado con el viejo, dejando a la familia en la estacada. Desde entonces Jones había sido algo más que pobre, había sido pobre de solemnidad. Cuando se graduó del bachillerato, ingresar en el ejército no solo parecía la mejor opción: era la única.

Tras completar la instrucción básica en Fort Benning dejó el arma de infantería en febrero de 2009 y fue transferido a Fort Carson, donde recibió órdenes de unirse a nuestra brigada de caballería, algo que lo dejó un poco perplejo.

—Oye, ¿qué coño es caballería? —preguntó, dejando confundido al otro tipo de Benning que había sido trasladado a Carson con él.

---

* *Mullet wigs*, pelucas con el pelo largo por detrás y corto por delante. *(N. del t.)*

Chris Jones.

La respuesta que recibió fue sucinta y precisa:

—La caballería hace básicamente lo mismo que hacemos en infantería —respondió—. Solo que con menos gente.

Bueno, está bien, consideró Jones para sus adentros. *Esto está mejorando por momentos.*

Debido a su pasado en infantería, ninguno de nosotros llegó a mirar siquiera a Jones cuando llegó al Pelotón Rojo, salvo, por supuesto, Mace. En el primer día de Jones, Mace compró una lata de Monster Energy y se la dio, un gesto con el que pretendía darle la bienvenida a la sección y hacerlo sentir un poco como en casa. Luego, para hacerle saber que lo que estaba por venir no iba a ser fácil, le dio sin previo aviso un golpe en las pelotas.

Fue un respetable avance de lo que le esperaba.

En su segunda semana Jones llegó tarde a la formación matutina, y para empeorar las cosas acudió llevando un forro polar negro que le acababan de entregar, pero que era de un tipo *diferente* (una casaca en vez de un jersey) al que llevábamos nosotros.

No hace falta decir que ambas infracciones no pasaron desapercibidas para Kirk.

—Jones —rugió Kirk, moviendo la cabeza con disgusto—, apareces quince putos minutos tarde y cuando lo haces llevas puesta una jodida prenda equivocada.

Luego, Kirk se marchó.

Esto no va a pintar nada bien, pensó Jones.

Cuando regresó, Kirk traía una barra amarilla larga. Era pesada, y en lo alto Kirk había puesto un cartel con letras grandes con las palabras BARRA DE LOS QUE LLEGAN TARDE.

—¿Ves esta barra? —dijo Kirk, dándosela a Jones—. De ahora en adelante la llevarás contigo adonde quiera que vayas.

A continuación, nos dirigimos a efectuar una marcha de entrenamiento de veinticuatro kilómetros.

En el transcurso de la semana siguiente Jones llevó consigo obedientemente la barra de llegar tarde adonde quiera que fuese: al entrenamiento físico, al comedor o al baño. Además de ser agotador también lo hacía parecer ridículo. Varias veces al día lo detenían algunos suboficiales desconcertados o algún que otro oficial y le preguntaban: «¿Por qué llevas una barra, soldado?».

—Esta es mi barra de llegar tarde, ¡señor! —decía Jones, recitando lo que Kirk le había dicho que contestara mientras se mantenía rígido en posición de firmes—. ¡Llevo esta barra adonde quiera que voy!

Al final de la semana, Kirk fue a la habitación de Jones, se llevó la barra, y balbució algo sobre cómo Jones no había lloriqueado por su castigo. No fue exactamente un «gracias», pero fue la manera que tuvo Kirk de hacer saber a Jones que lo estaba haciendo bien.

A partir de entonces Jones se convirtió en uno de nosotros.

Kirk podría haberlo sabido o no por aquel tiempo, e incluso de saberlo es difícil de imaginar si le hubiera importado, pero este fue exactamente el modo correcto de manejar a un muchacho como Jones. Con esto se ganó Kirk un grado de lealtad por parte de Jones tan intenso y puro como la luz de la luna de Tennessee. Una lealtad que solo se podía igualar al afecto que sentía Jones por Mace, el único tipo de la sección que se había dignado a hablarle cuando a nadie más le importaba una mierda.

Aunque Koppes, Mace y Jones no habían salido precisamente del mismo molde que los hombres duros del pelotón, aportaban algo importante al común, empezando por el hecho de que los tres eran buenos amigos y que siempre nos hacían reír al resto. Es cierto que a menudo empleaban más tiempo en pensar cuál iba a ser su próxima broma que en hacer sus tareas. Pero estaban ansiosos por hacerlo bien. Harían cualquier cosa que se les ordenara en un abrir y cerrar de ojos. Y lo que era aún más importante, harían lo que se les dijera con una jovialidad que dejaba a las claras que no iban a permitir que sus estados de ánimo se vieran afectados por las penosas faenas que forman la vida rutinaria en los niveles más bajos de la tropa.

Además de todo lo anterior, eran increíblemente formales y sinceros, una cualidad que emanaba de su predisposición para aprender. Lo que *amaban* por encima de todo lo demás era cuando sus jefes de equipo, tipos como Larson, Gallegos y Kirk, solo un par de años mayores que ellos pero que ejercían autoridad gracias a su experiencia previa de combate, los sentaban a su alrededor y les enseñaban cosas que necesitarían saber cuando fueran a misiones de ultramar, como limpiar una ametralladora M240 para que no se encasquillara, o como desmontar un lanzagranadas Mark 19.

Con un guía y disciplina adecuada, ni al resto de los suboficiales ni a mí nos cabía la menor duda de que estos tres jóvenes tenían el potencial para convertirse en excelentes soldados.

Además, nos caían bien sobremanera, lo que ayudó a reforzar nuestra sensación de unidad mientras fueron llegando los últimos miembros de nuestro equipo.

Josh Hardt se mantuvo un poco en un segundo plano desde el principio. Tras pasar 2007 con otra división de infantería en Irak, donde había establecido estrechos lazos con algunos tipos de su pelotón, fue enviado a Fort Carson y recibió órdenes de ingresar en el Black Knight. Además de perder a los amigos de su antigua unidad, estaba también recién casado, lo que significaba que tendía a pasar la mayor parte de su tiempo libre con su esposa. Pero aun así, lo escogimos a la primera oportunidad que tuvimos, porque nos gustó lo que vimos.

Del mismo modo que Kirk encajaba bien con Gallegos, vimos en Hardt un sargento con una mentalidad extremadamente agresiva, con grandes posibilidades para formar un buen tándem con Larson. Hardt tenía una feroz ética del trabajo, lo que ayudaría a Larson a reforzar el liderazgo en la Sección Alfa del pelotón. Además, era de lo mejor cuando se trataba de deportes, en particular de fútbol americano. Finalmente, Bundermann se animó por el hecho de que Hardt mascaba tabaco, lo que signi-

Josh Hardt.

ficaba que siempre tendría a alguien al que gorronear un poco de Copenhagen (aunque Bundermann descubriera en última instancia, para su inmenso
fastidio, que la mayor parte de gorroneo iba a ir en el otro sentido).

Hardt ofrecía un contraste llamativo en todos estos sentidos, igual que el
tipo que llegó poco después que él: un hombre que quizá, más que ningún
otro, acabaría representando el alma del Pelotón Rojo, por encarnar tantos
aspectos diferentes de cada uno de nosotros —esto es, de nuestras cualidades
mejores y peores— aunque los combinara de una manera totalmente original.

Cuando nos enviaron a Thom Rasmussen en febrero acababa de rom-
perse la muñeca en una pelea de bar (algo que ocurría con frecuencia), y
luego posteriormente esa misma tarde, y fuera del bar, fue asaltado por una
banda de hispanos, uno de los cuales lo había golpeado con un bastón ex-
tensible de metal conocido como «asp».[*] Para evitar el castigo, Rasmussen
se había inventado una elaborada historia que incluía el haberse emborra-

---

[*] Iniciales de la empresa fabricante Armament Systems and Procedures, Inc. *(N. del t.)*

chado y haber golpeado una ventana. Por la forma tan eficaz con que vendió esa mentira al *sergeant major* (que no era ningún tonto), parecía evidente que Rasmussen poseía un don para proyectar una sólida convicción respecto a que el curso de acción que había elegido iba a producir exactamente el resultado que estaba buscando, al mismo tiempo que dejaba entrever que, si las cosas se iban al diablo, en realidad le importaba una mierda; una actitud que más tarde haría de él alguien en quien no dudaría ni un momento en depositar toda mi confianza en combate.

Raz, como acabamos llamándolo, era un grueso tipo de Minnesota de uno noventa y seis metros de altura que tenía unos brazos que parecían moldeados de un tronco de nogal, y cuya franqueza auténtica podía ser tan áspera como la corteza de árbol. Si le preguntabas por qué ingresó en el ejército te miraba directamente a la cara y te decía:

—Me metí en el ejército porque nunca acabé el bachillerato, estaba viviendo en el sótano de otras personas, y era un adicto a la metanfetamina, ese es el porqué.

Como Raz era tan enorme, dimos por hecho al principio que sería realmente bueno en deportes. Como se comprobó más tarde, no lo era —aunque podía ser divertido en la cancha, especialmente cuando hacía algo como quitarle la peluca a Mace y llevarla puesta durante los partidos de *softbol*.* Pero había algo de Raz que a todos nos pareció honesto y genial, y quizá fuera esa la razón por la que comenzó a gustarle a muchos de los muchachos más jóvenes, estableciendo una interesante dinámica con Larson.

Para estos muchachos más jóvenes Larson y Raz eran como hermanos mayores, pero cada uno de un modo diferente. Larson era el hermano mayor severo que aparecería en la habitación de Koppes un domingo por la noche y se bebía quince cervezas mientras veía episodios de *The Unit,*† haciendo creer a Koppes que el entrenamiento físico de la mañana siguiente iba a ser pan comido. Luego volvía a aparecer a las 6.00 de la mañana y anunciaba que a pesar de que habíamos ganado el último partido de fútbol americano contra el Pelotón Azul, no habíamos ganado por los puntos suficientes, así que todo el mundo iba a hacer una marcha de calentamiento de treinta y dos kilómetros y a pasar el resto de la mañana haciendo esprints cuesta arriba hasta que al menos vomitara la mitad de nosotros.

---

* Juego en el que se emplea un bate y una pelota, muy similar al béisbol. *(N. del t.)*
† Serie de acción de la CBS para la televisión ambientada en el ejército. *(N. del t.)*

Thom Rasmussen.

Larson era también un hermano mayor responsable en el sentido de estar siempre enseñándonos cosas. A menudo venía a los barracones y miraba alrededor a ver si veía a alguien que estuviera sin hacer nada.

—Coge esa M240 y reúnete conmigo fuera —decía. Lo siguiente que descubría el tipo es que se encontraba inmerso en un tutorial de tres horas de duración sobre ametralladoras.

Raz, por su parte, era el hermano mayor «pelillos a la mar». Si, por ejemplo, tu chica te había dejado, o habías quedado exhausto hasta vomitar después de que Larson se hubiera cargado a todo el pelotón, Raz era el tipo que vendría y te daría un abrazo de oso para que te sintieras mejor. También era el tipo al que llamabas cuando querías emborracharte, o cuando estabas intentando solucionar un problema después de haberte emborrachado. Y era el tipo al que acudías para la clase de favor que no pedirías nunca a Larson —como, digamos, que te llevara al aeropuerto cuando marchabas a casa para el Día de Acción de Gracias—, pese a saber que Raz bien podía pasar a recogerte unas cuantas horas tarde porque, por supuesto, estaba borracho.

En resumidas cuentas, a Raz le gustaba beber casi tanto como luchar, pero lo que le hacía disfrutar aún más que estas dos cosas juntas era llevarse bien con casi todos los del pelotón. En el contexto de su turbulenta niñez y de los años perdidos que habían precedido a su estancia en el ejército, el Pelotón Rojo podía ser muy bien para él lo más cerca que había estado nunca de tener una familia y un hogar.

A finales del invierno de 2008, mientras se dejaba caer el último de los nuevos reemplazos y todo el mundo iba encontrando tranquilamente su sitio, el pelotón comenzó a cuajar. Sin duda, había algunos eslabones débiles en nuestra cadena. Tres de nuestros reclutas eran demasiado vagos para ponerse en forma y arrastraban los pies todo el tiempo en las marchas de grupo que hacíamos por las montañas de las afueras de Colorado Springs. Otro recién llegado, un tipo llamado Josh Dannelley, cogió el mal hábito de vaciar el contenido de su bolsa de botiquín individual —vendas y productos que tus compañeros utilizarían para salvarte la vida si eras alcanzado— y llenarla con queso y galletitas para tener algo que picar mientras estaba de servicio de guardia. Y Ryan Willson era un desastre de tal calibre —y no solo en el plano figurado, sino también de forma literal— que una tarde le ordenó Kirk que empaquetara todo el contenido de su habitación del barracón, lo sacara al exterior y se quedara luego varias horas allí sosteniendo un póster que detallaba lo limpia y bien organizada que debe estar una habitación.

Estos ejemplos pueden parecer inocuos, pero ilustran un aspecto clave. Los civiles a veces tienen la impresión de que un pelotón consiste en un «grupo de hermanos», pero ese casi nunca es el caso. Cada vez que reúnes a diecinueve o veinte hombres jóvenes y los pones juntos, no todos van a acabar llevándose bien. Y en el ejército la tendencia tiene una vuelta de tuerca más por el hecho de que no todo el mundo es un tipo formidable. La consecuencia es que todo tiende a terminar en un estrecho núcleo de personas que se caen bien y confían los unos en los otros, orbitado por un grupo disperso de solitarios que no parecen encajar nunca.

Con todo, para la primavera empezaba a estar convencido de que habíamos construido una unidad de élite, un pelotón que estaba cohesionado y que tenía las capacidades suficientes para considerarse *preparada*.

Individualmente y como equipo teníamos una mentalidad extremadamente agresiva, ya fuera jugando al fútbol americano o yendo a efectuar una patrulla. Nunca esperábamos a que sucediera algo. No teníamos miedo de apretar el gatillo en ningún aspecto de la vida, y no nos preocupaban las consecuencias, fueran buenas o malas, de tomar lo que pensábamos que era la decisión correcta.

No hace falta decir que esas cualidades no siempre funcionaban bien en la vida normal. Pero en cualquier caso, Bundermann estaba encantado con lo que estaba viendo, porque en el campo de batalla este tipo de mentalidad es esencial. Es más, cuando nos preparábamos para ser desplegados en ultramar, parecía como si hubiera algo en nosotros que nos hiciera mantenernos al margen. Y por extraño que parezca, parte de la prueba —al menos en mi opinión— descansaba en nuestra reticencia a formar parte de ese tipo de pavoneo que tiende a fomentar el ejército a nivel de pelotón, donde prácticamente cada unidad está completamente convencida de que es un regalo de Dios a las fuerzas armadas estadounidenses.

Para entonces los chicos del Pelotón Blanco, cuyos barracones estaban junto a los nuestros, habían escogido como indicativo de llamada «Señores de la guerra». Mientras tanto, los del Azul, que estaba todavía en proceso de preparación, insistían en que se les identificara como «Bastardos». En otras circunstancias podríamos habérnoslas arreglado escogiendo algo similar para nosotros. Pero, en cierto modo, no nos parecía que fuera algo con clase.

Preferimos mantener las cosas simples. Así que en vez de optar por un apelativo llamativo que expresara la clase de tipos duros que éramos, decidimos que era mejor hacer que nuestras acciones hablaran por nosotros. En consecuencia, solo fuimos Rojo y nada más. Sin embargo, si querías que se hiciera algo, sin importar lo sucio o desagradable que pudiera ser, todo lo que tenías que hacer era llamarnos, y nos haríamos cargo.

Aunque eso contribuya a mostrar un resumen honesto de cómo funcionábamos, no debería interpretarse como que estuviéramos siempre contentos con nuestra suerte, un hecho que quizá se ilustre mejor con la reacción de Kirk cuando al fin recibimos noticias del lugar exacto de Afganistán al que nos mandaban.

Estaba familiarizado con el lugar, ya que había estado destinado lo suficientemente cerca como para haber tenido la oportunidad, más allá de oír rumores, de hablar directamente con los tipos que habían estado allí y lo habían visto de primera mano.

—El lugar —anunció— es una puta trampa mortal.

3

Keating

La provincia de Nuristán está tan aislada y es tan pobre que los soldados norteamericanos que han pasado tiempo allí se refieren a ella a menudo como los Apalaches de Afganistán. Al igual que en los Apalaches, esta región de la vertiente sur del Hindú Kush es el hogar de un pueblo de gentes ferozmente independientes con fama de sufrir aislamiento y atraso, y de tener mala opinión de los extranjeros. También saben cómo luchar.

Son los descendientes directos de las tribus que se enfrentaron a los ejércitos invasores de emperadores como Tamerlán, Babur e incluso Alejandro Magno. Más recientemente, sus padres y abuelos formaron la primera guerrilla de combatientes muyahidines que se levantó contra la invasión soviética de Afganistán de 1979. La revuelta que comenzaron inspiró a otras partes del país a unirse a la rebelión, que desangró a los rusos durante la mayor parte de una década, hasta que las últimas unidades del Ejército Rojo se retiraron al fin al otro lado de la frontera en el invierno de 1989. En cuestión de pocos meses una serie de revoluciones desencadenadas en Europa oriental, en parte por el desastre que los rusos habían sufrido en Afganistán, culminarían con la caída del Muro de Berlín y, poco después, en el colapso de la propia Unión Soviética.

Si no procedes de esta parte del mundo deberías pensarlo muy detenidamente antes de decidir si vas a joder a la gente de Nuristán.

Cuando el gobierno estadounidense decidió intervenir en Afganistán después de los ataques del 11 de septiembre, se encontró un problema en la parte oriental del país que hubiera reconocido todo comandante ruso que hubiera servido durante un tiempo en la región en los años setenta. Para el verano de 2005, las fuerzas norteamericanas y de sus aliados de la OTAN se vieron enfrentadas a un brusco incremento de la actividad insurgente a lo largo de la frontera pakistaní, exactamente donde se encuentra Nuristán.

Aquí, en un sector inhóspito y de montañas verticales cortadas por ríos de corrientes bravas del deshielo, los combatientes talibanes y de Al Qaeda estaban empleando una serie de valles aislados como pasillos de comunicación para trasladar combatientes y armas entre los dos países. (Había rumores de que este sistema de corredores también podría haber sido utilizado para sacar a Osama Bin Laden de Afganistán poco tiempo después de que las fuerzas estadounidenses lo forzaran a retirarse de su fortaleza de cuevas en las montañas de Tora Bora.) Si te sentabas delante de un mapa y trazabas esas rutas, guardaban un parecido exacto a las líneas de aprovisionamiento que los muyahidines afganos habían utilizado para canalizar hombres y armas contra los soviéticos en los años ochenta.

En el verano de 2006 las fuerzas armadas norteamericanas decidieron hacer frente a este problema internándose firmemente en el interior de Nuristán y Kunar, la provincia contigua por el sur, con el objetivo de establecer una red de bases avanzadas en las profundidades de ambas provincias. La idea era que estas bases nos permitirían interrumpir las líneas de suministros enemigas mientras que de forma simultánea nos ganábamos la voluntad de los campesinos locales sospechosos proporcionándoles cosas de las que carecían. Nuevos caminos. Agua potable. Escuelas.

La fase inicial de esta penetración fue conocida como Operación León Montañés, y la mayor parte del trabajo duro fue desempeñado por unidades de la 10.ª División de Montaña del ejército. La operación duró unos tres meses, y para el final de este período habían establecido casi una docena de puestos avanzados, incluyendo un puñado de bases muy pequeñas situadas a lo largo de la carretera extremadamente estrecha que serpentea en las inmediaciones del río Kunar y de uno de sus afluentes principales.

Cada uno de esos puestos avanzados parecía más remoto e inaccesible que el anterior. Pero el último, que finalmente acabaría denominándose Keating, constituía por sí mismo una clase única.

«Las guerras —observó el escritor Sebastian Junger durante un año que pasó con una pequeña unidad de soldados norteamericanos en la provincia de Kunar— se luchan con maquinaria pesada, que funciona mejor en lo alto de la colina más grande de la zona y se emplea contra hombres que están allá más abajo. En eso, lisa y llanamente, consisten las tácticas militares.»

En dos frases Junger había clavado el principio más elemental del combate con armas ligeras, un concepto que se remonta a cuando lo más avanzado de la tecnología militar eran las catapultas y los elefantes de guerra. Ante esa verdad, que representa la destilación de unos cuatro mil años de sabiduría militar, resulta razonable preguntarse por qué, cuando en el verano de 2006 se sentaron a planificar el diseño de Keating los analistas de inteligencia de la 10.ª División de Montaña, pensaron que este principio podía ser ignorado de tal modo.

De una forma u otra, esa pregunta continúa acechando a todo soldado que sirvió allí con posterioridad.

La ubicación que escogieron los analistas era inaceptable casi desde cualquier criterio que quisieras aplicar. Situada a solo veintidós kilómetros y medio de la frontera con Pakistán, el sitio estaba enclavado en el valle más profundo del distrito de Kamdesh en Nuristán, en un lugar que se asemejaba a la taza de un retrete. Estaba rodeado de pronunciadas montañas cuyas cimas se alzaban a una altura de tres mil seiscientos sesenta metros, donde sus crestas permitirían al enemigo disparar al puesto avanzado desde arriba mientras permanecía oculto detrás de una masa de árboles y cantos rodados. Para desencadenar un ataque los talibanes solo necesitaban trepar por sus avenidas clandestinas, las veredas que recorren las laderas de las crestas que los insurgentes utilizaban para traer provisiones y munición, desplegarse y comenzar a disparar directamente contra el recinto.

En jerga militar esto se conoce como «tiro cuasi parabólico» y es extremadamente difícil de suprimir, porque adondequiera que los defensores comenzaran a devolver el fuego en serio, el enemigo no tenía más que desaparecer ladera abajo por la otra vertiente de los riscos. En el momento que cejaba la defensa el enemigo era libre de volver y reanudar el hostigamiento. Este patrón de ataque y elusión continuaría hasta que los norteamericanos solicitaran la intervención de sus helicópteros de ataque, procedentes de Jalalabad (a ciento veintiocho kilómetros de distancia), de sus cazas de reacción y de sus aeronaves de combate Spectre,* procedentes del aeródromo de Bagram, a las afueras de Kabul (a trescientos veinte kilómetros), o cuando las cosas se ponían realmente mal, a los bombarderos de largo alcance B-1 procedentes de Qatar, a más de dos mil ochenta kilómetros de distancia.

---

* El AC-130 Spectre es una versión fuertemente armada del avión de transporte Hércules C-130, que dispone de ametralladoras y cañones, y que está diseñada específicamente para generar una gran potencia de fuego contra objetivos terrestres. *(N. del t.)*

Vista de la Cara Norte desde el puesto avanzado de combate Keating.

Vista desde arriba del puesto avanzado de combate Keating desde la Cara Norte.

La aldea de Urmul.

Esta enorme desventaja táctica era obvia para cualquiera que dentro de la base se molestara en levantar la cabeza y mirara hacia arriba. Pero esto no era más que el comienzo de las deficiencias de Keating.

Además de hallarse rodeada de montañas estaba flanqueada por ríos: el Darreh-ye Kushtāz al oeste, que separaba al puesto avanzado de la zona de aterrizaje para helicópteros, y el Landay-Sin al norte. También estaba situada junto a Urmul, el hogar de unas veinte familias cuyas casas construidas con ladrillos de adobe, y en particular su mezquita, ofrecían cobertura adicional a los combatientes enemigos. Como colofón final la base norteamericana más cercana, levantada junto a la pequeña población de Naray (que finalmente acabaría siendo conocida como Bostick), estaba a seis horas de trayecto en coche por la única carretera disponible, con un firme de apenas cuatro metros de anchura que bordeaba con frecuencia barrancos extremadamente profundos.

En resumidas cuentas el enclave era remoto, estaba aislado y resultaba prácticamente imposible de aprovisionar, estando tan increíblemente batido por el fuego cuasi parabólico que se requerían cantidades masivas de artillería y poder aéreo para defenderlo. Esos defectos eran tan manifiestamente evidentes que el joven especialista que recibió las órdenes de desarrollar los planes iniciales lo apodó «Custer».*

Si tuvieras que buscar un ejemplo del peor lugar posible para construir una base de fuego, un emplazamiento que violara cada ápice de conocimiento inoculado en las cabezas de los soldados a los que se les había de ordenar defender el puesto avanzado de combate Keating, sería difícil encontrar un lugar mejor que este. Y aun así, eso fue lo que hizo exactamente el ejército en el verano de 2006.

Los problemas comenzaron a aflorar casi de inmediato.

En el espacio de tres semanas desde que llegaran las primeras tropas, el campamento fue asaltado con fuerza, no una sino dos veces. En la segunda ocasión efectuaron un ataque desde tres direcciones distintas, que puso de manifiesto lo expuestos que estaban los soldados al fuego y a la vigilancia enemigos en el interior de su nuevo enclave.

Por entonces, la línea de aprovisionamiento terrestre acabó siendo intransitable. Los convoyes armados procedentes de Bostick tropezaban con una dura resistencia en la estrecha carretera de montaña, y los combates resultantes impidieron además que los trabajadores afganos mejoraran la carretera. Para continuar aterrorizando a los civiles del lugar, los insurgentes levantaban falsos puestos de control en los que empezaron a cortarles orejas y narices a los conductores de camiones afganos que trabajaban para los norteamericanos.

Los peligros de la carretera, que para entonces todo el mundo llamaba la «Travesía de la Emboscada», se vieron de forma más gráfica ese otoño cuando un joven soldado norteamericano, un teniente brillante y enérgico de Maine, trató de conducir un enorme camión blindado de aprovisionamiento —que para empezar nunca debería haber sido puesto en aquella carretera— de vuelta a Bostick. Cuando la berma cedió ante el peso del vehículo de nueve toneladas, este cayó en picado por un precipicio de noventa y dos metros hasta el río Landay-Sin. El oficial salió despedido de la cabina, y cuando sus camaradas bajaron a por él se lo encontraron con tantos miembros rotos que no supieron por dónde empezar. Sus piernas presenta-

---

* En referencia al teniente coronel George Armstrong Custer, comandante del 7.º Regimiento de Caballería de Estados Unidos, derrotado en Little Big Horn por una confederación de tribus indias en 1876. *(N. del t.)*

ban múltiples fracturas. Ambos pies aparecían casi seccionados a la altura de los tobillos. Se había roto la espalda, y sangraba abundantemente por cabeza, abdomen e ingles.

Después de aplicarle los torniquetes y las férulas, sus rescatadores lo pusieron en una camilla y comenzaron a subirlo hacia la carretera. A medio camino le perdieron el pulso. Para cuando llegaron arriba ya estaba muerto. Aun así, lo evacuaron a Bostick en helicóptero, donde los médicos estuvieron cuarenta minutos tratando de reanimarlo con masajes cardíacos.

Su nombre era Ben Keating, y además de ser la causa de que la carretera se cerrara al uso, su muerte dio al puesto avanzado su nombre oficial.

Eso fue en noviembre de 2006. Durante los dos años siguientes el reguero de ataques se cobró un precio creciente en cada una de las unidades que se fueron sucediendo, hasta que en octubre de 2008 se llevó a cabo un intento de asesinato planeado sobre el entonces comandante de Keating, el capitán Robert Yllescas, que moriría más tarde a causa de sus heridas. Eso significaba que dos de los cuatro comandantes norteamericanos del puesto avanzado ya habían muerto.

Para entonces, a todo el mundo le resultaba obvio que Keating estaba sencillamente demasiado aislado para poder ser defendido. Y por tanto se puso en marcha la planificación para el cierre del puesto, una decisión que en realidad comprometía la seguridad de Keating aún más, porque a partir de ese momento no se dedicaría ningún recurso o esfuerzo adicional a la mejora de las fortificaciones.

Esto no fue un buen augurio para el último grupo de soldados de Keating, los desafortunados combatientes de caballería que recibirían el encargo de una de las misiones más inviables que uno pueda imaginar. Porque la única cosa peor que recibir órdenes de defender un puesto avanzado que nunca debió ser construido es tener que desmantelarlo y llevárselo.

Para eso, en resumidas cuentas, es para lo que nos dijeron a mí y al resto del Black Knight Troop que nos preparásemos, mientras tomábamos una serie de vuelos que nos llevarían desde la pista de Fort Carson a través de Alemania y Kirguistán, hasta llegar finalmente al aeródromo de Jalalabad, donde pasamos varios días en las instalaciones esperando a la tanda final de vuelos en helicóptero que nos dejaría en Bostick, la principal fuente de apoyo y aprovisionamiento de Keating, y el punto de partida en el viaje a nuestro nuevo hogar.

Los pilotos dicen a menudo que en el Hindú Kush el tiempo es «de valle a valle». Lo que significa que una mañana cualquiera, especialmente en otoño, una cuenca de drenaje puede presentarse clara y despejada mientras que el sector adyacente a unos kilómetros de distancia puede estar encapotado y con tormenta. Dependiendo del viento, la temperatura y otra serie de variables, puedes volar por todo el valle de Kunar de arriba abajo sin pensarlo dos veces mientras el valle de Kamdesh se encuentra tan encapotado que incluso el vuelo más corto se hace impensable.

Para los aviadores militares, especialmente los que pilotaban los helicópteros de vuelo a baja cota responsables de proporcionar transporte y apoyo aéreo cercano a las tropas terrestres norteamericanas en la primavera de 2009, esto suponía uno de los entornos de vuelo más exigentes de la tierra.

Los pilotos de helicóptero del 7.º Escuadrón del 17.º Regimiento de Caballería de la 159.ª Brigada de Aviación de combate de la 101.ª División Aerotransportada, eran la espina dorsal del mantenimiento del esfuerzo de guerra en estas montañas, y uno de los aparatos que volaban, el CH-47 Chinook, hacía las veces de camión de transporte volante, capaz de trasladar cualquier cosa imaginable, desde granadas de mano y minas Claymore[*] hasta Pop-Tarts, aparatos de aire acondicionado y grupos de soldados recién llegados, como nosotros.

Para entonces, las cosas se habían puesto tan mal que los pilotos de Chinook de Jalalabad se mostraban reacios a volar a Keating por otra cosa que no fuera entregar diésel, comida y munición. Y aun entonces, solo hacían los trayectos durante los períodos de «baja iluminación», la parte del mes con poca luz de luna o luna nueva, para evitar que se pudiera detectar la silueta del helicóptero y convertirlo en un gran blanco para los combatientes talibanes. Por ese motivo no fue hasta el 27 de mayo cuando tuvimos una noche lo suficientemente oscura como para poder trasladar a nuestra avanzadilla, un grupo que me incluía a mí, a Bundermann, y al *first sergeant* Burton, además de a dos de nuestros sanitarios y a media docena de muchachos.

Era ya más de medianoche cando nos posamos en la zona de aterrizaje. Apenas podíamos ver nada mientras ayudábamos a sacar cajas de la parte

---

[*] La mina M18 Claymore es un dispositivo direccional antipersona accionado a distancia. Se sitúa de cara al enemigo y una vez accionada proyecta un conjunto de bolas metálicas similares a las de la posta. *(N. del t.)*

trasera del pájaro de doble aspa. Luego nos acompañaron hasta el comedor para tomar un bocado rápido.

Todo era confuso en la oscuridad, y a pesar de nuestras gafas de visión nocturna no lográbamos ver mucho. Cada una de las peculiaridades principales del que habría de ser nuestro hogar, los veintitantos edificios pequeños dispuestos sin forma ni concierto dentro de un área del tamaño de un campo de fútbol norteamericano, se hallaba envuelta por las sombras. Y en lo que respectaba al terreno que había más allá de la alambrada, era completamente invisible.

Los soldados a los que debíamos relevar en aquel lugar no nos enseñaron mucho esa primera noche antes de que nos acostásemos, aparte de los tubos urinarios y las letrinas. Y entonces, nada más amanecer, ya estábamos siendo atacados.

Ni siquiera nos habíamos despertado cuando los talibanes comenzaron a dispararnos con armas ligeras desde posiciones situadas en las laderas circundantes, cuyos nombres pronto nos serían muy familiares. La Cara Norte. El Campo de Minigolf. El Trampolín. El Zigzag. También nos atizaron con un par de proyectiles explosivos de 84 milímetros disparados con un cañón sin retroceso B-10, que llegaron con un silbido y un estruendo que nos dejó estupefactos.

En mitad de este ataque un soldado que pertenecía a la unidad a la que íbamos a relevar entró en el barracón y nos dijo que uno de sus sargentos había recibido un feo disparo en la cabeza. Para evitar más bajas, dijo, quizá lo mejor sería que nosotros, los nuevos, nos abstuviéramos de corretear por ahí y nos quedáramos en el interior del barracón. Cuando se marchó todos estuvimos de acuerdo en que se nos presentaba un momento extremadamente idóneo para comprobar nuestro valor: la clase de recordatorio que no solo mostraba lo peligroso que era este lugar, sino también su vulnerabilidad.

Unos minutos más tarde, cuando el fuego que nos hacían fue remitiendo, salimos fuera para hacer una evaluación de nuestro entorno. Fue entonces cuando tuvimos nuestra *verdadera* prueba de valor.

Me eché hacia atrás y cuando miré hacia arriba contemplé atónito las montañas y sus crestas que se alzaban hacia el cielo en todas direcciones, pronunciadas escarpaduras de granito cubiertas de árboles que hacían completamente invisibles los senderos que cruzaban a través de ellas.

Vaya —pensé—, voy a fortalecer mis músculos del cuello en este lugar a lo largo del próximo año.

A eso le sucedió un descubrimiento aún más aleccionador.

El emplazamiento del puesto avanzado no solo no tenía sentido —cualquiera podría disparar al interior del perímetro desde casi cualquier posición imaginable—, sino que contravenía todo lo que me habían enseñado hasta ese momento. Casi sin darme cuenta comencé a comprobar una lista de normas infringidas:

¿Un perímetro largo y difuso demasiado grande para que los defensores puedan guarnecer una serie de puestos de guardia?

Comprobado.

¿Ningún lugar donde ocultarse aparte de las pocas construcciones de baja altura y un par de Humvees blindados?

Ajá.

¿Una zona de aterrizaje para helicópteros al otro lado del río?

Entendido.

—Esto es como estar en una pecera —murmuré—. Esos cabrones pueden ver todo lo que hacemos.

Mi última reflexión de esa mañana fue para Kirk y sus advertencias sobre lo terrible que era esta posición.

Sin duda a Kirk le gustaba exagerar las cosas, así que la mayoría de nosotros, incluido yo, le habíamos restado importancia. Pero ahora que estaba aquí podía ver que por una vez no había exagerado una mierda.

—Kirk, cabrón, tenías razón —dije—. Este lugar es un agujero de mierda.

Ese primer día los del grupo de avanzada pasamos la mayor parte del tiempo merodeando por el puesto avanzado en un esfuerzo por hallarle un sentido a la forma en que se había emplazado.

Las estructuras principales de Keating estaban construidas con piedra y madera, y la mayor parte de ellas tenían tejados de madera contrachapada reforzados con sacos terreros. Las paredes del puesto de mando y las de los barracones de los pelotones tenían más de treinta centímetros de grosor. Los tejados de estas estructuras estaban también reforzados con hasta doce centímetros de hormigón, además de una capa de sacos terreros en lo alto, lo que significaba que eran capaces de aguantar el fuego directo de cohetes y morteros.

Algunas de las estructuras de Keating.

La otra ubicación que gozaba de una fuerte protección era el emplazamiento de morteros, un pequeño agujero oculto debajo de un saliente de
roca en la esquina suroeste del puesto avanzado. Ahí era donde se situaban los
morteros de 120 milímetros y 60 milímetros, junto con un barracón de hormigón para la dotación de cuatro hombres que servía estas armas. Sin embargo, la mayoría del resto de edificios del interior de la alambrada, incluyendo
las letrinas, las duchas y el comedor, eran mucho más vulnerables. Estaban
ensamblados con madera contrachapada y costillas de madera de dos por seis,[*]
lo que no ofrecía protección alguna contra el fuego directo o indirecto.

Los edificios también estaban distribuidos de forma desordenada, con
poco o ningún sentido respecto a una planificación más de conjunto. Había

* El dos por seis (*2 by 6 Construction*) es un sistema de construcción de casas muy habitual en Estados Unidos, en el que las planchas de madera de la cubierta exterior están re-
forzadas interiormente con costillas de madera de seis pulgadas de grosor (unos catorce
centímetros). (*N. del t.*)

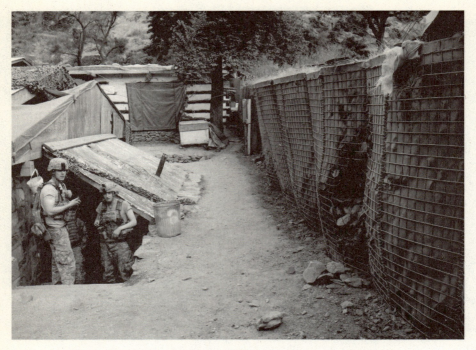

Hescos formando el perímetro del puesto avanzado de combate.

estrechos pasillos entre algunos de ellos, mientras que otros estaban conectados por trincheras poco profundas. El emplazamiento de un puñado de ellos presentaba sencillamente una exposición total, sin nada que los escudara o protegiera salvo algunas redes de camuflaje y unos pocos árboles.

Había también un total de 577 hescos, contenedores de malla de alambre de metro y medio de alto por dos de ancho llenos de tierra, que ofrecían una protección efectiva contra explosiones y fuego de armas ligeras. Los hescos estaban alineados unos junto a otros y formaban el muro exterior de Keating en los laterales este, norte y oeste del campamento, además de un muro principal que pasaba directamente a través del centro del puesto avanzado en un eje norte-sur.

El sector sur del perímetro estaba protegido únicamente por una triple hilera de alambre de espino.

Para complementar estas barreras el campamento contaba con cinco posiciones de combate principales, desde las que podíamos desplegar un potente fuego defensivo y, con suerte, detener un ataque.

Un Humvee blindado equipado con un Mark 19, la posición de combate
conocida como Vehículo 2.

Cuatro de ellos eran Humvees blindados, cada uno de los cuales iba
equipado con una torreta armada encima de la cabina. La quinta posición
era una torre construida en un edificio que dominaba la puerta de entrada
principal en el lado noroeste del campamento. Los sistemas de armas de los
vehículos blindados y de la torre incluían tres ametralladoras de calibre .50,
un par de lanzagranadas Mark 19 y dos ametralladoras pesadas M240.

La torre y dos de los vehículos estaban también equipados con sofisticados sensores electrónicos, aunque tremendamente delicados, que en teoría, nos permitirían detectar cualquier movimiento enemigo que se produjera en las inmediaciones y facilitar las coordenadas de las cuadrículas de la
posición del blanco. Conocido como «LRAS» (que significa «sistema de vigilancia de exploración avanzado de largo alcance»),[*] estos dispositivos raramente estaban operativos y por tanto eran prácticamente inútiles. En reali-

---

[*] De sus siglas en inglés: *Long-Range Advanced Scout Surveillance System. (N. del t.)*

El Zigzag descendiendo hasta Keating.

Vista del Trampolín desde el Humvee blindado conocido como
«posición de combate LRAS1».

dad, para hacerse una verdadera idea de lo que rodeaba al puesto avanzado tenías que salir de patrulla al otro lado de la alambrada. Cuando lo hicimos en nuestro segundo día comencé a familiarizarme con las características geográficas que dominaban la vida en Keating.

Keating estaba enclavado en la vertiente sur del río Darreh-ye Kushtāz y situado en la base de dos montañas. En el lado suroeste, a retaguardia del puesto avanzado y directamente detrás de ti si mirabas hacia el río, se elevaba una pronunciada escarpadura de más de trescientos metros. Un sendero sinuoso, conocido como «el Zigzag», ascendía por la escarpadura desde nuestro perímetro exterior hasta lo alto de la cresta, que se extendía de forma ininterrumpida hacia el sureste, donde una enorme roca, que era conocida como «el Trampolín», se elevaba hacia el cielo. Los laterales de este macizo tenían una inclinación aproximada de unos sesenta grados, y la línea de crestas ofrecía una cobertura espléndida para que los combatientes enemigos pudieran observar y disparar directamente sobre el campamento.

Al otro lado del río, que era atravesado por un pequeño puente peatonal que marcaba el lugar donde el capitán Yllescas —antiguo comandante de Keating— había sido asesinado, se elevaba ante el campamento una mole aún más grande.

Esta característica del terreno, que se conocía como «la Cara Norte», era tan pronunciada que en algunos lugares se volvía casi vertical, razón por la que una de las unidades anteriores había colgado cuerdas en la misma. El único modo de llegar a la cima era con las posturas estilo Batman de tiempos del colegio, subiendo por la pared directamente mano sobre mano. En los puntos más vulnerables un simple resbalón o un disparo podían enviarte de cabeza al fondo, cuatrocientos cincuenta y siete metros más abajo.

Además de las escarpaduras norte y sur había un tercer elemento por destacar. Justo hacia el oeste y cerniéndose sobre la pequeña aldea de Urmul había una masiva estribación de cuatrocientos cincuenta y siete metros de altura conocida como «el Campo de Minigolf». Como las escarpaduras norte y sur, este terreno era pronunciado, estaba muy poblado de gruesos árboles y matorral, y presentaba numerosas grietas y afloramientos rocosos.

Todas juntas, estas escarpaduras y líneas de crestas rodeaban prácticamente el puesto avanzado a la vez que proporcionaban una magnífica cobertura y ocultamiento a las fuerzas que nos observaban desde allá arriba.

Todo esto ya hubiera sido bastante inquietante por sí mismo. Pero lo que verdaderamente nos dio escalofríos a mí, a Bundermann y al resto de la avanzadilla fue el emplazamiento del puesto de observación.

La mayor parte de las bases de fuego como Keating están protegidas por un pequeño campamento fuertemente fortificado que está separado del puesto avanzado principal. Conocido como «puesto de observación», o PO, se suele situar en el terreno más elevado y ha de tener un eje de visión directo con la base principal, de manera que el minúsculo grupo de soldados que estén apostados en su interior puedan prestar fuego de cobertura defensivo con sus ametralladoras y morteros.

Sin embargo, debido a las montañas circundantes, el terreno más elevado en Keating se encontraba *al otro lado* de la línea de crestas, que se extendían por la cima del Zigzag. Esto significaba que nuestro puesto de observación, que era conocido como «Fritsche» (pronunciado como *Fritch-i*) y que estaba guarnecido por una única sección de apenas veinticinco hombres, no poseía una línea directa de visión que lo mantuviera en contacto con Keating.

Fritsche era crucial para la seguridad de Keating, porque el puesto de observación estaba equipado con morteros de 120 milímetros y 60 milíme-

Panorámica del Campo de Minigolf, visto desde el Humvee blindado conocido como puesto de combate LRAS2.

tros, capaces de provocar serios daños en cualquier posición enemiga de la que proporcionásemos las coordenadas de diez dígitos de su cuadrícula correspondiente.

Así que mientras tuviéramos contacto por radio, y en tanto que las armas de Fritsche estuvieran operativas, las probabilidades de supervivencia allá abajo de los cincuenta norteamericanos apostados en el interior de la alambrada en Keating ante un ataque masivo se incrementaban de forma significativa. Pero también había una zona de espacio muerto entre Fritsche y Keating en la que sencillamente no podíamos ver una mierda. En este punto ciego, que era inmenso, el enemigo podía moverse adonde quisiera y cuando quisiera sin nuestro conocimiento. Y aún había otra debilidad táctica que el enemigo entendió perfectamente y que supo exactamente cómo explotarla.

Decir que este terreno tendía a desorientar sería quedarse corto. Ni siquiera Larson, que era uno de los mejores exploradores que he conocido

Vista de Keating desde el Campo de Minigolf; la zona de aterrizaje de helicópteros es visible en la esquina inferior izquierda, en el exterior del perímetro del puesto avanzado de combate al otro lado del río.

jamás, llegó a tener una comprensión sólida de la dirección, y confundía
continuamente el este y el oeste. Aunque pueda parecer absurdo, tenía algo
que ver con el hecho de estar en el fondo de esas montañas en vez de en la
cima, lo que hacía que para nosotros fuera excepcionalmente difícil mantener nuestras brújulas en el sentido correcto.

En última instancia la mayoría de nosotros acabamos orientándonos a
partir de la Cara Norte, utilizándola como una especie de chuleta operativa,
al estar incluido el punto cardinal en el propio nombre.

Además de todo esto, había también un emplazamiento principal estratégico y táctico en el batiburrillo de Keating, que era la zona de aterrizaje
del helicóptero o LZ.

Uno de los detalles que se nos había pasado por alto cuando el Chinook nos dejó en mitad de la noche era que la LZ, apenas un trozo de tierra
aplanada del tamaño de una cancha de baloncesto, estaba ubicada al final
del puente de cemento al otro lado del río Darreh-ye Kushtāz, que fluía por
el lado occidental del puesto avanzado en el *exterior* de nuestra alambrada.

Esto significaba que cada vez que un helicóptero se preparara para tocar
tierra, seríamos requeridos al efecto para reconquistar nuestra propia LZ.

Esto planteaba un enorme riesgo de seguridad al tiempo que empeora-
ba sobremanera nuestras dificultades logísticas. Cada cosa que se llevaba a
esa LZ debía ser transportada por nosotros a través del puente y de la puerta principal, lo que nos exponía a los combatientes enemigos. Aún peor, en
caso de estar asediados y no poder asegurar la zona de aterrizaje, sería imposible que un helicóptero trajera provisiones o munición, o evacuara a
nuestros heridos.

Entonces no lo sabíamos, pero esta cuestión acabaría revelándose como
un aspecto crítico durante la batalla que nos aguardaba, imponiendo unas
limitaciones que en última instancia acabaron impidiendo que pudiéramos
ayudar a uno de nuestros heridos, algo que nos perseguirá a los supervivientes de Keating durante el resto de nuestras vidas.

Pero nos estamos adelantando a los acontecimientos.

Las carencias de Keating eran lo suficientemente evidentes como para que
descubriéramos la mayor parte de las mismas durante nuestro primer día. Pero
había otra vulnerabilidad que no era tan obvia, al menos no a primera vista.

La entrada principal al puesto avanzado consistía en un portón oscilan-
te situado en el punto en que la carretera que transcurría por el fondo del

valle pasaba por la esquina noroeste del puesto avanzado. La endeble protección que ofrecía aquella barrera metálica, que se suponía que debías levantar para permitir el paso de vehículos al interior del campamento, se veía aún más comprometida por el hecho de que hacía tiempo que sus bisagras se habían roto. Afortunadamente, toda la zona de entrada que venía a continuación se hallaba debajo de la torre blindada de vigilancia, con una ametralladora que estaba alerta día y noche, y que se lo pondría difícil al enemigo si decidía asaltar la puerta.

Sin embargo, la puerta trasera de Keating era un asunto totalmente distinto.

El centro del campamento estaba definido por un conjunto de edificios que incluían, entre otras estructuras, nuestro puesto de mando, los barracones, el puesto de primeros auxilios y el comedor, además de otras infraestructuras de menor entidad como nuestro cobertizo de herramientas y los generadores eléctricos. A lo que había que añadir una mezquita. Directamente al este de este lugar, y extendiéndose por toda la zona hasta el perímetro, había una serie de pequeños cobertizos que alojaban a nuestros aliados del Ejército Nacional Afgano, o ENA, que supuestamente debía proporcionar efectivos adicionales.

Estos hombres suponían un verdadero problema. Procedían del 6.º Kandak, una unidad del tamaño de un batallón que quizá tuviera el peor historial de reputación y desempeño de todo el ejército afgano. Creada solo un año antes, la unidad estaba pobremente disciplinada y mal dirigida, negándose además a integrarse en nuestra estructura de mando. Aunque se suponía que sus efectivos debían ascender a unos cuarenta hombres, era imposible saber cuántos soldados afganos había en el interior de Keating en un momento dado, porque tendían a desaparecer sin autorización cuando sentían la necesidad de volver a casa, especialmente a finales del verano, durante el mes del Ramadán.

Estos hombres apenas mostraban interés alguno por entrenarse con nosotros, y a menudo se negaban a acompañarnos en las patrullas, prefiriendo permanecer en el interior de sus dependencias echándose la siesta y fumando hachís. Los veíamos como vagos e incompetentes, aunque lo que los hacía realmente peligrosos era su negativa a utilizar las letrinas principales, por tener que caminar unos cincuenta metros extra hacia el oeste. En su lugar, apisonaron una porción de la alambrada de espino del perímetro oriental de Keating, lo que les permitía entrar y salir del campamento en cualquier momento que necesitaran aliviarse. Así que además de la

puerta frontal, que disponía de procedimientos de seguridad y comproba-
ciones de identidad bajo el ojo atento de quienquiera que estuviera de servicio con la ametralladora pesada de la torre de vigilancia, el campamento
tenía también una entrada trasera por la que cualquiera podía entrar y salir
a voluntad.

Pese a todo lo malos que eran los soldados afganos, al menos tenían
una cosa a su favor: un par de experimentados soldados de la OTAN procedentes de Letonia que habían sido asignados para entrenarlos y llevar un
control sobre ellos. Los letones eran competentes, resilientes, y hacían todo
lo que podían para impulsar la disciplina y las capacidades de los afganos.
Eso significaba que a pesar de sus numerosos defectos, el ENA era ligeramente mejor que otros dos grupos de nativos: un pequeño contingente de la
Guardia de Seguridad Afgana[*] (GSA), que se suponía que debía ayudar en
la vigilancia de la puerta principal, y un grupo de la Policía Nacional Afgana (PNA), que tenía un minúsculo puesto de control en la carretera que
pasaba justo por aquel lugar. Con estos dos grupos no se podía contar para
nada que no fuera quedarse dormidos en sus puestos a mediodía.

El ENA, la GSA y la PNA: nunca llegamos a comprender cómo se
suponía que tenía que encajar esta amalgama de grupos en el contexto amplio de nuestra misión. Y una parte descomunal de dicha confusión partía
del hecho de que ese mayor contexto de la misión era en sí mismo parte de
un misterio, al menos para nosotros.

Si tuviera que explicar por qué habíamos sido enviados a Keating y lo
que se suponía que debíamos hacer allí, diría que todo parecía reducirse
a que debíamos ayudar al gobierno afgano a reforzar la seguridad lo suficiente como para que se reactivara el comercio en la región. Esto permitiría a la
población nativa comenzar a ganar dinero, que podrían utilizar para comprar un montón de lectores de DVD, tostadoras y otras cosas golosas para
ellos y sus familias, transformando Nuristán por arte de magia en una zona
de actividad de vibrante desarrollo económico. Entonces el gobierno podría organizar elecciones que permitieran a la gente abalanzarse sobre las
urnas y votar deshacerse de los talibanes; hecho lo cual, todo el mundo podría relajarse delante de sus nuevos aparatos de televisión, preparar algunos
cócteles y disfrutar del momento.

---

[*] Las Afghan Security Guards (ASG), eran milicias contratadas por el ejército estadounidense para la defensa exterior de perímetros defensivos y para la escolta a convoyes.
(N. del t.)

Ni que decir tiene que se trata de una pobre conceptualización de la estrategia militar estadounidense del momento, que debía utilizar Keating y otros puestos avanzados de combate remotos para bloquear los recursos de los insurgentes con la esperanza de evitar que pudiesen atacar poblaciones y ciudades más grandes en el sur. Pero esto es lo que *pensábamos* que nos estaban pidiendo que hiciéramos a medida que el resto de los miembros del Black Knight Troop fueron siendo enviados a la zona de aterrizaje en el transcurso de la semana siguiente.

Quizá también merezca la pena señalar que no empleamos mucho tiempo y energía en pensar en el panorama general, porque estábamos centrados en los pequeños retos, infinitamente más urgentes, de los cuales el principal era averiguar cómo diablos íbamos a sobrevivir hasta que llegara el momento de cerrar este lugar.

Esa fue, básicamente, la primera pregunta que circuló por la mente de los recién llegados a medida que fueron bajando del Chinook en los días siguientes. Podías ver sus caras de consternación en esos primeros instantes, cuando lo asimilaban todo y descubrían lo atrapados que estábamos.

Hacia el final de esa semana llegaron los últimos miembros del Pelotón Rojo en un grupo que incluía a Jones y Koppes. Cuando aterrizaron estaba tan oscuro que tuvieron que agarrarse unos a otros y abrirse paso a ciegas por el pequeño laberinto de barracones.

A la mañana siguiente, cuando me los llevé a hacer un recorrido por los alrededores para enseñarles el puesto avanzado, Jones sintetizó la reacción de todos con su habitual elocuencia.

—Oh, sí, por supuesto —musitó, mientras le dirigía a Koppes una mirada de complicidad—. Estamos *muy* jodidos.

4

Dentro de la pecera

Cuando por fin hubimos completado el traspaso con la unidad a la que estábamos relevando, el Black Knight disponía de tres pelotones de primera línea en Keating: el Azul, el Blanco y el Rojo. También teníamos una sección de plana mayor, que incluía a nuestros oficiales al mando, sanitarios, observadores avanzados y operadores de radio, aparte de las dotaciones de morteros, mecánicos, cocineros y demás personal de apoyo.

Según el plan, la Sección de Mando había de quedarse en el interior del perímetro mientras que los tres pelotones de combate restantes irían rotando por Fritsche durante períodos aproximados de un mes, proporcionando vigilancia al resto de los que nos quedábamos allá abajo, en el interior del perímetro. Estas estancias en Fritsche eran muy codiciadas porque había muy poca supervisión en este puesto de observación. Una vez que un pelotón estaba allá arriba sus integrantes quedaban prácticamente a su albedrío. El Pelotón Azul tuvo la suerte de conseguir el primer período, y el Pelotón Rojo hubiera estado encantado de recibir las órdenes de relevarlo cuando llegó el momento de bajar. Sin embargo, se le dio el trabajo al Pelotón Blanco, ya que el capitán Melvin Porter, comandante de Keating, no confiaba mucho en mí y en mis chicos del Rojo.

Eso era comprensible, porque éramos el pelotón más arrogante y revoltoso de todo el escuadrón, y por ende el mayor incordio. No obstante, y como el capitán Porter solía admitir a regañadientes, también éramos, de lejos, los soldados mejor entrenados y más agresivos bajo su mando. Esa mentalidad se reflejaba en el afán con el que nos propusimos autoencargarnos de la tarea de corregir las muchas vulnerabilidades de seguridad de Keating, una labor que Porter no se tomó nada bien.

Al término de nuestras dos primeras semanas habíamos elaborado una extensa lista de mejoras que queríamos llevar a cabo. Estas incluían de todo, desde la reparación de la puerta de entrada principal a la sustitución de las minas Claymore enterradas en la parte exterior de la alambrada de espino del perímetro sur. Porter respondió con negativas a casi todas nuestras solicitudes. Era frustrante, pero lo que encontramos aún más difícil de asimilar fue su negativa a ponerse a la ofensiva. Nos reprendió continuamente por emplear demasiada munición cuando éramos atacados, y autorizaba con tan poca frecuencia el disparo de granadas a nuestro emplazamiento de morteros que comenzamos a llamarlo «Sin mortero Porter».

El comportamiento de Porter, que según nuestro punto de vista se debía a su incapacidad para comprender la gravedad de la situación, nos hizo enfurecer a muchos de nosotros, y a ciertos niveles creo que así era. No obstante, es justo destacar que al igual que en la mayor parte de las situaciones de combate, el panorama era mucho más complicado de lo que pudiera parecer desde fuera. Porter debía tener en cuenta directivas de sus superiores de las que nada sabíamos, directivas que incluían órdenes de evitar la dedicación de muchos recursos a un puesto avanzado cuyo desmantelamiento estaba ya previsto, y de no enemistarse con la población afgana local saturando el sector con patrullas demasiado agresivas o con fuego innecesario.

Aun por encima de esas exigencias resultaba que Porter se hallaba en su tercer despliegue, y estaba quemado hasta mucho más allá de sus límites. En retrospectiva, aunque lo encuentro un comandante deficiente, debo reconocer que muchas de las decisiones que se vio obligado a tomar durante nuestra estancia en Nuristán tuvieron probablemente su causa en problemas de mucho mayor calado, que incluían a un ejército mermado y agotado por dos guerras, múltiples despliegues y recursos inadecuados.

Con todo, aún teníamos que afrontar con el hecho de estar atrapados en el interior de un puesto avanzado pobremente situado y rodeado por un enemigo dispuesto a matarnos, una situación a la que mis chicos y yo reaccionamos con los únicos medios a nuestro alcance. Al menor síntoma de provocación nos fundíamos cajas enteras de munición, efectuando fuego sostenido y ráfagas de ametralladora pesada y de lanzagranadas por mayor espacio de tiempo que todos los demás pelotones juntos, hasta que finalmente recibíamos una orden directa de Porter de alto el fuego.

Sin embargo, en el fondo, eso no impidió que los talibanes hicieran lo que prácticamente les viniera en gana.

De junio a septiembre el enemigo atacó de forma implacable, disparándonos día sí, día no, algunas veces en sesiones múltiples durante un mismo día. Por entonces parecía como si el propósito principal de estos ataques fuera simplemente jodernos. Por ejemplo, había ocasiones en las que nos atacaban por la mañana temprano con poco más que una ráfaga de armas ligeras, el tipo de fuego poco preciso que no tenía otro propósito táctico o estratégico que el mero hostigamiento. Sin embargo, la mayor parte de las veces estos ataques eran serios: una cortina de fuego sostenida desde la roca que sobresalía sobre nuestro emplazamiento de morteros, a la que habíamos bautizado como Roca RPG; o un proyectil bien colocado con un cañón sin retroceso ruso B-10 que se ocultaba en algún lugar allá arriba en las laderas, hacia el este, en un punto que nunca logramos localizar para poder fijarlo.

Ese B-10 era una vetusta pieza de chatarra: un cañón de dos ruedas de la era soviética que empleaba una granada explosiva cuyo diseño apenas había cambiado desde la segunda guerra mundial. No obstante, decía algo de los talibanes: que eran capaces de obtener resultados con ello. Cuando disparaban esa cosa sonaba como si un tren de mercancías estuviera a punto de caernos desde lo alto, y el daño que podía infligir era temible.

Apenas unos días después de que llegáramos el sargento de pelotón Jeff Jacobs, suboficial de más graduación del Pelotón Blanco, fue herido en la cara por un par de fragmentos de metralla. Le rompieron la mandíbula, le aplastaron la mayor parte de los dientes y le consiguieron un billete de vuelo a Walter Reed,[*] donde los médicos tuvieron que cubrir el agujero que tenía en su mejilla derecha con una placa de metal. (Debo suponer que decía algo sobre nosotros el que antes de fin de año Jacobs estuviera de vuelta en Afganistán.)

Al fin, comprendimos que el objetivo principal de los talibanes con estos ataques era obtener información. Cada vez que provocaban una respuesta por nuestra parte podían mejorar su análisis mediante la observación de nuestros patrones de movimiento y poniendo al descubierto nuestras debilidades.

A veces concentraban fuego de armas ligeras o un simple proyectil de su cañón sin retroceso B-10 en la parte oriental; luego de repente, aparecía un puñado de granadas de RPG procedentes del Zigzag, al oeste. Cada ataque les daba un mejor entendimiento de nuestras capacidades defensivas

---

[*] Walter Reed National Military Medical Center (Centro Médico Militar Nacional Walter Reed). *(N. del t.)*

en el interior del perímetro, y les ayudaba a determinar dónde habían de colocar el fuego más efectivo cuando finalmente decidieran tirar la casa por la ventana.

Durante los momentos de calma que se producían entre estos ataques, la vida aún distaba de ser fácil en Keating. Los dos pelotones de combate del puesto avanzado principal eran responsables de dar protección a todo el conjunto, lo que era un eufemismo de permanecer de guardia e intercambiarse la tarea cada siete días. En la semana que le tocaba estar de guardia a tu pelotón, tú y tus muchachos erais responsables de guarnecer las cinco posiciones de combate principales (la puerta principal y nuestro cuarteto de vehículos Humvee poderosamente armados) en períodos de dos horas, de forma ininterrumpida durante veinticuatro horas al día. Cuando éramos atacados se doblaba el número de posiciones de combate a guarnecer.

Esto ya hubiera sido suficientemente complicado de por sí. Pero nuestros retos de seguridad se vieron considerablemente más comprometidos por el número de locales afganos que se encontraban en el interior del puesto.

Por raro que pueda sonar, se había desarrollado una especie de simbiosis entre nosotros y la gente nativa que vivía en un puñado de pequeñas aldeas situadas en un radio de medio día de camino de Keating, a pesar del hecho de que casi todos esos campesinos también suministraban combatientes a los talibanes. Muchos de los residentes eran amables con los insurgentes, pese a que ellos mismos no eran talibanes. Al mismo tiempo eran pobres de solemnidad, y nosotros les proporcionábamos una fuente de ingresos muy necesaria, que es la razón por la que montones de ellos se alegraban tanto de que se les contratara para trabajos de construcción y otras tareas para las que necesitábamos ayuda. Esto dio lugar a un acuerdo bastante extraño. Cada mañana una procesión de afganos entraba en nuestro puesto avanzado por la puerta principal rota. Cada noche justo antes de la puesta de sol, salían de nuevo en fila y regresaban a sus hogares.

Esto significaba que la mayoría de los días se acogía en el interior de Keating a una variopinta muchedumbre de lugareños. La mayor parte de ellos pasaba el rato en lo que llamábamos «la tienda Haji»,* una estructura del tamaño de un vestidor adosada a uno de los muros de hesco y distante

---

* Así se conoce en Estados Unidos a las tiendas de ultramarinos regentadas por extranjeros, generalmente musulmanes. *(N. del t.)*

unos pocos pasos de nuestro depósito de munición. La tienda era gestiona-
da por un hombre enjuto de aspecto curtido al que llamábamos John Deere,
por la gorra de béisbol que siempre llevaba puesta. Mantenía el lugar bien
surtido de horribles cigarrillos, camisetas baratas con la bandera de Afganistán estampada y las palabras COMANDO AFGANO (que todos los soldados
del ENA utilizaban), y Boom Boom, un sucedáneo de bebida energética
que sabía como los Smarties,* y que muchos de mis muchachos pensaban
que en realidad estaba bastante buena. John Deere, que se hallaba también
a cargo de la Guardia de Seguridad Afgana del puesto de control sito en la
puerta principal, vivía dentro de la tienda, que había amueblado con un sofá
y una televisión.

Casi cada día, la tienda Haji atraía a una muchedumbre de regulares
afganos para tomar el té, bromear y pasar el rato. Muchos de estos hombres
se distinguían lo suficiente como para que pudiéramos apodarlos, como «el
Camello», «el Napias» y «el Enano». Había un soldado del Ejército Nacional Afgano inusualmente agresivo que quería matar a los talibanes con tanto ahínco que algunas veces se levantaba y tiraba cohetes artificiales. Lo
apodamos «el Tío del RPG». Otro soldado afgano prefería ponerse en la
puerta principal, donde se quedaba riéndose y sonriéndose todo el día. Era
tan genuinamente agradable que la mayoría de mis soldados no podían ne-
garle el permiso para sentarse en el interior de nuestro vehículo de guardia,
aun cuando sus ojos estuvieran permanentemente inyectados en sangre y
apestara a hachís, que crecía por todos los alrededores del puesto avanzado.
Lo llamamos «Cachimba». Y finalmente estaba «Ron Jeremy», un afgano
bajo y rechoncho con características especialmente velludas que mostraba
un notable parecido con la erizada estrella del porno. Se suponía que debía
ser nuestro principal intérprete, pero en raras ocasiones pudimos valernos
de él de forma efectiva, porque aunque tenía fluidez en el idioma pastún, no
hablaba ni palabra de nuristaní.

En cierto modo, estos personajes nos procuraban una diversión muy
necesaria para el penoso trabajo rutinario. Por otra parte, siempre eran una
fuente de irritación y preocupación continuas.

Jones, que a menudo hacía el servicio de guardia en la torre que se alzaba sobre la puerta principal, no podía soportar a la mayoría de los soldados
del ejército afgano, por su gran indisciplina e indiferencia. Otra cosa que le

---

* Grageas de chocolate cubiertas de azúcar de distintos colores similares a los Lacasi-
tos o a los M&M. *(N. del t.)*

molestaba era la forma en que los guardias de seguridad de John Deere, encargados del puesto de control situado al amparo de su ametralladora, permitían que mujeres con burka deambularan alegremente por la puerta sin siquiera molestarse en preguntarles nada.

—¡Eh, registra a esa mujer, tiene los pies más peludos que he visto en mi vida! —gritaba Jones desde la torre mientras una figura cubierta por un burka azul y negro pasaba levitando—. ¡¿Alguien va a preguntarle *por favor algo* a esa zorra?!

No habría ninguna respuesta en absoluto. Mientras los guardias daban plácidamente otra calada de hachís o se cruzaban de brazos y volvían a su siesta, Jones levantaba las manos disgustado y hacía señales.

—¡Bueno, ahí va la talibán! —gritaba quejándose—. ¡Hasta luego, gracias por venir!

La incesante vigilancia ante semejante indiferencia caricaturesca de nuestros aliados afganos, combinada con el no poder dormir nunca más de dos horas seguidas, estaba afectando a los hombres de forma brutal. Durante el primer mes las cosas se habían puesto tan mal que el resto de los jefes del Pelotón Rojo y yo comenzamos a romper discretamente las normas, permitiéndoles a nuestros muchachos cuatro horas de sueño en las semanas que nos tocaba hacernos cargo de la seguridad. Aunque ni siquiera los períodos de descanso de siete días, cuando nos relevaban los Pelotones Blanco o Azul, nos eran de mucho alivio. Si no estábamos de servicio de guardia, estábamos enviando patrullas casi a diario al otro lado de la alambrada, con el propósito de efectuar tareas de reconocimiento y tratar de descubrir infiltraciones.

Durante estas aventuras, a las que nos referíamos como «paseos por la naturaleza», cada hombre debía llevar más de veintisiete kilos de equipo, más sus armas y munición. Las exigencias físicas de transitar arriba y abajo con tanto peso por un terreno tan abrupto eran enormemente desagradables. Pero, al menos, estas salidas nos hacían disfrutar de la belleza de nuestros alrededores.

Aunque Nuristán estaba encajada en el interior de un país devastado por treinta años de guerra ininterrumpida y era el hogar de solo Dios sabe cuántos millones de minas sin estallar, sin mencionar a una población traumatizada, era lo más cercano al paraíso que cualquiera de nosotros hubiera visto nunca. Casi en cada giro nos obsequiaba con otra panorámica maravillosa. Allá arriba en lo alto, las montañas con sus cimas cubiertas de nieve reverberaban a la luz del sol contra el intenso cielo azul. Allá abajo, los arroyos fluían por el fondo del valle cargados de sedimentos glaciales azulados. Y en cualquier parte entre ambos se extendía una exuberante capa de vegetación verde esmeralda en las laderas este y norte, mientras que las laderas más áridas orientadas al sur y al oeste se presentaban adornadas con arbustos desérticos y afloramientos de roca de un naranja apagado que, por la mañana temprano y a últimas horas de la tarde, parecía que se hubiera sumergido en oro fundido. No lejos del emplazamiento de morteros había incluso una cascada de agua que caía sobre una serie de piedras grises, rodeada de una arboleda de viejos ejemplares retorcidos.

En resumidas cuentas, el lugar era maravilloso. Y aunque ya dijimos que nos recordaba al Parque Nacional de las Montañas Rocosas de Colorado, siempre tuvimos presente que éramos extranjeros, y que en este lugar no era bienvenida nuestra presencia.

Esa hostilidad se reflejaba en la propia tierra y en las cosas que florecían allí en más formas de las que podíamos contar. No había manera de poner la mano en una superficie sin clavarte un montón de espinas, ya que había cardos por todas partes. Cada planta o árbol parecía armada con púas y pinchos, y lo mismo ocurría con las criaturas salvajes. En las laderas de las montañas había enormes puercoespines con púas más grandes que perros, y bandadas de monos de mal genio que se colgaban de los barrancos y nos arrojaban piedras a medida que íbamos pasando. Sin embargo, lo que era realmente peculiar eran los insectos.

Había un tipo de hormiga negra que tenía las patas como las de una araña. Podía moverse tan rápido que si te sentabas al lado de un grupo de ellas mientras estabas de patrulla, comenzaban a pulular por todo tu cuerpo. No logramos encontrarlas clasificadas en ningún libro, así que las llamamos «superhormigas». En cuanto a las arañas *propiamente dichas*, eran enormes, con cuerpos amarillo grisáceo del tamaño de perritos calientes, que parecían lo suficientemente grandes como para matar y comer pájaros. Tampoco pudimos encontrar ninguna referencia respecto a ellas, así que las apodamos «arañas vómito», y cuando estábamos aburridos, poníamos a una de ellas en el interior de una lata de café con un escorpión y contemplábamos como se peleaban hasta la muerte.

Había muchas más criaturas. Serpientes de cuyas cabezas sobresalían cuernos. Lagartos gigantes de apariencia prehistórica con lenguas bífidas y garras afiladas. Y una misteriosa criatura que solo aparecía de noche en nuestro sistema de vigilancia moviéndose sigilosamente por el bosque, y que Jonesie estaba convencido de que era un leopardo de las nieves, aunque ninguno de nosotros lo creyera.

Pese a lo enervante que era todo esto, lo que hacía más inquietantes estos paseos por la naturaleza era que cuando estábamos fuera de patrulla obteníamos al fin una vista de pájaro de lo vulnerables que éramos. Uno se arrastraba por un tramo de crestas de algún lugar como el Trampolín, el Zigzag o la Cara Norte y, de repente, miraba hacia abajo hasta el puesto avanzado y se daba cuenta de la cantidad de lugares que había allí mismo desde los que poder disparar a escondidas. Para confirmarlo, uno levantaba cuidadosamente el arma y dirigía la vista hacia abajo por el punto de mira, hasta la base, y luego silbaba bajito para sus adentros.

Joder, pensabas, *desde aquí podrían hacer daño de verdad...*

Luego caminabas un centenar de metros, o quizá solo quince, te detenías y mirabas de nuevo por tu mira telescópica.

¡Coño!, murmurarías. *Este lugar es aún mejor que el anterior.*

Pero lo más espeluznante de todo, de lejos, la cosa que atormentaba nuestras mentes más que las «superhormigas» y las «arañas vómito», más que los monos arrojadores de piedras o los puestos imaginarios de francotiradores, era cuando pasábamos por encima de un trozo de tierra con la hierba apelmazada, un lugar que quizá tuviera una o dos envolturas de chocolatinas afganas, y sabías que alguien había estado allí, mirando hacia abajo, observándonos a través de la mira telescópica de su propia arma, llegando a las mismas conclusiones que nosotros, y tomando nota de todo ello.

Aparte de los servicios de guardia y las salidas de patrulla éramos responsables de una infinita variedad de quehaceres que contemplaban toda la gama, desde descargar los Chinook y reaprovisionar las posiciones de combate con munición, a juntar toda la basura del recinto y llevarla al pozo de cremación, un hoyo poco profundo que se encontraba en el extremo occidental del campamento.

El pozo de cremación estaba siempre humeante; su fuego daba la sensación de no acabarse nunca. Algunas veces parecía que fueses allá arriba y al mirar vieses el mismo trozo de basura que había estado consumiéndose durante semanas. Y había varios tipos afganos rondando por aquel lugar todo el tiempo, porque allí era donde guardaban su alijo de revistas porno. Tenían un banco donde sentarse y su propia sombrilla. Envidiábamos enormemente a aquellos tipos, no solo por la calidad de su porno y su tiempo de ocio, sino también porque parecía que a ellos nunca les disparaban, algo que nos sucedía a nosotros con mucha frecuencia cada vez que íbamos allá arriba.

También nos disparaban cuando íbamos a recoger agua, algo que tuvimos que empezar a hacer en múltiples ocasiones a diario después de que Kirk averiara una tarde la red de distribución de agua del campamento al arrojar una granada de mano que tocó accidentalmente la tubería de unos diez metros que había al otro lado de la alambrada. Desde ese momento tuvimos que enviar a alguno de los muchachos más novatos, como Mace, Davidson o Gregory, al tramo de río que pasaba junto a la puerta principal, donde debía llenar dos garrafas de plástico de diecinueve litros, en las que venía el combustible, traerlas de vuelta, y luego regresar a por más. Los talibanes se lo pasaban tan bien disparando al tipo del agua que tuvimos que establecer dos equipos de dos hombres cada uno de manera que uno llevara el agua y el otro devolviera el fuego. Cuando hacía calor y todo el mundo estaba sediento se pasaban todo el día yendo y viniendo a por agua.

No obstante, por desagradable que esto pudiera parecer, no se podía comparar con la tarea más odiosa de todas, que era el mantenimiento de las letrinas.

El «cagadero», como lo llamábamos, era un cobertizo hecho de bloques de cemento que se situaba en un tramo de terreno despejado a unos cuarenta y seis metros del remolque de las duchas. En el interior había bancos de madera contrachapada adosados a las paredes, cada uno de los cuales presentaba una fila de seis agujeros con sus propias tazas de plástico y cortinas verdes y azules de privacidad que nunca cerraban del todo, salvo una, que obviamente era la preferida. (El peor sitio era el segundo del lateral derecho, que tenía una cortina no mayor que una toalla de playa, lo que significaba que estabas a la vista de todo el mundo.) Había también un hoyo al aire libre, que era utilizado por los guardias de seguridad afganos y por los trabajadores, que preferían ponerse en cuclillas en vez de sentarse.

Debajo de cada uno de los agujeros había un bidón de combustible cortado por la mitad con un soplete oxiacetilénico que recogía cualquier cosa que cayera en su interior. El fondo de la construcción estaba abierto de manera que los bidones pudieran ser extraídos y su contenido volcado a un gran bidón de metal, una tarea que recaía en cualquiera de los soldados de menor graduación que más nos estuviera tocando las narices en ese momento a mí o al resto de los sargentos. Una vez que todos los bidones habían sido vaciados, los muchachos del equipo de incineración empapaban entonces el bidón grande con gasolina de aviación y arrojaban una cerilla.

Suena bastante simple. Pero si estuvieras allí contemplando cómo ardía, verías que las llamas solo incineraban la capa de la superficie. Así que era necesario hacerse con un poste metálico, soporte de metal utilizado para sostener la alambrada de espino que habíamos tendido alrededor del perímetro del campamento, y remover vigorosamente el contenido del bidón mientras el humo de la gasolina de aviación y las partículas incandescentes de la mierda flotaban hacia tu cara.

Este proceso podía llevar fácilmente tres horas, aunque se podía acelerar si arrojabas un par de «cargas», que eran paquetes de fulminante que utilizábamos para incrementar el alcance de una granada de mortero dándole un impulso extra. Cuando los tipos de los morteros se avenían a deshacerse de algunas cargas, los muchachos del equipo del cagadero las arrojaban con gran satisfacción.

—Somos tan tremendos —solía presumir Koppes refiriéndose al Pelotón Rojo—, que luchamos hasta contra los bidones de mierda.

Sin embargo, aun con las cargas, el servicio de letrinas continuaba siendo una horrible experiencia. Solo el hedor era ya suficiente para hacerte vomitar. Aun peor, podías pasar la mayor parte de la tarde incinerando un bidón entero de excrementos solo para descubrir que todavía había granos de maíz ocultos en el fondo del bidón de incineración. (Siendo esta la razón por la que nadie quería incinerar mierda si se había servido maíz en la cena del día anterior.)

Me resultaba increíble que los muchachos más jóvenes, en especial Koppes, Mace y Jones, encontraran siempre el modo de hacerlo divertido. Se decían a sí mismos que al menos estaban quemando más heces estadounidenses que afganas, y que eso marcaba la diferencia. Y trataban de no pensar en el hecho de que mientras estaban allí a una temperatura de treinta y ocho grados centígrados cubiertos de mierda pegajosa, el resto del pelotón se encontraba en el interior del barracón echando la siesta o jugando al *Call of Duty* en la Xbox.

La mayor parte de los edificios en Keating eran cubículos sin ventanas con el techo de hojalata que habían sido improvisados a partir de pilas de rocas y madera contrachapada, y luego reforzados con sacos terreros, lo que significaba que de junio a agosto funcionaban prácticamente como saunas. A pesar del calor insoportable, tuvimos que pasar en su interior casi todos los tiempos muertos, debido a que prácticamente cada centímetro cuadrado del puesto avanzado se hallaba expuesto a las colinas cercanas.

Stephan Mace luchando contra los bidones de mierda.

No había partidos de fútbol o de voleibol, ni ningún tipo de relajación al aire libre. Si salíamos al exterior por cualquier motivo, ir al cobertizo que tenía los teléfonos para llamar a casa, utilizar los tubos urinarios o las letrinas, el alivio que pudiéramos sentir por abandonar el calor sofocante del interior se veía impedido por nuestro «equipo de combate», casi catorce kilos de blindaje cerámico y kevlar.[*] Llevarlo era obligatorio siempre que estuviéramos en el exterior o de servicio, así que estábamos siempre empapados en sudor, lo que no ayudaba a los problemas de olores que ya sufríamos.

Gracias a una serie de problemas técnicos inabordables con el generador de energía y la bomba de agua, teníamos suerte si nos duchábamos una vez a la semana. En poco tiempo hacíamos competiciones para ver quién llevaba el olor más fétido. (Ryan Wilson, un soldado que no tenía nada de

---

[*] Material ligero y excepcionalmente resistente utilizado en la fabricación de chalecos antibalas. *(N. del t.)*

especial en ningún otro aspecto, era el campeón indiscutible cuando se trataba de olor corporal.)

La vida durante nuestros tiempos muertos, cuando no estábamos durmiendo o de patrulla, podía convertirse en una carga insoportablemente
aburrida. Para pasar el rato jugábamos infinitas partidas de corazones y
picas,* y la Xbox pasaba continuamente de mano en mano. A algunos muchachos les dio fuerte por el *fitness* yendo al «gimnasio», una habitación de
tres por seis metros ubicada en la parte superior del barracón de la Sección
de Mando, equipado con un StairMaster,† una cinta de correr, surtidos de
pesas y un Bowflek‡ roto. El grupo que iba regularmente a entrenar incluía
a Kirk y Gallegos, además de Daniel Rodriguez y Kevin Thomson, que
eran miembros de la dotación de nuestro emplazamiento de morteros.
(Thomson, un hombre muy corpulento, extremadamente callado y proclive
a fumar marihuana, había empezado a tener un problema de sobrepeso y
estaba a todas horas en la cinta de correr tratando de quitarse unos kilos de
encima.) Mace también se pasaba por allí a menudo, aunque se centraba
exclusivamente en hacer flexiones para fortalecer sus bíceps, con la esperanza de que sus enormes músculos, junto a los efectos del ExtenZe que estaba
utilizando, impresionaran a las señoritas cuando regresara a casa de permiso en septiembre.

A mediados de verano, Kirk y Gallegos habían mostrado tal fijación en
la adquisición de volumen que se ejercitaban dos veces al día, al tiempo que
se atiborraban de suplementos para culturistas. Los productos que estaban
ingiriendo —N.O.-Xplode, creatina en polvo y proteína de suero de le-
che— les provocaban tantos gases que estaban pedorreándose continuamente, llenando el ambiente con emanaciones nocivas.

La excesiva flatulencia podría haber supuesto un problema en el comedor o en los barracones, salvo por dos cosas. Gracias a que al menos una granada de RPG había atravesado ya el tejado del comedor y se había llevado por
delante la pantalla de televisión, casi nunca comíamos o nos quedábamos allí.
En vez de ello, preferíamos traernos la comida a nuestros barracones, lo que
era tan asqueroso que un poco de mal olor adicional no tenía impacto alguno.

---

* Juego de cartas con la baraja inglesa generalmente conocido como «Hearts». *(N. del t.)*

† Nombre de la marca especializada en aparatos de *fitness* que simulan la subida y
bajada de escaleras. *(N. del t.)*

‡ Nombre de la marca especializada en aparatos de *fitness* concebidos para trabajar
distintas partes del cuerpo mediante el levantamiento de peso. *(N. del t.)*

La litera compartida por Raz y Larson en el barracón del Pelotón Rojo.

Además del hedor acre despedido por una mezcla de frituras de maíz, olor corporal y culo que se aferraba a las fosas nasales, el barracón del Pelotón Rojo estaba también infestado de pulgas. Los insectos se habían establecido tan firmemente que no había forma de deshacerse de ellos. A pesar de que todos llevábamos pulseras antipulgas en nuestros tobillos y muñecas, y de que logramos que nos enviaran un equipo de control de plagas (se marcharon disgustados), cada uno de nosotros tenía picaduras de pulga por todo el cuerpo.

No obstante, hicimos todo lo que estuvo a nuestro alcance en el barracón para sentirnos como en casa. Si entrabas por la puerta oeste, caminabas por el pasillo y te asomabas a los pequeños cubículos para dormir llamados «literas», de los que buena parte se componían de dos camastros que acomodaban a un par de compañeros de habitación, siempre podías quedarte con un detalle que revelaba algo de la personalidad de sus ocupantes.

La zona de Kirk y Gallegos estaba relativamente limpia, razonablemente ordenada y hasta los topes de munición. Aunque era cierto que a todos nos gustaba guardar lo que Jones llamaba «un poquito de todo» en nuestros camastros para el caso de que la base fuera atacada mientras estábamos durmiendo, Kirk y Gallegos llevaron esta práctica al extremo. Además de un impresionante surtido de armas, Gallegos tenía cintas de munición colgando de prácticamente cualquier superficie. Por su parte, Kirk había llevado a cabo varias incursiones a nuestro depósito de munición y se había hecho con cinco AT4 y algo así como dieciocho minas Claymore.

Juntos estaban acopiando probablemente el mayor alijo de municiones y armas que hubiera fuera del depósito de armas.

A unos pocos metros pasillo adelante estaba la litera donde dormían Larson y Raz. Si la cortina no estaba cerrada era mejor no mirar, porque Raz, que detestaba llevar ropa salvo cuando era absolutamente necesario, estaba casi siempre desnudo, una situación que Larson aceptaba, como solía hacer la mayoría de las cosas, con su característico silencio.

Justo detrás estaba el cubículo que compartían Jones y Kyle Knight, un especialista de Míchigan que era tan desordenado que la basura se caía literalmente de su camastro al suelo, llegando incluso al pasillo, una situación que le supuso tanto a Knight (que se lo merecía completamente) como a Jones (que era considerado culpable por proximidad) la distinción de ser considerados los «bichos sucios».

Por último, había un pequeño espacio que Hardt compartía con Mace, quien se granjeó envidias y mofas a partes iguales por su impresionante colección de sabrosas golosinas que le enviaba su familia con los paquetes de alimentos. Cuando Mace advertía que sus paquetes de cecina y sus latas de estofado Chef Boyardee estaban vedados a cualquiera que no estuviera dispuesto al menos a *preguntar* antes de engullirlas, Kirk —que se enorgullecía de no permitir que nadie le dijera nunca lo que tenía o no tenía que hacer— irrumpía en el interior aprovechando la ausencia de Mace, elegía algo que comer y dejaba el envoltorio de forma ostentosa con la única intención de hacer saber a Mace que había estado por allí.

Más tarde, cuando Mace regresaba y veía lo que quiera que Kirk se hubiera dejado atrás, echaba a andar lentamente por el pasillo, descorría la cortina de la litera de Kirk y Gallegos, y tomaba represalias pedorreándose en su cubículo. Dada la mucha cantidad de gas con la que los ocupantes estaban ya contribuyendo, este gesto carecía tanto de sentido como de efectividad. Pero parecía ofrecer a Mace alguna satisfacción, porque siempre regresaba a su camastro con una sonrisa de niño malo.

Dada la estrechez en la que estábamos viviendo en el interior de estos barracones no hacía falta mucho para que nos pusiéramos de los nervios los unos con los otros. Para aliviar algo esa tensión, los demás sargentos y yo ofrecíamos constantemente seminarios con píldoras de entrenamiento en toda clase de materias, desde navegación terrestre y operaciones de radio a medicina de emergencia. También organizamos lo que llamamos «noche en familia», en la que todo el pelotón se reunía alrededor de una mesa diminuta a la entrada del barracón para ver una película todos juntos.

Esas cosas sin duda ayudaban. Pero para relajarse completamente era necesario salir de los barracones y dirigirse al quizá al único lugar de Keating donde todos, sin distinción de grado o veteranía, se sentían verdaderamente a gusto, lo que resultaba extraño, porque también era el lugar adonde llevábamos a nuestros heridos y muertos.

5

Todo el mundo muere

Aunque nuestra instalación médica estaba adosada al muro de hescos en la periferia del campamento, no cabía duda de que hacía las veces de centro del mismo; era el lugar que, más que ningún otro, constituía el corazón y el alma de Keating. No era más grande que la cocina de una modesta casa de los suburbios y carecía de ventanas, disponiendo solo de una puerta de madera contrachapada que los sanitarios dejaban entornada siempre que se producía un tiroteo, de manera que se pudieran llevar los heridos directamente al interior.

El suelo era de un feo azul linóleo. Las paredes, desnudas, de color gris. Y sobre las vigas del techo había una zona de almacenamiento que guardaba grandes cantidades de Kerlix para restañar heridas sangrantes, además de abundantes soluciones salinas y medicinas. Hacia el fondo había dos literas para los sanitarios, Chris Cordova y Shane Courville, cada uno de los cuales dormía con un par de granadas de fragmentación dispuestas junto a sus respectivos camastros.

El capitán Cordova era un antiguo técnico de rayos X del área de Washington D. C. que se había convertido en ayudante médico antes de ingresar en el ejército. Además de ser un adicto al *fitness* con una gran afición a los triatlones y al entrenamiento CrossFit,* tenía la mayor formación médica de todo Keating. Courville, un *staff sergeant* que servía como su asistente, era de un pueblo de Vermont tan pequeño que en su promoción de bachillerato se graduaron trece personas. Además de un período de servicio pre-

---

* Se trata de un tipo de entrenamiento de fuerza y acondicionamiento basado en ejercicios funcionales variados realizados con una alta intensidad. *(N. del t.)*

Doc Courville, Doc Hobbs, capitán Cordova y Doc Floyd.

vio en Afganistán, había estado dos veces en Irak, donde tuvo la oportunidad de ver algunas heridas horribles infligidas a soldados destinados en el interior del paraíso de la insurgencia, situado entre Mahmoudiyah, Yusufiyah y Latifiya, una zona conocida como «el triángulo de la muerte». Este era su cuarto despliegue.

La estancia de Courville en Irak fue importante, porque allí se había visto expuesto a gran cantidad de lesiones. Para cuando llegó a Keating, había tenido que enfrentarse a unas mil quinientas heridas entre norteamericanos e iraquíes, en la que la balanza se inclinaba hacia los iraquíes. No obstante, desde la perspectiva de un sanitario había una cosa que hacía que Afganistán fuese totalmente diferente a Irak: no podías limitarte a restañar la hemorragia de un hombre herido y esperar a que un helicóptero apareciera de la nada para llevarse a tu paciente rápidamente al hospital. Los escenarios de combate de Afganistán eran demasiado remotos para ello. En su lugar, muchos sanitarios tenían que esperar al menos noventa minutos de media a que llegara un helicóptero para evacuar las bajas. En Keating

Chaplin Weathers, Courville y Cordova en el puesto de primeros auxilios.

podía llevar mucho más tiempo, razón por la cual Courville y Cordova sabían que no solo debían efectuar un proceso efectivo de triaje,[*] sino que además tendrían que mantener a sus pacientes con vida el tiempo suficiente para que pudieran llegar los helicópteros de evacuación médica.

El puesto de primeros auxilios estaba diseñado para atender a tres hombres heridos de forma simultánea. El caso de mayor gravedad se trasladaba directamente al interior, donde había un marco de madera diseñado para sostener una camilla a la altura de la cintura. Los otros dos heridos se llevaban generalmente al «café», una mesa de madera que sobresalía del muro oeste del edificio. Esta área estaba parcialmente cubierta por un tejado de chapa y una red de camuflaje, y además estaba protegida por un muro doble de sacos terreros de un metro y treinta y siete centímetros de altura.

---

[*] Método de selección y clasificación de pacientes en situaciones de emergencia mediante el cual se evalúan las prioridades de atención en función de las probabilidades de supervivencia y los recursos disponibles. *(N. del t.)*

Los sanitarios tenían bombonas de oxígeno, un ventilador y un desfibrilador que nunca utilizamos. Para administrar suero fisiológico y medicamentos por vía intravenosa colgaban las bolsas en puntillas clavadas en las vigas del techo. Las paredes exhibían también dos pizarras blancas. La que estaba junto al marco para la camilla registraba las constantes vitales de los pacientes. La otra se suponía que debía mostrar los números de teléfono de los otros edificios, como el puesto de mando y el emplazamiento de morteros. Pero en realidad la utilizábamos para anotar las apuestas sobre el «fuego recibido» diariamente en Keating.

La pizarra de las apuestas mostraba las posturas que se hacían en relación a cuándo íbamos a ser alcanzados de nuevo. La mayoría de estas apuestas se registraban los viernes y los sábados, que eran los días en que más les gustaba dispararnos a los talibanes. La pizarra también registraba apuestas relacionadas con cosas más detalladas, como por ejemplo si el ataque iba a ser solo de armas ligeras o con B-10, o qué vehículos blindados serían alcanzados y cuántas veces. Para hacer las posturas no se utilizaba dinero, ya que la mayoría de nosotros carecía de efectivo, así que echábamos mano de cigarrillos o casquillos de ametralladora de calibre .50, que podían ser utilizados como moneda para comprar cigarrillos.

El puesto de primeros auxilios era muy agradable por una importante serie de razones, empezando por el hecho de que los sanitarios tenían casi siempre electricidad, al estar conectados al generador de emergencia del puesto de mando. Eso significaba que además de aire acondicionado tenían también su propio teléfono e internet con línea DSN,[*] lo que significaba que podías llamar a casa a Estados Unidos o iniciar una sesión de chat de Skype en el ordenador.

Cordova y Courville eran extremadamente generosos tanto con el teléfono como con el ordenador, y los muchachos que estaban casados tendían a hacer un gran uso de esa generosidad, aun cuando —fruto del mucho estrés al que estábamos sometidos— sus llamadas a casa llevaban a menudo a discusiones absurdas y sin sentido. Una noche, uno de ellos se enzarzó en una discusión subida de tono con su esposa por la ubicación de un candelabro. Luego, otro tipo acabó en una pelea a gritos por el lugar en que había dejado su esposa el mando de la tele.

---

[*] *Defense Switched Network*, red conmutada de defensa. Se trata de una red propia de intercambio de todo tipo de datos de las fuerzas armadas estadounidenses que mantiene interconectados a todos los enclaves militares norteamericanos a nivel global. *(N. del t.)*

—Jesús —musitó Koppes, que de manera inadvertida había oído parte de la llamada—, dime por favor que no te estás peleando con tu señora por dónde dejó el mando... desde *Afganistán*.

A pesar de esas desagradables situaciones menores el puesto de primeros auxilios ofrecía una vía de escape para que cualquiera que quisiera pudiera charlar, pasar el rato, beber café, fumar cigarrillos y contar historias. Algunas veces Courville y Cordova ponían el ordenador sobre el soporte para la camilla de manera que todos pudieran sentarse y ver series como *The Wire* o *The Office*. Otras veces, Courville daba clases de medicina básica o como utilizar PowerPoint, mientras Cordova, que estaba muy metido en operaciones bursátiles e inversiones, ofrecía pequeños seminarios sobre planificación financiera. Sin embargo, y pese a lo agradables que eran todas estas cosas, lo que realmente nos arrastraba al puesto de primeros auxilios era el estilo y el ambiente del lugar.

Al ser terreno neutral y estar los sanitarios inmersos en el interior de una burbuja que no pertenecía al mundo de los soldados ni al reino de los oficiales, el puesto de primeros auxilios servía, *de facto*, de choza de terapia de Keating. Era allí donde iban suboficiales como yo con el propósito de quejarse a Courville sobre las estúpidas acciones que nuestros oficiales estaban tratando de efectuar, y sabíamos que escucharía con atención y comprensión. A su vez, esos mismos oficiales iban a hablar con Cordova sobre lo que quiera que les molestara de los suboficiales.

En esencia, los sanitarios proporcionaban una ventanilla única para tratamientos tanto físicos como emocionales. Y, por supuesto, el otro encanto del puesto de primeros auxilios radicaba en que era allí donde conservábamos el que quizá fuera el ítem más importante de todo el puesto avanzado, aparte del póster que mostraba a las camareras del Hooters[*] de Colorado Springs: unas braguitas de lencería que habían pertenecido a una estrella rusa del tenis.

Su nombre era María Kirilenko, y ese verano había pasado a la segunda ronda de Wimbledon. Con posterioridad, unos años más tarde, ganaría la medalla de bronce en los Juegos Olímpicos de Londres de 2012. Y lo que era mejor aún, había aparecido en la edición de bañadores de *Sports Illustra-*

---

[*] Cadena de restaurantes franquiciados muy popular en Estados Unidos famosa por sus atractivas camareras ligeras de ropa. *(N. del t.)*

ted con otras dos jugadoras de tenis en un reportaje fotográfico titulado «Volea de muñecas».

Nuestra conexión con María se estableció por primera vez cuando un miembro del Pelotón Rojo, que debe permanecer en el anonimato, le envió un correo electrónico cuyo contenido venía a decir más o menos: «Tú podrás patearme el culo en tenis, pero yo podría hacerte otro tanto en *ping-pong*», junto con un comentario en el que hacía referencia a encontrarse atrapado en las montañas de Afganistán, de lo que «vosotros los rusos deberíais saberlo todo».

Unos días más tarde llegó una contestación que decía: «Chicos, si alguna vez necesitáis a alguien con quién hablar, ya sabéis que yo estaré siempre aquí».

Lo ignoramos suponiendo que quizá fuera una impostura o que hubiera sido enviado por uno de sus asistentes. Pero entonces, un par de semanas más tarde, apareció un paquete en el correo cuya dirección del remitente era una casa de las afueras de Londres donde se suponía que se alojaban las tenistas profesionales. En su interior venían unas braguitas blancas de lencería dentro de una bolsa de Ziploc.* Había también una fotografía dedicada.

La llegada de estos dos objetos provocó una cantidad ingente de *googleo* en un esfuerzo por confirmar la dirección postal y la autenticidad de la firma que había en el reverso de la fotografía. Cuando llegamos a la conclusión de que, hasta donde podíamos saber, los objetos eran auténticos, colgamos la bolsa de Ziploc en la pizarra y establecimos unas normas que todo el mundo aceptó como justas. Quienquiera que quisiera podía venir en cualquier momento, abrir la bolsa y aspirar, en tanto que no tocara las braguitas con sus dedos y tuviera el cuidado de cerrar de nuevo la bolsa.

Estas braguitas emanaban el olor más *maravilloso*, un perfume que era tan seductor para nosotros como misterioso y desconocido. Resultó que años después, por un extraño giro del destino originado directamente en el desenlace de la batalla que estábamos a punto de entablar, acabaríamos identificando y confirmando por fin el nombre de ese aroma.

Pero también con esto nos estamos adelantando a los acontecimientos.

---

* Marca comercial de una empresa especializada en la fabricación de bolsas multiusos. *(N. del t.)*

A medida que nos fuimos acercando al final del verano se fueron incrementando paulatinamente los ataques talibanes, hasta el punto de que Keating quedó totalmente aislado, a excepción de los helicópteros que nos traían diésel y munición. Cuando llegaban estas provisiones el ritmo se volvía intenso. Los Chinook aterrizaban en mitad de la noche y soltaban su carga tan rápido como era posible antes de despegar de nuevo. Nosotros llevábamos la carretilla elevadora o la pala Bobcat* por el puente hasta la zona de aterrizaje para transportar los bultos más pesados hasta el campamento. Pero el resto de las cosas tenían que ser acarreadas a mano, lo que llevaba horas. Luego regresaba el pájaro y lo cargábamos con lo que sea que tuviéramos que enviar al exterior.

Había muchas veces en las que acabábamos de descargar un cargamento cuando el sol estaba a punto de aparecer, así que decidíamos que carecía de sentido ir a dormir, porque teníamos que ir de patrulla en cuestión de una hora. Sin embargo, lo que encontrábamos aún más frustrante que la pérdida de sueño era que no recibíamos nuestro correo.

En algún momento de agosto, tras un retraso de casi un mes, nos enviaron por fin una saca postal; sin embargo, la tripulación del helicóptero tenía tanta prisa en deshacerse de la carga que acabó lanzando accidentalmente la saca al río. Tras revolver un poco por ahí en la oscuridad logramos recuperarla, pero el remojón disgustó a algunos de los muchachos lo suficiente como para que un puñado de nosotros decidiéramos que era hora de enviar un mensaje a los pilotos del Chinook.

La presentación de una queja formal no hubiera llegado a ningún sitio, así que en lugar de ello irrumpimos en el puesto de primeros auxilios, conectamos el ordenador y encontramos una página web llamada PoopSenders.com. Por un módico precio se encargaban de enviar a cualquier dirección del mundo un paquete de un cuarto de galón[†] o de un galón de excrementos de una variedad de animales, incluyendo ciervos, conejos, alces, vacas, gorilas y elefantes, manteniendo en el anonimato la dirección del remitente.

Tras mucho debate nos inclinamos por el excremento de elefante, que sería entregado en la base de los Chinook en Jalalabad. Al final no segui-

---

* Marca de la compañía coreana Doosan Infracore, especializada en vehículos hidráulicos de carga pequeños con distintas funcionalidades. *(N. del t.)*

† El galón es una medida de volumen utilizada en los países anglosajones. Equivale a 3,8 litros, y el cuarto de galón (*quart*) a 0,94 litros. *(N. del t.)*

mos adelante con la confirmación del pedido. Pero la idea de responder a la
mierda que habíamos estado soportando de estos pilotos enviándoles una
remesa de *verdadera* y genuina mierda nos pareció brillante e hilarante.

Por entonces no teníamos ni idea de lo ignorantes que éramos respecto
a lo que estaba sucediendo realmente: lo bravos que eran esos hombres, los
desafíos a los que tenían que enfrentarse, o lo importantes que serían para
nuestra supervivencia.

Los pilotos de helicóptero de Jalalabad eran mucho más que simples repar-
tidores aéreos; también volaban helicópteros de ataque armados con una
escalofriante variedad de misiles, ametralladoras y cañones con los que, de
forma bastante literal, podían ahogar al enemigo en el fuego del infierno
desde prácticamente cualquier posición. Estos hombres y mujeres marca-
ban la diferencia, eran los caballeros indiscutibles del aire. Sin ellos hubiéramos sido un blanco fácil.

Esos pilotos estaban dirigidos por Jimmy Blackmon, un teniente coronel de Georgia que disponía de una impresionante flota de helicópteros en
la pista frente a su puesto de mando en el aeródromo de Jalalabad. La Task
Force Pale Horse,* de la que estaba a cargo Blackmon, estaba compuesta
por dieciséis Kiowa,† seis Apache,‡ seis Black Hawk,§ cuatro Chinook, y
tres helicópteros de evacuación sanitaria, además de un trío de drones de-
sarmados Hunter de vigilancia.

La fuerza operativa constaba de un personal de casi seiscientos soldados, y sería difícil de comprender para un civil lo que se les exigía en una
semana cualquiera.

Cada noche, con independencia de las condiciones meteorológicas
y de la luz de la luna, los pilotos de Blackmon trasladaban gente, equipo y
municiones por los campos de batalla de los valles de Kamdesh, Korengal
y Kunar. Esto significaba que había una limitación de recursos, y que las

---

* Fuerza Operativa Caballo Pálido, en alusión al caballo del jinete Muerte de los cuatro jinetes del Apocalipsis citados en la Biblia. *(N. del t.)*

† El Bell OH-58 Kiowa es un helicóptero de observación, reconocimiento y ataque
ligero. *(N. del t.)*

‡ Boeing AH-64 Apache, es un helicóptero de ataque avanzado. *(N. del t.)*

§ Sikorsky UH-60 Black Hawk, es un helicóptero polivalente y de transporte táctico.
(N. del t.)

Courville, Kirk, Gallegos y Raz.

decisiones sobre cómo había que gestionar esa limitación emanaban enteramente de las prioridades de nuestra brigada.

Si los comandantes de la brigada pretendían montar un asalto aéreo en Restrepo, uno de los puestos avanzados más vulnerables del valle de Korengal, eso significaba que otra media docena de puestos avanzados podrían no ser reaprovisionados por espacio de cuarenta y ocho horas. Cuando por fin se podía llevar a cabo, la primera prioridad era la munición: para morteros, armas ligeras y ametralladoras de calibre .50. A continuación llegarían el agua y el combustible. Luego venían las raciones para los hombres, y al final de la cadena se encontraba el correo, precisamente el elemento que tiene una mayor influencia en la moral de los soldados.

La realidad, que no supe apreciar hasta años después, era que esta cambiante asignación de prioridades causó estragos en la intrincada tarea de secuenciar un pequeño número de aeronaves acosadas por un sinfín de demandas entrantes y pilotadas por hombres que asumían riesgos increíbles.

Para un Chinook completamente abarrotado con unos cuatro mil quinientos kilos de carga había una sola manera de llegar y de salir de Keating, y era exactamente por el valle de Kamdesh, donde los talibanes, absolutamente conscientes de esta necesidad, disparaban sobre los helicópteros. Casi en cada misión que efectuaban los pilotos se encontraban con el equivalente aéreo de una pelea a cuchillo.

Todo esto era más que suficiente para que Blackmon y su equipo tuvieran que hacer juegos malabares, así que recibir un paquete con excrementos de elefante de parte de un puñado de machacas de Keating no hubiera sentado bien. Además, una serie de acontecimientos en Afganistán oriental a finales de verano precipitaron a Pale Horse a adentrarse más aún en el interior de la zona roja, lo que hubiera hecho de nuestra pequeña broma algo del todo inaceptable.

Desde el primer día que llegamos a Afganistán nuestros superiores —el coronel Randy George, comandante de la brigada, y el teniente coronel Robert «Brad» Brown, nuestro jefe de escuadrón— habían estado presionando insistentemente para que se cerrara Keating lo antes posible. A mediados de verano el general Stanley McChrystal, responsable de todas las fuerzas estadounidenses en Afganistán, había autorizado el plan de desmantelamiento de Keating y de otra serie de puestos avanzados excepcionalmente vulnerables, albergándose esperanzas de que pudiéramos ser evacuados a principios de otoño. Por desgracia, esos planes pasaron a un segundo plano a mediados de verano cuando cientos de insurgentes y combatientes extranjeros trataron de tomar una aldea remota al norte de Keating.

El lugar se llamaba Bargi Matal, y a requerimiento del gobierno afgano, que no solo temía perder su presencia en el área, sino también sufrir una derrota en las siguientes elecciones, comenzó el ejército estadounidense a enviar tropas y equipo. Eso desvió la mayor parte del apoyo aéreo que necesitábamos para desmantelar y evacuar Keating, así que nuestras fechas de partida se fueron retrasando más y más.

Mientras tanto, el coronel Blackmon hacía juegos malabares con sus cuatro Chinook para entregar lo que necesitaban los soldados norteamericanos en Bargi Matal a la vez que continuaba aprovisionando a todos los puestos avanzados estadounidenses en el valle de Kamdesh. Cuando se quedaba sin aparatos lograba de alguna manera mantener las misiones en marcha tomando prestados helicópteros del aeródromo de Bagram. Sin embargo, por ese tiempo surgió otro problema que empeoró las cosas.

Hacia la medianoche del 30 de junio de 2009 un joven soldado norteamericano de Hailey, Idaho, llamado Robert «Bowe» Bergdahl se escabulló de un puesto avanzado remoto en la provincia de Paktīkā llamado Mest Malak, en la frontera con Pakistán. Bergdahl dejó atrás su chaleco antibalas, sus armas y una nota diciendo que estaba muy desilusionado con el ejército y que lo dejaba para comenzar una nueva vida. Varias horas más tarde, cuando lo echaron en falta, los soldados comenzaron una frenética búsqueda empleando drones, helicópteros y perros de rastreo.

Cuando llegaron noticias de que Bergdahl había sido capturado por los talibanes y que sus captores iban a tratar de trasladarlo a Pakistán, recibimos órdenes de llevar a cabo una *presión en toda la cancha*[*] para encontrar y recuperar al norteamericano desaparecido. La misión fue para la Task Force Attack,[†] una unidad de aviación estacionada en Salerno, una base de operaciones avanzada situada en la parte suroriental de Afganistán. Durante los meses de julio y agosto Attack estuvo golpeando cuatro o cinco blancos cada noche, haciendo un descarte de las indicaciones de inteligencia sobre el posible paradero de Bergdahl con la esperanza de poder rescatarlo. Y este esfuerzo detrajo cada Chinook y cada Apache que Blackmon había tomado prestados de Bagram.

Para mí y para el resto del Black Knight Troop era la gota que colmaba el vaso. El ejército sencillamente no tenía los recursos para atender otra cosa que no fueran las operaciones en Bargi Matal o la búsqueda de Bergdahl, así que las esperanzas que albergaba el coronel George de desmantelar nuestro puesto avanzado y sacarnos de Keating quedaron en suspenso.

Por el momento seguíamos atrapados.

Se puede decir que todo esto se reducía a una cadena de relaciones causa-efecto de ideas pésimas, malas decisiones y conceptos equivocados. Cuando se establece de tal forma, la lógica de este argumento parece tener sentido. Pero la mayoría de los soldados que han experimentado el combate saben que la estrategia de salón es superficial y a menudo equivocada. Es fácil criticar decisiones basándose en sus resultados y luego repartir las culpas. Resulta considerablemente más duro aceptar que en combate las cosas

---

[*] El autor utiliza de forma figurada un término de baloncesto relativo a una modalidad de defensa en la que se hace presión sobre el equipo contrario en toda la cancha. *(N. del t.)*

[†] Fuerza Operativa de Ataque. *(N. del t.)*

pueden ir mal, y a menudo lo harán, no solo por la adopción de decisiones equivocadas, sino también a pesar de las decisiones mejor tomadas. Esta es la naturaleza de la guerra.

Por supuesto, nada de esto cambia el hecho de que, para aquellos de nosotros que estábamos en Keating, las cosas estaban verdaderamente a punto de irse al infierno.

Hacia el final del verano comenzó a mitigar el calor, lo que supuso un cambio bienvenido por todos. A medida que la temperatura fue disminuyendo algunos muchachos del pelotón se metieron en Amazon y comenzaron a comprar sudaderas. Al poco tiempo todo el mundo tenía una. El lema de la que había elegido Koppes era Zoo York, la antigua marca de patinetes que imaginaba que le imbuiría de un rollo tipo duro urbano de *hip-hop*. Buena parte del resto optó por sus colegios universitarios favoritos. Cuando regresábamos de una patrulla nos poníamos nuestras sudaderas y nos preparábamos para otra ronda en la Xbox. Como se evidenciaba en los *selfies* que nos hacíamos, la moral parecía ir en aumento.

En cierto modo, se trataba de la exteriorización de una tendencia interior que comenzaba a manifestarse. A pesar de las dificultades y los desafíos estábamos alcanzando el momento del despliegue en el que nos empezábamos a sentir algo más cómodos. En parte se debía a que ahora teníamos una rutina firmemente asentada sobre el terreno. Gracias a las patrullas y al gimnasio todos estábamos en las mejores condiciones físicas de nuestra vida. Con algunas excepciones, la mayor parte de nosotros nos gustábamos y nos llevábamos bien. Por último, desarrollamos un impresionante conjunto de habilidades, tanto a nivel individual como colectivo, que nos permitió funcionar como una máquina suave y bien engrasada.

Si a estas alturas se nos presentaba un gran problema, al margen de nuestras insistentes preocupaciones por la seguridad, nos mantenía ocupados. Nos aburríamos tanto cuando estábamos fuera de servicio, que ya no teníamos cosas que decirnos los unos a los otros.

Una tarde, más que nada por evitar sentarnos sin tener nada que decir, comenzamos a hablar del ahogamiento simulado,[*] una técnica de interrogatorio que había sido autorizada como legítima por la administración

---

[*] También llamado «submarino», es una técnica de tortura basada en la asfixia, seca o con líquido con el objetivo de sacar información. *(N. del t.)*

Bush durante nuestras estancias en Irak, pero que ahora estaba prohibida. Nos preguntábamos si era o no tortura. Para resolver la cuestión decidimos probarla en cuatro de nuestros muchachos. Mientras yo vertía el agua, uno de los otros sargentos puso una camiseta sobre sus caras. Ninguno duró más de cuatro segundos salvo Koppes, que duró ocho. (Acabada la prueba todos concluimos que definitivamente se trataba de tortura.)

Sin embargo, en el fondo, lo que estábamos haciendo más que otra cosa, lo que hizo que dejáramos de lado la Xbox y el gimnasio, las bromas estúpidas y los momentos de sandeces infinitas en el asiento de atrás, era tratar de entrar en las mentes de los tipos que estaban al otro lado de la alambrada e intentar adivinar cómo pensaban destruirnos. Muchas tardes el resto de jefes del pelotón y yo —un grupo de unos seis que incluía a Gallegos, Kirk, Larson y Hardt— nos reuníamos en el café, el pozo protegido que había frente a nuestro barracón, encendíamos un cigarrillo y hablábamos de cómo planearíamos bajar si estuviéramos observando Keating desde la línea de crestas.

Todos estuvimos de acuerdo en que habría de ser justo antes del amanecer y comenzar por neutralizar nuestro emplazamiento de morteros, a la vez que se atacaba el puesto avanzado Fritsche, lo que silenciaría nuestras armas más poderosas. Luego desplegarías una impenetrable cortina de fuego sobre los cuatro Humvees blindados, Vehículo 1, Vehículo 2, LRAS1 y LRAS2, con el objetivo de dejar fuera de combate nuestras ametralladoras de calibre .50 y nuestros Mark 19, que de otra manera detendrían tu asalto en seco. También querría uno asegurarse de poner un increíble volumen de fuego en el depósito de munición para que fuera imposible reaprovisionar a los servidores de las armas de los Humvees, que irían siendo cazados uno a uno a medida que se fueran quedando sin municiones.

A continuación, uno comenzaría a enviar oleadas sucesivas de hombres por el Zigzag abajo directamente hacia donde están los barracones del ejército afgano, acercándose lo más posible a nuestro perímetro de manera que no pudiéramos solicitar la ayuda de nuestros F-15[*] por temor a resultar alcanzados por nuestras propias bombas.

La primera oleada de combatientes absorbería el efecto de las minas Claymore que había debajo del Zigzag y el fuego de ametralladora de los soldados afganos. Pero tu segunda o tu tercera oleada acabarían llegando a

---

[*] El McDonnell Douglas F-15 es un caza norteamericano de superioridad aérea. En este relato participa el F-15E Strike Eagle, que es la versión de cazabombardero. *(N. del t.)*

la alambrada y penetrarían nuestro perímetro. Una vez que tus hombres estuvieran en el interior sería un tiro al blanco. Podrían hacer un barrido por todo el campamento, moviéndose de edificio en edificio, eliminando nuestras bolsas de resistencia una a una hasta el último hombre, cualquiera que este fuera.

Barajamos sin cesar distintas variantes de este escenario. Cuándo atacaríamos. Qué atacaríamos. Cómo nos coordinaríamos. Y no importa lo mucho que nos esforzáramos en la concepción de un plan sólido para la defensa de Keating, el resultado era siempre el mismo.

Nos invadían y todo el mundo moría.

Poco conscientes éramos de lo precisas que serían nuestras predicciones cuando los talibanes decidieron que había llegado la hora por fin de apretar el gatillo.

En la tarde del primer viernes de octubre, después de la cena, Courville fue al gimnasio para entrenar con Kirk, Gallegos y Larson. A medida que fue transcurriendo la sesión todos se dieron cuenta de que Kirk, que era un auténtico charlatán la mayoría de las veces, estaba extremadamente callado. Courville estaba tan molesto con su silencio que justo antes de irse se volvió hacia Gallegos.

—¿Se encuentra bien? —preguntó señalando con la cara en dirección a Kirk.

—Sí —replicó Gallegos—, que yo sepa.

—¿Está todo en orden en su casa? —continuó Courville.

—Sí, hasta donde yo sé.

—Vale, de acuerdo entonces —dijo Courville.

Tras salir por la puerta caminó cuesta abajo hacia el puesto de primeros auxilios. Cuando llegó allí se fue directo a su camastro, se tomó una pastilla para conciliar el sueño, por no estar durmiendo bien últimamente, y se acostó.

Mientras tanto Gallegos regresaba a nuestro barracón, donde Bundermann se estaba preparando para acostarse sabedor de que sus responsabilidades en los días siguientes iban a ser mayores de lo normal.

Menos de un mes antes el muy poco querido capitán Porter había sido relevado por fin de su mando y enviado a casa. Su sustituto, Stoney Portis, era un ambicioso capitán de Texas que mostraba los prometedores rasgos de agresividad y gestión práctica que tanto habíamos echado en falta en su predecesor. Como ejemplo de esa actitud, la mañana anterior Portis se había encaramado a bordo de un helicóptero para que lo llevase a Fritsche, donde esperaba encontrarse con un grupo de ancianos afganos de la cercana población de Kamdesh.

Había planeado regresar esa misma tarde, pero durante el vuelo a Fritsche un insurgente había disparado contra el helicóptero logrando alcanzar los conductos de combustible del pájaro y obligando al piloto a desviarse a Bostick para realizar reparaciones. Esto significaba que hasta que Portis pudiera coger otro helicóptero de vuelta a Keating Bundermann estaba a cargo de todo, era el comandante provisional de Keating.

Mientras Bundermann se acostaba, Gallegos caminaba por el pasillo en busca de Raz, que se suponía que debía hacer un examen ante el comité de ascensos por la mañana a las nueve. El examen debía determinar si Raz ascendía al empleo de sargento, algo que anhelaba muchísimo, siendo esa la razón por la que le había pedido ayuda a Gallegos, que ya lo había aprobado.

Los dos hombres estudiaron juntos hasta bien pasada la medianoche, momento en el que los muchachos del barracón estaban profundamente dormidos. Cuando al fin se fueron a la cama era cerca de la 1.00 de la madrugada.

A las dos, los únicos tipos despiertos en el interior de Keating eran los del servicio de guardia. Uno de ellos era Armando Avalos, nuestro observador avanzado, que se encontraba en el interior del LRAS1, el vehículo blindado que había justo a la salida del barracón del Pelotón Azul.

Mirando desde la torreta por las ópticas de infrarrojos, Avalos no vio nada que se saliera de lo ordinario. No había señales de movimiento, ni tampoco sonido alguno. La noche era tan silenciosa y tranquila como uno pudiera desear.

No obstante, sin que Avalos ni nadie más en Keating lo supieran, estaban sucediendo muchas cosas en las laderas y líneas de crestas que rodeaban el puesto avanzado.

En algún lugar de ahí fuera, ocultos por el terreno y amparados en la oscuridad, unos trescientos combatientes talibanes estaban tomando posiciones alrededor de Keating mientras que otros cien más subían las laderas que había al otro lado de las crestas del sur para converger sobre Fritsche. Muchos de esos hombres eran de las aldeas vecinas, lugares que tenían nombres como Kamdesh y Agassi, Mandaghal y Agro, Gewi y Jalalah. Sus efectivos habían sido reforzados por un curtido grupo de combatientes afganos llegados de fuera de Nuristán. También es probable que hubiera allí un puñado de extranjeros de lugares como Arabia Saudí y Chechenia.

Alrededor de las 3.00 de la madrugada un grupo de estos insurgentes entró en la pequeña aldea de Urmul, al otro lado del río. Ordenaron a los habitantes que recogieran sus cosas, abandonaran sus hogares y se alejaran de la zona. Luego se dividieron y comenzaron a ocupar los edificios, emplazando ametralladoras en ventanas y puertas que les permitieran hacer fuego directo sobre Keating.

Dos horas más tarde, cuando toda la fuerza estuvo en posición, los insurgentes se aprestaron detrás de sus armas y esperaron pacientemente la llegada del amanecer.

Parte II

Disparar en automático

6

«Vayamos y matemos a unos cuantos»

A las 5.00 de la madrugada el único soldado de primera línea que estaba despierto en Keating sin estar de servicio era Daniel Rodriguez, que formaba parte de la dotación de cuatro hombres del emplazamiento de morteros. D-Rod, como le llamábamos, había dejado un momento dicha posición ante la oportunidad que se le presentaba de aprovechar unos minutos de internet en el ordenador del puesto de primeros auxilios con el objeto de comprobar su cuenta de Facebook y despachar los documentos de solicitud de su próximo permiso de noviembre, que pensaba pasar haciendo *surfing* en la Costa Dorada australiana.

Todavía estaba oscuro cuando Rodriguez subió ruidosamente por el conjunto de peldaños de metal hechos con latas de acero de munición vacías por los que se salía del emplazamiento de morteros, y saltó a la zona de terreno elevado que hay entre el taller mecánico y el hoyo de la basura. Cuando comenzó a bordear el LRAS2, el vehículo blindado del extremo occidental del campamento, vio la lumbre de un cigarrillo en el interior de la torreta del Humvee y se detuvo para intercambiar unas palabras con Mace, que estaba contando los minutos que le quedaban a su guardia antes de que apareciera Larson para relevarlo.

Después de que Rodriguez dejara a Mace, caminó por un largo tramo de terreno despejado que llevaba al conjunto principal de edificios en el centro del campamento. Al llegar al puesto de primeros auxilios caminó por la oscura habitación lo más silenciosamente que pudo para evitar despertar a Courville y a Cordova, que estaban durmiendo en sus camastros, y se pasó los últimos minutos previos al amanecer tecleando en el ordenador.

Brad Larson y Daniel Rodriguez.

A las 5.49 de la mañana salió el sol.

Para entonces, algunos de los soldados de guardia de los vehículos habían comenzado a mostrar actividad. Ed Faulkner, que llevaba en la torreta
del Vehículo 1 más de una hora, no iría a ninguna parte por espacio de casi
otras dos horas más. Otro tanto le ocurría al Vehículo 2, donde un observador avanzado del Pelotón Azul llamado Jonathan Adams se sentaba tranquilamente contemplando cómo los primeros rayos de luz iluminaban el
Campo de Minigolf y el Zigzag muy por encima de Urmul. Pero allá abajo
en el LRAS1, Hardt había radiado ya para que fueran a relevarlo por el
apremio que tenía de ir a las letrinas y, en respuesta a su petición, Koppes
estaba saliendo con su ejemplar del *SportsPro* guardado en la «zona ideal»
debajo de las placas de blindaje, esperando la llegada de un desayuno caliente tan pronto como Hardt concluyera su deposición matinal.

En el edificio Shura, Nicholas Davidson y Justin Gregory se disponían a hacer un relevo similar en el interior de la torreta que dominaba la
puerta principal. Mientras tanto, en el extremo de la parte occidental del

campamento, Larson acababa de abrocharse la braqueta y estaba recogiendo su casco y su fusil del capó del Humvee antes de subir al interior de la cabina del LRAS2.

Los primeros rayos de luz asomaban por las cumbres de las montañas hacia el valle cuando, a las 5.50, Ron Jeremy, uno de nuestros intérpretes afganos, se aproximó a la puerta principal del puesto de mando a comunicar unas noticias inquietantes.

Shamsullah, el comandante del puesto de la Policía Nacional Afgana del otro lado del río, justo enfrente de Urmul, había comunicado que fuerzas enemigas se habían internado en la aldea. En mitad de la noche, según Ron, los talibanes habían comenzado a ordenar a todos los residentes que abandonaran sus hogares y se marchasen, al tiempo que pequeños grupos de combatientes se internaban en su interior.

A las 5.53, el sargento Jayson Souter, que estaba con la Sección de Mando, pasó esta información a James Stanley, mi otro sargento de pelotón en el Pelotón Rojo, que acababa de relevar a Gallegos como sargento de la guardia y se hallaba cerca del centro del campamento. Mirando a su alrededor a ver si podía divisar algo extraño, Stanley vio de inmediato al jefe de la Guardia de Seguridad Afgana, un hombre que generalmente no iba armado más que con una pistola de 9 milímetros.

El tipo llevaba ahora un AK-47 y varios cargadores extra.

Mientras Stanley se dirigía al puesto de mando a informar de lo que había visto y a averiguar si podía enterarse de más, se puso en contacto por radio con los muchachos de guardia en los vehículos blindados para tenerlos al corriente de lo que estaba sucediendo. Las voces fueron resonando por la red a medida que, uno por uno, todos los del perímetro comenzaron a confirmar su recepción.

Arriba, en el interior de la torre que dominaba la entrada principal, Davidson estaba a punto de apretar el botón de su radio cuando miró hacia Urmul, que comenzaba a emerger con la luz de la mañana, y vio que docenas de hombres armados se estaban precipitando al interior y exterior de todos los edificios de la aldea.

Luego miró hacia abajo, vio al jefe de la Guardia de Seguridad Afgana con el AK-47 y las cartucheras de munición extra, y tuvo el mismo pensamiento que Stanley.

Qué raro...

Eran las 5.58 y Davidson estaba apretando el botón de su radio transmisor cuando sonó un ruidoso disparo hacia el oeste y un misil con trayectoria en forma de flecha se precipitó hacia el puesto avanzado con la indistinguible firma de un RPG.

A medida que se acercaba el cohete Davidson podía ver la cola de vapor gris que revelaba la posición del que lo había disparado en el Campo de Minigolf, allá arriba en la cresta que dominaba Urmul. Alineó la mira de su M240 con la posición desde la que se había originado la estela de humo y estaba a punto de largar una ráfaga de fuego de respuesta cuando, como si estuvieran aguardando su turno, todas las montañas que rodeaban Keating estallaron en llamas.

Por todas las crestas y a través de las laderas de las montañas, ocultos detrás de rocas y árboles, además de los que estaban en los edificios de Urmul, unos trescientos insurgentes abrieron fuego con todo lo que tenían: RPG y AK-47, cañones sin retroceso B-10, morteros rusos de 82 milímetros, fusiles de francotirador y las potentes ametralladoras antiaéreas conocidas como «Dishkas».

Cualesquiera que fueran las armas que los reclutas talibanes habían logrado sacar de las aldeas circundantes, adquirir en el mercado negro de Nuristán, o transportar por los pasos de montaña de Pakistán, estaban siendo empleadas directamente sobre Keating con un efecto impactante.

Afirmar que los segundos iniciales del ataque fueron demasiado para que los pudiera procesar una mente normal sería quedarse corto. Desde su puesto de observación de la torreta del LRSA1, a Koppes le pareció como si alguien se hubiera apoderado de un pliegue en el cielo, hubiera abierto un agujero en él, y estuviera lanzando toda la artillería y municiones de Afganistán oriental directamente sobre su cabeza.

Mientras Koppes rastreaba las líneas de crestas este y sur que había frente a él, divisó fogonazos naranjas en todas direcciones. Había tantos destellos que le fue imposible concentrarse en disparar sobre uno o dos y luego ir cambiando a los siguientes. El parpadeo del fuego de las armas y el impacto agregado que estaba teniendo sobre todo el puesto avanzado saturó sus sentidos y se vio obligado a responder por instinto.

Los disparos estaban llegando tan rápido que en un primer momento Koppes no tuvo siquiera la oportunidad de apretar el botón de su radio para informar de lo que estaba sucediendo. Todo lo que pudo hacer fue concentrarse en unos pocos fogonazos de luz y tratar de lanzarles unas cuantas granadas.

Otro tanto sucedía sesenta metros más arriba, donde Faulkner, en el interior de la torreta del Vehículo 1, lanzaba ráfaga tras ráfaga de su ametralladora de calibre .50 por encima del centro del campamento y a través del río contra la Cara Norte.

Al igual que le sucediera a Koppes, Faulkner estaba confundido. Aunque podía ver las trazas de humo del fuego de RPG por entre la línea de árboles, no encontraba manera de fijar las posiciones de las ametralladoras y de los francotiradores que lo tenían en sus puntos de mira mientras se ocultaban detrás de rocas y de vegetación. Todo lo que sabía de cierto es que su trabajo consistía en responder. Y también, como Koppes, disparó su arma contra sus sectores de fuego, esperando que algunos de esos proyectiles encontraran su blanco.

Con los muchachos de los cuatro vehículos blindados enfrascados por completo en el combate, se hacía un serio esfuerzo en Keating por contrarrestar el ritmo de fuego de los talibanes. Obviamente no estábamos respondiendo al enemigo bala por bala, y a diferencia de los talibanes, no nos podíamos permitir el lujo de concentrar toda nuestra potencia de fuego en el mismo lugar. No obstante, cada sistema de armas del interior del puesto avanzado estuvo casi de inmediato al rojo vivo y dándole *duro* a la munición.

Además de Faulkner y Koppes, Davidson había abierto fuego desde la torre que dominaba la entrada principal, y cada una de sus armas tenía su sonido distintivo. La aguda percusión perforadora de la M240 se oía por debajo del gruñido de latón de la más lenta y pesada ametralladora de calibre .50. Por debajo de todo esto podías escuchar también el *chug–chug–chug* que procedía del área despejada que había cerca de las letrinas y las duchas, donde Adams, asistido ahora por Hardt, estaba lanzando un diluvio de granadas sobre el Zigzag y la Cara Norte con el Mark 19 del Vehículo 2.

Sin embargo, aun en mitad de todo el estrépito, había un sonido que se distinguía más que cualquier otro. Se trataba del fuego de respuesta de nuestra posición de combate más expuesta, que además era la más alejada del puesto de mando: el vehículo blindado del extremo occidental del campamento, que estaba equipado con la segunda ametralladora de calibre .50 de Keating, la Ma Deuce de la torreta del LRAS2.

A juzgar por el sonido de esta arma, que hacía un ruido parecido al de una motosierra cortando una plancha de metal, Brad Larson —que apenas un minuto antes había estado de pie sin casco en la parte delantera del vehículo sosteniéndose la chorra con una mano— había trepado hasta la torreta y tirado para atrás del cerrojo de su arma, volviéndose completamente loco a continuación.

«Ma Deuce» es el apodo de la ametralladora M2 de calibre .50, y el extremo funcional del arma tiene un par de sujeciones conocidas como «asideras», cada una de las cuales incorpora un gatillo en forma de «V» que se llama «mariposa». Si el artillero pulsa las mariposas con sus pulgares y tiene la ametralladora en automático, una calibre .50 con buen mantenimiento es capaz, en teoría, de escupir casi seiscientos proyectiles por minuto.

Esto es algo que habitualmente quieres evitar, salvo en las situaciones más extremas. Si el servidor maximiza su cadencia de fuego de esta manera es probable que llegue a deformarse el ánima tras haber disparado una cinta o dos de munición. Pero mucho antes de que eso ocurra los proyectiles disparados desde la recámara generan tanto calor que podrían derretir literalmente el cañón. También es una manera excelente de encasquillar tu arma, creando el tipo de problema que solo puede arreglarse saliendo de la torreta, permanecer en el capó del vehículo con la espalda expuesta a cualquiera que trate de dispararte, y accionar furiosamente el cerrojo con la mano hasta que la cosa sin percutir decida salir por fin; al tiempo que rezas para que no te perforen el culo.

Por esta razón, si haces las cosas según el manual, debes mantener la sangre fría y disparar ráfagas cortas y precisas de tres o cinco proyectiles. Esa es la manera de mantener una buena disciplina de fuego y de hacer que el arma cumpla con su cometido. Todo lo cual era (en cierto grado) lo que estaba haciendo Faulkner en el Vehículo 1.

Bueno, que le den, pensó Larson, que en ese preciso momento le importaba una mierda lo que pudiera decir el manual, y mucho menos lo que estuviera haciendo Faulkner. Lo único que pretendía Larson era imponer alguna superioridad en la potencia de fuego, y la única esperanza que tenía de poder conseguirlo era arrojar hacia el blanco tantos proyectiles como pudiera *en ese momento*.

Disparar constantemente con la ametralladora en automático era la respuesta más adecuada y efectiva al tsunami de mierda que le estaban arrojando a la cara.

El vehículo blindado de Larson tenía asignados tres sectores distintos de fuego, que cubrían un arco de ciento veinte grados orientado directamente al oeste. En el centro del arco se hallaba Urmul, a solo unos ciento cuarenta metros de distancia al otro lado del Darreh-ye Kushtāz, cuyo conjunto de tejados planos y construcciones de adobe estaban enclavados en el fondo de una gran depresión del terreno en forma de «V» creada por el Zigzag a la izquierda y el Campo de Minigolf a la derecha.

Según la mejor estimación de Larson, y se trataba de un buen cálculo porque a diferencia de Koppes y Faulkner estaba contando meticulosamente los fogonazos, le estaban disparando no menos de doce sistemas de armas distintos dispersos por la zona de fuego que había frente a él. Podía ver las estelas de humo producidas por varios equipos de RPG allá arriba en el Zigzag, en el Campo de Minigolf, en la Cascada y en la parte norte de la Roca RPG. También tenía enfrente al menos tres dotaciones de ametralladoras, una disparando desde la Cascada, otra desde algún lugar arriba en la línea de crestas justo encima del Zigzag, y una tercera desde algún lugar del interior de la mezquita. Dispersos por la escuela y varias casas de la parte más próxima de Urmul, había también docenas de tipos acribillándolo con fuego de AK-47. Y además de todo esto, se hallaba directamente encuadrado en el punto de mira de varios francotiradores armados con el fusil Dragunov de fabricación rusa, que disparaba munición de 7,62 milímetros capaz de atravesar el chaleco antibalas de kevlar como si este estuviera hecho de mopa.

Esos francotiradores suponían un gran problema para Larson porque sus proyectiles eran inquietantemente precisos y amenazadoramente cercanos. Impactaban con un ruido sordo en el cristal antibalas del parabrisas a la altura de sus rodillas. Rebotaban alrededor de la torreta que protegía su torso y su pecho. Había muchos que incluso estaban haciendo pedazos la cubierta de madera contrachapada que ofrecía sombra a la ametralladora de calibre .50. Pero lo que de veras impactó a Larson, más que lo cerca que estaban los francotiradores de atravesarle la frente (asunto del que deberían haberse ocupado cuando todavía estaba orinando), más que la proximidad del enemigo (podía ver a docenas de ellos moviéndose descaradamente por el interior de la villa y el río), más preocupante incluso que la sensación de no poder disparar lo suficientemente rápido (los tipos a los que se enfrentaba estaban *por todas partes*), lo que Larson encontró más inquietante era el ser consciente de lo terriblemente solo que estaba en ese momento.

Al oeste, al norte y al sur había un par de cientos de afganos con turbantes y zapatillas chinas.

¿Dentro del vehículo blindado? Un tipo solitario de Nebraska.

Un tipo que estaba reprochándose el no haberse traído su chaleco antibalas a la guardia esa mañana, una omisión que significaba que cuando Larson consumiera la munición de su ametralladora o la calibre .50 decidiera al fin encasquillarse (lo que sucediera primero), solo tendría su fusil de asalto M4 y siete cargadores de treinta balas con los que defenderse no solo él sino todo el sector occidental de Keating.

Maldición, pensó. *Creo que voy a necesitar algo de ayuda aquí fuera.*

Sin embargo no era momento de solicitar ayuda, ni tampoco de llamar al puesto de mando para dar un detallado informe de situación sobre la cantidad de mierda que estaba volando por los aires. No, solo era momento de una cosa, de disparar la Ma Deuce hasta su límite y luego ver de qué sería capaz una vez superado el mismo.

Así que Larson agarró las mariposas y largó una cinta completa de trescientos proyectiles mientras movía el cañón hacia delante y hacia atrás con la esperanza de que pese a no ser todo lo preciso que le gustaría —es decir, aún en el caso de que las ráfagas que estaba disparando no encontraran un solo blanco viable— quizá la manera demoníaca con la que estaba utilizando su arma en automático provocara una pausa del enemigo de unos pocos segundos antes de que este decidiera abalanzarse contra el Humvee.

Calculó que le quedaban unos mil quinientos proyectiles, y cuando llegaba al final de la primera cinta se vio reflexionando sobre la cuestión, ciertamente interesante, de cómo demonios iba a sobrevivir a una recarga; también se apercibió del extraño hecho de que aparentemente no se estuviera efectuando fuego de respuesta desde el emplazamiento de morteros.

Como Big John Breeding nunca se cansaba de poner de manifiesto a cualquiera que quisiera escucharle, las dos armas del emplazamiento, los morteros de 120 y 60 milímetros, eran verdaderos escupefuegos. Eran, de lejos, los activos de más alta capacidad de producción de bajas que tenía Keating. Y lo que es más, esas armas estaban siempre apuntadas sobre blancos específicos donde sabíamos que al enemigo le gustaba establecerse; además, en la dotación de morteros había siempre alguien despierto y en observación con enlace por radio veinticuatro horas al día, de manera que si se les solicitaba, comenzaban a disparar granadas de inmediato.

El tiempo de respuesta de la dotación de Breeding para poner granadas en el aire debería ser, en teoría, de unos dos nanosegundos y medio. Lo que significaba que para entonces, Breeding y sus muchachos deberían de haber comenzado a arrojar un diluvio de sufrimiento sobre los combatientes enemigos que trataban de destruir Keating.

¿Dónde coño están esos morteros?, se preguntó Larson.

Justo por entonces vio algo moviéndose a su izquierda. Era Rodríguez, que no llevaba otra cosa que camiseta y chaleco, pantalones cortos de gimnasio y zapatillas de tenis, y que corría hacia el emplazamiento de morteros como si su vida dependiera de ello.

Lo que sin duda era así por el momento.

Cuando D-Rod, que estaba sentado frente al ordenador en el interior del puesto de primeros auxilios, oyó cómo comenzaba a caer la primera oleada de cohetes, empezó a ponerse el chaleco de inmediato mientras se maldecía por no haberse traído su fusil.

—¿Qué pasa? —preguntó Courville, que acababa de asomar de su camastro en la parte trasera del edificio.

—Me tengo que ir, Doc —replicó Rodriguez mientras cerraba la puerta—. Deséame suerte.

Sin equipo que lo ralentizara, Rodriguez avanzó rápido, zigzagueando por las duchas, el remolque de la lavandería y los tubos urinarios hacia el extremo occidental del puesto avanzado. Afrontando la ladera despejada que había más allá a toda la velocidad que podía correr, comenzó a disparar su pistola de 9 milímetros hacia el Zigzag, donde media docena de combatientes hacían todo lo posible por cazarlo con sus AK-47.

Las balas impactaban sobre piedras pequeñas y levantaban trozos de tierra alrededor de sus pies, pero no lograban encuadrarlo en sus puntos de mira. Entonces, cuando estuvo cerca del vehículo de Larson oyó las balas rebotando en el blindaje y gritó en tono de advertencia.

—¡Mace! ¡Mace! —chilló, sin ser consciente de que Mace había sido relevado por Larson—. ¡Soy amigo!

Rodriguez planeaba hacer una pausa junto al Humvee antes del esprint final a través del tramo de terreno despejado que llevaba a los peldaños de las latas de munición. Pero justo cuando estaba a punto de girarse, el vehículo fue alcanzado por un impacto directo de RPG. La granada se incrustó en el guardabarros, justo por encima de una de las ruedas, estallando con fuerza suficiente como para derribar a Rodriguez al tiempo que las llamas sobresalían hacia el lateral sur del Humvee.

—¡Maaaace! —gritó mientras la figura que había encaramada al arma, que en realidad era Larson, caía hacia atrás y desaparecía en el interior de la torreta.

Sin obtener respuesta, Rodriguez se puso de nuevo en pie y reanudó su carrera hacia el emplazamiento de morteros. Cuando llegó al final de los peldaños vació el resto del cargador de quince balas de su pistola.

En ese momento no había nada más importante para D-Rod que poner en funcionamiento esos morteros.

Mientras Rodriguez se aproximaba a los peldaños, Breeding había salido de su saco de pedos (que es como le gustaba llamar a su saco de dormir) y estaba machacando las teclas del ordenador portátil que facilitaba las coordenadas de las cuadrículas que necesitaba para apuntar las armas hacia un nuevo conjunto de blancos.

Entre tanto Kevin Thomson estuvo listo —había pasado toda la noche monitorizando la radio mientras jugaba a un videojuego de la PlayStation— y salió por la puerta corriendo, arma en mano, hacia el emplazamiento de los morteros. Su intención era llegar al tubo de 60 milímetros y realizar fuego de supresión con su fusil mientras Breeding calculaba qué cargas iban a necesitar para colocar las granadas.

El emplazamiento de morteros estaba protegido por una sola ametralladora M240 Bravo montada en un poste de acero de alambrada con un perno en la parte superior que sostenía el arma a la vez que le permitía oscilar. A la dotación de morteros le gustaba tener esa arma cubierta con un poncho para protegerla de la lluvia y el polvo, y cuando Rodriguez llegó a la parte superior de los peldaños y entró en el interior del emplazamiento, agarró el poncho y lo echó a un lado.

—¡Roca RPG! —gritó Thomson, abreviando para hacerle saber a Rodriguez que el emplazamiento estaba siendo sometido a fuego procedente de la enorme roca situada a unos sesenta metros por encima de ellos y que miraba directamente al campamento desde la esquina más alejada de uno de los zigzag, que era hacia donde D-Rod tenía que dirigir el fuego de inmediato.

Rodriguez agarró el arma y la estaba apuntando hacia el blanco cuando Thomson, que estaba a menos de un brazo de distancia, dejo escapar un suave quejido después de que el disparo del Dragunov de un francotirador, efectuado desde algún lugar del Zigzag, impactara directamente en su cara.

Como muestra del inclinado ángulo de fuego que tenían los talibanes desde las líneas de crestas que nos rodeaban, la bala perforó la mejilla derecha de Thomson y abrió un orificio de salida junto a su omoplato izquierdo. Por el camino destruyó su mandíbula, su lengua y dos vértebras cervicales, junto con un montón de tejidos blandos de la base de su cuello.

Kevin Thomson.

Sin articular más sonido, el hombretón de la sonrisa tranquila al que le encantaba fumar hierba se derrumbó sangrando por cara y cabeza como un cabestro en la rampa de un matadero.

Rodriguez, que presenció cómo se producía toda la escena ante sí, ya había visto comparecer la muerte en innumerables y horribles formas durante su estancia en Irak. (Había formado parte del equipo de limpieza de un Humvee blindado que había sido volado por un IED una mañana de 2007, revolviendo y cociendo de tal forma el contenido de su interior que los restos de los tres soldados estadounidenses formaban lo que describió como un «estofado humano».) Sin embargo, a diferencia de aquellos tipos del Humvee de Bagdad, Thomson era el mejor amigo de Rodriguez. Y verlo caer desde menos de sesenta centímetros liberó en la mente de D-Rod un estado de cólera que ni siquiera él sabía que estuviera ahí.

Sin decir palabra, puso su hombro en la ametralladora, apretó el gatillo, y no paró hasta que colocó al menos trescientos proyectiles en el Zigzag, de donde provenía el disparo que mató a Thomson. Mientras disparaba, los casquillos vacíos de los proyectiles salían de la recámara y cubrían parcialmente el cuerpo de Thomson con una capa de latón caliente.

Una M240 Bravo necesita unos treinta segundos de fuego ininterrumpido para quemar trescientos proyectiles. Mientras Rodriguez completaba su fuego de revancha, el sonido de su arma se fusionaba con el ruido de fondo de la batalla conformando la atronadora y feroz sinfonía que constituye la muestra audible del combate sin cuartel.

A unos ciento cuarenta metros más abajo, hacia el noreste, en el interior del estrecho conjunto de barracones de piedra y madera contrachapada situados en el mismo centro del campamento, nos estaba despertando ese sonido a mí y al resto del Black Knight Troop, sacándonos de nuestros camastros.

Mientras salía de mi saco en la tercera litera del extremo sur del barracón del Pelotón Rojo y me ponía mi equipo de combate, podía oír como estábamos recibiendo fuego desde todos los sectores. Y lo que es más, podía decir que la intensidad era de una magnitud nueva y diferente a cualquier cosa que nos hubiéramos encontrado hasta entonces. Había algo en esos proyectiles que llegaban —no estoy seguro de qué era exactamente, pero todos pudimos oírlo— que indicaba que esto no solo era serio, sino que era serio *como ninguna cosa que hubiéramos visto antes*.

No se trataba de la típica escaramuza guerrillera de dispara y corre, y el ser consciente de ello —el hecho de que los talibanes se estuvieran enfrentando a nosotros en combate directo y de igual a igual, en un asalto general en el que estaban lanzando todo lo que podían reunir para borrar nuestra presencia del mapa de Nuristán— hizo que todos los hombres fueran conscientes de que en este combate necesitábamos emplear todas y cada una de las armas a nuestro alcance.

Los muchachos se colgaban el equipo y desde cada litera se dirigían al pasillo hacia el armario de las armas para coger los fusiles.

En el primer cubículo del extremo norte estaba Kirk cogiendo su chaleco antibalas mientras se volvía hacia Avalos, que estaba en el otro extremo del pasillo.

—Están empezando pronto hoy —dijo Kirk, caminando por el pasillo—. Vamos y matemos a unos cuantos.

Hasta ese momento nos habían atacado tantas veces en el transcurso de nuestro despliegue, que la mayoría de nosotros, especialmente los *staff sergeant* y los jefes de equipo, sabíamos exactamente dónde teníamos que estar. Sin embargo, algunos de los muchachos más jóvenes se detenían antes de dirigirse a la puerta para echar un vistazo rápido a la pizarra y confirmar qué posición tenían asignada.

—¡Dannelley, tú vas conmigo! —gritó Jones mientras sacaba del armario de armas una de las ametralladoras Mark 48, la pasaba a las manos de Dannelley y se ponía cintas de munición de cien cartuchos sobre sus hombros.

De acuerdo con el plan de distribución de tareas de combate Jones y Dannelley eran los responsables de emplazar aquella ametralladora para prestar apoyo a Koppes y a su Humvee. Mientras ambos hombres se dirigían hacia la puerta norte del barracón, Jones casi chocó con Kirk.

—Oye, ¿qué hora es? —preguntó Kirk.

—Son las 6.01 —replicó Jones.

La batalla por el puesto avanzado de combate Keating había comenzado hacía exactamente tres minutos.

Thomson ya estaba muerto. A Larson le acababan de disparar. ¿Y esas palabras que Kirk y Jones acababan de intercambiar?

Serían las últimas que estos dos amigos se dirigieran.

7

Fuego intenso

Cuando conecté mi radio portátil se estaban cruzando informes procedentes de todas las posiciones defensivas de nuestro perímetro, y por su contenido no cabía duda de que cada una de ellas estaba siendo abrumada con fuego procedente de todas las direcciones posibles.

Debido a que el Pelotón Rojo estaba en ese momento de servicio de guardia, nos correspondía a nosotros hacernos cargo de los sistemas de armas pesadas y de tratar de detener el asalto. El Pelotón Blanco no tomaría parte en esto porque estaba allá arriba en Fritsche, pero el Pelotón Azul tenía la obligación de apoyarnos suministrándonos munición, una tarea que algunos de sus miembros ya habían comenzado a hacer recogiendo algunas bolsas extra de munición que tenían apiladas en su barracón y llevándolas a los vehículos blindados. Además, el grueso del Azul estaba reuniéndose entonces en el barracón con los dos sargentos jefes de pelotón, Eric Harder y John Francis, preparándose para hacer una salida desde el punto de aprovisionamiento de munición, dos estancias construidas en el muro de hesco en el lado este del edificio Shura que contenían nuestros principales depósitos de armas y munición.

Puesto que el *sergeant first class*[*] Frank Guerrero estaba en Estados Unidos de permiso, era yo el sargento en funciones del Pelotón Rojo. Esto significaba que en vez de salir a luchar, mi cometido principal era averiguar dónde estaba hasta el último hombre de mi pelotón y qué necesitaba, comenzando por mis cuatro jefes de equipo: Hardt y Larson para la Sección Alfa, y Kirk y Gallegos para la Bravo.

* Empleo de código OTAN OR-7, equivalente al rango de sargento primero en el Ejército de Tierra español. *(N. del t.)*

Una manera de hacer el recuento consiste sencillamente en monitorizar tu radio y tratar de extraer una evaluación basada en lo que estás oyendo desde los distintos sectores del área de combate. Pero se puede obtener una visión más esclarecedora del progreso de la lucha yendo al puesto de mando. Así que allí fue adonde me dirigí en primer lugar.

Mientras las balas rebotaban en los muros y perforaban la tierra me abalancé sobre el área de cuatro metros y medio que separaba el barracón del Pelotón Rojo de nuestro centro táctico de operaciones, le di un empujón a la puerta de madera contrachapada que había en el lado oeste y me metí dentro.

El interior de nuestro puesto de mando era un lugar funcional, espartano y sin concesiones. Las luces eran tubos fluorescentes de ciento ochenta centímetros, y el lugar estaba desprovisto de cualquier banalidad que pudiera verse en otros edificios. No había pósteres como los del gimnasio ni adornos desfasados de Navidad o del 4 de Julio[*] como los que colgaban de las paredes del comedor. Y por descontado no había bolsitas de Ziploc con braguitas de tenista famosa.

La estancia carecía de ventanas y estaba dominada por un par de mesas de casi dos metros y medio de largo fabricadas con madera contrachapada y retazos de material de construcción 2 por 6, que ocupaban casi toda la longitud de la habitación. En la primera mesa había varios ordenadores portátiles, de los que uno estaba reservado al comandante. La segunda, que también tenía varios ordenadores, estaba situada justo enfrente de un conjunto de media docena de monitores de televisión de pantalla plana montados sobre la pared este. Varios de estos monitores mostraban mapas de Keating y de las montañas circundantes. En la pared oeste, a algo más de un metro de la puerta, había otro mapa que señalaba la ubicación de cada sistema de armas principal en el interior del puesto avanzado, junto con sus sectores de fuego.

Lo primero que vi fue a un puñado de tipos de la Sección de Mando, la mayoría de los cuales estaban sentados en sillas metálicas plegables y encorvados sobre sus ordenadores portátiles en una de las dos mesas. Mirando a la pantalla plana del ordenador más grande estaban el soldado Jordan Wong, nuestro operador de radio, y el sargento Ryan Schulz, nuestro analista de inteligencia. De pie, detrás de ellos, se hallaban el teniente Cason Shrode y el sargento Jayson Souter, encargados de coordinar el apoyo aéreo y de la artillería, junto con el *first sergeant* Burton.

Un total de al menos diez hombres se agolpaba en el puesto de mando,

---

[*] Día de la fiesta nacional de Estados Unidos. *(N. del t.)*

y cada uno de ellos estaba haciendo varias cosas a la vez. De pie en mitad de toda esta confusión estaba Bundermann. Llevaba puesta una camiseta marrón, pantalones cortos y un par de chanclas Adidas de plástico, un conjunto que le hacía parecer listo para un partido de vóley-playa. No llevaba casco, arma o chaleco antibalas. (Y lo que era mucho peor: tampoco llevaba su lata de tabaco de mascar.)

En el instante en que Bundermann fue despertado por el diluvio de fuego, saltó de su camastro y corrió al puesto de mando sin molestarse en coger un solo elemento de su equipo de combate. Pero el hecho de que estuviera tan terriblemente distanciado de la uniformidad apropiada implicaba algo más que un entendible lapsus de atención respecto a su atuendo, y era que en realidad se suponía que no debía estar en absoluto en el interior del puesto de mando.

Como teniente responsable del Pelotón Rojo el puesto de combate de Bundermann, el sitio al que estaba acostumbrado a ir, y que de hecho era el lugar en el que él pensaba que debía estar, era el vehículo blindado LRAS2. Esta era la posición a la que ir, el destino al que corrió al comienzo de prácticamente cada enfrentamiento que tuvimos desde el primer día que llegamos a Keating.

El LRAS2 era también donde Bundermann *prefería* estar, porque entre otras razones estaba convencido de que allí era donde ganaríamos o perderíamos un combate de entidad como el que se estaba desencadenando. Pero le gustara o no, con el capitán Portis atrapado todavía en Bostick, el puesto de mando era el lugar en el que debía estar.

A partir de ese momento cada decisión táctica: adónde debíamos dirigir nuestros recursos; qué áreas teníamos que defender y qué sectores debíamos ceder al enemigo; cómo coordinábamos los activos que todavía poseyéramos con aquellos otros que, con un poco de suerte, estaban de camino; toda esa responsabilidad y toda esa carga descansaban directamente en los hombros de Bundermann.

Este ni había solicitado ni había esperado desempeñar este papel. Sin embargo, ahora la fiesta era toda suya. Y la forma en que la fiesta hubiera de desenvolverse iba a depender en gran parte de cómo Bundermann manejara los sistemas de armas más potentes y de mayor alcance.

Los principales medios de comunicación de Keating con el exterior incluían un sistema de chat militar a través de internet conocido por su acrónimo mIRC.* En esencia el mIRC funcionaba como la aplicación de mensajería instantánea de un móvil, salvo por la posibilidad de que podían entrar y salir múltiples usuarios de la red al mismo tiempo. Durante el fragor de la batalla esta forma de chateo táctico (o *chat-tac*) era más eficiente que las líneas telefónicas e incluso que las radios.

La forma en que funcionaba el *chat-tac* en el interior del puesto de mando consistía en que Bundermann daba instrucciones a Wong, su radio operador, sobre lo que debía teclear con el usuario del comandante de Keating, que era «2BlackKnight». Mientras Wong picaba en su teclado, otros miembros de la Sección de Mando —Schulz, Shrode, Souter y el propio Bundermann— interactuaban en el sistema con sus propios códigos de usuario. Mientras esto sucedía, el sistema registraba también un torrente de respuestas, órdenes y preguntas de los puestos de mando de otras bases que estaban tratando de conseguirnos ayuda. Esto incluía no solo a Bostick, sino también a Jalalabad, Kandahar o Alemania, donde una estación de apoyo por satélite permitía a los especialistas de la fuerza aérea de Nevada y Nuevo México comunicarse (utilizando la misma red de *chat-tac*) con drones Predator y Reaper que estaban patrullando los cielos justo encima de Keating.

Si este sistema de mensajes instantáneos se caía por alguna razón, teníamos como respaldo el Satcom, que era en esencia un teléfono con una conexión vía satélite. Era fiable, pero a diferencia del *chat-tac*, había un límite respecto a la cantidad de personas que podían estar conectadas al mismo tiempo en una de sus líneas. Así que tendíamos a utilizar con más frecuencia el *chat-tac*, algo que en ese momento se hacía evidente en la pantalla plana de cuarenta y dos pulgadas de la pared este del puesto de mando.

Mirando al monitor mientras entraba pude ver los mensajes en la pantalla a medida que iban apareciendo. Esto proporcionaba un registro dinámico de la batalla, comenzando con nuestra llamada inicial de auxilio e incluyendo la primera respuesta que estábamos recibiendo en ese momento de la Task Force Destroyer, que era el usuario de nuestros superiores en Bostick.

6.02 a. m.
<2BlacKnight_TOC>
>>> Keating bajo intenso fuego...
>>> Tenemos los morteros inmovilizados y recibimos fuego de todas direcciones...
>>> Necesitamos algo.

* El acrónimo responde a la voz inglesa *Military Internet-Relay Chat. (N. del t.)*

6.02 a. m.
<TF_DESTROYER_BTL_CPT>
>>> Estamos trabajando para conseguiros apoyo aéreo y helicópteros.

Mientras Bundermann se encargaba de estas comunicaciones externas con Bostick, Jalalabad y más allá, recibía también un flujo constante de informes de —y enviando órdenes a— los soldados norteamericanos que había en el interior de Keating. Para hacerlo, disponía de cinco canales de radio o «redes», cada uno con una frecuencia asignada distinta reservada a cada grupo particular de soldados. La red Fuerza Pro, por ejemplo, conectaba a Bundermann con los jefes de sección de cada una de los pelotones presentes en el interior de perímetro de Keating, mientras que la red Sección estaba restringida a los jefes de pelotón como Jonathan Hill, que era responsable del Pelotón Azul, y yo. Si Bundermann quería hablar con alguien en Fritsche tenía que cambiar a la red Escuadrón, mientras que la red Fuego estaba reservada al emplazamiento de morteros de Keating. Por último, había un canal separado, la red CAG, que significaba «grupo de aplicaciones de combate», que lo pondría en contacto con los aparatos que estuvieran sobrevolando la base, permitiéndole hablar directamente a los pilotos de cualquier avión o helicóptero que hubiera dentro del alcance de las comunicaciones de Keating.

Lo que convertía esto en un verdadero desafío era que mientras Bundermann gestionaba todo este flujo de comunicaciones internas y externas, también estaba tomando decisiones, en muchas ocasiones en una fracción de segundo, que ayudarían a determinar quiénes de nosotros sobrevivíamos y quiénes no.

Cuando me abalancé sobre el puesto de mando y empujé la puerta, Bundermann estaba de pie frente a un mapa con una plantilla de blancos superpuesta que mostraba los sectores de fuego que correspondían a las posiciones defensivas de Keating. Tenía una radio pegada a la oreja, la mirada fija en el mapa, y estaba hablando por el micrófono del Satcom, que sostenía con la otra mano. La otra oreja la tenía pegada a un altavoz verde montado en la pared este que emitía todo el tráfico de radio entrante de la red Fuerza Pro.

No era fácil dar sentido a la red Fuerza Pro, porque todo el mundo trataba de hablar a la vez. Los informes de los cuatro vehículos blindados y de la torre de la puerta principal entraban todos al mismo tiempo, a los que había que añadir los de varios hombres más que se encontraban ahí fuera.

Rojo Cinco: ¡Al Vehículo 1 casi se le ha agotado la munición!
Rojo Cinco-Delta: ¡El ECP está recibiendo un fuego intenso y preciso desde la Cara Norte, el Campo de Minigolf, el puesto de control de la Policía Nacional Afgana y desde el norte de dicha localización!
Rojo Seis: ¡Solicito fuego de supresión inmediato sobre los blancos 4525 y 4526!

Estas voces de la radio sobresalían por encima del fragor de la batalla que reverberaban a través de las paredes del puesto de mando. El volumen de fuego y la trayectoria de las diferentes armas —las ametralladoras PKM y los RPG que caían sobre nosotros, y los M4 y Mark 48 que les disparábamos— todo se elevaba a un nivel de intensidad tal que a un civil le hubiera parecido un caos total. Pero para el oído de Bundermann, y para el mío, esa cacofonía multicapa tenía sentido a varios niveles.

Los golpes que estaban sufriendo las paredes y el tejado del puesto de mando nos decían que estábamos recibiendo fuego desde todos los puntos cardinales, y que aunque los RPG llegaban en intervalos de uno cada quince segundos, el fuego de ametralladora y de armas ligeras era bastante más fluido.

A un mismo tiempo sabíamos por el tráfico de radio que el vehículo de Koppes estaba siendo alcanzado por un diluvio de fuego, que Faulkner necesitaba reaprovisionamiento inmediato de munición de calibre .50 para poder mantener operativa su arma, y que la torreta de Davidson, que dominaba la puerta principal, estaba cubierta de humo, lo que implicaba el riesgo de ser tomada.

Cuando esos dos flujos de información se fusionaban —los cohetes y las balas impactando contra el exterior del edificio y las cada vez más agitadas voces procedentes de la red Fuerza Pro— se hacía evidente que nuestro retorno de fuego no estaba teniendo mucho efecto, porque el enemigo estaba logrando dispararnos de forma ininterrumpida.

El resultado estaba claro. Si no recibíamos ayuda pronto no íbamos a durar mucho más, que era por lo que Bundermann estaba ordenando en ese momento a Wong que enviara una serie de peticiones de ayuda, comenzando por una solicitud inmediata de apoyo aéreo.

Quería aviones y helicópteros de ataque —en pocas palabras, cualquier cosa que la aviación del ejército, en Jalalabad, y de la fuerza aérea, en Kandahar y Bagram, estuvieran dispuestas a enviarnos. La urgencia de esas solicitudes se reflejaba en los mensajes que se estaban introduciendo en el sistema:

> *6.03 a. m.*
> *<2BlackKnight_TOC>*
> *>>> Necesitamos aviación lo antes posible...*
> *>>> Necesitamos efectivos aéreos...*
> *>>> FUEGO INTENSO*

Mientras esperaba una respuesta de Bostick, Bundermann se puso con la siguiente serie de asuntos.

Big John Breeding llamaba por la red Fuego con un informe del emplazamiento de morteros.

—Tengo un caído en combate —dijo Breeding desde su posición en el interior del búnker de la dotación de morteros, contiguo al emplazamiento—. Thomson ha muerto.

—Entendido —replicó Bundermann—. ¿Puedes ir al emplazamiento y poner tus armas operativas?

—Negativo, estamos sometidos a un intenso fuego —dijo Breeding—. El emplazamiento *no puede* disparar.

—De acuerdo, B —dijo Bundermann, refiriéndose a la inicial de Breeding—. Permanece a la espera.

Entraba otra llamada por la red Fuerza Pro; esta vez era Gallegos, que estaba junto a las letrinas en una porción de terreno más elevado que le daba una buena perspectiva de lo que estaba pasando en el LRAS2, donde Larson había caído hacia atrás en su torreta tras el impacto de RPG que había presenciado Rodriguez. (Como se supo después, Larson había sido alcanzado en el cuello, el hombro y el bíceps por fragmentos de metralla que habían salido rebotados de la parte superior del vehículo, pero el blindaje de la torreta lo protegió de lo peor de la explosión.)

Mientras Gallegos observaba, Larson estaba tratando de recargar la ametralladora de calibre .50, un engorroso proceso que incluía echarse para adelante y abrir con fuerza la cubierta de la recámara, meter una nueva cinta de munición y luego cerrarla, movimientos que lo dejaban peligrosamente expuesto.

Gallegos podía ver que si Larson no lograba poner en funcionamiento su arma y no recibía algo de ayuda pronto, su vehículo blindado corría el peligro de ser arrollado. También comprendió que en ausencia de apoyo aéreo, la mejor forma de socorrer a Larson era poner en funcionamiento los morteros y fijar los blancos en el Zigzag, que era exactamente lo que le estaba pidiendo por radio a Bundermann.

Por desgracia, había una especie de círculo vicioso a la hora de manejar esta solicitud, porque si el emplazamiento de morteros estaba inmovilizado, el único vehículo blindado posicionado para proporcionar fuego de supresión que diera vía libre a los morteros era, por suerte o por desgracia, el LRAS2. En una palabra, el emplazamiento de morteros y el vehículo blindado de Larson funcionaban en tándem, igual que las alas de un avión: si una dejaba de cumplir su cometido, todo se venía abajo. En ese momento ambas posiciones de combate requerían exactamente lo que la otra no le podía proporcionar.

En respuesta a las peticiones de Gallegos, que se iban haciendo cada vez más insistentes con el paso de los segundos, Bundermann conectó con la red Fuego para averiguar si por obra de algún milagro había cambiado algo en la posición de Breeding.

—Hola, B, ¿puedes llegar a tus armas? —preguntó.

Breeding asomó la cabeza por la puerta para mirar al emplazamiento.

El fuego que estaban recibiendo era tan intenso que Rodriguez, que estaba ahora en el interior del búnker con Breeding, ni siquiera podía sacar el cuerpo de Thomson del emplazamiento y arrastrarlo al interior del puesto de la dotación de morteros. A cada intento provocaba una densa cortina de fuego procedente de la Roca RPG. Todo el emplazamiento era en ese momento zona batida.

—Señor, estamos absolutamente inmovilizados —replicó Breeding—. Está estallando de todo alrededor del emplazamiento. El único modo que tengo de salir fuera y disparar esos morteros es que me diga que quiere que mate a todos los que hay aquí. No puede hacerse sin que acabemos muertos.

Mientras Breeding hablaba, Rodriguez trataba de salir al exterior para retirar a Thomson. Cuando agarraba la pierna de su amigo, un RPG impactó en la parte superior de la choza del mortero de 120 milímetros. La explosión hizo saltar por los aires el cuerpo de D-Rod, lanzándolo contra la puerta del búnker y estrellándolo contra el suelo.

—Quiero ayudar, señor —le decía Breeding a Bundermann—, pero no puedo hacerlo sin que acaben muertos el resto de mis hombres.

—Entendido —dijo Bundermann—. Aguanta.

John Breeding.

Para entonces ya me había hecho una buena idea en el interior del puesto de mando sobre dónde estaban mis muchachos y cómo se estaba desarrollando el combate. Era hora de salir al exterior. Cuando salía por la puerta, Wong aún seguía enviando peticiones de ayuda a través del *chat-tac*:

> 6.04 a. m.
> <2BlackKnight_TOC>
> >>> *Todavía fuego intenso. Necesitamos algo. Nuestros morteros no pueden disparar...*
> >>> *Estamos sufriendo bajas...*
> >>> *¡TRAED ALGO!*

No había duda sobre esas peticiones. Pero dado lo rápido que las cosas parecían estar saliéndose de control, Bundermann quería transmitir la gravedad de nuestra situación directamente a nuestros superiores —y la mejor manera de hacerlo, o eso le parecía a él, era hablarle directamente al capitán Portis en Bostick.

Apretando el botón del micrófono del Satcom hizo una llamada al operador de radioteléfono del puesto de mando de Bostick. Tras oír la solicitud el operador le pidió que se mantuviera a la espera, explicándole que Portis acababa de ser despertado y que estaría allí en unos segundos.

Mientras Bundermann esperaba, la línea se cortó súbitamente.

Más allá de las paredes del puesto de mando los jefes talibanes habían estado dirigiendo una porción de sus granadas de RPG y B-10 sobre nuestros generadores eléctricos, sabedores de que sin esas unidades no tendríamos energía eléctrica, y sin energía no tendríamos comunicaciones. Era un plan inteligente, ajustándose casi literalmente a la forma en que habíamos imaginado que se desarrollaría la primera fase de un ataque general. Y ahora, aquella estrategia estaba dando jugosos dividendos. Un RPG había colocado un impacto directo en nuestro generador de 100 kW, que se encontraba cerca de la mezquita y que alimentaba casi todo aquello que funcionara con electricidad en Keating, incluyendo la práctica totalidad de los equipos del puesto de mando.

Primero parpadearon y se fueron a negro las grandes pantallas de las paredes, los mapas del puesto avanzado y los textos del *chat-tac*.

A continuación comenzaron a apagarse una detrás de otra las pantallas de vídeo que mostraban las imágenes que enviaban las cámaras del perímetro sur.

Finalmente nos quedamos sin luz, sin radio y sin cafetera.

Aunque todavía conservábamos nuestras comunicaciones en el interior del puesto avanzado, alimentadas por baterías, habíamos quedado aislados del mundo exterior.

Allá arriba, en el emplazamiento de morteros, Breeding y el resto de sus hombres habían tomado posiciones defensivas en el interior de su puesto con sus M4 apuntando a las dos puertas, con los ojos bien abiertos en busca de cualquier señal de movimiento que indicara un asalto de los talibanes.

— ¡Eh! —susurró Rodriguez a Breeding y al sargento Janpatrick Barroga, el tercer miembro de la dotación—, creo que estoy oyendo algo.

De la parte superior del techo de cemento de su puesto llegaban señales inequívocas de movimiento. Sonaba como si un grupo de combatientes enemigos estuviera aproximándose a la alambrada exterior desde el sur, probablemente desde un gran saliente que había justo detrás del emplazamiento de morteros.

Entonces empezaron a escuchar voces.

Mientras los enemigos pasaban hacia el este, a no más de cinco o seis metros del emplazamiento, en dirección al taller mecánico y al remolque de las duchas, iban riéndose y animándose unos a otros.

A juzgar por las voces, Breeding calculó que eran probablemente dos docenas de hombres, demasiados para que los miembros de la dotación de morteros libraran un combate a corta distancia. Sin embargo, Breeding se guardaba un as en la manga: las minas que estaban sembradas en el borde de la alambrada a unos quince metros de distancia.

Aquellas Claymore contenían suficiente metralla como para abrir algunos huecos en la línea de atacantes antes de que estos llegaran a la alambrada de espino que formaba el perímetro sur del puesto avanzado. La única pega era que las minas no habían sido comprobadas o sustituidas desde hacía más de un año, a pesar de nuestras repetidas peticiones al capitán Porter para que lo hiciera.

Moviéndose en silencio, Breeding cogió el dispositivo de accionamiento que había de detonar ambas minas, lo apretó como si se tratase de unos alicates, y...

Nada.

Ninguna de las Claymore estalló. Mientras Breeding se enfurecía por la incompetencia de nuestro antiguo comandante, Barroga, que había llegado a Keating solo dos días antes y que no tenía experiencia de combate, se volvió para hacerle una pregunta.

—Eh, sargento —preguntó Barroga—, ¿estos ataques son siempre así de terribles?

—No amigo, en absoluto —enfatizó Breeding—. *Nunca* han sido tan terribles.

—Bueno... ¿va a ir todo bien? —preguntó Barroga, incapaz de aclarar sus ideas.

En sus dieciocho años en el ejército John Breeding nunca se había andado con rodeos. No veía por qué tenía que cambiar ahora.

—No tengo ni idea de si vamos a salir de esta —replicó mirando a los ojos a Barroga—. Todo lo que puedo decirte es que si ha de suceder, nos llevaremos a algunos de estos hijos de puta por delante.

8

Kirk en combate

Decir que Josh Kirk percibía la posibilidad de que se produjera un enfrentamiento armado del tipo «antes nos llevamos por delante a todos esos hijos de puta» como poco intimidatorio no sería, quizá, del todo exacto, porque este era precisamente el tipo de situación —desesperada, en inferioridad y frenética— que Kirk llevaba esperando tanto tiempo. Era el tipo de cosa que lo volvía loco como ninguna otra.

En lo que a Kirk respectaba, por fin estábamos saboreando algo serio. Y como tal, este momento marcaba el comienzo de la clase de prueba que ningún verdadero soldado se puede perder. Razón por la que el principal objetivo de Kirk —aparte de dar rienda suelta al impulso de salir echando leches del barracón del Pelotón Rojo lo más rápidamente posible para comenzar a devolver el fuego— era correr directamente a uno de los puntos más vulnerables del campamento.

Resulta difícil imaginar un lugar más importante para la defensa de Keating que el edificio Shura. Mientras que el muro este de esa estructura daba al punto de aprovisionamiento de munición donde estaban almacenados todos nuestros explosivos y municiones, el tejado del Shura alojaba la torreta de la ametralladora. El edificio había encajado ya una primera oleada de impactos de RPG. Era aquí, y Kirk lo sabía, donde más se necesitaba su particular agresividad.

Resultó que la lista de combate indicaba que Gregory y Knight también debían dirigirse al edificio Shura. Pero cuando los tres hombres se reunieron en la puerta frontal del barracón y Gregory, que iba primero, comenzó a abrir la puerta, fue saludado con un diluvio de fuego que impactó en los peldaños, el tejado y el suelo que había frente a él.

Echándose hacia atrás Gregory colisionó con Kirk.

—Tenemos que encontrar otra manera de salir —gritó Kirk, dirigiéndose a la puerta trasera situada en el lado este del edificio.

Se asomó un poco por la puerta para asegurarse de que estaba despejado y luego se volvió a los miembros de su equipo:

—Gregory, coge ese AT4 —ordenó mientras se dirigían a la salida.

Los tres corrieron por el callejón que había frente al puesto de mando, hicieron un pronunciado quiebro a la izquierda en la esquina del barracón, y pasaron rozando una pala Bobcat que había sido dejada en la esquina de nuestro cobertizo de aprovisionamiento de munición, bloqueando parcialmente el camino que llevaba al puesto de primeros auxilios. Luego avanzaron por la línea de hescos que formaba el perímetro norte del puesto avanzado y giraron hacia el edificio Shura, que estaba apenas a nueve metros de distancia.

En vez de esprintar a toda velocidad, fueron paso a paso, avanzando cada hombre por turnos mientras los otros dos lo cubrían. En cada pausa, Kirk metía otra granada en la recámara de su M203[*] y la lanzaba por encima del río hacia la Cara Norte, a la vez que vaciaba el cargador de su M4. Les llevó menos de dos minutos completar la maniobra.

Cuando entraron por la puerta este del edificio Shura no pudieron ver más allá de unos pocos metros, debido a que el ambiente del interior estaba lleno de polvo levantado por los proyectiles de RPG que estallaban en la parte exterior de las paredes. Cuando Kirk se aproximaba a la escalera de la pared oeste, que llevaba a la entrada de la torreta donde Davidson manejaba su ametralladora M240, miró a través de la polvareda y vio a un guardia de seguridad afgano que había abandonado su puesto de combate del otro lado de la puerta de entrada principal y se había refugiado en la entrada de la torreta.

—Fuera de aquí puto *cobarde* —gritó Kirk mientras agarraba al afgano y lo echaba a un lado. A continuación, Kirk se puso en un lateral de la puerta y ordenó a Gregory que lo cubriera mientras lanzaba un proyectil de AT4 contra el Campo de Minigolf.

Ambos hombres cruzaron la puerta abierta y Kirk se acomodó en el hombro el tubo de su lanzacohetes de un solo disparo.

Mientras apuntaba y se preparaba para disparar impactó un RPG en el lateral del edificio y estalló, dispersando metralla por doquier. La onda ex-

---

[*] El M203 es un lanzagranadas que se acopla a la parte inferior del cañón de un fusil de asalto, en este caso un M4. *(N. del t.)*

pansiva, que fue enorme, abalanzó a Gregory contra la pared y arrojó a Kirk al suelo. Mientras Kirk caía, un francotirador talibán logró acertarle de algún modo con una bala que le atravesó la cara.

Horrorizados, Gregory y Davidson, que había bajado la escalera para ayudar, agarraron a Kirk por el chaleco y lo arrastraron al interior. Mientras la cabeza de Kirk era arrastrada por el suelo el polvo iba quedando impregnado de un rastro carmesí. Entre tanto, Knight se dirigió a la torreta con la intención de poner en acción de nuevo la ametralladora.

Cuando llegó a lo alto de la escalera, Knight agarró las empuñaduras de la M240 y se alzó para mirar dónde apuntar el cañón. Cuando su cabeza asomó por lo alto de la torreta, cientos de disparos comenzaron a golpear a un tiempo las planchas de protección desde varias direcciones, fragmentando las bridas de acero y generando un diluvio de chispas y de diminutas astillas de metal que le golpeaban en la cara como paladas de grava.

Aturdido por la intensidad del fuego, Knight se retiró de la torreta y volvió a bajar por la escalera. Cuando llegó a la estancia de abajo se detuvo en seco al ver las piernas de Kirk, extendidas en el suelo, y la angustiada voz de Davidson, que había cogido la radio de Kirk de su chaleco de combate y estaba tratando de pedir ayuda.

En el puesto de primeros auxilios, Courville escuchaba la radio de combate en la frecuencia de la red Fuerza Pro mientras se asomaba con cuidado por la puerta y observaba los continuos fogonazos que subían y bajaban procedentes del Zigzag y de toda la Cara Norte.

—Hermano, la cosa está jodidamente *mal* ahí fuera —informó Courville a Cordova, que estaba de pie con el teléfono en la mano después de que se cortara la conexión con el puesto médico de Bostick al resultar destruido el generador. Trataba de prevenir al equipo médico de que se preparara para una llegada masiva de bajas.

En el instante en que se enteraron de que alguien había sido alcanzado en el edificio Shura y que necesitaba ayuda, Cordova cogió el botiquín de primeros auxilios, que estaba reservado para este tipo de emergencias, y se lo pasó a Courville.

Este, que estaba ya a medio camino de la puerta, cogió la bolsa al vuelo y se marchó en un abrir y cerrar de ojos. Salió tan rápido que ni siquiera reparó en coger su arma.

En vez de proceder con cautela, como habían hecho solo unos minutos antes Knight, Gregory y Kirk, Courville corrió directo al edificio Shura. Mientras corría, las balas impactaban en la tierra alrededor de sus pies.

Cuando llegó a su destino vio a Kirk tendido boca abajo justo al otro lado de la puerta. Courville le dio la vuelta y sacudió sus hombros con cuidado.

—¡Kirk! ¡Kirk! —gritó—. Amigo, ¿puedes *oírme*?

Los ojos de Kirk estaban cerrados, no dio respuesta alguna. La bala del francotirador había penetrado por el pómulo de la mejilla directamente bajo su ojo izquierdo, había perforado su cabeza y había salido por la base del cráneo. En el suelo, junto a su cabeza, había trozos de masa encefálica en el interior de un charco de sangre oscura y espumosa. Estaba sangrando mucho por la nariz y por la herida de la parte posterior del cuello. Y aún con todo, de forma notable, sus pulmones seguían funcionando. Cada pocos segundos su pecho realizaba una corta y agitada aspiración que sonaba fatigosa y húmeda.

Kirk estaba todavía vivo.

El botiquín que había traído Courville estaba suficientemente atiborrado de productos médicos —gasas de combate, vendajes compresivos, agujas y cánulas orofaríngeas— como para montar lo que llamábamos un centro de «bajas masivas» en el interior del edificio Shura. La idea se basaba en que la mejor forma de proteger a nuestros heridos y al equipo sanitario era repartiéndolos entre dos ubicaciones, en vez de concentrarlos a todos en el puesto de primeros auxilios.

Esa era la teoría. Pero cuando Courville echó un vistazo en derredor de la habitación en la que estaba, resultaba patente que la idea de acoger y tratar pacientes en ese espacio era ridícula. El techo estaba hecho de madera contrachapada y ya tenía varios agujeros de bala. Dado que el enemigo podía disparar casi directamente sobre el tejado, ningún paciente podría estar a salvo en el centro de la estancia.

Aún peor, ahora que la ametralladora de la torreta, que se suponía que debía estar protegiendo la puerta de entrada principal, había quedado abandonada, Courville sabía que no había forma de que pudiéramos mantener y defender esta posición. Así que decidió, allí mismo, sobre la marcha, que no habría un centro de trauma secundario. En consecuencia, tendría que llevarse a Kirk al puesto de primeros auxilios, lo que significa hacer de vuelta el camino infernal que había traído. Pero en esta ocasión él y otros tres hombres tendrían que llevar, a toda velocidad, el cuerpo inconsciente del segundo hombre más corpulento de Keating.

Courville no vaciló.

—Oye, Davidson, ¿puedes correr hasta el puesto de primeros auxilios? —preguntó mientras desenrollaba un grueso rollo de gasa, metía algunos trozos de masa encefálica dentro de la herida y comenzaba a vendar la cabeza de su paciente.

—Vamos a necesitar una camilla.

Mientras Davidson se marchaba yo estaba tratando de evitar que se produjeran más bajas a unos ciento noventa metros al este.

Tras dejar el puesto de mando, mi primer objetivo era llegar al vehículo de Koppes, el LRAS1, que todavía se encontraba sometido a un intenso fuego desde el Trampolín. Estaba a una distancia de solo dieciocho metros, y al llegar descubrí que Jones y Dannelley estaban ya allí, agachados en la parte frontal del vehículo y disparando su M240 hacia el Trampolín.

Esto era un poco extraño.

El frontal del vehículo blindado de Koppes apuntaba hacia el sur, así que podía disparar directamente contra el Trampolín y la Cascada, pero eso implicaba que su parte trasera estaba expuesta a la Cara Norte. Por tanto, la tarea de Jones y Dannelley era emplazar su ametralladora *detrás* del vehículo y comenzar a efectuar fuego sobre cualquier equipo de francotiradores o de RPG que hubiera al norte y que tratara de disparar a Koppes desde la retaguardia.

Luego descubrí que allí era exactamente donde se habían puesto nada más llegar al vehículo de Koppes. Pero los talibanes, que habían hecho sus deberes, habían estado esperando este momento exacto, porque unos treinta segundos después de que Jones y Dannelley se pusieran en posición, comenzaron a machacar la tierra a su alrededor con un inmenso diluvio de fuego de RPG y armas ligeras.

—Amigo, esto no pinta bien —exclamó Dannelley, que estaba disparando mientras Jones atendía a la munición—. Tenemos que movernos *ya*.

Mientras llevaban el arma hasta el frontal del Humvee y se preparaban para reanudar el fuego sobre la Cara Norte, un RPG procedente del Trampolín cayó en el tramo de terreno que acababan de dejar, estallando. Si se hubieran quedado allí los hubiera hecho puré a ambos.

Un instante más tarde, Jones miró al noreste y vio un segundo RPG. Iba directamente hacia la torre de vigilancia que había en la esquina más cercana al lateral del campamento del Ejército Nacional Afgano, a menos de catorce metros de distancia.

Esa torre, que estaba hecha de material de construcción dos por seis y madera contrachapada, se situaba a dos metros sobre el suelo y parecía un quiosco raquítico. Sentado en una silla dentro de la torre se encontraba uno de los muchos soldados del ENA cuya apatía e indiferencia tanto habían cabreado a Jones durante los cuatro meses anteriores. Por extraño que parezca, el comportamiento del hombre no parecía haber cambiado, a pesar de que en ese momento se estaba haciendo frente a un asalto general. Relajado hacia atrás en una pose informal y mirando plácidamente hacia el lado contrario de la trayectoria del RPG, tenía el tipo de mirada insulsa que hacía preguntarse a Jones si aquel hombre no estaría colocado.

De estarlo probablemente fue una bendición. Cuando el cohete impactó en la torre de vigilancia con un feroz *pa-wooosh*, toda la estructura, con el soldado en su interior, voló por los aires hecha añicos.

Jones no tuvo ni la oportunidad de contemplar el horror del momento, porque un segundo más tarde estalló otro cohete justo enfrente de él, enviando un afilado trozo de metralla contra el casco de Dannelley y otro más a la pierna de Jones.

Ambos hombres cayeron al suelo, y Jones, que estaba ahora retorciéndose de dolor gritó:

—¡Mi rodilla, mi rodilla!

—Mantened las cabezas *agachadas* —gritó Koppes desde la torreta mientras lanzaba una granada detrás de otra hacia el Trampolín y los disparos de francotirador procedentes de la Cara Norte impactaban en la parte trasera de la torreta y rebotaban en las planchas de protección del arma, despidiendo fragmentos de metal caliente hasta sus manos.

Fue entonces cuando aparecí yo.

Mientras tomaba posiciones en el lateral oeste del vehículo blindado, hacia el capó, pude ver que ni Jones ni Dannelley tenían cobertura alguna. Y aunque Koppes hacía trabajar su Mark 19 al máximo, no estaba logrando detener el fuego que se efectuaba contra estos dos muchachos. Había tanto RPG y B-10 viniendo sobre ellos desde el Trampolín que el frontal del Humvee estaba completamente rodeado por una nube de tierra y polvo en suspensión.

En otro minuto o dos ambos estarían muertos.

—Tú y Dannelley, volved al barracón *ahora mismo* —ordené a Jones, cuya rodilla lo estaba atormentando pese a no tener nada grave.

—Esperad allí hasta que podamos hacernos un poco más con la situación y averiguar dónde os mandamos a continuación.

Mientras cogían su ametralladora y se marchaban cayó otro proyectil de RPG en lo alto del tejado del barracón del Pelotón Azul, lanzando un trozo del mismo directamente sobre Jones y haciendo que se desplomara contra el suelo.

— ¡Jones! —gritó Koppes, que lo había visto todo con el rabillo del ojo y que esta vez estaba seguro de que Jones se había caído para siempre. Pero un segundo más tarde Jonesie estaba de nuevo en pie, tambaleándose detrás de Dannelley por una estrecha trinchera que corría a lo largo del lateral norte del barracón del Pelotón Azul.

Mandar de vuelta a Jones y a Dannelley parecía la decisión correcta. Pensé que si íbamos a sufrir una invasión masiva en nuestro perímetro, esta tendría probablemente lugar en la parte occidental del campamento, por la entrada principal o más allá, donde estaba el vehículo blindado más alejado, en el que todavía podía oír el solitario traqueteo de la ametralladora de calibre .50 de Larson. Si eso ocurría, tendríamos que enviar a aquel sector a la mayor parte de nuestros hombres de reserva, incluidos Jones y Dannelley. Por otra parte, eso implicaba dejar a Koppes a su suerte, cosa que odiaba tener que hacer en mitad de semejante diluvio de fuego.

Algunas veces no hay elecciones buenas en combate.

Justo antes de seguir a Jones y Dannelley le recordé a Koppes que estaba a solo nueve metros del puesto de mando, y que los muchachos del interior del barracón del Pelotón Azul estaban aún más cerca. Me aseguré de que su vehículo estaba bien cargado de munición, y de que había una capa de kevlar en la parte trasera de su torreta, diseñada para protegerlo de los disparos efectuados por la espalda. Por último, le dije que las tropas del Ejército Nacional Afgano estaban defendiendo la parte oriental del campamento, así que tenía tropas amigas en la zona.

—Siento haber tenido que retirarte tu ametralladora de apoyo —le dije mirándolo una última vez a través de la torreta antes de irme corriendo al barracón del Pelotón Rojo.

Nada más echar a correr pude oír por la radio a Jim Stanley haciéndole saber a Courville que iba una camilla de camino al edificio Shura para poder trasladar a Kirk.

En el momento en que se supo que Kirk necesitaba ayuda varios de nuestros muchachos, incluyendo a Stanely, Raz y Francis, se habían pasado por el puesto de primeros auxilios para formar un equipo que pudiera realizar el traslado.

Mientras Davidson extendía la camilla a su lado, Courville y Raz comenzaron a cortar el equipo de Kirk, retirándolo todo salvo su camiseta y sus calzoncillos. Le quitaron las botas, el chaleco antibalas y el chaleco de combate, poniéndolo todo junto a sus armas y su casco, que había salido disparado con el impacto de la bala.

Entre tanto, los enemigos continuaban disparando implacablemente sobre el edificio Shura, batiendo las paredes con RPG y disparos de armas ligeras, y abriendo más agujeros en el tejado. Las reverberaciones volvían el aire tan denso de polvo que los presentes podían saborearlo.

Una de las reglas no escritas del combate establece que uno no consigue reflexionar sobre una pérdida hasta que aquel ha concluido. Así que mientras Courville y su equipo ultimaban los preparativos para lo siguiente que hubiera que hacer, ninguno de ellos se paró a considerar lo terrible de esto, o lo impensable que era que Josh Kirk, uno de los soldados más duros e intrépidos que habían conocido —un hombre que era considerado indestructible por cualquiera que hubiera servido con él— estaba allí tendido jadeando en mitad de un charco de su propia sangre.

Y todavía Raz, siendo Raz —esto es, siendo un hombre que combinaba la brutalidad y la empatía de una forma que todos encontrábamos extraña y entrañable por igual—, lo que hizo Raz en ese momento, fue darse unos pocos segundos de reflexión que en esencia se redujeron a un deseo.

El anhelo de que el cabrón que había perforado la cara de Kirk de un solo disparo, y que probablemente estaría todavía oculto entre algunas rocas ahí arriba, en algún lugar de la Cara Norte, hubiera matado a Kirk de forma instantánea para que aquellos que se preocupaban más por él, aquellos que lo querían más, no tuvieran que contemplar su lucha por respirar mientras levantaban su cuerpo del suelo del edificio Shura y lo ponían en una camilla, quedando trozos de su cerebro allí mezclados con la tierra.

Cuando acabaron de preparar a su paciente y lo tuvieron sobre la camilla, Raz y Francis salieron al exterior con sus armas y desplegaron una cortina de fuego de supresión desde un puesto de vigilancia situado en los hescos que los guardias de seguridad afganos habían abandonado. A continuación, el resto de los muchachos se agarraron a los asideros y salieron por la puerta con Kirk.

Cuando corres con una camilla, resulta una mala idea, en general, el tratar de oscilar o zigzaguear o tratar de hacer florituras. Semejantes maniobras constituyen una excelente manera de tirar a tu paciente al suelo. Lo que tienes que hacer es coger la línea más simple y directa hacia donde necesites llevarlo y luego mover el culo a tumba abierta. Que fue, en definitiva, lo que hicieron.

Había cuatro hombres llevando la camilla y mientras corrían, las balas enemigas que trataban de cazarlos impactaban en las paredes cercanas y levantaban pequeñas nubes de polvo alrededor de sus pies.

Courville, que se estaba reprochando el no haberse acordado de traer su arma, se agarró a uno de los asideros y durante todo el camino fue recitando una pequeña oración que había compuesto allí mismo sobre la marcha con la esperanza de mantenerlos a todos sanos y salvos y que contenía una sola palabra. Decía así:

Joder-joder.

El cuerpo de Kirk estaba orientado hacia delante mientras corrían, con su cabeza destrozada descansando en la parte delantera de la camilla. Estaba completamente inconsciente, y el zarandeo de los que lo llevaban hizo que sus brazos y piernas se salieran por los laterales de la camilla y se balancearan alocadamente mientras hacían un giro pronunciado a la izquierda y pasaban frente al punto de aprovisionamiento de munición; a continuación giraron a la derecha para cruzar frente a la estancia de John Deere, y luego corrieron por la calle abajo con sus hombros izquierdos pegados al muro de hescos, hasta que de forma abrupta llegaron a la pala Bobcat abandonada.

Con la Bobcat en mitad del camino el espacio era demasiado estrecho para permitir que dos hombres pasaran corriendo al mismo tiempo. Así que Knight, que estaba en la parte delantera derecha, se vio obligado a soltar, estando a punto de tirar a Kirk al suelo.

De algún modo, Stanley cogió la agarradera vacía y llevó esa esquina de la camilla durante el resto del trayecto: pasando junto a la puerta oeste del barracón del Pelotón Rojo, el café, y de allí directos hasta la puerta del puesto de primeros auxilios.

Un hecho revelador de cómo se estaban desarrollando los primeros minutos de este combate fue que cuando llegó la pequeña dotación que llevaba a

Kirk, había ya un grupo de media docena de hombres heridos en el porche
que había enfrente del puesto de primeros auxilios, y aproximadamente
otra media docena en el interior.

Doc Cordova estaba viendo a varios soldados afganos y a un puñado de
soldados norteamericanos, todos los cuales presentaban alguna combinación de heridas de bala o de metralla en la cabeza, el abdomen o las extremidades. El alto número de bajas era bastante alarmante. Pero lo que impactó aún más a Courville fue que todos los que no estaban tumbados en el
suelo parecían estar hincados de rodillas.

— ¡¿Qué coño pasa con vosotros?! —exclamó mientras la camilla de
Kirk entraba por la puerta.

—Nos acaban de herir —explicó Cody Floyd, el sanitario del Pelotón
Azul—. A mí me han dado en la axila. La pierna de Stone presenta bastan-
tes cortes. Hobbs tiene heridas de metralla en el cuello y en el pecho, y parece que también en la *oreja*. (El especialista Andrew Stone era uno de los
mecánicos y el sargento Jeffrey Hobbs el sanitario de la Sección de Mando.)

Resultó que, poco después de que Courville hubiera salido para el Edificio Shura, un RPG impactó en el marco de la puerta del puesto de primeros auxilios, rociando de metralla todo el interior. Aunque todos los miembros del equipo sanitario habían sido alcanzados a excepción de Cordova,
ninguno de ellos estaba gravemente herido; lo que era algo difícil de creer,
dado que un fragmento de la granada de RPG había impactado en el chaleco de combate de Stone con tanta fuerza que había partido por la mitad dos
cargadores.

Mientras Courville ayudaba a poner a Kirk en mitad de la estancia para
que pudieran comenzar a atenderlo, se dio cuenta de que casi todo el efecto
de la explosión se había concentrado en la caja de metal en la que solía sentarse cuando aguardaban a que se produjera un enfrentamiento. Fue suficiente para que, durante unos instantes, Courville hiciera una pausa. Si hubiera estado sentado allí, la explosión le hubiera volado la cabeza.

En un sentido quizá bastante literal, era posible que Kirk le hubiera
salvado la vida.

Era hora de devolverle el favor.

Cuando Doc Cordova efectuó el reconocimiento preliminar observó
que la bala del francotirador le había causado fracturas múltiples en todo el
lado derecho de la base del cráneo. A causa del RPG que había estallado
en la pared del edificio Shura, Kirk presentaba también múltiples impactos
de metralla en su brazo derecho y en la parte derecha de pecho. Debido a que

su cerebro no estaba recibiendo suficiente oxígeno, estaba experimentando una forma de insuficiencia respiratoria conocida como respiración agónica, lo que requeriría que uno de los sanitarios respirara por él utilizando una mascarilla con una válvula de bolsa para realizar el trabajo que ya no podían hacer sus pulmones. Por último, Cordova advirtió que Kirk estaba sangrando como un cerdo en el matadero.

Mientras Courville se esforzaba en controlar la hemorragia, Cordova trataba de coger una vía en una de sus venas. Tras varios intentos fallidos recurrió a un dispositivo llamado FAST1, que está diseñado para acceder al sistema vascular de un paciente clavando una vía directamente en su esternón.

El FAST1, que se parece a una linterna, tiene diez agujas que sobresalen por el extremo. Cuando se clava, la aguja central atraviesa el hueso del esternón hasta llegar a la médula. Es un proceso bastante brutal, pero una vez que Cordova logró meter la vía, los sanitarios pudieron comenzar a suministrar solución salina, expansores del plasma y otros fluidos en el cuerpo de Kirk. Luego introdujeron un tubo por su garganta para poder administrarle oxígeno y comenzaron con los masajes cardíacos, en un esfuerzo por mantener la circulación sanguínea por todo su cuerpo.

Mientras sucedía todo esto los ojos de Kirk estaban ahora abiertos, tenían la mirada fija en el techo, al tiempo que los pulmones continuaban efectuando trabajosamente una respiración jadeante.

Courville no tenía tiempo para interiorizar nada de esto porque estaban entrando más hombres heridos por la puerta.

Casi todos ellos eran afganos, y uno o dos presentaban unas heridas terribles, siendo la peor la de un soldado que no tenía ojos. Parecía haber sufrido el estallido de una granada de mano o de un RPG directamente en la cara. Su globo ocular derecho colgaba de su cuenca, todavía pegado a un nervio blancuzco. La otra órbita había sido perforada y todo su contenido —un fluido claro gelatinoso— se derramaba por la cara de aquel hombre.

Aun con toda la carnicería que había presenciado en Irak, Courville no había visto nunca nada similar. Ni siquiera intentó poner el globo ocular de nuevo en su cuenca, decidiendo cubrirlo con cuidado en una venda y luego enrollar la cabeza del hombre con gasa.

Mientras acababa la tarea se dejaron caer algunos afganos más, hombres que, a diferencia del soldado ciego, solo parecían sufrir cortes menores y rasguños, fingiendo heridas más serias. Parecía que su intención era refugiarse en el puesto de primeros auxilios y esconderse del enemigo.

Courville y el resto del equipo médico no tenían forma de saber que esta marea de afganos asustados había tenido su origen en un colapso defensivo de nuestros aliados en extremos opuestos de Keating. Ni tampoco se dieron cuenta los sanitarios de que además de provocar la carrera de algunos de estos hombres hasta el puesto de primeros auxilios, este colapso había formado dos grupos de hombres aterrorizados que en ese momento corrían a través del campamento en direcciones opuestas.

Esas dos oleadas humanas estaban a punto de encontrarse justo delante de Zach Koppes, que, por haber yo quitado de allí su ametralladora de apoyo, se encontraba en ese momento completamente solo.

La mañana del ataque había en Keating treinta y seis soldados del Ejército Nacional Afgano, incluyendo a un sargento de pelotón que hacía las veces de comandante de la unidad. Cuando la torre de vigilancia del ENA fue hecha pedazos frente a Jones, todos esos hombres cesaron la lucha y abandonaron sus puestos en el extremo oriental del campamento.

No descubriríamos hasta mucho más tarde que un grupo de estos soldados, entre diez y quince, arrojaron sus armas y corrieron a través del agujero que había en la alambrada de espino *hacia* sus atacantes, presumiblemente con la intención de rendirse. La mayoría de ellos fueron ejecutados allí mismo, aunque unos pocos fueron capturados o lograron desaparecer entre los árboles. Entre tanto, los soldados de un grupo aún mayor se dieron la vuelta y echaron a correr tan rápido como podían hacia el centro del campamento, con la idea de buscar refugio en cualquier edificio que les pareciese más atractivo: los barracones, el puesto de primeros auxilios o el puesto de mando.

Mientras se producía esta estampida, los guardias de seguridad afganos, que eran responsables de la defensa de la puerta principal en el lado opuesto de Keating, también habían abandonado su posición en masa y se hallaban incursos en una estampida similar. En tanto que un puñado de estos hombres buscó refugio en los edificios de la parte occidental del puesto avanzado —la mezquita, las letrinas y las duchas—, el grueso decidió correr en dirección al campamento del ENA, sin tener ni idea de que la defensa de todo este sector había colapsado.

Ninguno de estos sucesos supuso una gran sorpresa para mí o para el resto de mis muchachos. Ninguno de nosotros creíamos que el ENA o la GSA poseyeran la voluntad y la capacidad para sostener y defender sus posiciones. Pero nadie había podido imaginar nunca que todos abandonaran la lucha al mismo tiempo e iniciaran una carrera los unos *contra* los otros, que era el espectáculo que estaba a punto de producirse frente a Koppes.

A un par de metros frente a su vehículo, estos dos grupos de afganos, los soldados corriendo desde el este y los guardias de seguridad esprintando desde el oeste, se aproximaron unos a otros, se encontraron...

... y continuaron corriendo.

Fue una de las cosas más extrañas que Koppes presenciara jamás. Ninguno de los dos grupos de soldados pareció producir el menor efecto en el otro. Las dos bandas de hombres solo corrían, cruzándose unos con otros como rebaños de ganado que se dirigieran en estampida en direcciones opuestas, cada uno convencido de que huía del peligro y se dirigía a un lugar más seguro.

Mientras Koppes presenciaba este cruce se dio cuenta de dos cosas: que la parte oriental del campamento estaba ahora desierta, y que en consecuencia, la defensa de todo ese sector consistía básicamente en él mismo y el Mark 19.

No había nadie más.

Siendo eso ya malo de por sí, Koppes no estaba menos alarmado por lo que parecía estar sucediendo a su izquierda, en el interior del complejo abandonado del ENA.

La media docena de barracones de su interior habían encajado algunos impactos tremendos de proyectiles de RPG y B-10 lanzados desde el Trampolín. La mayor parte de estos edificios, que estaban bastante juntos y separados solo por estrechas veredas, estaban construidos con poco más que planchas de madera contrachapada y madera de desecho. Los proyectiles que estaban cayendo parecían haber provocado varios incendios dentro de este laberinto, y las llamas consumían con avidez la madera y la lona. (De acuerdo con un informe publicado después del asalto, los atacantes emplearon granadas inflamables de gas de RPG con la intención específica de incendiar Keating.)

No se trataba de un gran incendio, al menos todavía. Pero estaba ganando consistencia, y parecía avanzar en dirección a Koppes.

En lo que a mí respecta, en el momento que dejé a Koppes me dirigí directamente a los barracones del Pelotón Rojo, porque había escuchado que el pronóstico de Kirk no estaba pintando bien y sabía que tendría que informar sobre su grupo sanguíneo, de cara a la solicitud de una evacuación médica en helicóptero para poder enviarlo al hospital militar de Bagram, que era el único lugar que podía tratar sus heridas.

Cuando me abalancé sobre el callejón que había entre el vehículo blindado y los barracones, zigzagueé a izquierda y derecha con la esperanza de deshacerme de los francotiradores que estaban tratando de alcanzarme.

Durante todo el trayecto pude oír a Bundermann hablando por radio con Gallegos, que en ese momento se estaba preparando para salir a la carrera desde las letrinas con la intención de acudir en ayuda de Larson.

—Necesitamos morteros, apoyo aéreo, cualquier cosa —gritaba Gallegos—, ¡o vamos a morir aquí!

Gallegos era el tipo de hombre que casi nunca perdía los nervios en las comunicaciones por radio. Así que esto solo podía significar una cosa.

Mi mejor amigo, Brad Larson, que estaba todavía en su vehículo, solo, en la posición más vulnerable de toda la zona de combate, estaba en serio peligro.

9

Suerte

Para entonces Larson debería haber estado muerto ya varias veces. Contra todo pronóstico logó sobrevivir a un diluvio de fuego de ametralladora, a varios francotiradores, a al menos un impacto directo de RPG, y a lo que quizá fuera lo más alucinante de todo: a recargar en dos ocasiones la ametralladora de calibre .50. Pero cuando comenzó la recarga de la tercera y última cinta de munición las cosas parecían estar yendo a peor.

Pese a no haber todavía señal alguna de que los morteros estuvieran activos, el fuego enemigo era cada vez más intenso y más preciso. El efecto combinado de todas estas circunstancias había bastado para hacerle pensar que su suerte se había acabado al fin y que ahora iba cuesta abajo de veras, cuando sucedieron dos cosas que lo hicieron recapacitar.

La primera fue que apareció Mace. Y unos veinte segundos más tarde llegó también Gallegos.

La parte frontal del Humvee de Larson estaba protegida por un muro de sacos terreros de plástico grises y azules de ciento veintitrés centímetros de altura. Encajada entre esta protección defensiva y el capó del vehículo blindado había una ametralladora M240 montada sobre una barra de acero, como la que había en el emplazamiento de morteros. Cuando llegó Mace, casi sin aliento por la carrera que se había dado desde la zona de las letrinas, agarró la ametralladora, y estaba tirando hacia atrás del cerrojo cuando Gallegos, que tenía más antigüedad, lo echó a un lado y ocupó su lugar.

Mirando por encima de los sacos terreros Gallegos tenía ahora una visión directa del interior de Urmul, donde podía ver docenas y docenas de fogonazos deflagrando desde lo alto de la mezquita y la escuela, y desde numerosas ventanas y puertas de las casas situadas en la parte más cercana de la aldea. Pese a que Larson ya había estado disparando sobre la aldea durante más de diez minutos, Gallegos aún se mostraba un poco reacio a ametrallar lo que presumía que eran habitantes, civiles afganos, sin obtener antes luz verde de Bundermann.

—Estamos siendo atacados desde la aldea —gritó en su dispositivo de radio ICOM—. ¿Tengo permiso para responder?

—Completamente —replicó Bundermann—. Achichárrala.

Con eso Gallegos comenzó a disparar las trescientas balas de la cinta de su M240 directamente contra Urmul, mientras Mace se encargaba con su M4 de los combatientes que se concentraban en el interior del puesto de control de la Policía Nacional Afgana, situada a las afueras de la aldea y justo enfrente de la zona de aterrizaje de helicópteros.

La entrada en acción de otras dos armas ayudó sin duda. Con esta potencia de fuego extra, Larson pudo centrarse más cuidadosamente en los distintos equipos de RPG y ametralladoras. Pero con no más de dos mil balas, Gallegos sabía que solo podría mantener el fuego de la M240 por espacio de unos cuatro minutos, y que los siete cargadores de treinta granadas de Mace no durarían mucho más. Transcurrido ese tiempo sus armas serían inútiles.

—Necesitamos munición *ahora mismo* —gritó a través de la radio—. ¡Esto va en serio!

Mientras hablaba podías oír de fondo una explosión tras otra. El ruido era espeluznante e implacable.

Aunque había un puñado de bolsas de munición dispersas por Keating en distintos edificios, la mayor parte se encontraba almacenada en el punto de suministro de munición, o ASP.[*] Se trataba en realidad de dos estructuras separadas ubicadas, ambas, en el lado este del edificio Shura. Cada una de ellas estaba hecha con hescos dispuestos en forma rectangular con una superficie de unos tres metros y medio de largo por seis de ancho. Ambas estancias estaban protegidas por un tejado construido con vigas pesadas y madera contrachapada, rematado con aproximadamente un metro de sacos terreros, y recubierto todo ello de lona azul para su impermeabilización.

---

[*] Del inglés *Ammo Supply Point*. (*N. de t.*)

El depósito situado más al norte almacenaba cajas de munición, que eran bastante estables y por ello poco propensas a estallar. Contenían toda la munición para nuestras ametralladoras, fusiles y pistolas. El material más volátil, granadas, AT4, minas Claymore y todas las existencias de explosivos TNT y C4, estaba almacenado en el depósito de al lado. En el interior de ambas estructuras las cajas se apilaban hasta la altura de los hombros sobre palés de madera situados contra las paredes, lo que dejaba un pasillo en mitad de cada estancia.

En muchos sentidos estos dos edificios eran el eje de la defensa de Keating, porque contenían todo lo que necesitábamos para continuar combatiendo. Si caían en manos del enemigo nuestras armas quedarían pronto silenciosas, momento en el que el combate degeneraría en una lucha cuerpo a cuerpo a medida que los talibanes fueran de edificio en edificio disparándonos a quemarropa hasta que no quedáramos ninguno.

Cuando comenzaron a llegar por radio las peticiones de munición desde el perímetro, los jefes del Pelotón Azul reunieron a sus hombres para formar un equipo cuya misión consistía en ir al depósito de munición, coger lo que quiera que fuera requerido, y llevarlo a continuación a las posiciones de combate que necesitaran ser reaprovisionadas.

Los sargentos Eric Harder y John Francis estaban listos para dirigir este grupo, formado por nueve soldados con ellos incluidos. Y desde el mismo momento en que salieron por la puerta del lado oeste del barracón del Pelotón Azul y comenzaron a correr, fueron blanco del fuego enemigo procedente de todas direcciones, tanto de armas ligeras como de RPG.

Harder iba en cabeza, seguido por Francis y luego por el resto del equipo. Cubrieron rápidamente la distancia, y gracias a que una buena porción del trayecto se encontraba parcialmente oculto por ramas de árboles de espeso follaje y por redes de camuflaje colgadas entre dos edificios, no fueron víctimas de un impacto directo hasta que hicieron su primera pausa, entre el puesto de mando y el barracón del Pelotón Rojo.

Cuando Harder se asomó por la esquina que formaban los hescos para confirmar que el resto del trayecto estaba despejado, estalló una granada de RPG justo delante de él.

Aunque el impacto fue lo suficientemente potente como para tirar a Harder al suelo, la metralla no lo alcanzó. Francis lo levantó y, juntos, completaron los últimos veintitrés metros de su carrera, situándose en línea a lo largo del muro de hescos que dividía en dos el campamento. Fue aquí donde se tropezaron con Ty Carter,* un especialista del Pelotón Azul que acababa de llegar justo unos segundos antes y que se estaba preparando para entrar en el depósito situado más al sur.

Ambas estructuras tenían una puerta de madera contrachapada con un marco de cinco centímetros de grosor por diez centímetros de anchura anclado en los hescos. En cada puerta había un pomo de madera y un pequeño cierre de metal sobre el que se podía poner un candado. Durante la mayor parte de nuestra estancia en Keating estas puertas habían permanecido abiertas. Pero justo unos días antes, el *first sergeant* Burton había ordenado que se cerraran como parte de las medidas generales adoptadas para reunir todas las armas del campamento ante el cierre inminente de Keating. No había sido una medida muy popular, y cuando Harder y Francis llegaron al punto de suministro de munición las razones saltaron a la vista.

Nadie había caído en traer las llaves, que se encontraban en el puesto de mando.

Afortunadamente, los pomos y cierres de metal de las puertas eran tan endebles que cuando Harder los agarró no tuvo problema en romperlos y abrir las puertas con sus propias manos.

Cuando abría la puerta del depósito norte impactó otro RPG frente a él y estalló en el muro de hescos, haciendo volar por los aires a Francis contra la pared y arrojando a Harder al interior a través de la puerta abierta, siendo alcanzado por metralla en una de sus piernas.

Bastante aturdidos, ambos hombres se levantaron y se pusieron manos a la obra abriendo cajas y dando su contenido a los hombres que venían detrás de ellos. Además de darles instrucciones de regresar al barracón del Pelotón Azul después de que hubieran completado su entrega, le dijeron a cada soldado lo que llevaba y adónde era necesario que lo llevara:

—Aquí tienes dos mil cartuchos de calibre 7,62 para el Mark 48. Lleva esto al edificio Shura. ¡Muévete!

—Aquí tienes una caja de Mark 19 para Koppes. Lleva esto al LRAS2 ¡Rápido!

---

* Ty Michael Carter también ganó la Medalla de Honor del Congreso por su actuación en este combate. Fue la primera vez que se concedieron dos medallas de Honor a dos soldados de la misma unidad y en una misma acción desde la guerra de Vietnam. *(N. del t.)*

—Carter, aquí tienes una caja de cintas de cartuchos del 7,62 para la 240. Llévasela a Gallegos. ¡Vamos, vamos, vamos!

Cuando Francis y Harder terminaron de entregar todo lo necesario corrieron de vuelta al barracón. Lo hicieron de nuevo bajo el fuego enemigo durante todo el trayecto.

Aunque ninguno de los hombres resultó alcanzado, el hecho de que las balas y las rocas saltaran tan cerca de sus pies los convencieron de que el enemigo había tomado nota de su carrera anterior y había estado aguardando su regreso. La próxima vez que les ordenaran ir al depósito de munición o a los vehículos blindados podrían no ser tan afortunados.

Pese a lo mal que estaban las cosas en el centro del campamento, aún iban peor en el LRAS2.

Una singularidad de la ametralladora de calibre .50 de Larson era que no estaba anclada de forma segura a la torreta de su vehículo blindado. El arma descansaba sobre una junta de metal con dos varillas de cinco centímetros en la parte inferior que encajaban con cierta holgura en un agujero de la torreta. En el momento en que a Larson le quedaban los cinco últimos cartuchos de su tercera cinta de munición se evidenciaron los inconvenientes de este sistema cuando llegó otro RPG bien dirigido procedente de Urmul, impactó contra los sacos terreros que había en la parte frontal del vehículo y estalló con la fuerza suficiente como para elevar el arma de treinta y ocho kilos y sacarla de su encastre, al tiempo que destruía el cajón de mecanismos y la tapa de alimentación.

Por si fuera poco, fragmentos de la misma granada de RPG alcanzaron la axila derecha de Larson.

En este punto, los francotiradores talibanes tenían tan fijado a Larson que le resultaba imposible inclinarse fuera de la torre para poder reparar el arma. Cuando echaba una última mirada antes de agacharse en el interior del Humvee vio cómo la bala de un francotirador impactaba contra uno de los cinco últimos cartuchos que colgaban de la recámara, sacando limpiamente la bala de su casquillo.

Al bajarse de la torreta y sentarse en el asiento del conductor Larson no pudo evitar sentirse como si alguien le hubiera golpeado en la barriga. La pérdida de la ametralladora de calibre .50 suponía un duro golpe, quizá definitivo. Pero su racha de mala suerte no había hecho más que empezar.

Por entonces Gallegos, que estaba todavía en el exterior detrás de su M240 y disparando a todo lo que pensaba que valía la pena, se convirtió entonces en el foco de buena parte de la atención enemiga, cuando los francotiradores, ametralladores y equipos de RPG talibanes situados en el interior de Urmul, allá arriba en el área de la Cascada y detrás de la Roca RPG comenzaron a poner todo su interés en él. A medida que se iba incrementando la densidad del fuego, las balas de varios francotiradores y de combatientes con AK-47 perforaban los sacos terreros que protegían su arma. Al menos una de ellas impactó en la abertura de alimentación y en la empuñadura delantera de la M240 dejando la ametralladora fuera de servicio al instante, lo que significaba que a Gallegos y a Mace no les quedaba otra opción que abandonar su posición en la parte frontal del Humvee y unirse a Larson en el interior del vehículo.

El LRAS2 acaba de perder sus sistemas de armas principales y los hombres de su interior solo disponían de sus fusiles para luchar.

Eso es lo que intentaron hacer, bajando las ventanillas lo suficiente como para poder acomodar los cañones de sus M4 y apuntar cuidadosamente a sus atacantes. Pero cuando los francotiradores se dieron cuenta de lo que sucedía comenzaron a colar disparos por las ranuras de cinco centímetros de la parte superior de las ventanas, obligando a los tres hombres a meter de nuevo sus armas en el interior y cerrar las ventanillas hasta arriba. Los tiradores talibanes continuaron disparando entonces directamente contra los cristales antibalas. Los pesados cartuchos del 7,62 de sus Dragunov no podían penetrar el grosor de casi ocho centímetros del cristal, pero dejaban hendiduras del tamaño de una pelota de béisbol y grietas alrededor del impacto que hacían casi imposible poder mirar a través de la ventana.

—Mierda, hay un montón de ellos ahí fuera —recalcó Gallegos.

Mientras trataban de hacer un balance de la situación y decidir lo próximo que había que hacer, se abrió la puerta del copiloto del lado derecho del vehículo y apareció Ty Carter, que acababa de hacer una carrera de setenta metros desde el depósito de munición con dos bolsas de cintas para la inoperable M240.

—¡Traigo la munición que habéis pedido! —anunció Carter. Estaba sorprendido de que no hubiera nadie en el exterior disparando las ametralladoras.

—¡Métete dentro y cierra la puerta o lárgate de aquí! —gritó Gallegos.

Mientras Carter subía y cerraba la puerta, Larson le preguntó si tenía cartuchos para el M4. Carter le estaba pasando sus cargadores extra cuando la puerta volvió a abrirse de nuevo.

Era Vernon Martin, un sargento agregado a la Sección de Mando que era el mecánico jefe de Keating, responsable de todo dispositivo de motor del puesto avanzado.

—Chicos, ¿he oído que necesitabais munición? —dijo Martin.

—¡Entra o vete echando leches! —gritó Gallegos de nuevo.

Martin entregó las bolsas de munición que había traído, luego se subió encima de Carter y se apretujó en la plataforma del ametrallador, debajo de la torreta, cuya escotilla se había quedado atascada abierta a causa de la ametralladora dañada de calibre .50.

Mace estaba en el proceso de repartir los cargadores del M4 de Martin cuando una granada de RPG impactó directamente en la torreta, introduciendo llamas y metralla por la escotilla abierta. Martin absorbió la mayor parte: piezas de metal afiladas e incandescentes se clavaron en sus piernas y cadera por numerosos sitios.

Mientras Martin gritaba de dolor Gallegos apretó la «costilla de cerdo», el micrófono de mano que controlaba las comunicaciones de la radio del vehículo, para informar a Bundermann de que la posición defensiva principal de toda el área occidental de Keating estaba fuera de combate, y que los hombres que se encontraban en el interior de su vehículo blindado constituían ahora un blanco fácil.

Aunque los sistemas de armas pesadas del LRAS2 estaban fuera de servicio, el resto de vehículos todavía se hallaban combatiendo. Y pese a que los tres servidores de las armas, Faulkner, Koppes y Hardt, estaban a punto de quedarse sin munición, hacían peticiones urgentes por radio para que los reaprovisionaran. A los jefes del Pelotón Azul, cuyos hombres acababan de regresar al barracón, no les cabía la menor duda de que necesitaban hacer otra carrera hasta el depósito de munición. Con esto en mente, Harder y Francis comenzaron a formar un segundo equipo.

Los primeros que debían salir por la puerta era dos jóvenes especialistas: Michael Scusa en primer lugar, seguido de Jeremy Frunk.

Como me sucedía con otros muchos jóvenes soldados del Pelotón Azul que habían pasado el primer mes y medio de nuestro despliegue allá arriba en Fritsche no sabía mucho de Scusa, salvo por algún comentario ocasional de alguno de mis chicos. Si había algo que destacara de él

Michael Scusa.

era que parecía todo lo contrario a la imagen que pueda tenerse de un guerrero.

Por sus gafas y su ingenua sonrisa infantil, había un montón de muchachos que decían que Scusa parecía sacado de las pruebas de *casting* de *La revancha de los novatos*,[*] aunque Koppes (que tenía sólidos conocimientos en estos temas) argumentaba que era más bien la viva imagen de Ralphie Parker, el niño bobalicón de nueve años de la película *Historias de Navidad*.[†]

En cualquier caso, los dos puntos en los que todos estaban de acuerdo eran que Scusa se preocupaba profundamente por su esposa, y que no había nada que pudiera detenerlo a la hora de hablar de su hijo pequeño. No importaba si estaba de servicio de guardia, en la cola del comedor o quemando excrementos en las letrinas; si estabas allí con Scusa tenías garantizada una

---

[*] Película estadounidense de 1984. Título original: *Revenge of the Nerds*. (N. del t.)
[†] Película estadounidense de 1983. Título original: *A Christmas Story*. (N. del t.)

larga e insoportable puesta al día de cada aspecto del mundo que rodeaba a su pequeño. Cuántas veces dormía al día. Lo lejos que había conseguido gatear. Lo que había desayunado cada mañana desde el pasado martes. Estas charlas podían hacerse tan tediosas que muchos de los muchachos comenzaron a hacer bromas a espaldas de Scusa, y alguna vez incluso en su presencia. Pero decía algo tanto de él como de ellos, y sobre lo que pensaban realmente de Scusa, el hecho de que aunque las bromas fuesen a menudo vulgares, nunca fueron crueles o con mala idea. A diferencia del resto de nosotros, parecía demasiado bueno para ello.

Sin embargo, a pesar de su apariencia bonachona, Scusa era un soldado competente, y por ello no vaciló cuando Hill le ordenó que corriera desde la puerta oeste hasta llegar al depósito de munición para efectuar otro reaprovisionamiento.

Salió corriendo al instante, y se movía tan rápido que dio cinco zancadas por el callejón antes de que un francotirador talibán que se escondía en algún lugar de la Cara Norte, y que tenía esa puerta en su punto de mira, lograra derribarlo. Sucedió justo enfrente del LRAS1, donde Koppes, que lo presenció todo, oyó únicamente un sonido —una corta y nítida expresión de sorpresa que sonó como «¡ah!»— mientras Scusa caía pesadamente al suelo.

La bala, que había perforado la parte derecha de su cuello, le seccionó la yugular y la arteria braquiocefálica, y luego le cortó la médula espinal en dos antes de hacerle un orificio de salida en la espalda.

Frunk, que iba un paso o dos por detrás, se disponía a coger a Scusa cuando efectuaron tres disparos en sucesión a intervalos desde la misma localización en la Cara Norte.

La primera bala rasgó la cinta de nailon del fusil de asalto de Frunk. Cuando sintió que se le caía el arma y se agachaba para cogerla pasó el segundo disparo junto a su cuello e impactó en la pared detrás de su cabeza. Esto lo hizo lanzarse al suelo, donde fragmentos de la tercera bala penetraron en su brazo y pierna después de rebotar en el lateral del vehículo blindado de Koppes.

Frunk retrocedió gateando hasta la puerta, llegando justo cuando Harder y Francis estaban a punto de salir.

—Scusa ha recibido un disparo en la cara —informó Frunk mientras lo arrastraban al interior.

A continuación, Harder y Francis cogieron cada uno una granada de humo, quitaron las anillas y las arrojaron al callejón, una por delante de Scusa y otra por detrás.

Cuando el humo blanco grisáceo fue lo suficientemente denso como para ocultar sus movimientos, los dos sargentos se lanzaron al exterior, recogieron el cuerpo de Scusa y lo llevaron corriendo al puesto de primeros auxilios.

Por el momento no habría más reaprovisionamientos para Hardt, Koppes, Faulkner o a los cinco hombres que había en el interior del LRAS2. Todos tendrían que conformarse con lo que tuvieran a mano.

Aunque Gallegos era la clase de hombre impulsado por oscuras fuerzas del fondo de su alma, también tenía sentido del humor. Muchos de los muchachos más jóvenes encontraban esto sorprendente al principio, pero era cierto. Más que ninguno de nosotros, tenía un don para mirar a la miseria cara a cara fijamente y reírse.

Era algo más que la simple expresión de rebeldía de Gallegos (aunque esta era por descontado otro signo distintivo de su carácter). En este caso las risas surgían directamente de la percepción de Gallegos de cómo el mundo fusiona a veces el horror y la frivolidad con tal fuerza que ni siquiera puedes distinguirlos. Y un buen ejemplo de cómo sucedía se daba justo en ese momento, porque cuando Gallegos comenzó a ser consciente de lo profunda y absolutamente *jodidos* que estaban él y sus compañeros, se dio cuenta de que le había dado la risa tonta.

—Je, je, je —rio cuando el disparo de otro francotirador impactó en el cristal justo al lado de su cabeza—. ¡Vaya..., *joder*, esa estuvo cerca!

En cierto modo esto ayudaba. Rebajaba bastante la tensión en el interior del vehículo, quizá especialmente para Martin, que estaba retorcido con muecas de dolor mientras cogía un rollo de vendaje de su bolsa de primeros auxilios y trataba de vendar las heridas de metralla de su pierna. Pero no cambiaba nada el hecho de que estuvieran atrapados en el interior de un Humvee que no andaba, cuyo blindaje había sido achicharrado por docenas de cohetes, cuya torreta estaba abierta y atrancada por una ametralladora que no funcionaba, y cuyas ventanas estaban tan castigadas que uno apenas podía ver a través de ellas. Aunque quizá el aspecto más intolerable del aprieto en el que estaban era que no había absolutamente nada que pudieran hacer más que sentarse allí y escuchar el canal Fuerza Pro, que resonaba por el altavoz instalado en la torreta.

Aunque se habían apretujado en el vehículo sin orden particular, estaban dispuestos de forma que reflejaba en cierto modo su autoridad relativa. Gallegos, el soldado de más antigüedad, estaba en el asiento del copiloto, que está reservado generalmente al comandante táctico, y sostenía la «costilla de cerdo». Larson se encontraba en el asiento de conductor, y en los asientos traseros estaban los dos especialistas de segunda, Mace detrás de Gallegos y Carter detrás de Larson, con Martin, el mecánico, situado entre ellos.

Como testimonio de la importancia de la suerte en combate, el lugar que ocupaba cada hombre sellaría pronto su destino, aunque no tenían forma de saberlo. Todo lo que sabían era que se estaban enfrentando juntos a uno de los dilemas más frustrantes y duros de un soldado, que era ser obligado a permanecer sentado sin hacer nada esperando que a alguien se le ocurriera un plan para sacarles las castañas del fuego.

Como se vería más tarde, yo estaba trabajando en algo por el estilo. El único problema era que, visto el modo en que estaban las cosas, no estaba seguro de poder alcanzar alguna posibilidad de éxito.

10

Visión túnel

Si piensas sobre el combate en términos de fútbol americano, lo que no es una mala analogía, entonces el papel desempeñado por el sargento de un pelotón es el más parecido a un coordinador ofensivo,[*] un tipo que está en el juego pero no en el campo. Su trabajo consiste más bien en quedarse atrás, observar cuidadosamente y asegurarse de que su equipo tiene todo lo que necesita para seguir llevando la pelota hasta la zona de anotación.

A estas alturas del combate eso era exactamente lo que estaba haciendo. Mi misión era saber dónde estaban mis muchachos, qué necesitaban, y cómo enviarles esos recursos. Eso significaba que a pesar de todo el ajetreo que llevaba, no estaba involucrado en ningún combate real, y mucho menos viendo la manera de poner en marcha un contraataque. En vez de ello, simplemente monitorizaba la radio en un esfuerzo por obtener un estado de la situación: un recuento y localización de todos los miembros del pelotón. Que es la razón por la que durante los veinte minutos que siguieron a los momentos iniciales del ataque ni siguiera llegué a disparar mi arma.

Sin embargo, una de las muchas diferencias que hay entre el combate y el fútbol es que si las cosas comienzan a ir cuesta abajo a toda velocidad, un jefe de pelotón necesita salir de la banda, saltar al campo detrás del centro y dar un pase. Esto no sucede a menudo, y si lo hace no hay un manual que te diga dónde y cómo sucede. Más que ninguna otra cosa, se reduce a un ins-

---

[*] El coordinador ofensivo (*offensive coordinator*) es un miembro subordinado al entrenador encargado de la planificación de las fases de ataque en un equipo de fútbol americano. *(N. del t.)*

tinto que emana de las entrañas, una comprensión innata de que es el momento de hacer la transición de un rol al otro. Y quizá esa es la razón por la que, mirando ahora esa mañana en retrospectiva, mi memoria no logra recordar el que tomara una decisión consciente de dejar a un lado mis responsabilidades como sargento de pelotón y pasara directamente a la acción. No se debía a ningún tipo de pensamiento, ni, respecto a ese asunto, había ningún tipo de vacilación o anticipación. Todo lo que puedo decir con certeza es que después de dejar a Koppes en su vehículo blindado y correr por el callejón hacia la puerta trasera de nuestro barracón, algo de lo que estaba oyendo en la radio —en particular, las cada vez más estridentes peticiones de ayuda de Gallegos— me convencieron de que tenía que hacer algo.

Cuando llegué al interior del barracón la primera persona que vi fue a Gregory, que estaba en el centro de la estancia con su Mark 48.

Aunque la Mark 48 está clasificada como una ametralladora ligera, es lo suficientemente pesada como para que su apodo entre los muchachos que tienen que llevarla sea «la cerda». Es un arma devastadora, capaz de efectuar ochocientos disparos por minuto con una gran precisión.

—Oye, dame eso —dije llegando hasta donde estaba y cogiendo el arma—. ¿Cuánta munición tienes?

—Unos doscientos cartuchos —masculló Gregory. Su cara mostraba la clase de expresión vacía y atolondrada que apuntaba a que los acontecimientos se estaban sucediendo demasiado rápidamente para que pudiera procesarlos.

Doscientos cartuchos ni siquiera se acercaban a lo que necesitaba. Y aunque Gregory era un tipo joven muy agradable, era tan ajeno a la cosa del *El Equipo A* como era posible estando en el Pelotón Rojo. Pero la Mark 48 era la herramienta ideal para lo que yo tenía en mente, que era lanzar un salvavidas a los muchachos que estaban atrapados con Gallegos, y esa era la única cosa que importaba entonces. Lo demás debería solucionarse por sí mismo.

—Muy bien —le dije a Gregory—. Sígueme.

Salimos por la misma puerta por la que había entrado, que da directamente a la puerta trasera del puesto de mando. Ambos íbamos corriendo, así que apenas disponía de una fracción de segundo para asimilar lo que estaba sucediendo, aunque mientras Gregory y yo girábamos bruscamente a la derecha y nos precipitábamos hacia el sur en dirección al gimnasio y la mezquita pude oír unos gritos enfurecidos:

—¡Volved a vuestras posiciones y defended vuestro país!

Cuando me giré para mirar se abrió la puerta del puesto de mando y el cuerpo de un soldado del ENA fue arrojado al callejón.

Dentro pude ver a Janis Lakis, el enorme sargento letón que estaba a cargo del entrenamiento de los soldados del ejército afgano, teniendo a otro agarrado y arrojándolo al exterior, donde cayó a tierra junto a su compañero.

—¡¿Dónde están vuestras armas?! —gritó Lakis con un acento que parecía Arnold Schwarzenegger—. ¡Salid y luchad por vuestro país!

¡Joder!, ¿qué coño está pasando ahí dentro? —me pregunté.

La respuesta a esa pregunta fue algo que solo pude recomponer con posterioridad, y para entenderlo es necesario saber algo más sobre lo que había estado sucediendo en el interior del puesto de mando desde que lo había abandonado.

En los quince minutos que habían pasado desde que el generador principal de Keating había quedado fuera de servicio, Andrew Bundermann se había tenido que enfrentar a una sucesión en cascada de crisis, siendo cada una más grande e insoluble que la anterior.

Nada más quedarse sin electricidad el puesto de mando, el *first sergeant* Burton pasó el Satcom al sistema de alimentación por baterías para que continuara funcionando. Después volvió a poner en línea el sistema *chat-tac* derivándolo a la conexión de nuestra antena por satélite.

Estas medidas habían restaurado nuestras comunicaciones con el exterior. Aunque en ese ínterin se había caído la red Fuego, cuando otra antena situada sobre el emplazamiento de morteros fue eliminada por fuego de RPG. Sin tener modo alguno de hablar con los hombres de nuestro emplazamiento de morteros, Bundermann no tenía ni idea de si John Breeding y su equipo estaban solo aislados o si su posición había sido arrollada y estaban muertos.

Por fortuna, la conexión por radio entre el puesto de mando y Fritsche aún funcionaba, así que Bundermann contactó con el teniente Jordan Bellamy, su homólogo en el Pelotón Blanco. Bellamy era ahora el comandante provisional de Fritsche, que estaba equipado con un par de morteros iguales a los de Keating.

Sin embargo, lo que Bundermann no sabía todavía era que los hombres de Fritsche estaban sufriendo un asalto no menos feroz que el que se estaba produciendo en Keating.

Puesto avanzado Fritsche.

Al igual que nosotros, habían sido despertados por un bombardeo masivo de cohetes y fuego de ametralladora proveniente de todas direcciones. Y, como nosotros, también comprendieron de inmediato que no se trataba de un simple golpea y corre, sino de una acción persistente con la intención de doblegarlos.

Como Bellamy explicaba ahora a Bundermann, su puesto estaba siendo alcanzado con fuego intenso procedente de todas direcciones, del que un gran volumen se concentraba sobre el emplazamiento de morteros a fin de evitar que las armas más pesadas de Fritsche prestaran fuego de apoyo a Keating. Los atacantes, que estaban ahora a menos de setenta metros del perímetro de Fritsche, casi al borde de su alambrada, tenían sometido al enclave a tal volumen de fuego que los hombres de Bellamy no podían acercarse ni a un metro de los morteros.

Una vez más, los talibanes estaban coordinando su ataque ajustándose perfectamente a lo que todos habíamos anticipado, y la estrategia estaba demostrando toda la efectividad que nos temíamos que produjera:

6.17 a. m.
<Keating2OPS>
>>> Fritsche y Keating recibiendo un fuego intenso.
>>> Procede de todas partes: del Zigzag, de Urmul, del Trampolín y de la
Cara Norte en Keating...
>>> Fritsche también está rodeada.

Con los morteros de Fritsche neutralizados, al menos por el momento, el enemigo no solo nos había privado de nuestro sistema de armas más efectivo, sino que también había neutralizado nuestro plan B.

Todo ello era bastante grave, pero igual de inquietante, desde la perspectiva de Bundermann, era que sus peticiones iniciales de apoyo aéreo estuvieran todavía pendientes de recibir respuesta.

Cuando comenzó el ataque, los helicópteros Apache más cercanos estaban en la pista de Jalalabad. Sus tripulaciones estaban respondiendo tan rápido como les era posible; de hecho, la primera salida estaría en el aire en los próximos tres minutos.

Pero esos aparatos, que eran las herramientas más efectivas que tenía el ejército para enfrentarse a una crisis de este calibre, tardarían casi una hora en llegar.

Mientras los helicópteros despegaban, la petición de Bundermann fue pasada al aeródromo de Bagram, a las afueras de Kabul. Un par de F-15 Strike Eagle de la fuerza aérea se hallaban al final de la pista preparándose para despegar cuando se les comunicó por radio satélite que su misión había sido cancelada.

—Diríjanse al puesto avanzado de combate Keating —dijo la voz—. Está en peligro de ser arrollado.

Mientras despegaban estos dos aviones con base en Bagram, otros dos F-15 que llegaban en ese momento procedentes de una misión nocturna, y que por tanto estaban preparados y en el aire, recibieron también órdenes de dirigirse allí. Los cuatro cazas estaban armados con dos bombas guiadas por láser de doscientos veintisiete kilos, tres bombas guiadas por GPS de doscientos veintisiete kilos y un cañón de 20 milímetros. Estos aviones no serían suficientes para detener en seco el ataque talibán. Pero podían ralentizar al enemigo y darle un poco de tiempo a Bundermann para reagruparse.

Esas eran las buenas noticias.

Las malas eran que pasarían al menos otros diez minutos, puede que quince, antes de que el primero de esos aparatos entrara en escena. Y gracias a algunas complicaciones adicionales que se producen en las comunicaciones cuando el ejército y la fuerza aérea tratan de coordinarse, llevaría otros cinco minutos despejar el espacio aéreo y facilitar una identificación positiva de los blancos antes de que esos cazas pudieran lanzar sus bombas o efectuar una pasada con sus cañones.

Pudiera parecer un período de tiempo corto. Y lo es, a menos que estés a punto de ser invadido, en cuyo caso se hace eterno.

Estando los dos emplazamientos de morteros de Keating y Fritsche fuera de servicio, los primeros cazas a unos veinte minutos de su llegada, y teniendo solo dos de nuestros cuatro vehículos de combate devolviendo el fuego, Bundermann sabía que era solo cuestión de minutos que el enemigo lograra abrir una brecha en el perímetro de Keating. Y todo apuntaba a que los soldados del Ejército Nacional Afgano, que para entonces habían abandonado sus posiciones en la parte oriental del campamento, entendieron también ese peligro, porque fue justo en ese momento cuando casi una docena de estos hombres se precipitaron por la puerta del puesto de mando.

—¿Dónde están los helicópteros? —exigió el comandante afgano—. ¡Tenemos que marcharnos!

Bundermann quedó tan impactado de primeras por lo absurdo de su petición que no supo cómo responderle.

—Eh, eso no va a suceder —tartamudeó—. Tú y tus hombres debéis volver ahí fuera y defender vuestra parte del perímetro, *de inmediato*.

En este punto, el comandante afgano comenzó a actuar de una forma que sería descrita posteriormente en el informe oficial como «en cierto modo perjudicial para el mando y control de la tropa». Que en realidad quería decir que ese tipo perdió totalmente sus cabales mientras Bundermann y el resto del equipo que había en el interior del puesto de mando miraban con asombro.

En mitad de esta diatriba, Lakis, el asesor militar letón, entró por la puerta y urgió al comandante afgano a llevar de nuevo a sus hombres a las posiciones que habían abandonado.

—Oye, tenemos que salir ahí fuera y hacer nuestro trabajo —declaró Lakis—. ¡Vamos fuera a matar a unos cuantos!

Sin embargo, esto no causó efecto alguno en el comandante del ENA, que continuó insistiendo en llamar a los helicópteros para evacuarlo a él y a sus hombres.

Finalmente, con un gesto de asentimiento de Bundermann, Lakis cogió al soldado afgano que había junto a él, abrió la puerta con su hombro y lo arrojó fuera al callejón, justo en el momento en que Gregory y yo salíamos del barracón con la ametralladora.

Cuando vi caer al suelo a aquel hombre, no sabía nada de lo que acababa de suceder en el interior del puesto de mando. Pero no me llevó mucho tiempo atar cabos y llegar a una conclusión obvia.

Si había alguna forma de revertir la situación en los minutos siguientes, nadie, ni siquiera nuestros supuestos aliados, iban a ser de ayuda. Lo que significaba que tendríamos que resolver esto por nuestra cuenta.

Con Gregory pisándome los talones corrí hacia el sur, marchando por el callejón que había entre nuestro barracón y el puesto de mando, antes de comenzar la cuesta arriba hacia el comedor. Mientras corríamos nos mantuvimos pegados a los muros e hicimos lo imposible por no llamar la atención, porque esperaba deslizarme hasta un lugar y emplazar allí nuestra ametralladora sin ser descubierto por el enemigo.

Cuando nos acercábamos al comedor hicimos un brusco giro a la derecha y nos pegamos al lateral de la mezquita, en cuya esquina más alejada había una zanja de drenaje de unos ciento veinte centímetros de profundidad y de unos sesenta y seis de anchura. Al otro lado de la zanja había un forjado de hormigón sobre el que se asentaba una estructura rectangular de metal de ciento veinte centímetros de altura y pintada de verde lima. Se trataba del generador de 100 kW alimentado por diésel que había quedado fuera de servicio por el fuego provocada por el impacto de los cohetes.

Al hallarse encajado justo entre la mezquita y nuestro cobertizo de herramientas, el generador quedaba en cierto modo oculto del norte, del sur y del este. Y sin embargo, desde la parte superior del mismo se disfrutaba de una vista diáfana de toda la parte occidental del campamento hasta el vehículo donde Larson, Gallegos y sus compañeros estaban atrapados. Había también una línea visual directa al Zigzag y a la Cascada a la izquierda, al Campo de Minigolf a la derecha, y encajada entre ambos, a la aldea de Urmul.

No era el lugar perfecto para una ametralladora, aunque era el mejor que se me había ocurrido, y con suerte serviría para lo que tenía en mente.

Gregory y yo serpenteamos por la parte superior del generador y nos dispusimos a emplazar la Mark 48. Mientras nos afanábamos en poner el arma en su lugar pude oír a Gallegos y Bundermann en la radio: Gallegos exigiendo enfáticamente sus demandas de fuego de mortero y apoyo aéreo cercano; Bundermann replicándole continuamente que tanto los morteros de Keating como los de Fritsche estaban neutralizados, y que los cazas no se encontrarían en sus puestos hasta dentro de diez minutos.

Cuando Gregory cargó la primera cinta de cien cartuchos de munición en la bandeja de recepción de la parte izquierda del arma, alineé mi mirada con el cañón y eché un buen vistazo a lo que teníamos delante.

Había varios equipos de RPG en el Zigzag y el Campo de Minigolf, junto con al menos un equipo de francotiradores en el interior de la mezquita de Urmul. El enemigo tenía también una ametralladora oculta detrás de una aglomeración de roca en el área de la Cascada, otro equipo agazapado detrás del matorral en el Zigzag sobre el emplazamiento de morteros, un tercer equipo disparando desde una casa en la parte norte de Urmul, y un cuarto equipo apostado detrás de un gran peñasco en la ladera que había justo encima de la casa del subgobernador, la estructura más alta de la aldea, justo debajo del Campo de Minigolf.

Cada una de esas posiciones estaba desatando toda la potencia de fuego que podía sobre el vehículo blindado LRAS2, que estaba siendo alcanzado desde tantos puntos que permanecía oculto en una nube de polvo y humo. No obstante, tan sorprendente como era todo esto, lo que me dejó realmente sin respiración fue la cantidad de combatientes que se movían por las laderas. Estaban descendiendo de las crestas desde todas las direcciones, y a medida que se desplazaban por las rocas y los árboles ataviados con sus ropajes anchos y turbantes, y llevando sus armas, parecían un ejército de hormigas bajando de la montaña.

Era tanto el ruido que procedía de los atacantes y de nuestros dos vehículos blindados restantes, una explosión tras otra, que no había necesidad de mantener baja la voz mientras pulsaba el botón del micrófono de mi radio para interrumpir a Bundermann y a Gallegos.

—Oye, G, me he arrastrado hasta un sitio en el que tengo una ametralladora que cubre casi todos los sectores desde los que estáis recibiendo fuego —dije—. Voy a empezar a disparar con fuego de supresión, y si puedo hacer el suficiente como para mantener sus cabezas agachadas, tú y tus chicos podríais intentar salir de ahí corriendo hasta lugar seguro. ¿Podéis hacerlo?

A Gallegos y su equipo, encerrados en el interior del LRAS2, no les cabía la menor duda de que necesitaban encontrar una manera de romper el contacto y regresar al edificio Shura. Sus mejores opciones de supervivencia, además de las de mantener a los demás vivos en el interior de la alambrada, consistían en correr hasta el Shura, asegurar la munición almacenada en los depósitos de su lateral y empezar a combatir desde aquel lugar.

El plan concebido por Gallegos, que ya había contado al resto del grupo para conocer sus impresiones, se basaba en el lugar donde estaban sentados. Ya que Gallegos y Mace estaban situados en el lado norte del vehículo, abrirían sus puertas y, junto con Martin, que se les uniría, correrían directamente hacia las letrinas, mientras Larson y Carter, protegiéndose desde el lado sur del vehículo, proporcionarían fuego de cobertura.

Una vez que Gallegos, Mace y Martin estuvieran en posición detrás de las letrinas, abrirían entonces fuego de cobertura para permitir que Larson y Carter pudieran salir de allí a la carrera. A continuación debían repetir la misma serie de movimientos para ponerse a salvo en el edificio Shura.

—En este momento estamos encajando demasiado fuego como para ponernos en marcha —replicó Gallegos.

—Entendido, voy a abrir fuego con la Mark 48 —dije—. Poneos en marcha cuando podáis. Empiezo ya.

Después de eso cogí aire, tiré hacia atrás del cerrojo del arma y comencé a disparar.

En Carson, durante los ejercicios de entrenamiento de combate, una de las cosas más importantes que siempre traté de transmitir a mis muchachos era que cuando te enfrentas a un ataque procedente desde varias direcciones, es importante tratar de evitar centrarse en un solo individuo o grupo. Evitad la visión túnel, les decía. Aunque tendréis que luchar contra vuestros instintos para acabar con la tarea, nunca os dejéis llevar por la fijación o aniquilación de un solo blanco. Largad con precisión una ráfaga hacia cada uno de ellos, luego pasad al siguiente; de otra forma os alcanzarán desde alguna dirección de la que no os hayáis percatado.

Esforzándome al máximo para seguir el consejo que daba a los demás, comencé a dirigir ráfagas desde mi izquierda sobre grupos de hombres apostados por todo el Zigzag, luego fui cambiando la trayectoria hacia la aldea en el centro y finalmente empecé a barrer el Campo de Minigolf a la derecha. A continuación volví a Urmul, luego de regreso al Campo de Minigolf, y después con un giro brusco, otra vez al Zigzag.

Urmul-Campo de Minigolf-Cascada-mezquita-Zigzag-Urmul de nuevo-Campo de Minigolf-otra vez Urmul.

Obtuve algo de efectividad. Logré eliminar dos equipos de ametralladoras, uno en el Zigzag, el otro más abajo en las laderas que hay justo encima del emplazamiento de morteros. Pero tan rápido como suprimía el fuego de una de estas bolsas de insurgentes, dos o tres lo reanudaban, y con cada nueva ráfaga de la Mark 48 llamaba más y más la atención sobre mí. Además, había tantos blancos y tantos combatientes apuntándome en ese momento, que me fue imposible continuar. Si hubiera tenido la oportunidad de emplazar otra arma y coordinar algún tipo de fuego cruzado, hubiera sido posible silenciarlos de manera considerable. Pero una sola arma sencillamente no era suficiente.

Cuando hube disparado la primera cinta de munición y Gregory estaba cargando la segunda pude oír a Gallegos llamándome por la radio.

—¡No logras desplegar suficiente potencia de fuego para nosotros, no estás siendo efectivo! —gritó—. Simplemente hay demasiados.

No era ese en absoluto el mensaje que quería oír, así que agarré el arma con más fuerza poniendo más atención en cada ráfaga, con la esperanza de poder crear algunos huecos permanentes en la línea talibán. Y haciéndolo, olvidé totalmente el consejo que había inculcado de forma tan implacable a mis propios muchachos, centrándome en una estrecha área sobre un solo blanco: una casa de adobe de una planta situada en la parte norte de Urmul cuyas ventanas brillaban con fogonazos constantes, perdiendo de vista el resto de zonas, hasta que...

¡¡¡Ba BRUAM!!!

Lejos, a mi derecha, unos treinta y siete metros más abajo, los miembros de un equipo de RPG talibán habían logrado llegar a la puerta de entrada principal de Keating, que ya no estaba protegida por la ametralladora de la parte superior del edificio Shura, apuntaron su arma, y dispararon un cohete que cayó directamente en mitad del generador. La granada impactó en la carcasa del motor a unos pocos pasos a mi derecha, y el estallido —que fue atroz— me levantó, me lanzó contra Gregory, y nos arrojó a los dos, junto con la ametralladora, al otro lado.

Levanté a Gregory del suelo y me aseguré de que no le habían alcanzado.

—Vuelve al barracón, trata de encontrar más munición para la ametralladora y tráela aquí —le ordené. Luego me subí a lo alto del generador con la Mark 48, puse el arma en posición y comencé a disparar los cien cartuchos de la última cinta de munición.

—No estás desarrollando una potencia de fuego suficiente que nos permita ponernos en marcha —replicó Gallegos—. Son demasiados, no podemos movernos. ¡No podemos movernos!

Para entonces los francotiradores enemigos me tenían en el punto de mira, y cuando hube efectuado mi tercera ráfaga, los cohetes y el fuego de fusilería comenzaron a alcanzar la superficie de metal del generador a mi alrededor.

—Oye, G., no puedo mantener esta posición por más tiempo —radié mientras agotaba los últimos cartuchos—. Me he quedado sin munición, saben dónde estoy y me es imposible seguir cubriéndote. ¡Lo siento!

—Entendido, gracias por intentarlo —replicó—. Supongo que tendremos que quedarnos por aquí un poco más de tiempo.

Cuando me bajaba del generador tuve la horrible sensación de que había fracasado en dos frentes. No había sido capaz de cumplir lo prometido a Gallegos, a Larson y al resto de los muchachos, y al mismo tiempo no había hecho nada para aliviar a Bundermann y a su equipo del embrollo que estaban tratando de solucionar. Un embrollo que según lo que Bundermann podía ver y oír en el puesto de mando, solo parecía ir a peor a cada segundo que pasaba.

Incluso antes de que los soldados del Ejército Nacional Afgano hubieran sido arrojados al callejón desde el interior del puesto de mando, Bundermann estaba ya buscando otra forma de obtener algún apoyo de artillería para Keating. La persona de la que se valió fue Cason Shrode, su corpulento oficial de fuego de apoyo de cien kilos de peso.

Además de haber sido el principal placador* de West Point durante su último año, Shrode era excepcionalmente bueno en los intrincados desafíos técnicos que suponía coordinar apoyo aéreo, artillería y morteros; en esencia, cualquier cosa que pudiera estar moviéndose por el aire sobre Keating o a su alrededor.

Bundermann y Shrode sabían que la manera más rápida de conseguir algún alivio para Keating era encontrar una forma de liberar el emplazamiento de morteros de Fritsche, y quizá la mejor manera de solucionar este problema fuera recurrir a los masivos emplazamientos de artillería que había en Bostick.

* En fútbol americano y *rugby*, jugador que asalta al contrario. *(N. del t.)*

En el interior del puesto de Bostick había varios obuses, cada uno de los cuales era capaz de lanzar proyectiles explosivos de 155 milímetros a más de dieciséis kilómetros de distancia. Lo que significaba que estaban lo suficientemente cerca como para poder colocar un proyectil en la alambrada de Keating. Pero a esa distancia el margen de error de la artillería de Bostick era de ochocientos metros, lo que implicaba que cualquier proyectil que dispararan tenía las mismas probabilidades de destruirnos a nosotros que las que tenía de hacerlo con cualquier blanco que les solicitáramos.

Por otra parte, Fritsche estaba un poco más cerca de Bostick que Keating, y por tanto a un alcance que implicaba mayor precisión, aunque poca más, para esos grandes cañones. Así que Shrode comenzó a recopilar toda la información que teníamos para que los obuses de Bostick apuntaran a los blancos que constituían los atacantes de Fritsche. Si las dotaciones artilleras de Bostick podían colocar alguna de sus granadas de 155 milímetros en las inmediaciones de esos atacantes, el equipo de morteros de Fritsche podría ser capaz de disparar sus armas contra blancos situados en el Campo de Minigolf, la Cara Norte, el Trampolín, e incluso en la misma Urmul, lugares desde los que estábamos siendo alcanzados con la mayor intensidad, y por tanto calmar un poco las cosas en Keating.

Mientras Shrode introducía los datos y procesaba los números, Bundermann comenzó a responder a una serie de llamadas que había estado recibiendo desde el puesto de mando de Bostick, donde el coronel George estaba monitorizando la batalla.

Varios minutos antes, el coronel se había despertado con las noticias de que Keating estaba en peligro de ser arrollado. Cuando entró en el puesto de mando su equipo ya tenía un mapa del puesto avanzado en la pizarra. Basándose en la información que llegaba, iban marcando los sectores que controlaban los talibanes con rotulador rojo. Cuando George miró a la pizarra, todo salvo el puesto de primeros auxilios, el puesto de mando y el barracón del Pelotón Rojo, figuraba en rojo.

Durante los primeros minutos, mientras el capitán de operaciones de combate[*] y su segundo al mando gestionaban los enfrentamientos, el coronel se concentró en asegurarse de que las solicitudes de apoyo de aviones y

---

[*] En inglés *battle captain*, también conocido como asistente del oficial de operaciones. Realiza su trabajo en un centro táctico de operaciones (TOC), que consiste en un puesto de mando que coordina las operaciones militares a nivel de batallón, compañía y sección. *(N. del t.)*

helicópteros tuvieran prioridad absoluta a medida que ascendían en la cadena de mando. Ahora que una serie de aparatos se dirigían a Keating desde diferentes direcciones, George cogió el Satcom para asegurar a Bundermann que la ayuda estaba en camino, y luego pasó al asunto siguiente en su lista de preocupaciones.

—¿Puedes hacer recuento? —preguntó.

El conocimiento del estado y situación de tus hombres no es la primera prioridad durante un ataque, pero en el momento en que las cosas están bajo control, es una de las primeras cosas que el mando superior quiere saber:

Aunque estén heridos o muertos, ¿sabes dónde se encuentran todos tus hombres?

Por desgracia, cuando llegó esa petición del coronel George las cosas en Keating no estaban enteramente bajo control. Y por eso el primer impulso de Bundermann, lo que más deseó hacer, no solo porque hubiera sido la verdad sino también porque podría haber ayudado a transmitir la urgencia extrema que la situación exigía, era devolver la pregunta al coronel George: *¿Que si puedo hacer recuento?*, y luego explicarle que visto que nuestros aliados afganos acababan de abandonar dos sectores completos del puesto avanzado dejándolos al albur de cualquiera que quisiera entrar por la alambrada, y dado que dos de sus posiciones de combate clave estaban en ese momento completamente aisladas: una, el emplazamiento de morteros, sin comunicación, y la otra con cinco tipos apiñados en el interior de una cabina blindada achicharrada en el otro extremo del campamento; y dado además que su puesto de mando acababa de ser súbitamente invadido por una docena de afganos cuyo único interés era saber cuándo iban a ser evacuados por un helicóptero; y dado también que el fuego del enemigo seguía cayendo sin descanso desde todas direcciones procedente de las crestas, y que tenía a tres soldados con un disparo en la cabeza, lo que Bundermann quería decir realmente a George era: *Demonios, no, no tengo esa información.* En modo alguno. No la tenía en absoluto; y más aún, si esa era la información que el coronel quería que le proporcionara, entonces el coronel necesitaba encontrar una forma de conseguir algún jodido apoyo aéreo sobre el puesto avanzado de forma inmediata.

Eso es lo que Bundermann quería decir.

En realidad su respuesta fue un simple «no», hecho de forma controlada y profesional. Aunque a pesar de sus mejores esfuerzos, Bundermann apenas pudo contener el tono de su voz, que sonaba cada vez más desesperada. Aun cuando George hubiera sido el tipo de comandante que no suele estar

pendiente de este tipo de cosas, el incremento de la ansiedad de Bundermann hubiera sido palpable a través de los mensajes que se sucedían en el
sistema *chat-tac* frente a su pantalla, que estaban alcanzando un nivel de
estridencia que no se suele ver a menudo, salvo cuando los hombres se en-
frentan a una situación extrema:

6.39 a. m.
<BlackKnight_TOC>
>>> Necesitamos algo.
>>> Los vehículos están neutralizados. Se recibe fuego de RPG cada vez que
tratamos de hacer algo. Los morteros no pueden hacer una mierda. Estamos
recibiendo fuego indirecto.
>>> ¡¡¡Hemos tenido otra baja!!!

Cuando las transcripciones clasificadas de estas comunicaciones fueron subidas a internet por WikiLeaks, el *New York Times* las tacharía de
«documento aterrador» que describía a un grupo de jóvenes soldados norteamericanos «aislados y abrumados por una turba de enemigos».

Supongo que es más o menos cierto. Sin embargo, lo que importaba
entonces era que la sensación de desesperación que se desprendía tan nítida-
mente de esos mensajes de texto estaba a punto de desencadenar una caída
de fichas de dominó, de las que la primera se desmoronaba en mi dirección.

No estaba al tanto de ninguna de las comunicaciones de Bundermann con
el coronel George, ni me importó mucho cuando saqué la ametralladora del
generador y le dije a Gregory, que había vuelto con más munición, que se
pusiera a cubierto en la zanja de drenaje contigua. En ese momento mi primera preocupación era asegurarme de que Gregory podía mantener su posición si el enemigo comenzaba a entrar por la puerta de entrada principal y
trataba de aislarnos de Gallegos y sus chicos en el LRAS2. Y para ello, necesitaba algo de ayuda adicional.

—Voy a por algunos muchachos más —dije, dándole el arma.

Luego me marché a toda velocidad, haciendo el mismo trayecto por la
mezquita y luego pasando por el puesto de mando hasta el barracón.

Justo cuando llegué a la puerta este del barracón me vio Raz, que acababa de ayudar a transportar a Kirk al puesto de primeros auxilios y volvía
ahora al mismo para recibir nuevas órdenes.

—Ro, amigo, ¡te han herido! —exclamó.

Uno de los aspectos más extraños del combate es que es bastante probable recibir un disparo y no ser consciente de ello. Tienes la adrenalina tan subida que tiendes a concentrarte en todo menos en ti mismo. Y para enfatizar la certeza de lo que hablo, no tuve ni idea de lo que estaba diciendo Raz hasta que señaló mi brazo derecho, que presentaba un orificio en la parte exterior del antebrazo del tamaño de un dólar de plata, cortesía de un fragmento de metralla de la granada que había hecho volar por los aires el generador.

No parecía haber mucha sangre, quizá porque la herida pudiera haber sido ya cauterizada por el calor del metal. Los bordes estaban levantados y en el centro había un pequeño orificio. Parecía como si alguien hubiera cogido un soplete y lo hubiera empujado contra la piel.

Mi preocupación principal se desvaneció cuando moví los dedos para asegurarme de que todavía podía utilizar la mano. Mi segunda inquietud quedó también aliviada cuando giré la mano, rotando el antebrazo, y vi que no había sangre chorreando por la parte anterior, lo que significaba que no lo había atravesado.

Me dispuse a sacudírmelo todo y seguir adelante, pero Raz insistió en vendarlo y ya había accedido a mi bolsa de primeros auxilios, situada en el lado contrario al que se utiliza para disparar, esto es, en mi cadera izquierda; cogió una venda y la aplicó alrededor de mi brazo como si estuviera ciñendo la cincha de un poni. Parecía demasiado apretada, pero tenía cosas más importantes en las que pensar cuando entré por la puerta del barracón y vi a Jones junto a la puerta oeste aguardando órdenes.

—Jonesie, necesito que vayas a la trinchera de la mezquita y ayudes a Gregory —le dije, sabiendo que Jones era mucho mejor ametrallador que Gregory, y que sería mucho más eficaz a la hora de efectuar fuego de supresión.

—Coge la Mark 48, mantén esa posición, y no permitas que se acerquen más.

A continuación dirigí mi atención a la puerta oeste, donde parecía haber una discusión acalorada. Stanley, nuestro jefe de sección de más antigüedad en el pelotón, estaba encarado con Hardt, rozándose ambos la punta de la nariz.

Por el tono y volumen de sus voces la cosa parecía haberse salido de madre. Hardt parecía furioso y Stanley exasperado. Cuando Stanley me vio dio un paso atrás y señaló en mi dirección.

—Tienes que hablar con Ro —rugió.

—¡*Jooder!*, exclamé entre dientes mientras Hardt se dirigía hacia mí.

Lo que me contó en el minuto o dos minutos siguientes era una idea cuyas asunciones incorrectas y yerro táctico solo eran superados por su increíble audacia.

Parte III

Invadidos

11

La única arma
que quedaba en la lucha

Lo que Hardt tenía en mente se debía a su convicción de que habíamos perdido el impulso y la iniciativa. Nuestra fuerza se estaba fragmentando, rompiéndose en pequeñas bolsas de resistencia aisladas como el emplazamiento de morteros, el vehículo de Gallegos y Fritsche, que pronto no podrían apoyarse las unas a las otras. Pero en vez de estar tratando de revertir esta cuesta abajo, daba la impresión de que estábamos a punto de retroceder más aún y de seguir cediendo terreno. Antes de que eso sucediera, Hardt estaba resuelto a ir a por nuestros muchachos del LRAS2.

La clave de su plan era el Vehículo 1, donde Faulkner estaba manejando todavía su ametralladora de calibre .50 desde la torreta. Lo que Hardt quería era arrancar el Humvee y llevarlo desde su ubicación actual a través del campamento hasta la parte occidental, una distancia de unos cincuenta y cinco metros, con la intención de rescatar a Gallegos y su equipo.

—Esa es una mala idea, el Vehículo 1 está casi sin munición —dije después de haberle oído—. Necesitamos un plan mejor que llevar un Humvee casi seco de munición a lo más reñido del combate.

—Hemos encontrado alguna munición de calibre .50 y tengo a dos muchachos que vienen conmigo —respondió Hardt con total convencimiento—. Llevaremos el Humvee allí y, o bien metemos a Gallegos y sus chicos en el vehículo, o bien correrán por su lateral mientras nosotros les damos cobertura hasta traerlos de vuelta.

Parte del problema de argumentar contra esto era que en realidad la idea tenía mérito. Si Hardt podía llevar el Vehículo 1 hasta Gallegos añadiría otro sistema de armas pesado al combate que se libraba en el extremo del campamento. Entonces él y Gallegos podrían decidir si permanecían allí y utilizaban la ametralladora de calibre .50 contra el Zigzag para permitir que Breeding y su dotación —asumiendo que estuviesen vivos— pudiesen operar los tubos del emplazamiento de morteros. O si Gallegos y su equipo optaban por retroceder hasta el edificio Shura bajo la protección del Vehículo 1. En cualquiera de los dos casos estaríamos en mejor posición de lo que lo habíamos estado hasta entonces.

Mi preocupación no radicaba en la idea en sí misma, sino en la manera en que había de ser ejecutada.

Mientras Hardt y su equipo se dirigían hacia Gallegos iban a estar parcialmente protegidos en su flanco izquierdo, donde el Humvee quedaría amparado por los árboles y la vegetación de la parte sur del perímetro del puesto avanzado. Sin embargo, su flanco derecho iba a quedar completamente expuesto a los enemigos apostados en la Cara Norte, y a los equipos de RPG que pudieran estar reuniéndose en la puerta principal. La gente de Hardt no tendría protección alguna contra el fuego procedente de ese sector, y aun en el caso de que el ametrallador del Vehículo 1 fuera muy rápido con su arma, le sería imposible centrarse en todos los blancos que tenía en su frente —el área de la Cascada y el Campo de Minigolf— a la vez que se giraba para rechazar un ataque que le pudiera llegar por la derecha. Por último, sencillamente no había forma de que pudiera emplazar una ametralladora a fin de apoyar a Hardt, porque me acababan de obligar a abandonar el único lugar desde el que podría hacerse.

—Mira, no puedo hacer nada para cubrir tu flanco derecho —le expliqué—. El generador es el único lugar desde donde puede hacerse, y Gregory y yo acabamos de salir volando por los aires de ese lugar. Es una *mala* idea.

Cuando terminé de decir esto noté algo en Hardt, en parte una mirada pero también una vibración, que me hizo comprender que era inútil seguir argumentando porque no tenía intención de ser disuadido de su plan. Estaba determinado a intentar algo, lo que fuera, para ayudar a Gallegos y a sus muchachos, y no iba a permitir que nada se interpusiera en su camino, ni siquiera la cadena de mando o una orden directa. La única forma que hubiese tenido de detenerlo hubiera sido dejarlo inconsciente de un puñetazo.

También sabía otra cosa, algo que a falta de una expresión más adecuada se reduce a lo que podría denominarse el «cálculo de combate». Yo sabía que a pesar de los riesgos obvios, a pesar de que lo más probable era que esto no acabara bien, había una leve posibilidad de que Hardt lograra llevarlo adelante. En condiciones normales nunca hubiera autorizado algo tan vago. Pero en ese momento, dado lo mucho que nos jugábamos y lo cerca que estábamos de ser arrollados, era una opción que debíamos tomar.

Yo sabía que la mejor opción de Hardt era llevar el vehículo por la parte trasera del taller mecánico, que estaba orientado hacia el sur. El edificio lo protegería de los tiradores situados en la Cara Norte y de cualquiera que tratara de dispararle desde la puerta principal. Así que esa fue la idea que procuré inculcarle.

—Mira, si vas a hacerlo, entonces tienes que valerte del taller mecánico como escudo —le dije—. Con independencia de lo que hagas, *no* lleves el vehículo por entre el taller mecánico y las duchas, poniéndote en una posición en la que tu polla vaya por allí ondeando al viento. ¿Comprendido?

—Entendido.

—Muy bien —dije—. Hazlo.

Mientras Hardt se dirigía a reunir a su equipo me tomé unos segundos para sopesar mis opciones. Asumí que el edificio Shura y la puerta principal estaban todavía bajo nuestro control, una asunción que pronto descubriría terriblemente equivocada. Sin embargo, al no saberlo entonces, decidí emplear los minutos siguientes en ir al puesto de primeros auxilios a ver qué tal iban los sanitarios con Kirk.

Para entonces la mayor parte de los soldados afganos que habían buscado refugio en el puesto de primeros auxilios con heridas simuladas habían sido expulsados del mismo. La única excepción que pude ver cuando entré era la del sargento de pelotón del ENA, que estaba encogido en el suelo en posición fetal y negándose a moverse. Pese a todo, aun sin los heridos fingidos, el lugar seguía estando atestado. En el interior había siete pacientes afganos que sufrían diversas heridas de armas de fuego y laceraciones, además de un hombre cuyo abdomen había sido eviscerado. Había también varios norteamericanos con heridas de metralla o de arma de fuego. De hecho, habían sido heridos tantos hombres que los sanitarios habían comenzado a trasladar a otras áreas a aquellos con heridas menos graves. Los norteamericanos que todavía podían caminar estaban siendo enviados al puesto de mando, mientras que los soldados afganos estaban en el exterior, en el café, la pequeña plataforma del lateral oeste del puesto de mando rodeada parcialmente de sacos terreros.

Los pacientes que quedaban dentro de la estancia ocupaban cada centímetro cuadrado del suelo azul linóleo, que estaba cubierto de sangre. La mayor parte de esos hombres estaban sentados o tendidos en silencio. Pero un soldado en particular, el afgano que había quedado ciego por la explosión en la cara, estaba dificultando las cosas al levantarse continuamente de la silla, pese a las reiteradas peticiones de los sanitarios para que se quedara en su sitio. Finalmente, Courville perdió la paciencia y agarrando al hombre por los hombros lo sentó en su sitio mientras le decía «Siéntate de una puta vez». En respuesta el hombre lo empujó y le pegó una patada en la pierna. El grado de frustración de Courville se manifestó en que a duras penas pudo reprimirse golpear en la cara al soldado ciego.

Parte del motivo por el que Courville estaba tan al límite se debía al desafío que suponía tratar a estos pacientes con la agravante de que los sanitarios no tuvieran sus materiales a mano. Solo unos pocos días antes, como parte de los preparativos que se estaban llevando a cabo para cerrar Keating, Doc Cordova y su equipo habían recibido órdenes de comenzar a desmantelar sus instalaciones. Metieron en bolsas de basura todo lo que no merecía la pena evacuar y empaquetaron cualquier cosa de valor en el interior de doce contenedores de plástico que debían ser cargados en los Chinook cuando llegara el momento de la evacuación. Esto significaba que las estanterías del puesto de primeros auxilios estaban vacías, salvo por un somero *stock* de las cosas más esenciales.

Afortunadamente, el contenido de cada contenedor había sido cuidadosamente etiquetado, aunque estos habían sido depositados en el exterior al otro lado del café, lo que significaba que cuando los sanitarios necesitaban algo —vendas, torniquetes, vendajes compresivos— Courville y Cordova tenían que consultar su lista para saber qué contenedor debía ser abierto; a continuación, Courville se precipitaba por la puerta, corría por la parte más expuesta del área del café y hurgaba de manera frenética en el contenedor indicado hasta que encontraba lo que estaba buscando, al tiempo que rezaba para no ser blanco de algún francotirador o despedazado por un RPG.

Después de haber hecho tres o cuatro viajes para recoger material, comenzó a llamar a estas misiones «carreras de retrasado mental», porque eran tan terroríficas como estúpidas. Una de las veces que Courville estaba hurgando en un contenedor buscando más vendas, oyó un siniestro *thunk-thunk*. Al levantar la mirada vio una granada rodando por el suelo hacia él, así que se arrojó de un salto por la puerta del puesto de primeros auxilios. Cayó justo encima del soldado afgano que tenía eviscerado el vientre.

Unos diez minutos antes, en mitad de estos retos, Harder y Francis habían irrumpido por la puerta llevando a Scusa. Cordova dejó lo que estaba haciendo, examinó la herida de bala en la garganta de Scusa y buscó pulso o latidos del corazón. Al no encontrarlos declaró a Scusa muerto —la primera vez que hacía una cosa semejante— y, con la ayuda de otro sanitario, llevó a Scusa a la zona de dormitorios, donde lo metieron en el interior de una bolsa para cadáveres y lo pusieron junto a la cama de Courville.

Entre tanto, mientras los cohetes continuaban golpeando el exterior del puesto de primeros auxilios, el detector de humos de plástico comenzó a atronar de forma incesante, compitiendo con el fuego de las armas y casi ahogando los gemidos de los heridos. Al fin, las cosas se habían puesto tan mal que alguien se giró hacia Cordova y le preguntó lo inevitable:

—Oye, Doc, ¿podemos fumar aquí dentro?

—Solo si me das uno —replicó Cordova, saltándose totalmente su estricta política de no-fumar-nunca-aquí-dentro.

—Demonios, sí —suspiró con alivio Courville mientras se encendía un Marlboro Red y daba una profunda calada.

Fue justo entonces cuando entré por la puerta y vi a Cordova de pie junto a la parte delantera de la camilla en la que se encontraba Kirk tendido boca arriba.

Cuando Cordova alzó la vista y me vio levanté mi puño derecho e hice el gesto de pulgar arriba-pulgar abajo para preguntar cómo estaba Kirk.

Moviendo la cabeza Cordova me mostró el pulgar hacia abajo. A continuación él y Courville levantaron el cuerpo de Kirk y se lo llevaron entre tambaleos hasta el dormitorio para meterlo en una bolsa y ponerlo junto a Scusa.

En otras circunstancias quizá hubiera sido capaz de ir hasta el cuerpo de Kirk y tener algún tipo de gesto, como una mano en su hombro, o una palabra o dos para despedirme de él. Sin embargo, en ese momento ni se me cruzó por la cabeza hacer algo así. Al contrario, estaba completamente pendiente de los mensajes de radio que me llegaban por el canal Fuerza Pro, donde Hardt estaba tratando de informarme de sus movimientos.

—No tienes que hablar conmigo, debes coordinarte con el tipo *hacia* el que te estás dirigiendo —grité—. ¡Habla con Gallegos!

Luego cambié a otra llamada de radio que me estaba entrando y que demandaba mi atención inmediata.

Zach Koppes tenía problemas.

Durante los pocos minutos que habían pasado desde que mandé al equipo de ametralladoras que se suponía que debía proteger su vehículo blindado, Koppes había recibido una gran cantidad de castigo. Había presenciado la huida de los soldados afganos corriendo en direcciones opuestas. Había visto cómo mataban a Scusa justo delante de él. Había estado sometido a un fuego implacable desde el Trampolín mientras tenían lugar todos estos sucesos. Y durante todo ese tiempo, había estado completamente solo.

Había aguantado bien ante esos desafíos, en parte debido a que el Mark 19 era quizá la herramienta ideal para enfrentarse a sus atacantes, la mayoría de los cuales estaban escondidos allá arriba en lo alto, detrás de rocas y árboles, y moviéndose como gatos desde una cobertura a la siguiente. Gracias a eso, era especialmente desafiante disparar directamente contra ellos, que es lo que se hubiera visto forzado a hacer si el vehículo hubiera estado armado con una ametralladora. Sin embargo, con el lanzagranadas era capaz de catapultar sus proyectiles sobre el enemigo y a sus espaldas. También le ayudaba el radio mortal de las explosiones de sus granadas, que podían producir un grave daño a cualquiera que estuviera a catorce metros del lugar del estallido.

La otra cosa que corría a favor de Koppes era que tenía suficiente munición: la parte trasera de su Humvee estaba llena de cajas de granadas de Mark 19. Había comenzado la mañana con más de seiscientos proyectiles, y aunque los iba consumiendo a un ritmo constante, estaba en mejores condiciones que cualquiera de los otros vehículos blindados. Por desgracia, sin embargo, había surgido un problema que no sabía cómo resolver.

Durante buena parte de los últimos quince minutos, el francotirador que había matado a Scusa había estado haciendo lo imposible para eliminar a Koppes. Ahora estaba agazapado en algún lugar de las pronunciadas laderas de densa vegetación de la Cara Norte, exactamente a la espalda de Koppes, y su intención era disparar a través de las hojas de un grupo de fresnos que estaban situados justo detrás del vehículo, con la esperanza de darle a Koppes en la parte posterior de la cabeza.

Aunque la parte trasera de la torreta estaba cubierta por una pesada plancha de kevlar capaz de absorber fragmentos de metralla y la mayoría de los disparos efectuados por armas ligeras, Koppes no tenía manera de girarse y devolver el fuego. Aparte de que la torreta del Humvee no podía girar del todo hasta la parte trasera, el árbol solitario que había directamente detrás de él no solo proporcionaba encubrimiento, además impedía que pudiera ver desde dónde estaba disparando el francotirador. Sin embargo, lo que suponía un problema aún mayor para Koppes era que la pieza de kevlar estaba comenzando a hacerse pedazos.

Cada bala que rebotaba sobre la misma se llevaba un trozo de material al tiempo que enviaba un leve soplo de aire a la parte posterior del cuello de Koppes. Eso ya era suficientemente inquietante de por sí, pero las balas que impactaban en el kevlar empezaban a dejar pequeños orificios a través de los que comenzaba a entrar la luz del sol. Con cada disparo aparecía otro rayo de luz a través de la pieza. Koppes sabía que era solo cuestión de tiempo antes de que el francotirador tuviera un golpe de suerte y le colocara una bala en el cráneo, y que la única manera de revertir esta situación era llevar a otro tirador hasta el vehículo blindado.

Mientras recibía el mensaje de Koppes, cuando me disponía a salir del puesto de primeros auxilios, miré a mi izquierda y vi al soldado afgano ciego que había estado dando tantos problemas a Courville. Lo habían colocado en una silla justo al lado de la puerta, y tenía toda la cabeza cubierta con gruesas tiras de gasa que le había puesto Courville alrededor para contener sus globos oculares. La sangre que corría por sus mejillas desde la cuenca de los ojos había empapado la gasa y había creado líneas de color carmesí que parecían lágrimas de sangre. La escena era lo suficientemente horrible como para inducirte a mirar a otro lado. Pero había algo en él que me hizo detenerme cuando me dirigía a la puerta.

Descansando en su regazo había una bandolera de cuero enrollada con balas de punta de cobre, y apoyado en la pared justo a su izquierda había un fusil de francotirador Dragunov.

Contemplando ahora ese momento en retrospectiva me gustaría decir que entonces me compadecí del soldado herido. Pero en realidad, lo único que pensé fue que esa arma, que él ya no iba a utilizar nunca más, era justo lo que necesitaba. Y además me vino otro pensamiento:

Genial, siempre he querido disparar con un Dragunov.

Arrebaté las balas del regazo del hombre, agarré con fuerza el fusil de francotirador y salí por la puerta echando a correr hasta el vehículo de Koppes.

Cuando comencé a correr oí la voz de Gallegos en mi radio. Parecía agitado, y le gritaba a Hardt:

—*No* te necesitamos. ¡Lárgate de aquí, es una trampa mortal!

No tenía ni idea de lo que estaba sucediendo. Pero si había que juzgar las palabras de Gallegos, parecía que las cosas no iban bien en aquel extremo del campamento.

Para hacerse una idea completa de lo que estaba a punto de sucederles a Hardt y a su equipo es necesario hacer una pausa y dar un paso atrás hasta un momento antes de que Hardt y yo discutiéramos en el barracón, el momento en que ordené a Chris Jones dirigirse a la trinchera de la mezquita y echar una mano a Justin Gregory.

Tan pronto como Jones recibió la orden salió a todo correr por una cuesta arriba de catorce metros hacia la parte posterior de la mezquita, recibiendo fuego durante todo el trayecto. Su carrera fue interrumpida por varios cohetes, uno de los cuales cayó lo suficientemente cerca como para darle en el trasero.

—Greg, ¿qué pasa, tío? —jadeó cuando llegó por fin y se deslizó dentro de la trinchera poco profunda en la que se encontraba acurrucado Gregory—. ¿Dónde están?

Aunque Gregory era un veterano con más de cinco años de experiencia, había pasado la mayor parte de su servicio en el ejército en Fort Knox, Kentucky, donde había dedicado una gran parte de su tiempo libre al afilado de cuchillos, que era en cierto modo su obsesión. A diferencia de Jones, era tímido y a menudo reservado. Antes de este despliegue no le habían disparado nunca. Y a consecuencia de todo ello, no estaba respondiendo nada bien a la apurada situación de ese momento. En pocas palabras, estaba totalmente aterrorizado.

—Están en todos los *jodidos* sitios —replicó Gregory.

—Bueno, sí —concedió Jones, que se sentía como si se hubiera metido en mitad del fuego cruzado de un pelotón desplegado en círculo—. Ya sabes, están *un poco* en todos lados.

En ese momento un RPG impactó en la mezquita, volando todas las ventanas de la cara sur del edificio y enviando los fragmentos sobre los dos hombres. Debido a que ninguno de los dos llevaba radio, no tenían ni la más remota idea de lo que estaba sucediendo en los demás sitios. (Para evitar el caos que se produciría si todos trataban de comunicarse al mismo tiempo, restringíamos generalmente las radios a los jefes de equipo, que a su vez se comunicaban verbalmente con los soldados, como Jones y Gregory.)

A diferencia de Gregory, Jones comprendió que no era aceptable limitarse a mantener las cabezas agachadas y acurrucarse en el fondo de la trinchera con la esperanza de que las cosas mejoraran de algún modo. Lo que fuera que estuviera sucediendo, debían combatir y devolver el fuego.

—Muy bien Greg, vamos a hacer lo siguiente —dijo Jones cogiendo la más pesada Mark 48 y dejándole a Gregory un arma automática de pelotón a la que nos referíamos como SAW*—. A la de *tres* vamos a levantarnos y a abrir fuego de supresión.

Según el plan, Jones debía concentrarse en el Zigzag mientras Gregory se encargaba de la puerta principal y de la Cara Norte.

Jones se levantó, puso la Mark 48 sobre la trinchera y comenzó a largar disciplinadas ráfagas de tres a cinco balas, apuntando a la miríada de fogonazos que podía ver por todo el Zigzag y el área de la Cascada. Mientras disparaba también logró divisar algo mucho más cercano.

Hardt y Chris Griffin, un joven especialista del Pelotón Azul, parecían estar en mitad de una carrera de aprovisionamiento de munición. Ambos hombres llevaban cajas de cartuchos de calibre .50 y corrían tan rápido como podían hacia el Vehículo 1.

Jones trató de proporcionar fuego de cobertura a los dos corredores lo mejor que pudo, logrando llegar estos sanos y salvos al interior del vehículo. Sin embargo, en cuestión de segundos, Jones descubrió que acababa de atraer la atención de varios tiradores enemigos, que lo tenían ahora en sus puntos de mira. Fue en este momento cuando se dio cuenta también, para su frustración, de que estaba completamente solo.

Gregory ni siquiera había intentado levantarse.

Disgustado, Jones se encogió en el fondo de la trinchera. Se quedó allí tendido un momento, mirando al cielo, y preguntándose cuál sería su próximo movimiento cuando, de repente, apareció por el borde de la zanja la cabeza de Josh Dannelley.

Dannelley y otros dos hombres del Pelotón Azul y de la Sección de Mando habían permanecido a cubierto en el cobertizo de herramientas, a dieciocho metros de distancia. Ahora trataban también de correr cuesta arriba hasta el Vehículo 1.

—Vamos a llevarle algo de munición a Faulkner —gritó Dannelley mientras las balas silbaban a ambos lados de su cara—. Chicos, necesitamos que nos cubráis.

A Jones le pareció extraño. ¿No habían ido ya Hardt y Griffin a hacer ese trabajo? ¿Tenía Dannelley alguna idea de qué coño estaba haciendo?

---

* El arma automática de pelotón *Squad Automatic Weapon* (SAW) referida en el texto es la ametralladora ligera M249, de 5,56 milímetros del ejército de Estados Unidos que a su vez es una versión de la ametralladora ligera belga FN Minimi. *(N. del t.)*

Sin una radio no había manera de darle sentido a cosa alguna, así que Jones pensó que era mejor hacer lo que le habían dicho que hiciera. Cuando Dannelley y sus muchachos comenzaron a correr en dirección al Vehículo 1, Jones se levantó de nuevo con su ametralladora, y esta vez Gregory se le unió.

Debido a que Gregory estaba orientado en dirección a la puerta principal y a la Cara Norte, no pudo ver lo que sucedió a continuación. Pero Jones pudo presenciarlo en su totalidad.

Desde el momento en que Dannelley y sus hombres empezaron a correr atrajeron un fuego mortífero sobre ellos. Por algún milagro ninguno resultó herido. Pero después de haber dado algunas zancadas se dieron cuenta de que el Vehículo 1 ya no estaba allí.

Desconcertados por el lugar vacío quedaron confundidos, corriendo a continuación cuesta abajo y metiéndose de nuevo en la trinchera con Jones y Gregory.

Jones no tenía ni idea de por qué los muchachos del Vehículo 1 lo habían sacado de su posición de combate oficial. Desconocía adónde pudieran haber ido o por qué. Pero sabía una cosa, que Hardt, Griffin y Faulkner se dirigían en ese momento a las fauces de una feroz tormenta de mierda que había envuelto la mitad occidental del puesto avanzado.

¿Adónde han ido?, se preguntó mientras se tiraba de nuevo al fondo de la trinchera con Gregory, *¿y qué coño estarán tratando de conseguir?*

Cuando Hardt y Griffin se metieron en el interior del Vehículo 1, Hardt se sentó en el asiento del copiloto y Faulkner se dejó caer en el del conductor. Mientras Griffin subía a la torreta y se ponía detrás de la ametralladora, Faulkner dio a la llave de contacto y arrancó el Humvee.

Hardt ordenó a Faulkner alejarse de la ladera de la gran roca en forma de patata que protegía el lateral oeste del vehículo blindado y conducir hacia las duchas cortando por la parte norte del taller mecánico. Resultaba significativo que esta fuese exactamente la ruta que le había dicho que *no* tomara. En lugar de deslizarse por la parte trasera del taller mecánico, que hubiera protegido su marcha, estaba ahí afuera en terreno despejado y a la vista. El lado derecho de su vehículo estaba completamente expuesto a los cohetes o al fuego proveniente de la Cara Norte y de la puerta principal.

No sabría decir por qué Hardt eligió tomar esa ruta, salvo especular que podría haberse dejado llevar por el deseo de llegar hasta Gallegos y su equipo por el camino más rápido y directo posible. Pese a todo, en el momento en que el vehículo dejó la protección de la roca y apareció en la zona despejada que había más allá, que por entonces era una especie de tierra de nadie, se convirtió en un enorme blanco. Por toda la Cara Norte, el Zigzag y el Campo de Minigolf, los talibanes comenzaron a disparar sus armas contra el todoterreno, acribillándolo con todo lo que tenían.

A medida que los disparos de los francotiradores y las ráfagas de ametralladora impactaban en el parabrisas y la torreta, Griffin lo hizo lo mejor que pudo para devolver el fuego. Pero se veía dificultado por la necesidad de disparar el arma en tres direcciones. En un minuto se vio obligado a agacharse en repetidas ocasiones en el interior de la torreta.

Cuando Gallegos, que estaba en comunicación por radio con Hardt, se dio cuenta de que el Humvee circulaba por la ruta más expuesta y peligrosa, la voz de Gallegos tomó un tono más apremiante cuando ordenó a Hardt que se diera la vuelta antes de que fuera demasiado tarde. Y fue entonces cuando las capacidades de Hardt como soldado —su tenacidad, su resiliencia, o su negativa a arrojar la toalla sin haber finalizado lo que se proponía— comenzaron a volverse en su contra.

Ignorando a Gallegos le dijo a Faulkner que continuara la marcha.

Siguieron rodando a ocho kilómetros por hora mientras Faulkner sorteaba metódicamente los obstáculos que surgían en su camino. A pesar del mortífero fuego que estaban recibiendo, el Humvee continuó progresando. En menos de diez minutos la parte frontal del Vehículo 1 se había detenido a unos cuatro metros y medio del LRAS2.

Hay tantos puntos ciegos en la cabina de un Humvee completamente blindado que a duras penas puedes ver algo que no esté directamente enfrente o un poco hacia los laterales, así que Gallegos no tenía manera de observar al Vehículo 1, ni siquiera por su espejo retrovisor. Sin embargo, sabía con exactitud el gran peligro en el que se hallaban Hardt y su equipo, que fue la razón por la que comenzó a gritar por la radio:

—Largaos de aquí. ¡Largaos ahora mismo! ¡Fuera-fuera-fuera-fuera!

Como para recalcar la orden de Gallegos, un RPG hizo un impacto directo en el parabrisas delantero del Vehículo 1, envolviendo el capó del todoterreno en un muro de llamas y enviando una lluvia de metralla sobre la torreta, la cara y pecho de Griffin.

Entonces, Hardt comprendió por fin que la potencia de fuego que estaba cayendo sobre esta posición de combate era sencillamente demasiado intensa como para permitir que los hombres del interior del LRAS2 pudieran retirarse de forma segura.

—Siento que no hayamos podido ser de ayuda —radió Hardt a Gallegos mientras ordenaba a Faulkner que diera marcha atrás y los sacara de allí—. Nos vamos.

Por desgracia, eso no iba a ser posible.

Meses antes, la unidad que había estado desplegada en Keating, antes de nuestra llegada, había comenzado a erigir un nuevo edificio directamente al oeste del taller mecánico. El propósito de esta estructura nunca se nos había revelado a ninguno de nosotros, y tampoco es que importara demasiado, porque las paredes estaban solo parcialmente terminadas cuando llegaron órdenes de detener la construcción.

Una de esas paredes, que estaba a menos de tres metros de la parte posterior del vehículo blindado de Hardt, había comenzado a derrumbarse a causa de los impactos de las docenas de cohetes que habían caído en esa área, desplomándose hasta formar un montón de rocas y escombros. En su prisa por salir de la zona batida, Faulkner dio marcha atrás con el Vehículo 1 y se incrustó en los restos del muro, chocando contra el montón de escombros con tanta fuerza que el vehículo se subió encima antes de pararse bruscamente.

Faulkner hizo repetidos intentos de dar marcha adelante y atrás, pero el Humvee no se movió. Los bajos del chasis habían quedado suspendidos sobre los escombros y las ruedas ya no tocaban el suelo. Totalmente atrapados, ahora eran una presa fácil.

—Oye, no podemos maniobrar —radió Hardt a Gallegos—. Espera.

Gallegos había tenido razón. Era una trampa mortal.

12

«Charlie en la alambrada»*

El camino que escogí para ir del puesto de primeros auxilios al vehículo blindado de Koppes pasaba directamente por el corredor de tierra donde ya habían matado a Scusa. No estoy seguro de por qué no me disparó ese mismo francotirador, quizá alguna neblina residual de las granadas de humo estuviera todavía suspendida sobre los tejados de los edificios. No obstante, con independencia de cuál fuera la razón, logré atravesar el espacio abierto de cinco metros sin incidentes y llegar al lateral del Humvee de Koppes.

Cuando levanté la mirada pude ver que las balas estaban golpeando la torreta y las puertas desde todas direcciones. Encorvado en su interior y tratando de permanecer lo más bajo posible, Koppes parecía estar totalmente abatido.

—Eh, amigo —lo llamé, tratando de sonar lo más normal posible—. ¿Estás bien?

—No demasiado —replicó—. Tengo a ese francotirador a mi espalda.

Por el sonido de su voz era evidente que Koppes estaba profundamente asustado.

—Bueno hombre, no tienes que preocuparte por eso —bromeé—. *Todos* vamos a morir hoy.

La expresión de la cara de Koppes parecía indicar que contemplaba la posibilidad de que yo hubiera perdido el juicio en el fragor del combate. (Respecto a esta impresión sobre mis cabales no ayudaba probablemente el hecho de que cuando la explosión de RPG en el generador me hizo volar

* Frase usada por los soldados de Estados Unidos durante la guerra de Vietnam para indicar que el enemigo está a punto de entrar o en el interior del perímetro. *(N. del t.)*

por los aires, sufriera un golpe en mi cara y mis dientes se hubieran cubierto de sangre.)

No tenía sentido tratar de explicar las cosas, así que le dije que agachara la cabeza y continuara cubriendo su sector de fuego mientras yo trataba de deshacerme de ese francotirador.

Solo tenía un conocimiento básico del arma que le había cogido al soldado afgano, aunque mi preocupación principal era que su propietario no hubiera calibrado bien la mira telescópica, lo que significaba que no podía estar seguro de su precisión. No obstante, la bala del 7,62 del Dragunov era bastante más pesada que la que disparaba mi M4, así que podía llegar mucho más lejos y, aun cuando solo rozara el blanco, le infligiría un daño mucho mayor.

Me puse a ello en la parte posterior del vehículo. Apostado cerca del parachoques, escudriñé la Cara Norte con la mira telescópica buscando lugares que pudieran ocultar al tirador, principalmente tratando de detectar posiciones que yo utilizaría, mientras mantenía el otro ojo pendiente de cualquier indicio de fogonazo. Escogí algunas áreas donde podría estar escondiéndose e hice algunos disparos sobre esos puntos. Luego retrocedí, me fui a la parte frontal del vehículo y repetí el proceso, corriendo de un lado a otro entre el parachoques y la zona en la que el capó se unía al parabrisas. Se trataba de un juego extraño, y se hacía doblemente surrealista porque mientras hacía estos movimientos todavía podía oír en mi oreja a Gallegos gritándole a Hardt por la radio:

—Lárgate de ahí. *No* vengas. Date la vuelta. ¡Vete!

No pasó mucho tiempo hasta que atraje por fin la atención del francotirador, enredándonos en un mortal y arriesgadísimo juego del cucú. Yo corría a la parte trasera del Humvee y hacía algunos disparos. Luego me abalanzaba sobre la parte delantera y hacía como que asomaba la cabeza un par de veces sin disparar, volviendo de nuevo a la parte trasera para tratar de descubrir su localización mientras él disparaba al sitio donde ya había estado. Mi objetivo era estar siempre en movimiento, variar los patrones del mismo, y mantenerlo tratando de adivinar mi posición.

Tras varios minutos de rutina busca-y-escóndete, me había hecho una idea razonable de dónde podía estar, una pila de rocas que se hallaba muy oculta entre vegetación, e hice siete disparos en sucesión directos al sitio. En ningún momento vi la silueta del tirador en la mira del Dragunov, ni después de haber hecho estos disparos vi ningún indicio de que pudiera haberlo alcanzado. Todo lo que puedo asegurar es que después de vaciar la mayor parte del cargador en aquel lugar donde pensaba que se protegía, el fuego cesó y el kevlar de Koppes dejó de absorber impactos de bala.

Con el trabajo terminado, al menos de momento, miré a Koppes, que parecía agradecido por la ayuda, pese a que aún pudiera estar dudando de mi cordura.

—¿Estás bien? —le pregunté—. ¿Te queda munición?

—Por ahora estoy bien —gritó.

—Bien, amigo, ahora escúchame —le dije—. Los tipos del ejército afgano han abandonado sus posiciones, así que solo hay una cosa impidiendo que los talibanes entren por la parte oriental. En este momento tú tienes la única arma pesada de combate, y eres el único que está vigilando la puerta trasera. ¿Lo pillas?

Mientras me confirmaba que lo había entendido nuestro diálogo fue interrumpido por una serie de agudos impactos, uno detrás de otro, procedentes del puesto de primeros auxilios en dirección a la parte occidental del campamento, donde estaban Hardt y su equipo.

Dios mío, Hardt, ¿qué has hecho?, me pregunté mientras me separaba del vehículo blindado de Koppes y echaba a correr hacia el oeste con el Dragunov.

Cuando el enemigo se percató de que el Vehículo 1 se hallaba inmovilizado disparó todo lo que tenía contra el Humvee de Hardt. Mientras el chasis del vehículo recibía impactos por todos sus costados, Hardt fue consciente de que a él y a su equipo les quedaba poco tiempo y casi ninguna oportunidad. Lo mejor que se podía hacer, decidió, era que Faulkner y Griffin salieran corriendo mientras él subía a la torreta y trataba de efectuar algún fuego de cobertura para facilitar su huida.

Hardt estaba listo para subir a la torreta cuando Griffin abrió la puerta trasera derecha y saltó. Esto lo expuso a los tiradores enemigos que se estaban preparando para asaltar la puerta de entrada principal, que comenzaron a tirarle tan rápido que varios disparos se colaron en el interior del Humvee antes de que Hardt pudiera cerrar la puerta. Al igual que con Michael Scusa y con otros muchos hombres del Pelotón Azul, apenas conocía nada sobre Chris Griffin. Probablemente hubiéramos hablado cara a cara en menos de una docena de ocasiones. Lo poco que había visto me había impresionado —a diferencia de muchos de sus compañeros, nunca se que-

Chris Griffin.

jaba, nunca parecía enfadarse y *siempre* estaba donde se suponía que debía estar—. Pero aparte de eso, era un enigma para mí.

Debido al apuro en que se encontró Griffin en ese momento, ni yo ni nadie más seremos nunca capaces de saber buena parte de lo que sucedió durante los últimos segundos de su vida. Pero esto es lo que puedo decir.

El cuerpo de Griffin acabó a unos noventa y dos metros del punto en que se bajó del Humvee, tendido en un área de terreno despejada justo en el exterior del edificio Shura, que es la zona por donde venían sus ejecutores, y por tanto el último lugar hacia el que debería haber corrido. No hay modo de saber si murió justo al lado del vehículo y luego fue arrastrado hacia el edificio Shura, o si simplemente se desorientó y acabó corriendo directamente en la dirección del enemigo. Eso son detalles que nunca seremos capaces de recomponer en algo que tenga sentido, aunque sí logramos encajar una suposición de cómo murió. Y, por Dios, que fue brutal.

Griffin recibió dos disparos en la cara. La primera bala se introdujo por su sien izquierda y la otra impactó contra la parte izquierda de la mandíbula. Ambas le causaron fracturas de consideración en el cráneo haciendo su cerebro añicos. Recibió un tercer disparo en la espalda, que le aplastó varias costillas y le reventó el hígado. El cuarto disparo le fracturó el antebrazo izquierdo, mientras que el quinto le aplastó el fémur derecho. El sexto y el séptimo entraron por la nalga izquierda, y la última bala lo alcanzó en el muslo izquierdo.

En total, recibió ocho disparos distintos. Fue una muerte horrible y violenta, y quizá el único consuelo sea que con ello pudo haber comprado algunos segundos adicionales de respiro para sus dos compañeros; aunque esto es cuestionable, dado que la principal amenaza a la que se enfrentaban entonces Hardt y Faulkner procedía de la otra parte del Humvee, donde Faulkner acababa de descubrir a tres talibanes en la caravana de la lavandería.

Iban ataviados con uniformes de la Guardia de Seguridad Afgana y uno de ellos estaba apuntando con un lanzagranadas.

—¡Nos están disparando! —gritó Hardt al tiempo que el cohete impactaba directamente en el parabrisas del conductor, penetrando el cristal a prueba de balas y esparciendo fragmentos de metralla en todo el lateral izquierdo del cuerpo de Faulkner, desde su brazo y hombro hasta el muslo.

Mientras Faulkner gritaba de dolor, Hardt hizo todo lo que pudo para tranquilizarlo.

—¡Estás bien, estás bien! —le gritó.

Con el enemigo ya dispuesto a asaltar el vehículo se hacía imperativo irse de allí. Pero no había otro plan que la vaga idea de que Faulkner saliera por la puerta del conductor, se agachara y abriera entonces la puerta trasera de ese lateral, que lo protegería del fuego a la vez que le permitía la salida a Hardt.

En su lugar, Faulkner, que estaba en esos momentos tan desorientado que ni siquiera lograba recordar dónde estaba su arma, abrió la puerta y simplemente echó a correr.

No tenía ni idea de hacia dónde se dirigía; todo lo que sabía era que necesitaba moverse lo más rápidamente posible, y que quería alejarse del

Humvee todo lo que pudiera. Sin siquiera volverse para cerciorarse de que Hardt hubiera salido del vehículo, corrió hacia el este tan rápido como le permitieron sus piernas.

Se hace duro ahora imaginar cómo Faulkner logró sobrevivir a esa loca carrera, desarmado y cegado por el dolor, atravesando la parte más expuesta del campamento, alrededor de la mezquita, por el callejón abajo entre el barracón del Pelotón Rojo y el puesto de mando, y accediendo por la puerta principal del puesto de primeros auxilios. Cuando entró en el interior parecía como si acabaran de arrastrarlo por el infierno con una cadena. Su cara estaba magullada y cubierta de sangre. Aún peor estaba su brazo izquierdo, un brazo que ya había sufrido de heridas abiertas dos años antes en Irak, y que ahora se había roto por los mismos sitios que entonces.

—Me han dado en el brazo —repetía una y otra vez—. ¡Me han dado en el brazo!

Mientras los sanitarios se pusieron a hacerle las primeras curas trataron de que Faulkner les contara algo de lo que había sucedido, pero estaba tan traumatizado y confuso que no fue capaz de facilitar ningún detalle que tuviera sentido. No tenía ni idea de lo que había sido de Griffin. Parecía tener la vaga impresión de que Hardt pudiera estar aún allí fuera solo y quizá todavía combatiendo, pero en ese momento no pudo ofrecer un solo pensamiento coherente sobre el posible paradero de Hardt. Ni pudo proporcionar información alguna sobre cómo le estaba yendo al equipo de Gallegos.

De repente, se oyó una voz procedente de la radio:

—¡Mierda! —gritó Hardt.

Todo el que estuviera todavía vivo en el campamento y tuviera sintonizado el canal Fuerza Pro pudo oír lo siguiente:

—¡Tienen un RPG apuntando directo hacia mí!

Luego la señal de radio cesó.

Es imposible saber si el equipo lanzagranadas talibán que estaba viendo Hardt era parte de ese mismo grupo de hombres que habían acribillado a Griffin solo unos minutos antes. Resulta también imposible saber si Hardt logró hacer disparos antes de que dispararan el RPG. Todo lo que sabemos de cierto es que el cohete que lanzaron sobre él era una granada perforante de blindaje, y que impactó a través de la puerta trasera del lado derecho del vehículo, vomitando metralla a todo su alrededor.

De algún modo, Hardt sobrevivió al estallido y logró salir del vehículo, quizá gateando hasta una de las dos puertas del lado opuesto. Luego comenzó a correr hacia el sur en dirección al cobertizo de mantenimiento, que estaba a unos cinco metros de distancia del Humvee.

En algún instante de esa desesperada carrera recibió dos disparos en el lado izquierdo del pecho. Una bala le atravesó el pulmón izquierdo, el diafragma y el bazo antes de salir por la espalda, mientras que la segunda le aplastó las tres primeras costillas. También recibió un disparo en su brazo izquierdo, y otro en su pierna izquierda.

Pese a que todas esas heridas le causaron un gran daño y pérdida de sangre, probablemente no lograran matarlo. En su lugar, como se descubriría más tarde, fue rematado por tres disparos de arma de fuego en la parte izquierda de la cabeza.

Cuando oí la transmisión de Hardt no sabía nada de lo que les había sucedido a Griffin y Faulkner. Mi único objetivo, mientras me alejaba corriendo desde el vehículo blindado de Koppes, era dirigirme a algún lugar desde el que pudiera ver a Hardt y prestarle apoyo, y el mejor sitio para hacerlo era el café, que ofrecía una buena vista del extremo occidental del campamento, pudiendo hacerme desde allí una mejor idea de lo que estaba sucediendo.

Cuando aposté mi Dragunov en el muro de sacos terreros del café, apenas podía ver la escotilla trasera del LRAS2, que parecía un trozo calcinado de metal. No había ni rastro de movimiento a su alrededor. En cuanto al vehículo blindado de Hardt, mi contacto visual con el mismo estaba completamente bloqueado por un *hippo*, un enorme tanque de agua situado en el lado sur de la caravana de las duchas.

Mientras me hacía con la escena, mi ojo captó un movimiento en primer término. Un trío de combatientes talibanes emergía de la parte trasera del Vehículo 2, el Humvee desde el que Jonathan Adams había estado efectuando fuego con un lanzagranadas M-19 durante los primeros minutos del combate antes de verse obligado a abandonar su posición.

Se trataba de un equipo lanzagranadas compuesto por tres hombres, y no había duda de que habían entrado por la puerta principal, rodeando la esquina del edificio Shura. Los hombres que iban delante y detrás llevaban ambos chalecos tácticos de combate y fusiles AK-47. El tipo de en medio portaba un RPG en su hombro y una mochila con granadas extra colgada a la espalda. El operador del RPG llevaba un pañuelo negro en la cabeza con caracteres árabes escritos en él.

Mientras me quedaba con estos detalles llegó al área del café Janis La-kis, el asesor militar letón, apostándose junto a mi codo izquierdo. Para entonces Lakis había dado por perdida cualquier posibilidad de poner a los soldados afganos bajo su supervisión para que ayudaran a defender el cam-pamento. Así que llegó a la conclusión de que lo más efectivo que podía hacer era unirse a nosotros y echar una mano. Era una decisión que agrade-cí porque, además de sus capacidades y experiencia, trajo consigo su fusil H&K G-36 con un lanzagranadas M203 incorporado.

—Oye, Lakis —le pregunté en voz baja—, no hay ninguna posibilidad de que esos tres tipos sean de tus amigos del ejército afgano, ¿verdad?

Mientras Lakis negaba con la cabeza, el hombre del RPG apoyó su arma en la parte trasera del Humvee, se inclinó sobre el vehículo y comenzó a reajustarse el pañuelo de la cabeza.

Lo que me sorprendía aún más que la presencia de un combatiente enemigo justo en mitad del campamento era la forma relajada en que se comportaba. Él y sus compañeros se habían detenido para hacer una pe-queña parada táctica, tomar aire y reagruparse antes de continuar su avance. Estaba claro que ya no esperaban ningún tipo de resistencia, y no tenían ni idea de que estaban siendo observados.

Fue entonces cuando caí en la cuenta. Este era probablemente el equi-po que había eliminado a Hardt.

Los insurgentes estaban a unos cuarenta y seis metros de distancia de donde yo me encontraba. Sin embargo, por la mira del Dragunov la distancia parecía reducirse a no más de nueve metros. La situación me recordaba a cómo eran las noches en casa en el rancho de mi padre, cuando dirigías un haz de luz sobre las liebres y se quedaban paralizadas, permitiéndote apuntar bien el tiro.

Joder, es un auténtico regalo, pensé mientras exhalaba para equilibrar el arma y acariciaba el gatillo con el dedo.

El hombre del RPG era el que tenía el arma más pesada, así que mi idea era encargarme de él primero, girar a la derecha para hacerme con el segundo tipo antes de que supiera lo que estaba sucediendo y luego terminar el trabajo cargándome al tercero mientras este echaba a correr.

A una distancia tan corta el fusil de tirador tendería probablemente a disparar alto una muesca o dos. Así que cuando el servidor del RPG acabó de reajustarse el pañuelo y se levantó presentando toda la silueta, puse el punto de mira en la parte baja de su esternón, justo en el huesecillo llamado apófisis xifoides, y disparé.

Resultó que estaba en lo cierto; en vez de darle en el centro de su tórax, la bala penetró por la clavícula izquierda del insurgente, justo por encima de su corazón.

Al tiempo que sus dos acompañantes se daban cuenta de lo que sucedía y se intercambiaban un «¡*Oh, mierda*, mira!», yo estaba girándome a la derecha y derribando al segundo tipo de dos disparos, uno en el pulmón izquierdo y otro en la cadera.

Mientras caía me giré a la izquierda y traté de cazar al tercer miembro del equipo justo cuando trataba de rodear la parte trasera del Humvee, donde podía verlo tratando de esconderse detrás de las ruedas.

En circunstancias normales hubiera sido sencillo sacarlo de allí haciendo algunos disparos por debajo del vehículo, que se alzaba a al menos cuarenta y seis centímetros del suelo. Sin embargo, la mayor parte de este espacio estaba a cubierto por un pequeño terraplén de rocas apiladas que discurría por la parte delantera del Humvee.

Sabedor de que no podía hacerme con el insurgente de un disparo directo, comencé a disparar sobre el terreno que había a unos pasos del vehículo con la esperanza de que alguna de las balas rebotara y lo alcanzara. Mientras disparaba sin parar podía ver al tirador talibán haciendo frenéticos movimientos con su mano, señalando a la puerta principal, donde parecía que se estaban reuniendo sus camaradas.

—Lakis —le dije—, ¡dale con tu jodido lanzagranadas!

—¿A qué distancia crees que está? —preguntó Lakis mientras abría la recámara y metía una granada de 40 milímetros.

—No lo sé. No puede estar a más de cincuenta metros.

El lanzagranadas produjo su sonido distintivo *¡dunk!* y el proyectil de nariz respingona cruzó el campamento en una pequeña y gentil parábola para caer perfectamente al otro lado del vehículo blindado y estallar con un agradable *zump* y un *crack*.

El soldado talibán se desvaneció.

—¡Cincuenta metros! —exclamó Lakis con su acento de Schwarzenegger, asintiendo con aprobación—. ¡Sí!

Mirando ese momento ahora en retrospectiva supongo que debería de estar satisfecho de haber matado a los tipos que probablemente acribillaron a Hardt. Pero en aquel instante tenía cosas más urgentes en mi cabeza, siendo la principal de ellas el ser consciente de que un equipo de soldados enemigos acababa de entrar paseando por la puerta principal.

212 El Pelotón Rojo

Hasta ese momento no creo que hubiera tenido conciencia plena de lo comprometido de nuestra situación. La idea de que pudieran invadirnos no solo era ya una terrible posibilidad. En realidad estaba sucediendo.

Y lo que es más, el proceso había empezado en serio en la cuesta arriba que había a mi izquierda, donde una pequeña bolsa aislada de hombres compuesta por Jones, Gregory y Dannelley se esforzaba en defender la trinchera próxima a la mezquita.

Este grupo incluía a algunos de los soldados más jóvenes y menos experimentados del puesto avanzado. Gracias al hecho de carecer de radio no tuvieron ni idea de lo que estaba sucediendo en el resto de sitios, incluida la última transmisión de Hardt. Y sin que yo lo supiera, estaban a punto de enfrentarse a un grupo de talibanes aún mayor.

Parte de la ironía del fallido intento de rescate de Hardt era que su misión podría haber desencadenado inadvertidamente lo que justamente estaba tratando de evitar, que era un intento concertado por parte del enemigo de hacer brecha en la parte occidental de nuestro campamento. El Humvee atascado de Hardt había presentado un blanco tan irresistible que había animado a varios grupos de combatientes a colarse por la alambrada, tanto desde el norte como desde el sur. Con el equipo del Vehículo 1 fuera de combate, estos insurgentes enemigos no vieron razón por la que no seguir avanzando directamente hasta el centro del campamento, lo que puso a un grupo de ellos en rumbo de colisión con el equipo de Jones apostado en la trinchera.

Durante los últimos diez minutos la situación a la que se enfrentaban Jones y sus muchachos había ido de mal en peor. En ese momento eran casi media docena de hombres en el interior de la zanja —Jones, Gregory, Dannelley y sus compañeros— y todos ellos estaban atrapados. En el momento en que uno levantaba la cabeza o el cañón del arma por encima del borde de la trinchera, los enemigos situados en las crestas efectuaban una furiosa descarga sobre ellos.

Eso era ya de por sí suficientemente preocupante, pero las granadas que habían hecho saltar por los aires las ventanas de la mezquita contigua también prendieron fuego al edificio, cuyas llamas lo estaban consumiendo, y era evidente que había alguien atrapado en su interior. Jones y sus compañeros no tenían ni idea de quién podía ser. Pero a juzgar por los desesperados y agudos gritos que emitía el hombre en pastún o en nuristaní mientras se quemaba vivo, debía de tratarse de un obrero de la construcción afgano, de un soldado afgano o quizá incluso del propio imán.

A pesar de los riesgos, Jones y sus hombres habían estado levantando las cabezas sobre la trinchera cada par de minutos para devolver el fuego, generalmente seleccionando un punto diferente para confundir a los tiradores enemigos.

—Muy bien chicos —decía Jones—, asomémonos rápido de vez en cuando para ver qué está pasando. Nada del otro mundo.

Entonces asomaban las cabezas y las armas. Algunas veces eran capaces de devolver el fuego; otras se veían obligados a agacharse por los disparos de un francotirador antes de que pudieran apretar el gatillo.

Durante una de estas veces Gregory divisó algo.

—¡He visto a dos tipos en las duchas! —exclamó mientras volvía a agacharse de nuevo.

Jones también los había visto. Estaban a unos cinco metros de distancia. Los dos hombres iban vestidos con la ropa ancha marrón típica de los civiles.

La primera asunción de Jones fue que se trataba de obreros afganos que de algún modo habían quedado atrapados en el interior del puesto avanzado. Pero estaban tan cerca que no solo podía oír sus voces, también distinguió el *click-pop* cuando quitaron los pasadores de las granadas que estaban a punto de lanzar.

Mierda, son talibanes, pensó. *En el interior de nuestro perímetro.*

A continuación, Jones, Gregory y Dannelley se levantaron al unísono, alzaron sus armas y los abatieron. (Gregory disparó casi cincuenta balas con su SAW, vaciando una cinta completa de munición.) Tras un momento de alivio pronto se dieron cuenta de que seguramente debía haber más, hecho que fue confirmado con la llegada de Kenny Daise, un soldado de la Sección de Mando, que casi sin aliento se metió en la trinchera con Kyle Knight.

—¡Han entrado tipos en el interior del puesto avanzado de combate! —informó Daise jadeando.

Daise acababa de llegar procedente del edificio Shura, después de no lograr mantener su posición allí y ser obligado a retirarse. De camino a la trinchera que llevaba a la mezquita se había encontrado y cruzado una mirada con un talibán barbudo vestido con una sobrecamisa sucia y un turbante blanco que llevaba un AK-47. El hombre no estaba a más de veintitrés metros de distancia. Ambos alzaron sus armas para disparar, pero el fusil del talibán se encasquilló, y Daise fue demasiado lento, de forma que cuando disparó a su blanco ya se había esfumado detrás de una esquina.

Amigo, por supuesto que tenemos tipos en el interior del puesto avanzado de combate, pensó Jones. *Dime algo que no sepa.*

Aun con todo, no eran esas las únicas noticias que traía Daise.

—Kirk no lo ha conseguido, está muerto —informó.

Entonces Daise se buscó la radio, pulsó el botón del micrófono y dijo algo que ninguno de nosotros hubiera esperado oír, salvo quizá en una película:

—¡Charlie está en la alambrada! —gritó—. ¡Charlie está en la alambrada!

Los muchachos que sintonizaban el canal Fuerza Pro por todo el puesto avanzado tuvieron que pararse a pensar dos veces lo que estaban oyendo, dibujando una sonrisa y moviendo sus cabezas a pesar de que el combate atravesaba entonces su peor momento.

El *staff sergeant* Daise tenía la mala reputación de ser un poco lento, la clase de tipo mayor que iba siempre, literal y simbólicamente, un paso o dos por detrás de todos los demás.

Daise llevaba en el ejército más de quince años, lo que era tiempo suficiente para ganarse la etiqueta de reliquia entre la mayor parte de los muchachos jóvenes. Y ahora, por razones incomprensibles que ni siquiera merecía la pena analizar, Daise había potenciado esa reputación invocando una frase salida de las junglas de Vietnam y la había aplicado a un combate en las montañas de Afganistán.

Este fue uno de los pocos momentos cómicos y de cierto alivio del día.

Sin embargo, en el fondo de la trinchera había un hombre que no lo encontraba divertido en absoluto. Jones, que no sabía que Kirk había muerto, fue presa de una furia despiadada a raíz de las noticias de que el hombre al que más había admirado, la persona que le había enseñado casi todo lo relativo a ser un soldado, había sido abatido.

Era la clase de rabia que probablemente hubiera admirado Kirk porque, además de ser obsesiva, se negaba a ser acorralada por la prudencia, necesitando por el contrario un desahogo inmediato. Y es por ello por lo que a pesar de estar todavía atrapados, Jones se levantó, emplazó su ametralladora y comenzó a disparar sin pausa.

Probablemente no fuera esa la acción más inteligente en términos de conservación de la munición para el inevitable momento en que los talibanes decidieran asaltar la trinchera. Pero en ese instante a Jones le importaba realmente una mierda la disciplina de fuego.

Es más, la necesidad de no malgastar la munición se desvaneció pocos segundos más tarde cuando un RPG lanzado por los talibanes impactó contra el generador, situado a lo largo de la trinchera, y lo incendió, produciendo una columna de denso humo negro que proporcionaba una pantalla perfecta para que todo el grupo pudiera romper el contacto, arrastrarse hacia el extremo norte de la trinchera, y desde allí correr a los edificios de los barracones.

Esta maniobra de retirada, que efectuaron de uno en uno mientras el resto hacía fuego de cobertura, reflejaba una realidad mayor, consistente en que en vez de adelantar nuestras líneas para recuperar las zonas del puesto avanzado que habíamos perdido durante el fracasado intento de rescate de Hardt, estábamos haciendo justo lo contrario, retirándonos más hacia el interior.

Ni que decir tiene que esta no es la forma de luchar si quieres ganar. Es lo que haces cuando te estás preparando para librar la última defensa.

13

La posición Álamo

Una de las señas de identidad más extrañas del combate es que es tan caótico que la confusión que crea a veces en la mente nunca queda resuelta del todo. Los soldados pueden pasar el resto de sus vidas tratando de analizar y dar sentido a cómo se desarrolló realmente una batalla en la que participaron: qué fue antes, qué sucedió después y qué acontecimientos colisionan de forma simultánea para crear una enmarañada mezcolanza de confusión.

Otra característica destacada de la guerra reside en que a menudo es imposible regresar y encajar adecuadamente las piezas de lo que sucedió. La ausencia de un registro exhaustivo, la falibilidad de la memoria humana y el hecho de que los testigos más importantes de los sucesos clave puedan haber muerto, todos estos elementos, pueden hacer que sea extraordinariamente difícil extraer una relación posterior y definitiva de los acontecimientos.

En mi opinión esto es lo que sucedió en Keating, particularmente durante el ataque inicial. Es bastante posible que en lo más profundo de esta batalla haya un nivel de verdad que sea fundamentalmente desconocido.

A la luz de ello, quizá lo mejor que puedo hacer ahora, con el beneficio de la comprensión en retrospectiva y de las impresiones que muchos de mis compañeros de armas han compartido conmigo, es admitir que mientras yo afrontaba mis propios retos, se estaba desarrollando un complejo conjunto de acciones en paralelo; acontecimientos que desconocía en aquellos momentos aun cuando algunos de ellos estuvieran a punto de venírseme encima. Para tratar esos acontecimientos quiero exponer una relación de lo que estaba sucediendo más allá de mi conocimiento inmediato. Y quizá la manera más efectiva de hacerlo sea llevarte al interior de la mente de Andrew

Bundermann, quien en virtud de su cometido en el puesto de mando tenía probablemente la mejor visión de conjunto de lo que estaba aconteciendo.

Mientras mis camaradas y yo librábamos una media docena de duelos diferentes por todo el puesto avanzado, los miembros de la Sección de Mando, que se hallaban en el interior del puesto de mando, estaban inmersos en su propio torbellino de retos, muchos de los cuales giraban alrededor de un hecho simple, urgente y primordial: si Bundermann no encontraba una manera de movilizar alguna ayuda y dirigir rápidamente esa ayuda contra el enemigo, nuestras esperanzas de sobrevivir a esta dura experiencia eran remotas.

En ese momento este objetivo se veía dificultado por dos problemas, siendo el más evidente que los morteros de Fritsche permanecían todavía en silencio.

Durante la mayor parte de los cuarenta minutos anteriores, los soldados de nuestro puesto avanzado allá arriba habían estado resistiendo un devastador fuego de ametralladora y de RPG al tiempo que se las veían con al menos un francotirador. El hecho de que ninguno de esos hombres hubiera muerto era la prueba de la ventaja de defender un terreno elevado. Pero esa ventaja fue inesperadamente socavada cuando el *staff sergeant* James Clark, que era probablemente el soldado más brillante del Pelotón Blanco, fue alcanzado en el pecho de un disparo que atravesó uno de sus cargadores.

La bala se detuvo en la placa de blindaje cerámico de Clark, no sin antes machacar una bala trazadora del interior del cargador que prendió fuego a su chaleco. De repente, Clark se vio envuelto en una emergencia que nunca hubiera imaginado posible: estaba ardiendo, y si no extinguía las llamas de inmediato, estas harían estallar el resto de la munición de su pecho y acabaría convertido en una bengala justo allí, en la línea de fuego.

Mientras Clark daba furiosos manotazos a su chaleco a la vez que continuaba devolviendo el fuego con el Mark 19 que estaba manejando, se percató de que la bala que estaba todavía alojada en su placa de cerámica había procedido del único lugar de la cima de la montaña que estaba a más altura que Fritsche: un diminuto puesto auxiliar que albergaba a seis miembros de la patrulla fronteriza afgana. Como los soldados del ENA en Keating, se suponía que estos aliados debían proporcionar apoyo adicional a Fritsche. Y como sus homólogos del ENA, los soldados de la patrulla fronteriza parecían haber abandonado sus posiciones. Al hacerlo, habían permitido que su puesto fuera ocupado por un grupo de combatientes enemigos que, como Clark podía ver ahora, estaban valiéndose de su mayor ventaja para dirigir el grueso de su potencia de fuego contra el emplazamiento de morteros de Fritsche.

También significaba que los atacantes de Fritsche estaban entonces a menos de cuarenta y seis metros del perímetro.

Clark, que era un hombre tan competente y de cabeza fría como podrías esperar de un *staff sergeant*, ordenó que se detonaran las minas Claymore situadas en un lateral de Fritsche, a la vez que sacaba a uno de sus equipos de ametralladora M240B del muro y lo enviaba al emplazamiento de morteros con la esperanza de poder conseguir una mayor potencia de fuego en ese sector.

En combinación con la asistencia que por fin estaba recibiendo Fritsche de los obuses de 155 milímetros de Bostick, cuyos proyectiles estallaban en ese momento estruendosamente por toda la zona despejada del lado sureste del puesto, Clark albergó esperanzas de tener los morteros operativos en breve para que pudieran lanzar algunas granadas allá abajo en apoyo de Keating. Pero por el momento su equipo andaba demasiado ocupado aún con su propia defensa para iniciar algún movimiento ofensivo, un estado de acontecimientos que Jordan Bellamy, el teniente de Clark al mando de Fritsche, estaba comunicando entonces a Keating.

—Todavía no puedo llegar a mi emplazamiento de morteros —radió Bellamy a Bundermann.

—De acuerdo, pero en el momento en que lo hagáis tienen que ser para mí —replicó Bundermann—. ¡Los necesito!

Con eso Bundermann pasó al segundo problema de mayor gravedad: aunque el apoyo aéreo había llegado por fin, los aviones todavía no podían entrar en acción.

La primera pareja de cazas F-15 E, los dos Strike Eagle que habían recibido órdenes de dirigirse a Keating justo cuando regresaban de una misión nocturna, se encontraban en ese momento justo encima del puesto avanzado. Y lo que es más, un paquete prioritario de blancos —esto es, el conjunto de coordenadas que ayudarían a dirigir las bombas guiadas por láser y GPS que llevaban los cazas sobre el Campo de Minigolf y el Zigzag— había sido seleccionado ya por Bundermann y enviado a Bostick por Cason Shrode, que estaba a cargo de la artillería y del apoyo aéreo. Sin embargo, por desgracia, el envío de esta información desde el ejército a la fuerza aérea implicaba un retraso que pese a ser comprensible para todos los que estaban en el puesto de mando, resultaba exasperante. A causa del terreno montañoso, a los pilotos de los cazas que se dirigían a Keating les resultaba imposible contactar por radio con Bostick y recibir autorización para lanzar las bombas. Así que antes de poder arrojar su cargamento, los F-15 se vieron obligados a desviarse hasta Bostick para confirmar sus blancos por radio y luego regresar a Keating.

En el fragor del combate, cuando unos pocos segundos pueden marcar la diferencia entre la vida y la muerte de los hombres, un retraso de incluso un minuto o dos puede parecer una eternidad. Para Bundermann, que estaba escuchando cómo un sector tras otro de la defensa de Keating colapsaba, retrocedía o se silenciaba su radio, los nueve minutos que pasaron entre la llegada de los dos primeros F-15 y su primer ataque con bombas parecieron interminables.

Cuando las bombas cayeron por fin, las explosiones quedaron ahogadas por el estruendo del fuego enemigo, e incluso pasaron desapercibidas para mí y para otros defensores que se hallaban en el exterior de los edificios. Sin embargo, entre las paredes del puesto de mando, el saber que los reactores estaban bombardeando ofreció algún alivio a Bundermann y a su equipo. Pero desapareció pocos segundos más tarde cuando los Strike Eagle radiaron que tenían que romper el contacto y regresar a la base (les quedaba muy poco combustible).

El puñado de bombas que habían logrado arrojar no supusieron en modo alguno un punto de inflexión. Habían hecho poco para disuadir a nuestros atacantes y prácticamente nada para frenarlos. Y como si pareciera querer destacar este hecho, Kenny Daise estaba enviando una alerta de radio para que todo el mundo supiera que teníamos a «Charlie en la alambrada», confirmando hasta qué punto estábamos en una situación comprometida.

A raíz de los informes que estaba recibiendo, Bundermann llegó a la conclusión de que Keating no solo había sido penetrada en un punto, sino en tres. Entre diez y quince talibanes habían entrado por la puerta este y estaban tomando posiciones en el interior de los barracones abandonados del Ejército Nacional Afgano. Al otro extremo del campamento, un grupo de combatientes habían logrado rebasar el emplazamiento de morteros por el campo minado de las Claymore caducadas, y atravesado la alambrada de espino de las inmediaciones del cobertizo de mantenimiento. Y aproximadamente al mismo tiempo, un tercer grupo se había colado por la puerta principal y había corrido hasta más allá del edificio Shura. Tras haber eliminado al equipo de Hardt y obligado a retroceder al equipo de Jones, elementos de estos dos últimos grupos se apresuraban ahora hacia el sector que acabábamos de abandonar, preparándose presumiblemente para atacar el mismísimo centro del campamento.

Fue en este punto cuando Bundermann decidió que no sería mala idea cambiarse de ropa.

Para entonces había tomado la precaución de coger prestado un chaleco antibalas extra de Shrode, cuyo camastro estaba a la espalda del puesto de mando, y se lo había puesto sobre los pantalones cortos y la camiseta que llevaba puestos. Y a pesar de que el chaleco de Shrode era tres tallas más grande que la suya, Bundermann se movía torpemente con él, llevando además puestas sus chancletas. Esa facha le hacía parecer ridículo, así que le pidió a uno de los muchachos del puesto de mando que fuera al barracón y le trajera las botas, el casco y el fusil.

Cuando llegaron sus cosas, Bundermann estaba todavía lejos de vestir un uniforme, pero al menos le sirvieron para lo que estaba por venir. Mientras, continuaba operando sus radios y el Satcom ordenó que se pusieran guardias en las puertas oeste y sur. Era el momento de prepararse para la eventualidad, muy real, de que los insurgentes pudieran asaltar el puesto de mando.

Parece ser que en situaciones de este tipo el ejército dispone de un código especial que supuestamente debes transmitir para que toda la aviación disponible deje lo que esté haciendo y se dirija de inmediato al lugar donde se haya originado dicho código. Esto se conoce como «flecha rota»,* y está reservado para una unidad terrestre que se encuentre rodeada y enfrentada a su destrucción inminente. Cuando lo comprobé con posterioridad me sorprendió descubrir que el código solo había sido invocado una vez en noviembre de 1965, cuando el 7.º de Caballería de Estados Unidos (irónicamente la misma unidad que había luchado a las órdenes de Custer en la batalla de Little Big Horn ochenta y nueve años antes) quedó cercado por un regimiento regular de soldados norvietnamitas en el valle de Ia Drang. A pesar de tenerlo todo en contra, el coronel Hal Moore, comandante de la unidad, y sus hombres resistieron los numerosos ataques norvietnamitas y lograron sobrevivir.

La razón por la que tuve que mirar todo esto es que nunca antes había oído hablar de tal cosa. Ni tampoco nadie en Keating, incluyendo a Bundermann. Si hubiera habido un memorando de qué tipo de avisos tienes

---

* En inglés, *broken arrow*. (N. del t.)

que dar justo antes de que te pateen los dientes y te los pongan en la nuca, nadie en el Pelotón Rojo se hubiera tomado la molestia de leerlo.

En la vida real, cuando una situación se sale de control y estás a un paso o dos de que te den un palizón, que es en buena parte lo que parecía que iba a ocurrir en ese momento, el tipo de afirmación que se hace por radio tiende a ser tan contundente y vacía de resonancia sinfónica como la que ordenó Bundermann a través del *chat-tac*:

6.50 a. m.
<2BlackKnight_TOC>
>>>¡¡¡ENEMIGO EN LA ALAMBRADA, ENEMIGO EN LA ALAM-
BRADA!!!

En cuando se hubo transmitido, prácticamente todo soldado situado en el centro del campamento empezó a preparare para hacer una cosa prudente y racional, que era cerrar las escotillas y agazaparse. La única excepción a esta estrategia fue el LRAS2, el maltrecho vehículo blindado del extremo más occidental del puesto avanzado, donde Gallegos y sus hombres se encontraban aislados del resto de nosotros y casi sin munición. En lugar de acurrucarse aún más en su cascarón, estaban a punto de hacer todo lo contrario, con la esperanza de aprovechar una leve oportunidad que había surgido a consecuencia de la fallida misión de rescate de Hardt.

Gracias a que el vehículo blindado inutilizado de Hardt se había convertido en un imán tan poderoso para los combatientes que se deslizaban a través de la alambrada de concertina y la puerta de entrada principal, la posición de combate de Gallegos disfrutó de un breve y fugaz paréntesis. El Humvee recibía todavía fuego desde las crestas adyacentes, pero por primera vez en casi una hora parecía que hubiera una posibilidad de abrir la puerta por cualquiera de los lados del vehículo y salir sin ser hecho añicos al instante desde seis direcciones distintas.

Estaba claro que esto no era más que una pausa, y que por descontado no iba a durar mucho. Pero fue suficiente para que Gallegos pensara que podría ser el momento de intentarlo. Y entonces sucedió algo que alejó de su mente cualquier posible duda que le quedara.

A través de las hendiduras y los impactos de bala del cristal del parabrisas delantero del Humvee, Gallegos y Larson divisaron a cuatro talibanes deslizándose por encima de los hescos a unos cuarenta y seis metros al oeste de donde estaban. Estos hombres habían llegado probablemente por el pozo de la basura, y uno de ellos llevaba una M249 SAW norteamericana, un arma cuyo perfil es inconfundible.

Por su aspecto, estos cuatro hombres, que vestían ropajes marrones, chalecos tácticos cargados de balas, granadas y zapatillas deportivas, pretendían avanzar hacia el centro del campamento; y no cabía duda de que venían más insurgentes detrás de ellos.

Gallegos había ideado ya su plan de huida, cuya clave era que Larson y Carter se bajaran por el lado izquierdo del vehículo y utilizaran sus M4 para proporcionar fuego de cobertura mientras Gallegos, Mace y Martin salían por el lado derecho del Humvee y corrían hacia las letrinas. Cuando llegaran, efectuarían de inmediato la suficiente potencia de fuego como para permitir que Larson y Carter hicieran el mismo recorrido. Desde allí, el equipo se dividiría de nuevo y bajaría hasta el edificio Shura.

Había pedido opinión al resto de muchachos del Humvee para ver si estaban de acuerdo, y aunque todos coincidían en que no había modo de permanecer allí, nadie había sido capaz de ofrecer una idea mejor de cómo salir del atolladero en que se encontraban. Por tanto, la única cuestión pendiente era si se trataba del momento de llevarlo a cabo.

—Oye, G —preguntó Larson a Gallegos—, ¿debemos irnos ahora?

—Sí —replicó Gallegos—. *Tenemos* que irnos.

Además de ser el soldado de más graduación en el Humvee, Gallegos era el que tenía mayor experiencia de combate.

—Tú dirás, amigo —dijo Larson.

—Bien muchachos, es ahora o nunca —anunció Gallegos, volviéndose hacia los hombres del asiento trasero y mirándolos fijamente.

Los tres le contestaron con un marcado gesto de asentimiento.

—Muy bien, vamos.

Durante estos momentos finales en el interior del Humvee todos estaban razonablemente convencidos de que el plan iba a funcionar. Gallegos y Larson parecían especialmente confiados, y los tres hombres del asiento trasero captaron esa sensación y se nutrieron de ella. Su actitud respecto a la situación a la que se enfrentaban se puede describir mejor como «Genial, tío, vamos a hacer esto de una vez y nos vemos en el otro lado».

En el momento en que abrieron las puertas y salieron del Humvee esa frágil sensación de optimismo se hizo añicos como el cristal.

Al estar Larson en el asiento del conductor se apostó en el capó del vehículo con la intención de hacer frente a los tiradores que había visto en el interior de Urmul y en el Campo de Minigolf. Al mismo tiempo, Carter tomó posiciones entre el frontal del Humvee y el muro de sacos terreros.

Alertados por estos movimientos, los tiradores talibanes que habían estado centrados en Hardt y su equipo cambiaron súbitamente el foco, pasando nuevamente del Vehículo 1 a la dotación del LRAS2. El efecto fue inmediato y devastador.

En el mismo momento en que Larson y Carter comenzaron a efectuar fuego de cobertura, un RPG impactó en un contenedor metálico de transporte próximo al vehículo y estalló. La explosión envolvió completamente a Mace y a Martin, cubriéndolos de polvo y humo. Mace, que resultó también herido por fragmentos de metralla en las piernas y el abdomen, cayó al suelo, y Martin comenzó a correr, bajó por la pronunciada pendiente de la ladera y desapareció al otro lado de la esquina más alejada de las letrinas.

—¡No sé qué hacer! —gritaba Mace tumbado en el suelo.

—¡Sigue a Gallegos! —gritó Larson, que en ese momento ignoraba que el impacto del cohete había destrozado las piernas de Mace.

Mientras este se esforzaba por obedecer la orden de Larson llegó Gallegos, levantó a su camarada herido y se lo llevó al otro extremo de las letrinas.

Al otro lado del vehículo, Carter estaba preparado y a la espera de una señal de Larson para echar a correr hacia las letrinas cuando escuchó una serie de disparos procedentes del mismo punto por el que Gallegos y Mace acababan de desaparecer. Lo siguiente que vio fue a Gallegos doblar la esquina solo, no había ni rastro de Mace, y correr de regreso al vehículo mientras un talibán abría fuego sobre él desde lo alto del emplazamiento de morteros.

Mientras Carter observaba, Gallegos recibió múltiples ráfagas en su pecho, estómago, brazo izquierdo y pie derecho. Cuando lo alcanzaron los primeros disparos trató de devolver el fuego. Estaba disparando cuando fue alcanzado por la segunda ráfaga. La tercera lo derribó al suelo.

Entre tanto, uno de los francotiradores talibanes del interior de Urmul puso su punto de mira en Larson y le disparó justo en la cabeza.

No tengo la menor idea de los pensamientos que debieron de pasar por la mente de Carter en ese momento, cuando volvió a meterse en el vehículo. Pero de haber sido yo, sé al menos una cosa que me hubiera estado preguntando a mí mismo:

¿Cuánto tiempo me queda antes de que acaben conmigo?

Esa era una de las principales preguntas que sopesaba Bundermann cuando salió del puesto de mando por primera vez esa mañana para echar un vistazo de primera mano a cómo estaban las cosas. La impresión que se llevó no iba más allá de la confirmación de los informes que había estado recibiendo a través de la radio desde que comenzó el combate: que la totalidad del campamento estaba siendo machacado desde todos lados, y que nuestro perímetro se estaba reduciendo poco a poco.

Sin un apoyo aéreo masivo no tenía sentido para Bundermann pretender que pudiéramos continuar defendiendo nuestras líneas. Por tanto, como comandante, veía claramente que su único recurso no ofrecía dudas: dejar que cayera el perímetro exterior, retirarse a la barrera interior de hescos, y concentrarse en la defensa del núcleo de Keating durante el mayor tiempo posible, con la esperanza de que alguna operación de apoyo aéreo de envergadura efectuara su ataque antes de que los talibanes nos arrollaran.

Resulta que el ejército tiene un nombre para un acto de defensa final adoptado por una unidad que se enfrenta a la posibilidad de ser aniquilada, y a diferencia de la petición de llamada «flecha rota», la mayoría de nosotros la conocíamos. Recibía el muy apropiado nombre de «posición Álamo».[*]

Bundermann era fríamente consciente de que retroceder hasta la posición Álamo dejaría a su suerte a cerca de diez hombres, una quinta parte de los efectivos de su mando.

También sabía que la mayor parte de estos hombres estaban ya probablemente muertos.

En el interior de cada uno de los tres edificios en los que habíamos de llevar a cabo la última defensa se hallaban los muchachos reuniendo la munición restante, tumbándose en el suelo y apuntando sus armas a las puertas preparados para un combate cuerpo a cuerpo por los últimos metros cuadrados del puesto avanzado.

Dentro del barracón del Pelotón Rojo, Raz se volvió a Kyle Knight, que tenía apuntada su ametralladora a la puerta sur, y le dijo que matara a cualquiera que tratara de entrar.

---

[*] En 1836 los secesionistas texanos efectuaron una resistencia a ultranza contra las tropas mexicanas del general Santa Anna en la misión de San Antonio de Béjar, más conocida como «El Álamo». Los defensores lucharon hasta el último hombre. *(N. del t.)*

En el edificio de al lado, los miembros restantes del Pelotón Azul estaban haciendo los mismos preparativos en su barracón. Pero quizá el indicio
más gráfico de hasta qué punto teníamos la espalda contra la pared estaba
teniendo lugar en el interior del puesto de primeros auxilios, donde a Shane
Courville le vino tristemente a la mente una conversación que había mantenido recientemente con el *first sergeant* Burton.

Tres o cuatro días antes, Courville había formado parte de un grupo de
hombres que habían recibido órdenes de hacer inventario de las armas que
había en la armería de cara a los preparativos para el desmantelamiento de
Keating. A medida que fueron ordenando el batiburrillo de cohetes y armas,
Courville se tropezó con algo inesperado: un armario lleno de escopetas.

No tenía ni idea de cómo habían llegado hasta allí, pero había más de
diez, y eran muy bonitas —Mossbergs de acción de corredera de calibre .12
con empuñadura de pistola y cañones de catorce pulgadas—. Y por el único
y exclusivo motivo de que eran más bonitas que el infierno, Courville decidió allí mismo, en ese momento, que sin duda quería tener una, a pesar del
hecho de que en un lugar como Keating, una escopeta era probablemente el
arma más inútil que pudieras tener.

—Oye, *first sergeant* —le había dicho Courville a Burton— ¿Qué tal si
me dejas coger una de estas?

—Negativo —replicó Burton sacudiendo la cabeza—. Si alguna vez
nos vemos de verdad en una situación en la que *necesites* una de estas hijas
de puta es que estaremos en un lío de los gordos.

Mientras los sanitarios cogían sus fusiles y los apuntaban a ambas puertas, la memoria de Courville regresó a la conversación.

Mierda, pensó, *ojalá tuviera una de esas Mossbergs aquí ahora.*

14

Abrid fuego sobre ellos

Mientras mis camaradas se hallaban ocupados en el interior de los tres edificios que formaban el perímetro del Álamo, yo trataba de llegar corriendo desde el café al puesto de mando, la estructura que debía ser defendida con mayor vehemencia y, por tanto, la última en caer. Cuando aparecí a toda prisa por la puerta vi a Bundermann de pie en la oscuridad —el generador estaba todavía averiado— con una radio alimentada por baterías en cada mano. A su lado se encontraba Jonathan Hill, el sargento encargado del Pelotón Azul. Ambos hombres estaban tratando de dar sentido a la información que les llegaba por las distintas radios, el Satcom y la red de *chat-tac.*

—No tenemos fuego indirecto —gritó Bundermann en cuanto me vio, lo que significaba que ni nuestros morteros ni los de Fritsche estaban disparando—, y todavía estamos esperando al grueso del apoyo aéreo.

Dado que todavía estábamos a nuestra suerte, los tres necesitábamos tomar algunas decisiones rápidas sobre qué hacer a continuación. Pero primero teníamos que resolver un desacuerdo fundamental sobre si íbamos a aceptar el desastre al que nos habíamos visto arrastrados, o comenzábamos a revertir las cosas.

—Tenemos que mantener nuestras posiciones, atrincherarnos y esperar apoyo —dijo Hill.

No estuve de acuerdo. En mi opinión, agazaparse y esperar a lo que quisiera que se nos estuviera viniendo encima podría parecer un movimiento inteligente a primera vista, pero se trataba de un mal enfoque, especialmente si el objetivo no solo era sobrevivir sino ganar. Además, no me gustaba adónde nos estábamos precipitando, porque eso suponía ceder toda la maniobrabilidad al enemigo y asumir un rol pasivo. Si la ayuda no llegaba a tiempo nos abocábamos a una lucha cuerpo a cuerpo a medida que el enemigo fuera abriéndose camino sistemáticamente desde una estructura a la siguiente, matándonos bolsa tras bolsa. El último grupo de hombres acabaría transmitiendo las coordenadas del centro del campo y solicitando un bombardeo sobre sí mismos con la esperanza de que uno de ellos pudiera sobrevivir en el interior de los escombros el tiempo suficiente como para poder contar cómo sucedieron las cosas.

—Ni de coña —le dije a Hill—. Tenemos que recuperar el campamento.

—Vale —dijo Bundermann—, ¿qué tenemos que hacer?

Esa pregunta no era del todo necesaria porque Bundermann se hacía ya una buena idea de lo que yo estaba pensando. Preguntaba, en parte, porque haciéndolo mantenía su estilo de liderazgo integrador y, en parte, porque sospechaba, correctamente, que teníamos ligeras diferencias sobre cómo conseguir el objetivo que ambos compartíamos.

Lo que ambos teníamos en mente era un contraataque encabezado por un solo pelotón que tendría que detener el asalto talibán y sentar las bases para un futuro cambio de tornas respecto al enemigo. Pero mientras que Bundermann quería abordarlo de una forma calculada y metódica, yo me inclinaba por efectuar la primera serie de movimientos de una sola vez. No obstante, ambos teníamos básicamente la misma visión, en cuyo fondo residía una idea bastante simple que requeriría mucha pericia y una gran cantidad de buena suerte para poder llevarla a efecto. Además, cada hombre que se prestara voluntario para este trabajo iba a necesitar un buen par de huevos.

Cuando Hill dijo que estaba dispuesto a escuchar cualquier cosa que tuviera en mente, nos giramos los tres hacia el mapa de Keating de la pared oeste y comenzamos a trazar cómo habría de hacerse.

En primer lugar, Hill tendría que enviar a un equipo del Pelotón Azul a hacerse con el control de la parte oriental del campamento, bien despejando los barracones del Ejército Nacional Afgano o, si ello no fuera imposible, bloqueando los accesos que se dirigían al centro del campamento con cualquier cosa que pudieran encontrar, buscando ralentizar el avance del enemigo. Mientras tanto, un equipo del Pelotón Rojo sería lanzado hacia el oeste con el objetivo de recuperar lo que habíamos perdido.

Estábamos casi sin munición, y necesitábamos continuar la lucha. Así que lo primero que tenían que hacer los muchachos del Pelotón Rojo era avanzar hacia el muro de hescos, a unos veintiocho metros de distancia del puesto de mando, y luego utilizarlo como cobertura mientras nos abríamos camino hasta el depósito de munición con la finalidad de recuperarlo.

Una vez conseguido, comenzaríamos a traer munición al centro del campamento. A continuación emplazaríamos un par de ametralladoras: una apuntando al otro lado del río hacia el puesto de la Policía Nacional Afgana, la Cara Norte y el Campo de Minigolf; y la otra mirando hacia arriba en dirección al cobertizo de mantenimiento, la Cascada y el Zigzag, y lo más importante, el área interior contigua a la puerta de entrada principal. Cuando estas armas estuviesen emplazadas comenzaríamos a disfrutar de una potencia de fuego respetable.

Nuestro siguiente movimiento sería realizar un segundo avance, esta vez desde el punto de aprovisionamiento de munición hasta el edificio Shura. Entraríamos y mataríamos a cualquiera que hubiera en su interior. Luego recuperaríamos la puerta de entrada principal, la cerraríamos, y sellaríamos todo el sector con minas Claymore.

—¿Y después de eso? —preguntó Bundermann.

—Bueno... —repliqué—, ya veremos qué es lo siguiente una vez hayamos conseguido hacer esto.

Respecto al plan, no era algo supersofisticado ni increíblemente innovador. De hecho, todo se reducía a una de las primeras maniobras que se le enseña a todo soldado en las semanas posteriores a su ingreso en el ejército: reaccionar al contacto efectuando una maniobra de apoyo-de-fuego.[*] En eso consistía todo, aunque el elemento de «apoyo» era la característica principal, siendo esta la razón principal por la que me giré entonces hacia Hill.

—Cuando estemos cerca del punto de aprovisionamiento de munición iremos a ciegas —dije—. No seremos capaces de saber si hay algún insurgente detrás del edificio Shura o en la zona del vehículo blindado de Gallegos, así que necesito que pongas una ametralladora en nuestro flanco izquierdo para que cuide de nosotros.

La dotación de la ametralladora que le estaba pidiendo a Hill tendría que posicionarse en algún lugar de las inmediaciones del comedor, de manera que pudieran observar y disparar sobre la zona que mi equipo y yo no

[*] Se trata de una maniobra táctica en la que un equipo de una compañía se posiciona en un lugar del campo de batalla desde el que puede observar tanto a amigos como a enemigos y efectuar sobre estos últimos fuego directo e indirecto. *(N. del t.)*

podríamos ver, pero sobre la que tendríamos que cargar durante la segunda parte de nuestro avance para recuperar el depósito de munición y el edificio Shura. Una vez que hubiésemos recuperado el control de estas estructuras, una de mis ametralladoras podría disparar entonces ladera arriba cubriendo un sector del campamento —el área comprendida entre el taller mecánico y el emplazamiento de morteros— que sería invisible para los muchachos de Hill.

Esos dos triángulos de fuego cruzado transformarían el terreno que se extendía desde nuestro emplazamiento de morteros hasta la puerta principal en una zona batida para cualquier insurgente que pretendiera adentrarse en ella. El fuego cruzado permitiría también que el resto de mi equipo completara la parte final de nuestra maniobra: precipitarnos sobre la puerta este del edificio Shura y recuperar el control de la puerta de entrada principal.

Hill y Bundermann asintieron con la cabeza.

—Divide a tu equipo —ordenó Bundermann a Hill—, y pon una ametralladora en el comedor para cubrir a Ro y sus muchachos.

Una vez estuvimos de acuerdo en que el plan era sólido, Burton, que había estado observando cómo se producía la conversación, vino hacia nosotros.

—Oye, ¿estás bien? —me preguntó.

Burton se había fijado en que mientras desarrollábamos el plan había estado moviendo mi mano herida, la que Raz me había vendado hacía unos minutos, que parecía haberse entumecido.

—Ya no siento la mano —repliqué.

—Déjame ver —dijo Burton, que comenzó a quitar las vendas de compresión. Cuando lo hubo hecho me di cuenta de que Raz, que era un excelente ametrallador pero un lamentable sanitario, había aplicado un torniquete a mi antebrazo, interrumpiendo el riego sanguíneo de mi mano. Una vez comencé a sentirla de nuevo Burton volvió a aplicar las vendas.

—Gracias por vestirme para ir a la escuela, papá —bromeé mientras me preparaba para salir por la puerta y dirigirme al barracón a ver si podía encontrar voluntarios para esta misión—. Prometo que me portaré bien.

Sin embargo, justo antes de salir, había un último detalle del que encargarme, algo relacionado con Hardt y su última transmisión de radio.

Una de las primeras cosas que enseñamos a los jóvenes soldados es que si crees que vas a tener que darte una carrera y tienes que dejarte algo de equipo atrás, es de vital importancia asegurarte de que tus comunicaciones no queden comprometidas. La mejor forma de hacerlo es destruyendo tu radio o activando el *reset*, lo que implica borrar todos los datos que haya en su interior. Pensando en las últimas palabras de Hardt, llegué a la conclusión de que era más que dudoso que hubiera tenido tiempo de encargarse de su radio.

También sabía que los hombres que habían matado a Hardt procedían de la puerta de entrada principal, donde había una segunda radio arriba en la torre de guardia; una que Davidson, el último que había estado en ese puesto, bien podría no haberse llevado consigo cuando lo abandonó.

Por último, sabía otra cosa más, que era que los tipos que estaban haciendo lo imposible por aniquilarnos habían demostrado disponer de inteligencia de apoyo en cada fase de su ataque. Habían montado un asalto complejo y cuidadosamente coreografiado. Habían explotado cada una de nuestras debilidades. Habían mostrado disciplina y tácticas sólidas. Si habían sido lo suficientemente listos como para haber hecho todas esas cosas, eran sin duda igual de listos para hacerse con una radio y monitorizar las comunicaciones a fin de enterarse de lo que estábamos haciendo mientras coordinábamos nuestro siguiente movimiento. Así que necesitábamos sacarlos del circuito de comunicaciones, y el modo más rápido de hacerlo era mediante un cambio de canal.

Cuando transmites un mensaje de cambio de canal todo el que está escuchando cambia de inmediato las frecuencias escogiendo una red diferente. Cualquiera que esté tratando de escuchar a hurtadillas y que no pueda hacer el cambio se caerá de la red. Es una medida efectiva, pero presenta una desventaja.

En ese momento teníamos al menos tres grupos distintos de soldados cuyo estado y localización exacta nos eran desconocidos. Gallegos y su equipo estaban, según asumí, en algún lugar de los alrededores de su vehículo blindado. La dotación de Breeding se encontraría todavía probablemente en el emplazamiento de morteros, aunque no habíamos escuchado nada de ellos desde hacía casi una hora. Y luego estaban Hardt y Griffin, de los que no sabíamos nada.

En total, había casi una docena de camaradas nuestros ahí fuera, y a menos que estuvieran monitorizando sus radios con atención, no tendrían forma de enterarse del cambio de red, y una vez que hubiera tenido lugar se quedarían fuera. (Nunca habíamos acordado con antelación una frecuencia a la que saltar.)

En otras palabras, después de no haber podido rescatar a estos hombres, nos disponíamos a cortar su última línea de comunicación con nosotros.

Esto suena bastante brutal. Pero la posibilidad de que el enemigo pudiera estar escuchando nuestros planes y utilizar la información contra nosotros no era menos inquietante. Además, me recordé a mí mismo que cualquier preocupación por los muchachos que quedaran fuera de la red era baldía, por el simple hecho de que la mayoría de ellos estaban probablemente muertos o a punto de morir.

La elección era difícil pero no ofrecía dudas.

—Tienes que ordenar un cambio de red —le dije a Bundermann.

Lo hizo sin vacilación. Y con eso, los dejamos fuera.

A continuación Bundermann me dirigió un intencionado gesto de asentimiento, que en realidad quería decir «Ve y hazlo».

Ahora, cuando miro atrás a esta parte de nuestra historia me sorprenden dos cosas: la primera es la dureza de algunas de las decisiones a las que nos tuvimos que enfrentar, y la segunda la rapidez y la fría sensación de indiferencia con que las tomamos.

También me proporciona una pausa para hacer un repaso de la intensidad de nuestra determinación durante esos momentos. Por extraño que pueda parecer, no recuerdo haber estado asustado o preocupado por la muerte, o incluso, en tal caso, contemplarlo como una posibilidad. Lo que recuerdo es una sensación de pura y total concentración, una clase de fijación absolutamente centrada en un solo objetivo, que era dar sentido a una serie de movimientos, una combinación dinámica de puestas en escena que nos permitieran recuperar el terreno que habíamos perdido y apropiarnos de nuevo de nuestra jodida casa.

También recuerdo algo más, que era la sensación de que en mitad del pandemonio, la confusión y el ruido, se hubieran fusionado en una única razón de ser como un láser los diez años de práctica y entrenamiento.

Por último, me rondaba otro pensamiento, una idea peregrina en la periferia de mi mente, la noción de que aunque nos limitábamos a hacer lo que fuera necesario por nosotros mismos, seguro que hubiera sido bienvenida algo de ayuda extra. Más que ninguna otra cosa, me parecía que lo que de verdad necesitábamos en ese momento era la ayuda de los pilotos de helicóptero de Jalalabad, los mismos tipos a los que solo un par de semanas antes habíamos estado planeando enviar una gran remesa de mierda de elefante.

Supongo que se debe a uno de esos poéticos giros del destino el que, como estábamos a punto de descubrir, se encontraran haciendo todo lo posible para llegar hasta nosotros. Y, por Dios, que casi estaban ya allí.

La primera llamada de emergencia procedente de Keating había llegado al puesto de mando de la Task Force Pale Horse de la 101.ª División Aerotransportada con base en el aeródromo de Jalalabad a las 6.20 de la mañana, cuando un grupo de pilotos de Apache del coronel Jimmy Blackwell se sentaban a desayunar en el comedor. Acababan de finalizar su sesión informativa previa al vuelo de la mañana y Ross Lewallen tenía en la mano una cucharada de *biscuits and gravy** cuando llegó la señal de alarma por una radio portátil que llevaba consigo. A continuación todos vaciaron sus bandejas y se dirigieron a la puerta.

Se trataba de cuatro hombres, y lo más inusual era que todos eran pilotos veteranos con experiencia de duros combates en su haber. Lewallen era un hombre de barba pelirroja que combinaba la jovialidad de cuando estaba fuera de servicio con una sangre fría imperturbable en combate. Actualmente estaba en su tercer despliegue, después de llegar a la 101.ª División justo antes de que Pale Horse fuera desplegada en Afganistán, donde desempeñaba el cargo de artillero jefe de la fuerza operativa. Junto con su copiloto, Chad Bardwell, Lewallen había participado en casi todos los principales enfrentamientos aéreos que se habían librado desde que llegaron a Afganistán. Y con todo lo impresionante que esto pudiera parecer, Randy Huff y Chris Wright, los dos hombres del otro equipo, habían estado en realidad en *todos* esos enfrentamientos.

En circunstancias normales nunca contarías en el mismo turno con un cuarteto de pilotos de los más veteranos y experimentados. Pero todos acababan de regresar de Estados Unidos (al ser a finales de verano cuando los hombres de más edad de la fuerza operativa con familia preferían tomarse su mes de permiso), y habían decidido darles un respiro a sus colegas más jóvenes, que habían estado trabajando sin descanso en su ausencia.

Esa mañana las condiciones meteorológicas en los cielos sobre Keating parecían perfectas. Pero en Jalalabad emergía un panorama muy diferente en

---

* Desayuno muy popular en la cocina del sur de Estados Unidos. Consiste en unos panecillos de masa blanda servidos con una salsa especial a base de pequeños trozos de carne de cerdo.

las pantallas de radar situadas en el interior del puesto de mando, donde Balckmon y su equipo podían ver cómo llegaban múltiples frentes desde el oeste que dejarían tormentas, rayos y un denso techo de nubes a baja cota en las montañas circundantes durante las ocho horas siguientes; primero alrededor de Jalalabad, luego en Lowell y Bostick y, finalmente, sobre el propio Keating.

El vuelo estaba formado por dos AH-64 Apache. En un Apache el piloto de graduación superior se sitúa en el asiento trasero y su cometido es pilotar el aparato, mientras que su compañero de menor graduación, sentado en el asiento delantero, es responsable de las armas y las comunicaciones. (Esta es generalmente la disposición, aunque estos roles se pueden intercambiar, y a menudo lo hacen.) Lewallen pilotaría el primer aparato con Bardwell en el asiento delantero; Huff volaría el segundo con Wright al manejo de las armas y la radio.

El plan consistía en dirigirse primero a Bostick, repostar, y volar desde allí hasta Keating. Pero desde que los helicópteros despegaron y comenzaron a avanzar por el valle de Kunar, las noticias que iban llegando por radio sobre lo que sucedía en Keating dejaban a las claras que la situación se estaba deteriorando rápidamente.

—Se ha roto el perímetro —radió el coronel Brown a Wright desde el puesto de mando de Bostick unos diez minutos más tarde—. Ya han efectuado sus fuegos de protección final.[*] Existe la posibilidad de que veáis a combatientes enemigos mezclados con nuestros muchachos en el interior del puesto avanzado.

Con estas noticias, los pilotos decidieron sobre la marcha que rebasarían Bostick y se dirigirían directamente a Keating, atajando camino por una serie de altas crestas situadas al sureste que los llevaría a la parte trasera del puesto avanzado. El no poder repostar implicaba que tendrían menos tiempo de vuelo sobre Keating una vez que llegaran. Así que si pilotaban sus aparatos lo más rápido posible, este atajo les permitiría acortar varios minutos de vuelo y llegar allí antes. Como ventaja añadida, al estar esta ruta de aproximación fuera de los pasillos de vuelo habituales, se podría evitar el sistema de alerta temprana talibán (que consistía en observadores con teléfonos móviles situados en el fondo del valle) y quizá sorprender a los asaltantes antes de que supieran quién los estaba atacando.

---

[*] Denominación de una maniobra táctica consistente en un plan prediseñado y activado por los observadores avanzados cuyo objetivo es trazar una cortina de fuego de último recurso que impida a los atacantes entrar en el interior de una posición defendida. *(N. del t.)*

A las 7.06 de la mañana, Wright contactó con Brown para recibir una actualización de la situación y este le comunicó que los talibanes se encontraban en el interior del campamento.

—Todo el que esté en el exterior de la alambrada es hostil —dijo Brown—. Tienes autorización para disparar.

Durante el vuelo, Bardwell, que se encargaba de comunicarse con las fuerzas norteamericanas en tierra, hizo repetidas llamadas de radio a Keating sin conseguir respuesta. Pese a ser muy frustrante, no fue nada comparado con la sensación que experimentó cuando los Apache sortearon la última cresta a las 7.10 de la mañana y contemplaron allá abajo el puesto avanzado en toda su extensión.

—Vaya, ¡mierda! —dijo Bardwell—. Está ardiendo.

El fondo del valle estaba oscurecido por un denso humo negro y el propio puesto estaba en llamas. Desde el aire se veían tan grandes que parecía como si estuviera ardiendo en su totalidad.

Mientras los Apache lo sobrevolaban en círculos, Bardwell continuó intentando contactar por radio a intervalos de cinco segundos preguntándose si cabía la posibilidad de que Keating hubiera caído ya y no hubiera sobrevivido ningún defensor. Tanto él como Lewallen tuvieron el mal presentimiento de haber llegado quizá demasiado tarde.

Unos noventa segundos más tarde, un intervalo que según afirmaría Bardwell con posterioridad había sido el minuto (y medio) más largo de su vida, obtuvo por fin respuesta de Bundermann, que acababa de concluir su reunión con Hill y conmigo sobre cómo recuperar el punto de aprovisionamiento de munición y el edificio Shura.

—Armas pesadas inactivas —declaró Bundermann, haciendo saber a los pilotos que la artillería de Keating seguía sin estar operativa—. Cualquiera que esté fuera de la alambrada es hostil. Solo nos quedan unos dos o tres edificios. Tenemos al enemigo en el interior de la alambrada. Necesitamos que os ocupéis de los que están fuera del perímetro, nosotros eliminaremos a todos los que estén en el interior.

En el sonido de fondo, bajo la voz de Bundermann, Bardwell podía oír el estruendo de un fuego continuo. Quedó impresionado por la calma con la que hablaba Bundermann.

—Necesitamos saber en qué edificio te encuentras —replicó Bardwell.

—¿Puedes ver la puerta de entrada principal desde donde estás? —preguntó Bundermann.

En ese momento el humo de los incendios era tan denso que lo ocultaba prácticamente todo.

—Negativo —replicó Bardwell, que miraba a través de una pantalla conectada al sensor de adquisición de blancos montado en el morro de su Apache. Este dispositivo consistía en esencia en un canal de vídeo en blanco y negro llamado «Day TV» que los pilotos utilizaban para buscar sus blancos en tierra. (De noche el sistema se puede cambiar a detección por rayos infrarrojos.)

—Oye, no podemos disparar en el interior del puesto avanzado de combate —gritó Lewallen entrando en el mismo canal—. No tenemos suficiente visión y no sé dónde se encuentran.

Tan pronto como acabó Lewallen de hablar vio Bardwell señales de movimiento en su canal de vídeo Day TV por la parte oriental del puesto avanzado, justo detrás de los barracones del Ejército Nacional Afgano en el extremo del campamento.

Una línea de más de treinta combatientes bajaban por el camino que descendía del Trampolín. Iban vestidos con los ropajes típicos y fuertemente armados con RPG, AK-47 y ametralladoras PKM. Estaba claro que todo el contingente se dirigía hacia la brecha de la alambrada por donde los soldados del ENA habían abandonado sus posiciones, dejando ese sector del campamento inerme frente a un ataque.

Cuando los Apache descendieron un poco más la mayor parte de los insurgentes se detuvo en seco. A continuación, viéndose sorprendidos, el grueso del grupo comenzó a correr hacia el puesto avanzado mientras que un puñado de ellos se dio la vuelta y huyó en la dirección por la que había venido.

—Oye, tengo a la vista un elemento del tamaño de un pelotón completo dirigiéndose a tu ubicación —dijo Bardwell algo estupefacto por la cantidad de afganos que podía ver allá abajo. Nunca había visto a tantos insurgentes de una sola vez en su pantalla. De hecho, en el transcurso de sus tres despliegues nunca llegaría a ver una fuerza de tal entidad atacando una única posición estática. Por lo general esta no era la manera en que los talibanes solían atacar un complejo, y quería estar completamente seguro de que estos hombres no eran aliados afganos tratando de ayudar en la defensa de Keating.

—¿Tienes contigo elementos del ENA ahí fuera? —preguntó Bardwell.

—No —replicó Bundermann—. Todo el que esté fuera de la alambrada es hostil. Abrid fuego sobre ellos.

El cañón de 30 milímetros de un Apache se maneja con dos palancas: una que opera el gatillo de un láser y otra conectada al cañón de cadena[*] M230, montado justo debajo del morro del aparato y movido por actuadores hidráulicos. Se trata de una máquina aterradora, capaz de disparar a una cadencia de 625 disparos por minuto. Los proyectiles, que son casi del tamaño del antebrazo de un hombre y tienen el doble de grosor que un dedo pulgar, estallan con el impacto, sembrando la muerte en un radio de más de tres metros. Una simple ráfaga de diez proyectiles de este cañón puede cercenar árboles. Los seres humanos no tienen ninguna posibilidad. Hace trizas la carne. Secciona las extremidades. Los torsos, cabezas y trozos inidentificables vuelan por los aires y caen a gran distancia de donde fueron alcanzados.

En ese momento los dos helicópteros volaban en círculos sobre el puesto avanzado en sentido inverso a las agujas del reloj, y separados por una distancia lateral de unos dos mil setecientos cincuenta metros. Lewallen y Bardwell apenas volaban a trescientos sesenta y cinco metros del suelo, mientras que Huff y Wright se encontraban a unos ciento cincuenta metros por encima de ellos en la vertical.

En condiciones normales Bardwell y Wright hubieran tenido un rápido intercambio de palabras sobre como coordinar sus respectivos sectores de fuego, algo así como *Chad, empiezas por el lado sur, yo comienzo por el norte, y nos encontramos en el medio*. Sin embargo, en ese momento había tantos enemigos y estaban tan cerca de la alambrada que ambos artilleros tuvieron el mismo pensamiento: aniquilarlos lo más rápidamente posible, comenzando por la cota más baja con los combatientes que estuvieran más cerca del perímetro e ir subiendo metódicamente por la ladera de la montaña para eliminar al resto. Así que Bardwell y Wright agarraron las palancas de sus cañones de 30 milímetros y dispararon una serie de ráfagas directamente sobre los insurgentes.

Desde sus aparatos, ninguno de los artilleros lograba discernir lo que estaba sucediendo, aparte de ver cómo surgían por doquier nubecillas de polvo del tamaño de un puño. Pero podían oír y sentir el poder de los cañones de cadena, que estaban montados exactamente debajo de ellos y que hacían vibrar sus asientos.

[*] El cañón de cadena es un arma pesada automática que para su funcionamiento emplea una fuente de energía externa distinta a la generada por el proyectil que dispara. Recibe este nombre porque el mecanismo del arma es accionado mediante una cadena de transmisión como las utilizadas en los motores de explosión. *(N. del t.)*

Unos quinientos cincuenta metros más abajo el efecto fue brutal y extremadamente violento. Hombres que momentos antes habían mostrado cohesión y resolución quedaron reducidos a trozos de carne y jirones de ropa.

No había quedado ningún hombre de pie.

Cada helicóptero llevaba trescientos proyectiles, y después de haber accionado el gatillo media docena de veces ni siquiera estaban cerca de «irse a Winchester»,[*] lo que significaría que se habían quedado sin munición. Además, cada aparato tenía varios cohetes de 70 milímetros cargados de *flechettes*,[†] y misiles Hellfire.[‡] Así que los pilotos continuaron efectuando sus órbitas y rastreando la cresta de la estribación que se prolongaba desde Fritsche a Keating en busca de fogonazos y balas trazadoras.

Divisando entre cuarenta y cincuenta ubicaciones distintas, con dos o tres combatientes enemigos en cada una, se pusieron manos a la obra, seleccionando tantas bolsas de insurgentes como les fue posible antes de quedarse sin combustible y tener que regresar a Bostick. Pero ya habían efectuado el que quizá fuera el ataque más efectivo de todo el día. Si esos cuatro pilotos hubieran llegado cinco minutos más tarde, la segunda oleada de combatientes que se disponía a asaltar el lado oriental del campamento hubiera acabado arrollándonos con total seguridad, y no hubiera habido supervivientes.

Gracias a su habilidad para volar a baja altura y a su capacidad para dar una gran paliza en el momento necesario, los Apache ofrecen, más que ninguna otra aeronave, un nivel de apoyo sin igual. Esta sería la primera ocasión, de varias ese día, en que nos salvaron el pellejo. Pero a pesar de todas esas ventajas maravillosas, los helicópteros no podían deshacerse de los combatientes que se hallaban ya en el interior de nuestro perímetro. Esa tarea debía ser abordada por los hombres que pisaban el terreno y que estaban dispuestos a iniciar un combate cara a cara, centímetro a centímetro y disparo a disparo por este disputado trozo de terreno.

En ese sentido seguíamos en gran parte a nuestra suerte.

---

[*] Frase hecha. Winchester es un fabricante de armas y munición. *(N. del t.)*

[†] Se trata de pequeños proyectiles metálicos en forma de dardo que al caer alcanzan grandes velocidades subsónicas e impactan con la fuerza de una bala. *(N. del t.)*

[‡] Misiles aire-tierra contracarro guiados por láser o radar. *(N. del t.)*

Para entonces muchos de los miembros del Pelotón Rojo que no estaban luchando activamente en el perímetro, o muertos, se habían atrincherado en nuestro barracón, donde se les unieron algunos muchachos del Pelotón Azul y de la Sección de Mando, además de un puñado de soldados afganos extremadamente confusos y asustados. Se trataba de una electrizante mezcla que incluía a algunos de nuestros soldados más jóvenes y traumatizados, como Justin Gregory y Nicholas Davidson, con algunos hombres experimentados como Kenny Daise y Jim Stanley, el *staff sergeant* del Pelotón Rojo que había entrado en el relevo de guardia justo antes de que comenzara el ataque. Había algunos tipos duros y agresivos como Jones y Raz, y otros como Kyle Knight, que se encontraban más cerca del lado tímido del espectro. Por último, había también algunos muchachos como Matthew Miller —un sargento de la Sección de Mando llegado a Keating hacía menos de cuarenta y ocho horas— que sencillamente se preguntaban cómo coño se habían metido en ese lío.

En el transcurso de los últimos diez o quince minutos habían ido entrando estos hombres por la puerta procedentes de todas direcciones, impulsados por el conocimiento de que nuestras defensas habían sido penetradas y de que nuestro perímetro no podía seguir resistiendo. Algunos estaban realmente asustados, afligidos por el miedo o temblando, al borde del pánico total. Todos ellos sabían que, lejos de mejorar, las cosas estaban empeorando. Y si les hubieras preguntado en ese momento, ninguno de ellos te hubiera dicho que esperaba seguir con vida pasados los siguientes treinta minutos.

—Las cosas están muy mal ahí fuera ahora mismo —dijo Raz a Armando Avalos, uno de nuestros observadores avanzados—. Si sales fuera, estás muerto.

La mayoría de estos muchachos estaban tumbados en el suelo con una ametralladora o con sus fusiles, y cuando entré por la puerta todos levantaron la mirada al mismo tiempo.

Parte de lo que define a un líder efectivo a nivel de pelotón de infantería es saber que en situaciones difíciles las acciones son más importantes que las palabras. En ese momento no podía pedir a estos hombres que participaran en un contraataque a menos que les demostrara que yo estaba dispuesto a tomar parte y a dirigir la fiesta.

—Es el momento de recuperar el control —anuncié—. Necesito un grupo de voluntarios. ¿Quién viene conmigo?

Durante la pausa que siguió, esto es, el intervalo de silencio que transcurrió desde que los muchachos levantaron la mirada hasta que compren-

dieron lo que acababa de decir, estoy seguro de que todos y cada uno de
ellos pensaron que había perdido el juicio. A juzgar por las miradas de sus
rostros su respuesta colectiva parecía reducirse a una sola pregunta:

¿Se trata de una maldita broma?

Entonces Raz, el antiguo adicto a la metanfetamina que nunca logró
acabar el bachillerato y que había estado viviendo en los sótanos de la gente
hasta que ingresó en el ejército, se levantó con sus ciento noventa y ocho
centímetros de altura.

Medio segundo más tarde, Dannelley, Jones y Miller, el recién llegado,
hicieron otro tanto. Se les unió Mark Dulaney, un joven bajito que tenía
fama de ser rápido y ligero de pies.

—Te seguiremos a cualquier parte —declaró Raz—. ¿Qué tenemos que
hacer?

Cinco hombres. Ya tenía mi equipo.

Les expliqué brevemente el plan y adónde nos dirigíamos —el depósito
de munición, el edificio Shura y la puerta de entrada principal— y les dije
que disfrutaríamos de fuego cruzado de cobertura proporcionado por un
equipo de ametralladora de Hill.

—¿Alguna pregunta? —dije.

—Eh... solo una —dijo Jones, que no tenía ni idea de que los candados
habían sido retirados del punto de aprovisionamiento de la munición—.
¿Necesitamos una llave para entrar en el depósito de munición?

—Pregunta estúpida, Jonesie —repliqué dirigiéndole la mirada de *si
esperas una respuesta no me hagas una pregunta tonta*, mirada que tengo reservada para mis muchachos más inexpertos.

No hubo más preguntas, así que nos pusimos con los preparativos.

Para entonces nos habíamos quedado sin munición para las ametralladoras pesadas, así que la mayoría de nosotros dependíamos de nuestras armas individuales. Le pasé el Dragunov a Hill cuando estuve en el interior
del puesto de mando, y ahora tenía un M4, que era lo que tenían Jones,
Dannelley, Millar y Raz —aunque este disponía también de un lanzagranadas M203 incorporado a su fusil.

El único que tenía algo más pesado era Dulaney, que portaba un arma
automática de pelotón, cuya ventaja principal era su sorprendente cadencia
de fuego. (Toca el gatillo y una SAW disparará tal torrente de balas que
parece que hubieras abierto la válvula de una tubería principal.)

Cinco M4 y una SAW sería una configuración estándar para un equipo de fuego de seis hombres. Pero para este trabajo resultaba demasiado li-

gera. De haber podido, cada hombre del pelotón hubiera llevado una ametralladora. Al no ser posible, quería al menos un arma pesada más. Y en ese momento el otro hombre que tenía una SAW en el interior del barracón era Gregory, que se sentaba cerca de la puerta oeste.

—Oye Greg, necesitamos a un ametrallador de asalto —dijo Raz, que me leyó el pensamiento—. ¿Te apuntas?

—¿Sinceramente? No —replicó Gregory, que parecía estar en un estado de *shock* como consecuencia de la dura experiencia que había vivido—. No sé si podría hacerlo.

Entonces Jones se dirigió a Gregory.

—Eh amigo, no te preocupes en absoluto —dijo suavemente—. Cámbiamela y todos contentos, sin problema, ¿vale?

Así que Gregory y Jones se intercambiaron las armas.

—Una última cosa, muchachos —dije señalando a la puerta oeste, por donde haríamos la salida—. No hay amigos al otro lado. Aun en el caso de que vistan uniformes norteamericanos no vaciléis en disparar primero. Cualquiera que veáis en frente de vosotros es hostil. ¿Entendido?

Obtuve cinco asentimientos en respuesta.

—Muy bien, vamos entonces.

Cuando me dirigía a la puerta había una cosa que no había dicho, una parte de esta misión que no me había molestado en mencionar en la sesión informativa anterior.

Íbamos a lanzar un contraataque por una serie de razones. Para recuperar nuestro depósito de municiones. Para sellar nuestra puerta de entrada principal. Para expulsar a los talibanes hasta el otro lado de la alambrada. Para recuperar nuestra casa, y para tomarnos un violento desquite en los hombres que habían matado a nuestros camaradas. Pero también había otro objetivo, uno que, de alguna forma, trascendía sobre todo lo demás.

Era de dominio público que los talibanes valoraban muchísimo los cuerpos de los norteamericanos, que recogían de los campos de batalla y filmaban, colgando luego los vídeos en internet. Si esto sucedía con Larson o con cualquier otro miembro de mi equipo, los que sobreviviéramos pasaríamos el resto de nuestras vidas tratando de quitarnos esas imágenes de YouTube de nuestras cabezas.

Por todas estas razones, teníamos que recuperar también a nuestros muertos, aun en el caso de que su recuperación entrañara la pérdida de más hombres, incluyéndome a mí. En vista de lo que representábamos y en lo que creíamos, no teníamos otra opción.

Parte IV

Recuperando el control

15

Al asalto

Debía ser poco antes de las 8.00 de la mañana cuando nos reunimos en el extremo este del barracón del Pelotón Rojo, justo detrás de la puerta que daba al puesto de mando, y nos preparamos para lanzar nuestro contraataque. Llevábamos casi dos horas de combate y media docena de los nuestros estaban muertos y otros seis desaparecidos.

En esos momentos toda la parte oriental del puesto avanzado ardía furiosamente, produciendo densas columnas de humo negro que nos ayudarían a ocultarnos mientras cubríamos el trayecto. Según mi plan debíamos avanzar en un grupo compacto, poniendo el acento en la velocidad más que en la precisión de nuestro fuego. El orden de los hombres, el lugar de cada uno y el arma que llevaba en el seno de la formación eran menos importantes que la imperiosa necesidad de reducir distancias con el enemigo y embestirlo hasta expulsarlo de la pared del depósito de municiones.

El único matiz a esta estrategia era asegurarme de que Raz fuera la primera persona en salir por la puerta. La razón por la que lo quería en cabeza, y él lo sabía, era que si nos veíamos sometidos a un diluvio de fuego su masiva corpulencia nos serviría de escudo y, con suerte, permitiría que los hombres de atrás continuasen con vida el tiempo suficiente como para completar esta fase del asalto.

Allá vamos, al lío, pensó Jones antes de que saliéramos corriendo. *A ver qué pasa...*

De haberse tratado de un ejercicio de entrenamiento de combate hubiéramos ido en equipos o efectuando una maniobra llamada de «fuego continuo de cobertura», que consiste en disparar y correr al mismo tiempo. Pero como no se trataba de un ejercicio, y además teníamos que avanzar sin fuego de cobertura, no nos quedaba otra opción que cargar en masa, que era la maniobra más tosca y menos táctica que uno pudiera imaginar. Hasta tal punto que incluso teníamos una estrategia: en teoría, si encontrábamos resistencia Raz encajaría la mayor parte de los disparos y, mientras moría, el resto de nosotros lanzaríamos su cuerpo contra quienesquiera que estuvieran disparando, matándolos luego con nuestros fusiles. Desde este punto de vista, lejos de ser una maniobra militar, lo que estábamos haciendo se asemejaba más a un partido de fútbol al estilo gánster.

En cierto modo también era alucinante.

Al instante comenzamos a recibir un intenso fuego desde el Zigzag y el Trampolín. Pero el humo, junto con nuestra velocidad, hacía muy difícil que los tiradores pudieran hacer puntería sobre nosotros mientras cargábamos a través del área despejada en dirección a la línea de hescos que dividía el campamento en dos por la esquina del depósito de municiones. Cuando llegamos al muro de hescos hicimos un brusco giro a la derecha y seguimos por el muro hacia el norte hasta que llegamos a la esquina más alejada, donde nos detuvimos en seco.

Al final de los hescos estaba la tienda Haji, la pequeña estancia de un metro y medio por dos metros y medio que hacía las veces de vivienda de John Deere, el jefe de los guardias de seguridad afganos de Keating, y de tienda, donde vendía cigarrillos, tabaco de mascar, DVD pirateados y otros artículos. Cuando llegamos a la esquina miré a mi alrededor y vi que la puerta de madera contrachapada de la tienda estaba cerrada.

Eso no pintaba bien.

Si había alguien en la habitación podría dispararnos por la espalda a los seis mientras asegurábamos nuestras posiciones. Esta amenaza debía ser neutralizada.

La mejor herramienta para ese trabajo, de lejos, era la granada de mano. Por desgracia, ya las habíamos utilizado todas, y la única manera de conseguir más era llegando al depósito de munición. Así que la tienda Haji debía ser neutralizada a punta de cañón, una tarea que recayó en mí y en Dulaney.

Aunque no podía ver el interior, estaba familiarizado con su disposición interna. Sabía que el techo era bajo y de madera contrachapada, y que las paredes estaban cubiertas con mantas. También sabía que la cama de John estaba en el lado derecho de la estancia, y que la mayor parte de sus mercaderías se hallaban en una serie de estanterías a la izquierda junto con su televisión, que estaba en la esquina. Por último, sabía que había un cuchitril justo detrás de la cama con un sofá en su interior. Ese cuchitril era mi mayor preocupación. Mientras Dannelley y yo nos apostábamos a cada lado de la puerta le conté mi plan.

—Mira, no quiero sofisticaciones tipo par controlado* ni cosas de esas —le dije—. Raz se va a encargar de la puerta, luego tú y yo vamos a *acribillar* y *despejar*. Ambos comenzaremos por el centro. Haz ráfagas de tres disparos con tu M4 y ve barriendo hacia tu derecha mientras yo voy hacia la izquierda. Quienquiera que esté en el interior morirá. ¿Entendido?

Dannelley asintió.

Entonces Raz le pegó una patada a la puerta y Dannelley y yo entramos y nos agachamos a la altura de la cintura, arrodillados hombro con hombro.

Yo me encargué del centro hacia la izquierda y él del centro a la derecha. Abrimos fuego y destrozamos la habitación, rompiéndolo todo, incluida la televisión.

No había nadie en su interior.

—¡Despejado! —gritó Dannelley.

La primera parte de nuestro asalto estaba en el bote.

Antes de comenzar la fase dos teníamos que apostar a un equipo de seguridad, emplazando a nuestros dos ametralladores en posiciones que les permitieran cubrir tantos sectores de fuego como les fuera posible.

De inmediato aposté a Dulaney en la esquina de los hescos que formaban el muro oeste de la tienda Haji. Con una rodilla en tierra y valiéndose de la esquina del muro para emplazar su SAW, podía disparar ladera arriba en dirección al taller mecánico, al remolque de la lavandería, al área de la Cascada, a parte del Zigzag y, hacia su derecha a cierta distancia, a una porción de la trinchera que llevaba a la puerta este del edificio Shura. Esto le permitía disparar sobre cualquiera que tratara de moverse por el área despejada de la parte occidental del campamento.

Justo detrás de Dulaney, a menos de tres metros de distancia, había una ventana de dos metros y medio por dos metros y medio en el muro de hescos que formaba el perímetro norte del puesto avanzado. Esta abertura, que ofrecía suficiente espacio para un ametrallador y su servidor, y que habitualmente estaba guarnecida por los guardias de seguridad afganos, era

---

* El par controlado es una técnica que consiste en hacer dos disparos en rápida sucesión desde un mismo lugar sobre un mismo objetivo. *(N. del t.)*

conocida como la «posición de combate Norte». Dominaba una extensión
que incluía nuestra zona de aterrizaje para helicópteros, el desvencijado
puente peatonal que llevaba a la otra orilla a los pies de la Cara Norte, parte
del puesto de control de los guardias de seguridad afganos, y un buen tramo
del camino que llevaba a Urmul, junto con la ladera norte del Campo de
Minigolf. Ahí es donde ordené colocarse a Jones.

Jones y Dulaney quedaron situados espalda contra espalda y orien-
tados a direcciones contrarias de manera que la combinación de sus sectores de fuego cubrían tanto el norte como el sur. Cuando estuvieron
apostados y preparados para abrir fuego ambos lo confirmaron: «¡En posición!». Esa era la señal para que el resto de los muchachos y yo nos dirigiéramos a asegurar el depósito de munición, que estaba a solo tres metros de
distancia.

Las puertas del depósito de munición se hallaban parcialmente abiertas, y una de ellas todavía tenía el candado colgando de la anilla rota. Miller
agarró la puerta más cercana y la abrió de par en par, permitiendo así que yo
entrara en su interior con el fusil en posición y me asegurara de que no había nadie en su interior.

—¡Despejado! —dije.

Tiempo para recargar.

Comenzamos cogiendo una caja de granadas de fragmentación y po-
niéndola junto a Jones. Luego empezamos a apoderarnos de todo lo que
pensábamos que pudiéramos necesitar para efectuar nuestro siguiente movimiento con más garantías. Eso incluía cintas de munición de M240,
Mark 48 y SAW, además de balas sueltas para los fusiles de asalto, granadas para los lanzagranadas M203, granadas encintadas para el Mark 19 y
un puñado de minas Claymore, además de una serie de elementos, como
un par de AT4 que cogió Raz con ansias y que serían de gran utilidad poco
después.

Mientras juntábamos todo lo recogido apareció de repente una serie de
hombres de los tres pelotones —cortesía de Bundermann, que había ordenado que todo el mundo saliera de inmediato de los barracones—, y comenzamos a sacar cartuchos y otras clases de munición en gran cantidad.

—Aquí tienes dos mil cartuchos del 7,62 para la ametralladora Mark 48...

—Aquí llevas una caja de cintas de balas del 5,56 para la SAW...

—Esto es una caja de munición para el Mark 19. ¡Llévasela a Koppes
ahora mismo!

Los hombres desaparecieron en mitad del fuego enemigo a hacer sus entregas y luego vinieron rápidamente a por más. En su viaje de regreso, uno de los muchachos se trajo una ametralladora M240B que entregamos de inmediato a Jones a cambio de su SAW.

En cuestión de pocos minutos comenzamos a sentirnos bastante firmes. Teníamos una ametralladora ligera de alcance medio y una ametralladora pesada de gran alcance. Teníamos tanta munición como pudiéramos desear, junto con algunos elementos que podrían causar serios estragos. Todo lo que necesitábamos entonces era que Hill terminara de emplazar su equipo ametrallador en el comedor y estaríamos preparados para nuestro siguiente movimiento.

De repente, oímos una ráfaga seguida de un grito de advertencia:

—¡Enemigos! ¡Tenemos enemigos! —gritó Dulaney mientras abría fuego con la SAW.

Tres talibanes con AK-47 corrían procedentes de la zona de la puerta de entrada principal en dirección al taller mecánico, un área batida invisible para nosotros pero en la que deberían haber sido eliminados por el equipo ametrallador de Hill.

Corrían todo lo que podían mientras Dulaney los perseguía con las balas trazadoras de su arma. Al tiempo que estos tres hombres desaparecían tras el edificio, que no era más que un garaje grande de madera contrachapada, otros cuatro insurgentes se levantaron de detrás del remolque de la lavandería y de las letrinas, otra zona que debería haber estado cubierta por el equipo de Hill. Estaba claro que ellos también trataban de establecer su propio fuego de cobertura para que sus camaradas pudieran atacarnos directamente.

Dirigí mi mirada de nuevo al taller mecánico, donde ahora podía ver a dos de los tres insurgentes asomando las cabezas por la esquina. Justo entonces apareció Lakis, el sargento letón, para ver si había algo que pudiera hacer y echarnos una mano. Una vez más, traía su lanzagranadas.

—Lakis, solo es madera contrachapada —grité— ¡Dales con tu M203!

Sin dudarlo lanzó la primera de una serie de granadas contra el taller mecánico. No se molestó en apuntar, prefiriendo empezar a hacer agujeros en las paredes. A medida que las granadas iban penetrando en las planchas baratas de contrachapado podíamos oír las explosiones en su interior.

¡Psssst... bumba!

¡Psssst... bumba!

¡Psssst... bumba!

¡Psssst... bumba!

Mientras Lakis colocaba una granada detrás de otra, Dulaney comenzó a trazar una línea desigual con su SAW a una altura aproximada de un metro a todo lo largo del edificio.

El fuego combinado fue tan mortífero que los insurgentes del otro lado de la estructura se abalanzaron hacia el interior de una camioneta aparcada detrás del edificio, aunque no les sirvió de mucho. Pese a que ni Lakis ni Dulaney podían ver la camioneta, los disparos que estaban efectuando atravesaron el taller mecánico e hicieron pedazos el vehículo. Más tarde descubriríamos que el interior y los laterales de la camioneta presentaban densas manchas de sangre.

Todo esto debería haber supuesto una satisfacción, pero me quedé estupefacto de que el enemigo pudiera moverse con tanta facilidad por los sectores del campamento que eran invisibles para nosotros. El fuego cruzado que debería haberlos hecho trizas no se había materializado.

¿Dónde coño estaba el equipo de Hill?

Como supimos después, en vez de emplazar su ametralladora en el comedor para cubrir nuestra maniobra de asalto, Hill había estado centrando casi toda su atención en asegurar la parte oriental del puesto avanzado.

En cierto modo, eso tenía sentido. El complejo del Ejército Nacional Afgano era entonces un infierno, y si ese incendio no era puesto bajo control existía la amenaza de que pudiera extenderse hasta nuestro último perímetro defensivo y engullir los últimos edificios de la posición Álamo. A Hill le preocupaba también que los combatientes talibanes pudieran estar penetrando por ese lado del campamento valiéndose del humo y las llamas como cobertura. Por último, temía que el depósito de munición del ejército afgano, que estaba adosado a dos de nuestros barracones, se prendiera y estallara.

Para hacer frente a todo esto, Hill envió al sargento Eric Harder y a un puñado de solados del Pelotón Azul hacia la parte oriental del campamento con órdenes de apagar las llamas y disparar contra cualquier combatiente talibán que pudieran ver. Por desgracia, ese plan había comenzado a materializarse cuando Harder y su equipo abrieron la puerta del primer edificio que tenían que despejar —el barracón de la Sección de Mando— y se encontraron con densas nubes de humo que indicaban que la estructura estaba ya incendiada.

No encontrando a nadie en su interior marcharon a través de un estrecho corredor hacia el noreste, donde se apostaron y comenzaron a disparar contra siluetas en el interior de los barracones afganos, a las que presumían combatientes enemigos. Cuando las llamas se hicieron demasiado intensas se precipitaron al edificio contiguo, donde recogieron febrilmente cualquier material al que pudieron echarle mano —balas, radios, equipo de primeros auxilios— y comenzaron a llevarlos al centro del campamento.

Esto podría haber sido una buena estrategia si mis muchachos y yo no estuviéramos tratando de lanzar un contraataque en la dirección opuesta de cuyo éxito o fracaso dependía el que pudiéramos recuperar Keating o ser aniquilados. En esas circunstancias, apagar llamas y evitar que cosas de valor se consumieran en ellas tenía una importancia secundaria, un hecho que Harder comprendía totalmente aunque su jefe no lo hiciera.

—Oye, déjame emplazar esa ametralladora para cubrir a Ro y a su equipo —radiaba entonces Harder a Hill—. ¡Tenemos que ir a tomar posiciones en el comedor!

Cada petición tropezaba con la misma respuesta de Hill: «No, debes quedarte donde estás».

Harder estaba claramente frustrado. Sabía que necesitábamos desesperadamente fuego de apoyo de ametralladora para completar la siguiente fase de nuestro asalto. Sin una cobertura de fuego efectiva ejecutada desde el comedor, mi propio equipo se encontraría peligrosamente expuesto cuando lleváramos a cabo el siguiente avance hacia el edificio Shura. Poner esa arma en posición era absolutamente crucial, y desde el punto de vista de Harder la falta de comunicación entre él y Hill nos había puesto en peligro a mi pelotón y a mí mismo.

Como para confirmar la apreciación de Harder, un grupo de atacantes talibanes que estaban en la parte exterior del perímetro norte habían dejado ya atrás el puesto de control de la Guardia de Seguridad Afgana y corrían hacia la puerta de entrada principal con la clara intención de llevar a cabo una maniobra de flanqueo que neutralizaría cualquier intento que hiciéramos de recuperar el edificio Shura.

Sin embargo, por desgracia para esos enemigos, Jones había descubierto su maniobra y sabía exactamente lo que estaban tratando de hacer.

Por entonces Jones tenía su ametralladora lista en el interior de la ventana que sobresalía de la posición de combate Norte. Mirando a lo largo del cañón de su Mark M240B dominaba toda la Cara Norte, la zona de aterrizaje de helicópteros en la confluencia de los ríos Landay-Sin y Darreh-ye

Kushtāz, y el puesto de la Policía Nacional Afgana. No podía ver la puerta de entrada principal o la aldea de Urmul, ambas quedaban ocultas por el edificio Shura. Pero se encontraba en una posición soberbia para observar el terreno despejado que tendrían que cubrir los combatientes enemigos si querían enviar refuerzos por la puerta principal. Así que cuando se dio cuenta de que un grupo de insurgentes estaba parcialmente oculto en una serie de puntos dispersos de su sector de fuego, comenzó a disparar con todas las de la ley.

En la base del Campo de Minigolf, apenas a doscientos metros de distancia, había una gran roca con forma de huevo, detrás de la cual trataban de esconderse cinco combatientes enemigos. Cuando se dieron cuenta de que Jones los tenía en el punto de mira se descubrieron y trataron de correr hacia un montículo cubierto de pequeños trozos de pizarra con la intención de refugiarse en el interior de Urmul.

Sin mostrar ninguna piedad, Jones encañonó a esos hombres haciendo un fuego preciso de ráfagas de cinco proyectiles a cada uno antes de pasar al siguiente, abatiéndolos al momento. Fue una escena impresionante y devastadora, aunque el espectáculo llevaría a la creación de un problema inesperado.

Mientras Jones se apostaba en la ventana del muro de hescos, yo le había ordenado a Dannelley que se pusiera junto a Jones, a su derecha, y le ayudara como sirviente de ametralladora, lo que significaba que debía alimentar la M240 con cintas de munición y evitar que se encasquillara. Y lo que era aún más importante, Dannelley debía compensar un peligroso punto ciego que tenía Jones.

Gracias a la altura y al grosor de la barrera de hescos en la que estaba emplazada su ametralladora, Jones solo podía ver el extremo más alejado del camino que había justo debajo de él. El tramo cercano de ese camino, que discurría por la parte exterior de Keating, era invisible para Jones. Gracias a este espacio muerto, cualesquiera combatientes enemigos que se deslizasen por el lateral de la línea de hescos podían acercarse sigilosamente hasta justo debajo de la ventana donde se había apostado Jones y matarlo. Así que la tarea principal de Dannelley era evitar que eso sucediera, mirando por encima del borde y vigilando esa zona muerta.

Por desgracia, Dannelley olvidó rápidamente esta parte del trabajo, porque era mucho más excitante ver cómo disparaba Jones y animarlo.

—¡Oh, sí, amigo, cárgate a esos cabrones! —exclamó cuando Jones comenzó a eliminar insurgentes—. De puta madre, ¡dales fuerte!

Jones, que estaba concentrado en disparar, no era consciente de que su servidor no estaba mostrando ninguna atención a la zona muerta que había justo debajo de él. *Genial —Dannelley y yo estamos haciendo un buen negocio ahora mismo*, pensó para sí mientras eliminaba al último combatiente, buscaba otro blanco y descubría a otro grupo de talibanes que trataba de abrirse camino hacia la puerta principal.

Este magnífico ambiente de camaradería se quebró bruscamente cuando Dannelley comenzó a decir súbitamente a voces: «¡Eh, vosotros, parad! ¡Paraos ahí!».

¿De qué coño está hablando?, se preguntó Jones mientras apretaba el gatillo y comenzaba a abatir a los hombres que venían en la distancia.

Jones no era el único desconcertado por el hecho de que Dannelley hubiera comenzado a hablar de repente en mitad de un tiroteo como un guardia de seguridad en el aparcamiento de un Costco.[*] Justo en el borde de los hescos, donde nos encontrábamos arrodillados junto a la puerta de la estancia de John Deere, Raz y yo nos dirigimos una mirada de total desconcierto, y entonces ambos nos precipitamos a mirar para abajo a la zona de ángulo muerto.

A menos de tres metros de distancia un combatiente talibán ataviado con uniforme de camuflaje estaba mirando directamente hacia arriba a Jones con sonrisa de lobo mientras se descolgaba su AK-47 y le apuntaba.

—¡Mátalo! ¡Mátalo! ¡Mátalo! ¡Mátalo! ¡Mátalo! —gritamos Raz y yo con toda la fuerza de nuestros pulmones mientras Jones, que ya se había dado cuenta de lo que sucedía, trató de arrastrar su ametralladora sobre el borde del parapeto y bajar el cañón lo suficiente como para disparar al hombre de abajo mientras le gritaba a Dannelley que se quitara de en medio.

Mientras tanto, Dannelley, que debería haber descubierto a este tipo mucho antes de que se hubiera puesto en posición de cargarse a Jones, y que estaba todavía en el mejor sitio para solucionar el problema, se levantó, apuntó, apretó el gatillo... y se dio cuenta, demasiado tarde, de que no había quitado el seguro a su arma.

En el medio segundo que le llevó a Dannelley quitarlo, el talibán apartó la vista de Jones y largó una rápida ráfaga. Una de las balas alcanzó a Dannelley en su brazo izquierdo, reventando su tríceps y su hombro como si fuera un tomate maduro, mientras que otra se alojó en el casco de Jones

---

[*] Cadena de grandes almacenes estadounidense. *(N. del t.)*

rompiendo la cinta de kevlar que mostraba su grupo sanguíneo y su número de identificación.

Mientras Dannelley caía al suelo gritando —«¡Me han disparado, me han disparado!» —tanto Raz como yo buscamos una granada en nuestros chalecos tácticos, la sacamos y tiramos de la anilla. Sin necesidad de decir una palabra, Raz tiró la suya por encima del muro. Yo lancé la mía un poco más hacia fuera.

Dos segundos más tarde, cuando ambas detonaron prácticamente al mismo instante, volaron por los aires jirones del uniforme de camuflaje rodeados de una nube rosácea.

—Joder, ¡¿nos ha salido así sin más?! —exclamó Raz.

Ambos nos miramos asombrados y luego comenzamos a reír.

Para entonces Jones había confirmado que no le habían volado la cabeza, pero Dannelley estaba retorciéndose de dolor y cubierto de sangre. Arrastrándome hasta ponerme a su lado abrí su bolsa de primeros auxilios y hurgué para coger un vendaje compresivo con vistas a detener la hemorragia, pero mis dedos cogieron algo rugoso.

Cuando saqué la mano apareció un paquete de galletitas de mantequilla de cacahuete.

Confirmando una vez más el hecho de que Dannelley no fuera nuestro número uno en el proceso de selección para nuestro pelotón, había prescindido de su equipo de primeros auxilios para poner galletitas que comer cuando estuviera de servicio de guardia.

Una cosa era valerse de este tipo de trucos en nuestro campamento de entrenamiento en Colorado y otra cosa muy distinta era hacerlo en una zona de combate. Cogiendo un vendaje compresivo de mi propia bolsa, lo apliqué fuertemente alrededor de su brazo sin preocuparme de lo mucho que le pudiera doler, luego lo levanté y le dirigí una profunda mirada. Por su culpa había faltado el canto de un duro para que mataran a Jones. Y lo que era casi peor, había dejado que le dispararan.

—¿Ves el puesto de primeros auxilios allí? —dije señalando al este y dándole un empujón— ¡Vamos, muévete!

Entonces, de pura indignación, le planté la bota en la espalda tan arriba como pude antes de girarme para seguir con lo que estábamos haciendo.

Pese a la incompetencia de Dannelley parecía que estábamos logrando sostenernos, al menos por el momento. Dulaney y Lakis seguían empeñados con determinación en el contrachapado del taller mecánico, mientras Jones, que había vuelto a coger su ametralladora, se concentraba en un par de insurgentes a los que había sacado de sus escondites cerca del puesto de control de la policía afgana, a una distancia de casi ciento ochenta y tres metros, que corrían ahora camino arriba hacia el norte.

Estos tipos tenían que cubrir una distancia de unos cuatrocientos cincuenta y siete metros antes de que el camino comenzara a curvarse con el río y desapareciera de la vista. Jones derribó en seco al segundo, pero el que iba primero era bastante más rápido. Estaba solo a unos pasos de escapar, corriendo a lo más que le daban los pies, cuando Raz lo encuadró en la mira de su M4.

Disparó una vez y vio la nubecilla de polvo levantada por la bala entre los pies del hombre, ajustó, y luego disparó una segunda vez, derribándolo como si fuera un saco de mierda de cabra.

Fue probablemente el mejor disparo que Raz había hecho nunca.

Mientras tanto, Jones volvía a inspeccionar con detalle el puesto de control de la policía, donde los dos insurgentes habían estado escondiéndose antes de salir corriendo. El puesto era un cubículo de piedra y hormigón con un tejado plano situado en terreno llano, teniendo a su espalda un pronunciado risco que se elevaba hasta la cima del Campo de Minigolf. Justo detrás del edificio los talibanes habían emplazado una ametralladora.

La dotación que la servía tenía una línea de fuego despejada sobre todo el área de la puerta principal, incluyendo la torre de vigilancia en lo alto del edificio Shura; y debido a la altura de los hescos, Jones no tenía un disparo claro sobre ninguno de los dos. Los tenía fijados en el suelo pero no había manera de eliminarlos. Lo mejor que podía hacer era desplegar una barrera de fuego de rastrilleo* sobre sus cabezas.

—Oye, sargento Ro —me llamó Jones.

—¿Qué pasa? —le pregunté, arrodillándome junto a él.

—Tengo algunos tipos fijados en el suelo detrás del edificio del puesto de control, justo debajo del árbol que hay al lado de la lona azul.

Este era otro ejemplo de que sin duda los talibanes tenían su mérito. El emplazamiento de la ametralladora reflejaba una planificación cuidadosa, además de un mando hábil de tácticas de pequeñas unidades. Hasta que

---

* El efectuado intermitentemente con cierta irregularidad en alcance y dirección a fin de barrer una zona más o menos amplia que no puede observarse directamente pero en la que se supone que hay actividad enemiga. *(N. del t.)*

averiguáramos una forma de deshacernos de ellos tendrían batida toda la zona de la puerta de la entrada principal.

Me volví hacia Raz, que estaba justo detrás de nosotros.

—¿Tienes granadas de humo para tu M203? —le pregunté.

—Demonios, claro.

—Perfecto, mira a ver si puedes colocar una en esa ametralladora, y luego ya veremos qué pueden hacer los Apache al respecto.

Después de haber eliminado a los treinta combatientes con su cañón de cadena, los pilotos de los Apache habían pasado la última media hora volando sobre Keating, permaneciendo a una altura suficiente como para evitar el fuego de armas ligeras procedente de las líneas de crestas y efectuando ataques selectivos en cualesquiera blancos que pudieran descubrir. Pero a diferencia del gran grupo de insurgentes que habían eliminado en la parte oriental del campamento, el tejado del puesto de control de la policía y la ametralladora oculta bajo el árbol eran extremadamente difíciles de ver desde el aire. Para resolver el problema se me había ocurrido una cosa que se llama «cambio desde un punto conocido».[*]

Si Raz pudiera situar una granada de humo en un radio de un par de metros del blanco, el intenso humo de color expedido por el bote —verde, púrpura, rosa o amarillo— ofrecería a cualquiera un claro punto de referencia. Esto, a su vez, nos permitiría guiar a los pilotos directamente hacia el blanco por radio.

Es una técnica efectiva, en teoría. Pero de inmediato nos tuvimos que enfrentar a dos problemas. En primer lugar, para poder alcanzar el puesto de control Raz tendría que sobresalir mucho sobre el borde del muro de hescos y disparar a través de las ramas de un árbol que se alzaba por encima de nosotros. En segundo lugar, estaba llevando demasiado tiempo enviar los datos a los pilotos, ya que la información debía ser cursada al puesto de mando, donde Bundermann pasaba las instrucciones al menos a otro operador de radio hasta que el mensaje llegaba a uno de los dos artilleros de los Apache.

—Dile al piloto que donde está saliendo ese humo verde al suroeste a cuatrocientos metros hay un grupo de tipos bajo un árbol detrás de las rocas —radié a Bundermann.

---

[*] Se trata de uno de los tres métodos de señalización de blancos contemplados en el manual de campaña del ejército norteamericano para los observadores (fuego mediante observación FM 6-30). *(N. del t.)*

Para cuando esta información llegó a los Apache la granada se había consumido y el humo comenzaba a disiparse. Tampoco ayudaba que los Apache no pudieran permanecer en un mismo sitio: Ross Lewallen y Randy Huff, los pilotos, tenían que cambiar de dirección continuamente a fin de evitar el fuego que les hacían desde las crestas. Bundermann, que estaba monitorizando el tráfico de la red Fuego, podía oír lo desafiante que era esto para los pilotos:

—No vemos el humo... Disparad otra granada.
—No podemos identificar el blanco... disparad de nuevo.

Dándose cuenta de que nuestro sistema de coordinación no estaba funcionando, Bundermann decidió salirse de la línea de comunicación.

—Ro, quiero que cambies a la frecuencia de la red Fuego —ordenó.

Giré el botón de la parte superior de mi radio a la posición número seis, donde estaba memorizada la red Fuego. Lo siguiente que oí fue la voz de Bardwell en mi auricular. Ahora tenía el control de un helicóptero de ataque AH-64 de cuatro palas y dos motores turboeje, armado con un cañón de cadena de 30 milímetros.

Mientras tenía lugar este relevo, Raz hacía todo lo posible por colocar otra granada de humo cerca del blanco. Sabedor de que estaba utilizando su M203 al límite de su alcance, apuntó el tubo al aire bien arriba.

—Estamos a punto de disparar de nuevo —informé a Bardwell.

Raz efectuó el disparo y observamos cómo la granada surcaba el aire y caía a unos ciento ochenta metros de distancia del árbol que estaba ocultando a la dotación de la ametralladora.

—Amarillo, ciento ochenta metros al sur —dije.
—De acuerdo, lo vemos.

El pájaro de Bardwell estaba casi directamente sobre nosotros cuando abrió fuego con su cañón. Jones, que tenía sus ojos fijos en el blanco, quedó sobrecogido cuando vio que los proyectiles explosivos de 30 milímetros no solo eliminaron a los combatientes y su arma, sino también, casi por completo, el árbol bajo el cual se ocultaban. La furia destructiva se resaltó por el zumbido metálico del cañón, que lo hacía sonar como si se cortara el aire con una motosierra circular de alta velocidad. Igualmente impresionante fue el diluvio de varios cientos de casquillos de latón, que cayeron del cielo calientes y relucientes a nuestro alrededor.

Joder, pensó Jones para sí, *ha sido una completa locura*.

Raz también estaba impresionado.

—Oye, Ro —dijo girándose hacia mí—. ¿Crees que esto se puede comparar con lo que sucedía en la segunda guerra mundial?

—No —repliqué moviendo la cabeza—. Esto es probablemente una pequeña muestra de lo que fue aquello, hermano.

Eso era cierto. Lo que también lo era —y no se lo dije a Raz— es que con independencia de lo impresionante que pudiera haber sido aquella demostración de poder aéreo, la situación en tierra no pintaba tan bien ni mucho menos.

A pesar del progreso que habíamos hecho, nuestro contraataque se había empantanado completamente.

Mientras los Apache continuaban orbitando sobre Keating y rastreando las líneas de riscos en busca de blancos, el enemigo que había al otro lado del río pasaba desapercibido. Pero la situación general, en términos de dónde estábamos mis hombres y yo, y dónde teníamos que estar, era alarmante.

El que Hill no hubiera emplazado la ametralladora en el lugar acordado significaba que no solo habíamos perdido nuestro impulso sino también la «violencia de la acción», que es el empuje físico y emocional que logran la velocidad, la sorpresa y el envite. En ese momento el enemigo sabía exactamente dónde estábamos y, a grandes rasgos, cuál iba a ser nuestro próximo movimiento. Mientras más nos retrasáramos en efectuar ese movimiento, que habría de consistir en un intento de recuperar el edificio Shura y la puerta de entrada principal, más probabilidades tendrían de detenernos.

Para entonces mi enfado y mi frustración estaban comenzando a desbordarse. Cada petición que radiaba sobre nuestro fuego de cobertura de apoyo se tropezaba con la misma respuesta: el equipo de Hill estaba demasiado ocupado combatiendo las llamas de la parte oriental del campamento y no podía poner su ametralladora en posición. Hasta podía oír a los miembros del equipo de Hill por la red Fuerza Pro pidiendo extintores para tratar de salvar el barracón del Pelotón Azul antes de que fuera totalmente tragado por las llamas.

Desde mi perspectiva esto no tenía sentido. Si mi pelotón no lograba ponerse en marcha en los minutos siguientes, los tiradores enemigos situados en las crestas nos fijarían y quedaríamos inmovilizados. Y si esto sucedía, poco importaría si nuestros edificios eran consumidos o no por las llamas.

—Dejad que el barracón se queme, es solo un *barracón* —grité por la radio—. ¿Qué coño pasa con mi ametralladora? No podemos ponernos en marcha sin ella. Si no pones en posición esa jodida cosa vas a conseguir que nos maten a mí y a los que vienen conmigo.

—El fuego es una amenaza de la que hay que ocuparse —replicó alguien.

En ese momento lo que más me apetecía era gritar por radio que si esa ametralladora no estaba en posición en un minuto cogería mi arma, me dirigiría al centro del campamento, y personalmente dispararía a cualquiera que tuviera un extintor en la mano. Lo que estaba quedando claro, no obstante, era que el fuego no era realmente el problema. El verdadero origen del retraso radicaba en el hecho de que Hill no se había comprometido de manera irrevocable, con independencia de lo que pudiera costar, a asegurar el comedor y emplazar esa ametralladora donde tenía que estar.

En 1958, un soldado llamado J. Glenn Gray escribió un libro sobre soldados en combate llamado *Guerreros: reflexiones del hombre en la batalla*. Gray, que fue reclutado por el ejército como soldado en mayo de 1941, se licenció como segundo teniente en octubre de 1945 tras haber combatido en el norte de África, Italia, Francia y Alemania. Su libro, que es tan desconocido como venerado, aborda un tema que más tarde me parecería relevante respecto a lo que estaba sucediendo en Keating a medida que nuestro contragolpe comenzaba a estar en peligro de quedar al descubierto.

Gray escribió con elegancia y precisión sobre cómo la esencia del combate se reduce básicamente a un intercambio de confianza entre dos hombres, o dos grupos de hombres, que están proporcionándose fuego de cobertura el uno al otro. Este sencillo acuerdo —tú te mueves mientras yo disparo a los tipos que tratan de matarte, y a continuación me muevo yo mientras tú disparas a los tipos que tratan de matarme— depende de la predisposición a poner la vida de uno en manos de otro al tiempo que asumes la responsabilidad de la vida de esa otra persona. Cuando este pacto está bien ejecutado, no solo es extraordinariamente efectivo, sino que tiende también a crear un vínculo entre los hombres involucrados que puede convertirse en la más poderosa relación que jamás experimentarán respecto de otro ser humano.

Sin embargo, hay una cosa que Gray no explora en su libro: qué puede suceder cuando una de las dos partes que supuestamente deben trabajar en tándem —por cualquier razón, legítima o no— no logra cumplir su parte del trato. Eso es lo que parecía estar teniendo lugar justo entonces con el equipo de ametralladora de Hill.

La parte sur del campamento, incluyendo el área que rodeaba al comedor, era objeto de un fuego incesante desde la Cara Norte, el Campo de Minigolf, el Zigzag, la Cascada y el Trampolín. Meterse en esa zona hubiera requerido una profunda determinación que difuminaba la línea entre tontear con el suicidio y tener un deseo absoluto de morir. Sin embargo, por otra parte, los cinco muchachos de mi equipo ya habían demostrado exactamente esa resolución.

J. Glenn Gray no tenía nada que decir respecto a este tipo de situación. Pero basándome en mi propia experiencia puedo afirmar que cuando el pacto de apoyo mutuo con fuego de cobertura no se cumple en el campo de batalla, puede generar todo lo contrario a un vínculo inquebrantable entre los hombres. Lo que desencadena en su lugar es una sensación de rabia y traición, curiosamente a la vez que infunde una determinación implacable de hacer lo que sea necesario para terminar el trabajo.

Bueno, nuestra ametralladora sencillamente no va a estar, pensé mientras oía el intercambio radiofónico de mensajes sobre los extintores. *Creo que vamos a tener que hacerlo por nuestra cuenta.*

No recuerdo estar especialmente desalentado mientras me agachaba junto a Jones, que estaba ahora emparejado con Ryan Schulz, un sargento de la Sección de Mando al que Bundermann había enviado para reemplazar a Dannelley. Mi mente estaba centrada en lo que necesitábamos que sucediera a continuación.

—¿Estás bien? —le pregunté a Jones.

—Solo dime qué está pasando —replicó.

—Ya hemos esperado suficiente —dije—. Tú y Schulz vais a mantener la posición y nos vais a apoyar con todo el fuego de cobertura que podáis efectuar mientras el resto de nosotros nos precipitamos sobre el edificio Shura. ¿Entendido?

Ambos asintieron.

—Otra cosa —añadí mientras Raz traía la primera de tres cajas de granadas que habíamos cogido del depósito de munición—. Hay tipos justo al otro lado de este muro, así que quiero que cada par de minutos quitéis la anilla de una de estas y la arrojéis cuesta abajo. Eso les impedirá venir sigilosamente y sorprenderos.

Luego me volví a Raz, Dulaney y Miller.

—Nos ponemos en marcha, así que coged toda la munición que podáis llevar —dije—. Es hora de que recuperemos el edificio Shura y la puerta principal.

Por último, presioné el botón de mi radio y me encargué de un último asunto.

—Uno, al habla Dos —dije dirigiéndome a Bundermann y obviando los códigos de llamada a fin de hacerla breve. Luego invoqué la expresión que utilizábamos cuando teníamos que continuar una misión—. Tenemos que Charlie Mike.* El enemigo nos está fijando y pronto seremos un blanco fácil.

Hice un momento de pausa para que Bundermann pudiera asimilarlo antes de continuar.

—Estoy harto de estar esperando aquí sentado. Nos ponemos en marcha.

—Negativo, Rojo Dos —espetó Bundermann—. Abortad, *no* os mováis.

Era inútil discutir, así que puse en funcionamiento uno de los trucos más viejos (y fáciles).

—Repite, por favor —repliqué—. Te percibo con una señal débil e inaudible...

Bundermann repitió la orden y volví a emplear la misma táctica. Luego me llevé las manos a la cadera derecha, donde llevaba la radio sujeta a mi chaleco y giré el botón del volumen a *off*.

Para ser honesto, fue juego sucio, no estuvo bien engañar a Bundermann, al que tanto respetaba. Pero tenía que hacerse. No había motivo para esperar más tiempo un fuego de cobertura de apoyo que sencillamente no iba a llegar. Había que asaltar el edificio Shura, y la única manera de que esto sucediera mientras tuviéramos la capacidad de maniobrar libremente era que los cuatro nos lanzáramos al asalto y termináramos el trabajo.

Mientras nos preparábamos para llevar a cabo el asalto, Schulz se volvió a Jones y le preguntó: «¿A qué le tenemos que disparar?».

—¿A qué le tenemos que disparar? —replicó Jones—. A cualquier *jodida* cosa que veas, Schulz, que parezca moverse y que tenga pinta de querer matar a Ro y a sus muchachos. A eso es a lo que le tenemos que disparar.

---

* Charlie y Mike son los nombres de las letras C y M en el alfabeto radiofónico, con las que el autor quiere decir «continuar misión». (*N. del t.*)

16

No vamos a conseguirlo

La distancia al edificio Shura desde donde estábamos no era de más de veinte pasos, pero llegar hasta allí iba a ser difícil. Primero teníamos que reunirnos en la esquina sureste del depósito de municiones, y luego correr hacia abajo por un estrecho corredor entre el muro de hescos a nuestra derecha, y una hilera de sacos terreros apilados de un metro de altura, a nuestra izquierda. En el otro extremo del corredor había una puerta de madera contrachapada de dos centímetros de grosor por la que se accedía al lado este del edificio Shura. Era nuestra única vía de entrada.

Desde la perspectiva de cualquiera que pudiera estar tratando de defender el edificio desde su interior, este corredor era una enorme zona batida, el tipo de cuello de botella conocido como «túnel fatal», en donde un equipo de asaltantes se ven obligados a pasar por un estrecho pasillo al tiempo que quedan silueteados contra el lugar por el que han de entrar. Así que una de las cuestiones clave a la que nos enfrentábamos era si había o no alguien al otro lado de la puerta.

Cuando asomé la cabeza por la esquina pude ver que estaba reventada y entreabierta unos quince centímetros, los suficientes como para que un grupo de defensores pudieran ver si venía alguien por el corredor mientras permanecían ocultos para cualquiera que mirara desde el exterior.

—Esto podría ponerse feo —les dije a los tres hombres apiñados detrás de mí junto a la esquina—. Chicos, vosotros confiáis en mí, ¿verdad?

—Estamos contigo hasta el final —dijo Raz.

Dulaney y Miller también asintieron.

Yo sabía que aparte de un puñado de vigas de ocho por ocho que sostenían el tejado, el espacio en el interior del edificio Shura era relativamente diáfano, aunque también contaba con algunos obstáculos significativos. Había aproximadamente una docena de bancos que se utilizaban para las reuniones con los dignatarios locales afganos. En una esquina había una cinta de correr y una bicicleta elíptica que se habían salvado del gimnasio y que aguardaban ser transportadas a Bostick como parte de nuestra evacuación. Si el número de combatientes en el interior de aquel espacio era igual o mayor al nuestro, el combate cuerpo a cuerpo que tendría lugar en el interior de la estancia iba a ser salvaje y letal. Un tiroteo de cuatro contra cuatro en una habitación del tamaño de un garaje nunca acaba bien.

Aún peor, si tenían una ametralladora apuntando a esa puerta, probablemente acabarían con nosotros cuatro antes siquiera de que pudiéramos poner un pie en el interior.

Solo había una forma de adivinar a qué nos enfrentábamos.

—Muy bien, escuchad —dije—. Esto es lo que vamos a hacer.

El sencillo plan consistía en reventar la puerta con un lanzagranadas y continuar con fuego de ametralladora. Pero la clave de todo el asunto radicaba en cómo coordináramos los movimientos y en el nivel de violencia que lográramos desarrollar.

—Dulaney, tú tienes la SAW, así que eres número uno —dije mirando a mi ametrallador de asalto—. Cuando entremos por esa puerta tú serás el primero en la estancia. Yo estaré justo detrás de ti y te empujaré por la espalda para asegurarme de que entras en el interior. Quiero que te concentres únicamente en despejar el interior y en matar a cualquiera que se encuentre allí. Pon tu arma en automático. Empieza por la izquierda y barre toda la estancia hasta llegar a tu derecha, acribíllalo todo. ¿Entendido? —Dulaney asintió.

—Miller —dije girándome a nuestro novato—. Tú vas a ser el número tres, lo que significa que irás justo detrás de mí. Nosotros también haremos un barrido de fuego desde detrás de Dulaney. Yo lo haré a la derecha y tú a la izquierda.

Por último, miré a Raz.

Con su enorme estatura me sacaba treinta centímetros. También era unos veinte centímetros más alto que Miller y Dulaney. Eso era un elemento clave para lo que tenía en mente, porque necesitaba que Raz disparara, en caso de ser necesario, directamente por encima de nuestras cabezas.

—Esta vez eres el último de la línea, Raz, pero darás inicio a la maniobra asomándote el primero por la esquina y disparando una granada a través de la puerta con tu M203.

Raz asintió.

—Mientras lo haces Dulaney irá delante, conmigo y con Miller detrás. Los tres entraremos y entonces tú actuarás como seguridad de retaguardia.

—Entendido —dijo Raz.

Mientras tenía lugar este intercambio de palabras sabía que Bundermann estaría todavía en la radio tratando de detenerme.

—Muy bien, ¿puedo darles ya con el M203? —preguntó Raz.

—Adelante.

Con su arma levantada, se asomó por la esquina y lanzó una granada en mitad de la puerta.

A la vez que estallaba el contrachapado y la estancia se llenaba con una bola de fuego, Dulaney se lanzó corredor abajo conmigo y con Miller a rebufo. Lo que sucedió a continuación no fue la clase de cosa que encontrarías en un manual militar, fue más como un partido de *rugby*, salvo por las armas.

Avanzamos como un bloque estrechamente ligado, espalda con espalda y zancada a zancada. Yo agarraba firmemente el chaleco antibalas de Dulaney con mi mano izquierda y apoyaba el cañón de mi fusil de asalto en su hombro derecho, de manera que pudiera barrer con fuego hacia la derecha tan pronto como entrara. Justo detrás de mí, Miller hacía otro tanto, pero su arma descansaba en mi hombro izquierdo de manera que pudiera disparar en la otra dirección.

En el instante que Dulaney atravesó la puerta comenzó su barrido de fuego, y para cuando hubo finalizado su rotación había vaciado un tambor completo de munición, doscientas balas, en la estancia. Miller y yo nos unimos tan pronto como estuvimos dentro. El ruido que hicimos fue ensordecedor, lo que ya era bastante desorientador. Y mientras disparábamos la estancia se llenó de un misterioso humo blanco.

No habíamos previsto el humo.

Fue algo horrible, cegaba y era imposible respirar, lo suficientemente denso como para tener la sensación de haber asaltado una fábrica de gas pimienta. A la segunda o tercera inhalación parecía que nuestros pulmones hubieran dejado de funcionar. Pero nos encontrábamos en mitad de la acción y no teníamos elección salvo seguir adelante mientras escupíamos y tosíamos.

—Sigue adelante, ¡sigue adelante! —grité a Dulaney mientras le empujaba desde atrás.

—No puedo respirar —jadeó Dulaney—. ¡Ni siquiera puedo *ver*!

—No me importa —le grité de nuevo—. Continúa hasta tropezar con la pared o hasta que alguien te dispare. ¡Vamos!

Por fin llegamos a la puerta oeste en el otro extremo de la estancia.

Allí, junto a la puerta y a menos de un brazo de distancia había un par de AK-47 y una ametralladora pesada PKM en el suelo. Acababan de ser abandonadas unos segundos antes. El cañón de la ametralladora, que todavía descansaba sobre su trípode, estaba apuntado directamente a la puerta por la que acabábamos de entrar.

Mientras Dulaney y Miller arrastraban las armas al interior volví a cruzar la estancia hasta donde se suponía que tenía que apostarse Raz, que debía apuntar con su arma hacia el corredor por el que habíamos venido a fin de cerciorarnos de que nadie se colaba y nos eliminaba por la retaguardia. En vez de ello, estaba agachado con sus manos apoyadas en las rodillas vomitando sobre sus botas.

—Tú, cabrón —grité—. ¡¿Disparaste una granada CS a la puerta?! (Una granada CS contiene gas lacrimógeno.)

—Ni hablar, era una HE, ¡te lo aseguro! —gritó, utilizando el término de una granada de alto explosivo, que era exactamente lo que se suponía que tenía que haber empleado.

Para entonces la estancia estaba comenzando a despejarse, de manera que descubrimos la procedencia del humo.

Por alguna extraña combinación de pericia y pura suerte, Raz no solo había logrado colocar su granada a través de la puerta sino que el proyectil había llegado hasta la pared del otro lado de la estancia, donde había impactado de lleno en un extintor de nueve kilos que se encontraba justo a la izquierda de la puerta oeste.

La explosión secundaria del extintor y la humareda de polvo acre que generó debieron ser una horrible sorpresa para los insurgentes que había en el interior de la estancia, contribuyendo con un motivo extra que determinó que abandonaran el edificio.

Me detuve lo necesario para echar un vistazo al extintor destruido y a la ametralladora PKM que estaba junto a él. Si esos combatientes hubieran decidido defender su posición y desatar toda la potencia de fuego de esa arma contra mi pelotón en vez de huir, nos hubieran hecho pedazos.

Raz acababa de salvarnos la vida.

Sin embargo, no tuvimos ocasión de agradecérselo porque los talibanes estaban a punto de elevar las cosas otro nivel.

Enfurecidos por haberse visto obligados a ceder una posición clave como esta, los insurgentes dieron entonces rienda suelta a su rabia disparando contra el edificio Shura con todo lo que tenían. Mientras los cuatro adoptábamos posiciones de dominio en las entradas, dos hombres por puerta, las balas comenzaron a retumbar en las paredes exteriores con impactos sordos a la vez que se estremecía toda la estructura por el estallido de docenas de cohetes. La intensidad de este nuevo enfrentamiento recordaba a los primeros minutos del ataque inicial. Agachados en el interior parecía como si el edificio fuera alcanzado por algún tipo de explosivo cada tres segundos.

Estaba oscuro en el interior de la estancia, los marcos de madera de las tres ventanas que había en la parte norte del edificio estaban cerrados, y el ambiente era denso por el polvo de las paredes y los restos de la sustancia del extintor. Pero mientras nos acurrucábamos contra las paredes comenzaron a aparecer agujeros en el tejado de madera contrachapada, que estaba siendo acribillado. Y con cada agujero de bala nuevo aparecía otro rayo de sol, un haz que iba desde el techo al suelo e iluminaba los remolinos de partículas de polvo suspendidas en el aire, vibrando con cada nuevo impacto.

La habitación comenzó a parecerse a un grotesco club de baile en el que las paredes y el suelo centelleaban a la luz de una bola de discoteca. Aunque lo que era aún más impactante, lo que resaltaba por encima de la vista y el sonido, era el intenso olor. Era un hedor que nunca me había encontrado antes, un asalto olfativo compuesto de varios estratos. Estaba el fuerte olor a sulfúrico de la pólvora de los cohetes que estallaban. Había un olor a yeso de los componentes químicos del extintor. Y había un olor proveniente de la sangre de Kirk, que se había extendido para formar un charco pegajoso y oscuro en el suelo de madera contrachapada justo a la entrada de la puerta oeste. Podía saborear esa combinación de sulfuro, yeso y cobre en mi lengua. Era agudo e intenso, y se pegaba a la parte de atrás de la mandíbula de tal modo que me hacía sentir náuseas. Esta acritud parecía confirmar lo tenue e incierto que era nuestro dominio del edificio.

En ese momento éramos extremadamente vulnerables. Con la puerta oeste, que daba a la puerta de entrada principal del campamento, abierta de par en par, nuestra distancia de reacción —esto es, el tramo de terreno despejado en el que debíamos divisar a cualesquiera atacantes que trataran de cargar contra nosotros— era de no más de cinco metros. Si el enemigo decidía venir a por nosotros con una docena de tipos o más corriendo a tumba abierta desde el puesto de control de la Guardia de Seguridad Afgana, a solo seis metros de distancia, estarían sobre nosotros antes de que pudiéramos reaccionar.

Con la esperanza de ralentizar una carga semejante comenzamos a destrozar la estancia. Los bancos de madera, las sillas y mesas, y el estrado en el que se sentaban los ancianos durante las reuniones con los locales; lo arrancamos todo con nuestras manos y lo arrojamos por la puerta a la zona despejada que llevaba hasta la puerta de entrada principal con la intención de crear una especie de barricada. En la esquina de la entrada principal colocamos también dos minas Claymore que habíamos traído del depósito de municiones: una mirando hacia el puesto de control de la policía y la otra hacia la carretera que llevaba al puente de hormigón que cruzaba el río.

Mientras el resto del equipo terminaba de esparcir los obstáculos subí por la escalera para examinar en qué estado estaba la torre y ver si desde allí podía echar un vistazo a la puerta de entrada principal. La torreta se encontraba muy castigada, el blindaje estaba abollado y con ranuras a causa del intenso fuego, la estructura de madera de la cúpula había sido hecha pedazos, y había cientos de casquillos vacíos por todos lados. Pero la M240 que Davidson había abandonado parecía estar en buen estado, e incluso aún quedaba un poco de munición, unos setenta proyectiles.

Me asomé por el cristal protector de la torreta. Allá en la distancia podía ver los fogonazos procedentes del interior de Urmul y de todo el Campo de Minigolf. En la carretera próxima había varios vehículos que pertenecían a la policía. Todos estaban ardiendo. Había también una serie de cuerpos tendidos por la carretera junto al puente.

Mi preocupación principal era asegurarme de que ninguno de los milicianos cruzaba la puerta de entrada principal. No vi ningún blanco potencial con vida, aunque me era imposible comprobar si el enemigo se había pegado al muro que había justo debajo de mí sin asomarme y exponerme. En su lugar, arrojé un par de granadas por el borde y luego disparé una ráfaga con la M240 para asegurarme de que todavía disparaba.

Justo antes de bajar la escalera de vuelta a la estancia pulsé el botón de mi radio y llamé a Bundermann.

—Esto, hola, estamos aquí en la puerta de entrada principal y hemos logrado cerrarla —informé—. No puedo hacer nada más hasta recibir personal adicional.

—Entendido, Dos —replicó.

Puede que Bundermann no estuviera satisfecho con mi comportamiento, que fue temerario e insubordinado. Pero no cabía duda de que no estaba molesto con los resultados. Teníamos acceso a nuestra munición. Habíamos bloqueado la entrada principal. Y gracias a la puerta oeste del edificio Shura, que dominaba toda la zona que va desde la entrada principal hasta el otro lado del río, disponíamos ahora de una nueva y efectiva posición desde la que observar uno de los principales baluartes del enemigo.

Dejando esa puerta abierta y permaneciendo atrás en segundo plano entre las sombras del interior del edificio Shura, donde el enemigo no podía verme, estaba en disposición de observar todo el Campo de Minigolf, y lo que era más importante, la propia Urmul, donde los talibanes se habían parapetado en las casas y se valían aún de esa ventaja con un efecto devastador.

En casi toda ventana de cada construcción de la aldea podía ver fogonazos de AK-47 y ametralladora. Entre estos edificios había hombres cruzándose continuamente en todas direcciones, entregando munición o buscando un ángulo de tiro más efectivo. Había tanta actividad que me convencí de que estaban reagrupándose para efectuar un asalto inminente sobre nuestro muro oeste. Aun con todo, lo que hacía que nuestra posición actual fuera tan ventajosa, y por tanto una de las razones por las que el enemigo estaba tan furioso, era que podíamos facilitar con precisión las coordenadas de las localizaciones del interior de la aldea, además de toda la información adicional que pudiera necesitar Bundermann para dirigir algún tipo de fuego de artillería directamente sobre el blanco.

Dada la intensidad del fuego procedente de Urmul resultaba evidente que solo había un modo de controlar la situación. Tras desplegar mi mapa de la zona apunté las coordenadas de seis dígitos de la mezquita y de la casa del alcalde, luego se las pasé a Bundermann.

—Ambas coordenadas están localizadas en el centro de la aldea —dije—. Necesito que arrases Urmul.

En circunstancias normales una petición de este tipo hubiera provocado una prolongada pausa, seguida de un torrente de preguntas. Nadie autoriza un ataque directo sobre un núcleo de población sin al menos exigir confirmación de que no hay civiles en el interior de la zona que constituye el blanco.

Bundermann no pestañeó.

—Entendido.

Una vez más, había llegado el momento de pedir ayuda a los Apache.

Eran ya casi las 10.00 de la mañana, y durante gran parte de la última hora los pilotos y artilleros de los helicópteros de ataque habían estado ocupados. Poco después de eliminar el nido de ametralladora próximo al puesto de la Policía Nacional Afgana Ross Lewallen transmitió el código «bingo», que significaba que apenas les quedaba combustible para regresar a la base, por lo que dirigieron ambos pilotos sus aparatos valle abajo en dirección a Bostick.

Mientras los pájaros repostaban, Lewallen y Randy Huff se habían apresurado al puesto de mando para informar al coronel Brown y al resto del equipo de operaciones de lo que habían visto desde el aire. Entre tanto, Chad Bardwell y Chris Wright ayudaban al personal de tierra a recargar sus cañones de cadena con cajas de treinta y dos kilos de munición de 30 milímetros y a fijar otro juego de misiles Hellfire en los raíles de los pilones de ambos helicópteros.

En el momento en que todo estuvo a bordo se elevaron los dos aparatos y se marcharon de regreso a Keating.

Ambos helicópteros orbitaban de nuevo sobre los cielos del puesto avanzado, con Bardwell y Wright escudriñando las líneas de crestas y la carretera principal en busca de blancos, cuando recibieron la petición de Bundermann de disparar un par de misiles Hellfire contra la mezquita y destruirla. Estuvieron varios minutos volando en círculos, asegurándose de que habían identificado el blanco y decidiendo cuál era la mejor manera de atacar la estructura. No sería fácil.

Dada la ubicación de la mezquita en el interior del estrecho valle, la única forma que tenían los helicópteros de poder efectuar un lanzamiento limpio era realizando una pasada de este a oeste, lo que los expondría a una de las mayores amenazas de toda la zona.

En algún lugar del terreno elevado que se extendía entre Fritsche y Keating, los talibanes habían emplazado una ametralladora pesada soviética DShK. Llamada «la Dishka», esta arma disparaba proyectiles de 12,7 milímetros con tal cadencia de fuego que podía ser empleada con efectividad como arma antiaérea, siendo más que suficiente para poner en serios problemas a un Apache.

Sospechando que, de hecho, pudieran tener que vérselas con más de una Dishka, pero desconociendo el lugar exacto donde pudieran estar localizadas estas armas para eliminarlas, Lewallen y su equipo trataron en vano de concebir un plan alternativo. Cuando finalmente se dieron cuenta de que no había otra forma de hacer el trabajo, se pusieron en posición después de volar más de tres kilómetros hacia el este, luego giraron sus aparatos y se embarcaron en una pasada larga y directa que los había de llevar valle abajo, pasando sobre Keating, y que les permitiría lanzar varios misiles directamente contra la cara este de la mezquita.

Mientras el aparato de Lewallen encabezaba el ataque, Bardwell observó fogonazos que salían prácticamente de cada ventana y entrada del edificio.

—Entramos con misiles Hellfire —radió Bardwell a Bundermann—. Vemos la mezquita y divisamos fuego enemigo.

Huff le seguía justo detrás, volando a una altitud ligeramente mayor, mientras Wright, su artillero, observaba en busca de humo procedente del ataque de misiles de Bardwell, cuando oyó la voz de Lewallen en su radio:

—Tengo un fallo de funcionamiento de los Hellfire —informó Lewallen por el canal interno de radio—. El misil se ha quedado atascado en el raíl.

Ambos pilotos reaccionaron instantáneamente. Mientras Lewallen daba un brusco giro a la izquierda, Huff se puso en posición para que Wright pudiera realizar el disparo. El pájaro estaba a poco menos de mil ochocientos metros de distancia cuando Wright centró la mezquita en su punto de mira y apretó el gatillo. Al tiempo que salía disparado el misil, Huff comenzó a retroceder en su estela manteniendo el perfil de la mezquita para que Wright pudiera apuntar su telémetro láser sobre la misma, guiando así el misil hasta el blanco.

Visto a través de los sensores del puesto de artillero de un Apache, la explosión de un Hellfire no es especialmente sobrecogedora. Cuando el misil impactó contra la pared este de la mezquita lo único que pudo discernir Wright fue una pequeña nube de humo blanco. Mucho más impresionante fue el proyectil de Dishka que en ese mismo momento alcanzó la parte inferior del Apache.

Penetró justo debajo del asiento del piloto, atravesando el compartimiento de aviónica delantero, seccionando un manojo de cables y destruyendo el condensador del sistema de control ambiental. En el interior de la cabina, Huff se vio de repente contemplando un montón de luces de alarma. Tenía múltiples fallos en el sistema eléctrico, y el estabilizador automático había dejado de funcionar.

—Nos han tocado —anunció Huff por radio.

Lewallen llevó su aparato junto al de Huff para ver si podía ayudar a evaluar los daños. Mientras tanto Bardwell, que estaba todavía mirando a la mezquita, observó que la estructura no había sido completamente destruida, y que, en teoría, podía continuar siendo utilizada como posición de combate. Para eliminar la amenaza completamente se requeriría otro Hellfire.

Tras intercambiarse varias impresiones por radio sobre los daños, ambos pilotos estuvieron de acuerdo en que el aparato de Huff podía mantenerse en el aire mientras Lewallen daba otra pasada y disparaba su segundo Hellfire. A continuación Lewallen seguiría a Huff de vuelta a Bostick para evaluar los daños y efectuar reparaciones.

Mientras Huff se retiraba, Lewallen se puso en posición para que Bardwell pudiera apuntar y disparar.

Esta vez el Hellfire salió del raíl. Bardwell guio el misil con su láser y este impactó en la pared sur, demoliendo la mezquita.

Mientras Bardwell confirmaba el impacto, Lewallen maniobraba su pájaro hasta ponerse detrás de Huff para poder cubrirlo en el vuelo de regreso a Bostick. En ese momento Lewallen notó una súbita vibración en sus mandos. Un segundo o dos más tarde se activó su sistema de alarma maestra. El Apache estaba perdiendo la funcionalidad de su circuito hidráulico.

Sin que Lewallen lo supiera, su pájaro había sido alcanzado por la misma Dishka que ya había agujereado a Huff. Una primera bala había traspasado una de las aspas del rotor de cola, mientras que una segunda había penetrado en el interior de la cubierta del eje de transmisión, seccionando uno de los circuitos hidráulicos.

Ahora, los dos aparatos debían dirigirse directamente a Bostick.

Mientras salían del valle los pensamientos de Lewallen permanecían fijos en la Dishka que había estado a punto de derribar a los dos Apache. No estaba seguro de dónde estaba exactamente esa arma, aunque por lo que pudo ver, la zona probable no tenía una línea de tiro directa contra Keating, allá abajo. Esto significaba que la Dishka no había sido emplazada con la intención de ser disparada contra los defensores de Keating, sino con la de emboscar a los helicópteros que pudieran acudir en ayuda del puesto avanzado.

Esa ametralladora también estaba perfectamente emplazada para derribar a un helicóptero de evacuación sanitaria, pensó Lewallen con un escalofrío. No iba a haber manera de llevar un helicóptero a Keating para evacuar a los heridos hasta que localizaran y destruyeran esa Dishka, caviló el piloto.

Mientras Lewallen reflexionaba sobre esto, Wright avisaba por radio al puesto de mando de Bostick que estaban regresando a la base con dos células dañadas: una con fallos en el sistema hidráulico y otra con múltiples fallos en el sistema eléctrico. Solicitó que un equipo de reparación y dos helicópteros de repuesto fueran enviados desde Jalalabad a Bostick de inmediato.

Varios minutos más tarde los dos Apache pudieron aterrizar sin más contratiempos en Bostick. Pero pasaría más de una hora antes de que Lewallen y su equipo pudieran volver a volar.

En el interior del edificio Shura mi equipo y yo éramos ajenos al drama que habían sufrido los pilotos de los helicópteros y sus artilleros. Todo lo que sabíamos era que se estaban marchando.

—Los Apache han tenido que regresar a la base para revisión —me informó Bundermann por radio—. No estoy seguro de cuándo estarán de vuelta.

Estas noticias no fueron bien recibidas. Cada vez que aparecían los Apache nos sentíamos como si hubieran llegado nuestros ángeles de la guarda y estuvieran a punto de cambiar, quizá, las tornas de este combate. Pero en el momento en que se marcharon no pudimos evitar sentirnos abandonados y vulnerables. Sin el reconfortante sonido de sus cañones comenzaron a suscitarse en nuestras mentes la misma clase de preguntas apremiantes:

¿Por qué se han ido?

¿Adónde van?

¿Cuándo regresarán?

Mientras me enfrentaba a esas incógnitas desde mi posición, ligeramente al interior de la puerta oeste, dirigí una mirada a Miller, que estaba en la otra puerta alicaído con el arma sobre su regazo y mirando al suelo con indiferencia. Hasta este momento había sobrellevado bien el estrés del combate. Pero a juzgar por su lenguaje corporal y su comportamiento parecía claro que ya había excedido su nivel de tolerancia al mismo.

—Miller está cien por cien ausente, necesito un sustituto —radié a Bundermann—. Y a quienquiera que mandes, que traiga una IV.[*] Tenemos que hidratar a Miller.

Uno o dos minutos más tarde se agachó Raz junto a mí. Ya no recibíamos fuego directo de la mezquita, aunque sí desde el resto de direcciones. Las paredes continuaban estremeciéndose y cada par de minutos perforaba el techo una bala y se incrustaba en el suelo, creando otro haz de luz.

---

* Bolsa de suero intravenoso. *(N. del t.)*

—No vamos a conseguir salir de aquí, ¿verdad? —me preguntó Raz mirándome fijamente a los ojos.

Sostuve su mirada.

—Saldremos —repliqué.

Para ser honesto, no estoy seguro de que yo creyera semejante cosa, pero parecía lo más apropiado que debía decir. Y quizá lo era, porque justo entonces se abrió la puerta este y se precipitó en el interior el sustituto de Miller con una bolsa de suero intravenoso, una radio sujeta a la espalda, un cuaderno en su mano y, sobresaliendo por el bolsillo del pecho de su uniforme, un puñado de lápices de colores.

Bundermann nos acababa de hacer un favor.

Armando Avalos, al que llamábamos «Red Bull», era nuestro mejor observador avanzado. Nadie en Keating era mejor identificando coordenadas para blancos, realizando los cálculos necesarios y solicitando fuego de artillería o ataques aéreos donde más lo necesitáramos.

Avalos no perdió un segundo en ponerse manos a la obra. Colocándose en mi posición junto a la pared, con sus vistas a través de la puerta oeste, desplegó sus mapas, apretó el botón de su radio y solicitó rápidamente una misión de fuego a Fritsche, donde la dotación de morteros había conseguido acceder por fin de forma segura al emplazamiento y estaba lista para lanzar granadas de 120 milímetros al lugar que necesitáramos.

Por desgracia, eso no duró mucho tiempo.

Durante el ataque inicial a Fritsche, la computadora de balística de su emplazamiento de morteros había quedado fuera de servicio. Tras recuperar el control del enclave, la dotación trató de improvisar un arreglo temporal al problema. Sin embargo, la primera granada que cayó a petición de Avalos falló su blanco, la aldea de Urmul, por un margen de error tan grande que Avalos ni siquiera estaba seguro de que ese proyectil hubiera procedido de Fritsche. Cayó a menos de veintisiete metros de la parte frontal del edificio Shura.

—Repite —dijo, solicitando otro disparo.

Cuando estalló la segunda granada exactamente en el mismo sitio, llegó a la conclusión de que era demasiado peligroso continuar solicitando misiones de fuego a Fritsche: la probabilidad de que una granada de mortero acabara cayendo sobre nosotros era sencillamente demasiado grande. Así que Avalos, que se había desabrochado los pantalones y estaba atendiendo cierto asunto personal en cuclillas sobre una caja de munición de ametralladora de calibre .50 mientras continuaba operando su radio, se puso con un

Armando Avalos en el Campo de Minigolf.

sistema de armas que era bastante más complicado que un simple tubo de
mortero de 120, pero potencialmente más devastador.

Desde el comienzo del ataque a Keating, las unidades de aviación del
ejército y de la fuerza aérea con base en Jalalabad, Kandahar y Bagram habían estado esforzándose en dar una respuesta. Durante las últimas horas
los comandantes de estas unidades habían estado reuniendo una flota aérea
a gran altura sobre los cielos de Keating; una increíble variedad de aviones
de ataque y vigilancia, llevando cada uno un surtido de armas y bombas, o
cámaras, canales de vídeo y tecnología de interferencia electrónica.

La gran diversidad y número de aparatos que pululaban allá arriba solo
era comparable a la complejidad de coordinar semejante revoltijo y evitar
que colisionaran unos con otros. Esa tarea, que había de influir directamente en la posibilidad de que continuáramos resistiendo, estaba siendo realizada entonces por un caza de dos colas que no había sido pensado para
desempeñar el papel de torre de control del tráfico aéreo, y que era pilotado
por dos tipos cuyos apodos eran «Ox» y «Finch».

17

Ox y Finch

A las 6.15 de esa mañana un par de cazas F-15E situados en las pistas del aeródromo de Bagram, a las afueras de Kabul, recibieron órdenes de despegar y acudir en socorro de Keating. En la cabina de uno de esos aviones iba un capitán llamado Michal Polidor, cuyo apodo era «Ox». Sentado justo detrás de Polidor como oficial del sistema de armas o WSO* (pronunciado *wizzo*) iba el primer teniente Aaron Dove, cuyo alias era «Finch». Aaron era responsable de la navegación y de la búsqueda y fijación de blancos desde del asiento trasero de la cabina. Su avión, que era conocido como «Amigo 01», iba armado con un cañón de 20 milímetros, cinco bombas inteligentes de doscientos veintisiete kilos (dos guiadas por láser y tres por GPS), y una bomba de novecientos siete kilos, todas las cuales podían ser guiadas hasta sus blancos desde una distancia de hasta dieciséis kilómetros.

Cuando Amigo 01 llegó a Keating, Polidor y su punto,† el capitán Justin Elliot, que pilotaba el segundo F-15, fueron informados por los pilotos de otro par de F-15 que ya estaban en el aire y que regresaban de una misión nocturna cuando fueron desviados a Keating. Al haber llegado unos minutos antes, esos dos aviones habían lanzado ya la mayor parte de sus bombas inteligentes en el Zigzag, y estando bajos de combustible regresaron a Bagram, mientras Polidor y Elliot saturaban el Zigzag con más bombas y efectuaban pasadas ametrallando con sus cañones.

---

* Acrónimo de *Weapons Systems Officer*. *(N. del t.)*

† En una formación táctica básica de dos aviones, el que vuela delante es el *líder* y el que vuela un poco más retrasado es el *punto*. El objeto de esta disposición es cubrirse mutuamente. *(N. del t.)*

Cuando Elliot lanzaba su primera bomba su caza experimentó un grave problema hidráulico, lo que significó que también él se vio obligado a regresar a la base. Fue entonces cuando Ox y Finch comenzaron a darse cuenta de la magnitud y gravedad del asalto que se estaba produciendo en Keating.

Desde su posición en la parte trasera de la cabina, Dove miró su pantalla de búsqueda de blancos[*] y contó al menos seis incendios distintos en el interior del complejo, además de docenas de explosiones de cohetes. Por todas las laderas de las colinas y crestas circundantes se veían demasiados fogonazos como para poder contarlos, formando un anillo de fuego de 360 grados alrededor del puesto avanzado. Desde la posición privilegiada de Polidor en la parte delantera de la cabina aquello parecía el 4 de Julio.[†]

Siendo ya mala la situación que parecía haber en tierra, los dos pilotos quedaron desconcertados por la confusión que había a su alrededor en el aire. Por la radio de cabina los operadores se intercambiaban simultáneamente torrentes de información, preguntas y peticiones por tres canales distintos.

Mientras tanto, continuaban acercándose más aeronaves desde todas las direcciones. Lewallen y su equipo de pilotos de Apache venían de camino desde Jalalabad. En Kandahar estaban despegando varios A-10 Thunderbolts, un caza bimotor relativamente lento conocido como «Warthog» y diseñado para proporcionar apoyo aéreo cercano contra carros de combate y otros vehículos blindados. Más cazas F-15 se unirían pronto a la lucha desde Bagram, junto con un batiburrillo de drones y otros aviones. En resumen, en el cielo había un montón de aparatos del ejército, de la fuerza aérea e incluso de la marina, y no todos esos aviadores podían comunicarse con los demás o con sus homólogos en tierra. Además, no había nadie a mano para coordinar sus movimientos.

En la jerga utilizada por los pilotos, el sector de la zona de combate asignado a un avión que está proporcionando apoyo aéreo cercano es conocido como «cubo letal». En el interior de este cubo incluso los más nimios errores de comunicación pueden hacer que las bombas sean arrojadas en el lugar equivocado, que se efectúen pasadas contra fuerzas amigas o que se produzcan colisiones aéreas.

[*] Dispositivos que identifican un blanco y guían a las armas inteligentes hasta el mismo. *(N. del t.)*

[†] En alusión a los fuegos artificiales que suelen tener lugar el día de la fiesta nacional de Estados Unidos. *(N. del t.)*

Al proceso de coreografiar el baile aéreo en el interior del cubo se le denomina «descongestión del espacio aéreo», trabajo que generalmente reside en el avión responsable de operar los sistemas de alerta temprana y control aerotransportado, o AWACS.[*] Ese avión, que es más grande que un Boeing 707, es fácilmente reconocible por su característica cúpula de radar montada sobre su fuselaje; además, lleva una tripulación especializada en la compleja y potencialmente letal tarea de gestionar el control del tráfico aéreo en un escenario de combate.

Ni que decir tiene que ese no es el tipo de tarea que pueda ser fácilmente asimilada por la tripulación de un avión que no está equipado para coordinar una zona aérea de combate. Aparte de su aviónica y de sus aparatos electrónicos, un avión como, digamos, el F-15 Strike Eagle de Michal Polidor, consiste básicamente en un par de depósitos de combustible y unas armas terriblemente mortíferas adosadas a un par de motores de reacción turbofán de poscombustión Pratt & Whitney. Y lo que es más, tener que asumir este papel al vuelo (tanto literal como figuradamente) no era algo para lo que ni Polidor ni Dove habían sido entrenados específicamente.

Sin embargo, alguien tenía que hacerlo, y a pesar de que este cometido no formaba parte de su área de especialización, había algunos elementos que jugaban a favor de Polidor.

La cabina de un F-15 se caracteriza por contener una sorprendente cantidad de complejos sensores aeronáuticos capaces de suministrar múltiples flujos de información tanto al propio caza como al espacio que lo rodea: aviones enemigos, blancos, condiciones climatológicas y otra gran cantidad de variables. Justo enfrente del piloto y del *wizzo*, y también a ambos lados, hay hileras de pantallas encendidas que muestran las señales entrantes del radar. En el interior de sus cascos hay tres conexiones diferentes de radio, además de un intercomunicador que utilizan para hablar entre ellos. Los múltiples flujos de información se muestran con una velocidad y densidad tales que uno podría pensar que se trata del equivalente en datos a ser golpeado en la cara con el caudal de una boca de incendios. Es mucho más de lo que la mayoría de la gente normal sería capaz de gestionar.

Como piloto de caza, Polidor no solo había sido entrenado para procesar este tipo de sobrecarga, sino también para canalizarla en decisiones y respuestas claras. También ayudaba probablemente el que además de haber

---

[*] *Airborne Warning and Control System. (N. del t.)*

alcanzado una calificación de 3,9 GPA* y de haber elegido como cadete la especialidad de ingeniería astronáutica en la Academia de la Fuerza Aérea, había jugado como portero titular en el equipo de *hockey* de la escuela. Pero más que ninguna otra cosa, lo que podría haberlo impulsado a su resolución de aceptar un papel con el que no estaba familiarizado tenía menos que ver con sus capacidades y entrenamiento y más con una idea.

En el aeródromo de Bagram, el 335.º Escuadrón de Caza tenía colgado junto a la puerta que daba acceso a la pista un pequeño cartel que decía lo siguiente:

LA MISIÓN ES UN DIECIOCHOAÑERO CON UN FUSIL. TODO LO DEMÁS ES APOYO.

Estas palabras, por las que Polidor y sus colegas tenían que pasar cada vez que se dirigían a la pista, les recordaban que ellos eran una pequeña pieza, aunque de importancia crucial, de una compleja maquinaria. Era también la afirmación de un principio básico: la noción de que la finalidad de un piloto reside en servir a los soldados que desempeñan el trabajo más sucio del ejército y que, por ello, encarnan la más pura esencia de la guerra. El mayor deber de un aviador reside en hacer lo que sea necesario para apoyar a los hombres con las botas en el suelo.

Esa filosofía, más que ninguna otra cosa, ayuda a explicar por qué Polidor, tras utilizar casi todo el armamento y la munición que llevaba a bordo de su caza contra los combatientes talibanes del Zigzag, se puso de inmediato a la tarea de convertir su Strike Eagle en la versión en miniatura de un AWACS.

El primer cometido de Polidor consistía en empezar a descongestionar el tráfico de aviones que llegaban a la zona de combate para asegurar que ninguno de ellos volara al mismo tiempo sobre el mismo tramo de cielo que otro. Así que tras proclamarse nexo de mando y control en las comunicaciones por radio, comenzó a separar a las aeronaves y a asignarles diferentes sectores. La clave de todo ello radicaba en lo que se llama «stack», un concepto que se entiende mejor imaginando un gigantesco tornado girando en el aire en los alrededores de Keating. La parte superior de ese vórtice estaría

---

* El GPA (Grade Point Average) es la nota media utilizada en el sistema educativo estadounidense de cara al acceso a los centros universitarios. A partir de 3,67 se considera sobresaliente, siendo la nota máxima un 4. *(N. del t.)*

a nueve mil ciento cuarenta y cinco metros de altura, y cada nivel de trescientos cinco metros o «ventana» hacia abajo estaría reservado para un tipo de aeronave en particular.

Los niveles más altos del *stack* fueron asignados a los drones de vigilancia y a aeronaves no tripuladas: los MQ-9 Reaper y MQ-1 Predator que habían comenzado a llegar a partir de las 7.20 de la mañana desde los aeródromos de Kandahar y Bagram. Para ponerlos en posición, Polidor debía dirigirse a sus equipos de operadores, cuyos miembros se encontraban en la remota Base de la Fuerza Aérea de Creech, al norte de Las Vegas, Nevada, a los que ordenó que establecieran órbitas entre los siete mil seiscientos veinte y los siete mil diez metros de altura.

Por debajo de los drones pero a unos ochenta kilómetros de distancia del *stack* principal había tres KC-135 Stratotanker y un KC-10 Extender, gasolineras volantes que harían posible que semejante flota permaneciera en el aire durante muchas horas. Justo en el interior del *stack* había también un RC-135, una aeronave tan grande como un avión cisterna, cuya tripulación contaba con equipos de contramedidas de guerra electrónica que tenían la capacidad de monitorizar de forma selectiva e interferir los teléfonos móviles que los talibanes estuvieran utilizando para comunicarse.

Este batiburrillo, que procedía de aeródromos tan lejanos como Kirguistán, al norte, y Qatar y los Emiratos Árabes Unidos, al oeste, acabaría incrementándose eventualmente con un avión U-28A de vigilancia, que proporcionaría más tarde información de reconocimiento para un equipo de fuerzas especiales que se envió a la zona poco después de anochecer, y un avión cañonero AC-130H Spectre (también conocido como «Spooky») que estaba armado, entre muchas otras cosas, con un cañón rotativo de cinco tubos que puede disparar mil ochocientos proyectiles por minuto.

Por debajo de estos estaban los aviones de ataque, los F-15 y los A-10 Warthog, que habían de efectuar pasadas de ametrallamiento y lanzamiento de bombas. Finalmente, el nivel más bajo, cualquier cosa por debajo de los novecientos catorce metros, estaba reservado para las aeronaves con rotor: los Apache que estaban llevando a cabo los ataques con cañones y misiles, y los Black Hawk, que debían acercarse para evacuar a nuestros heridos en el momento en que lográsemos recuperar el control de nuestra zona de aterrizaje.

Las comunicaciones estaban tan enmarañadas que pasaron veinte minutos antes de que Polidor y Dove pudieran asimilar quiénes hablaban por radio, desde dónde estaban emitiendo y qué estaban tratando de decir. Po-

ner en orden este galimatías y establecer el escalonamiento a las distintas
altitudes llevó casi una hora. (Una de las dificultades más grandes surgió a
causa del terreno montañoso, que bloqueaba las transmisiones de radio
desde tierra a cualquier aparato que no disfrutara de un espacio despejado
con Keating o Bostick.) Y aún antes de que todo esto estuviera bajo control,
Polidor y Dove tenían que gestionar la segunda parte de su trabajo, que era
coordinar los ataques aéreos.

Esta tarea era igual de complicada que la de determinar e implantar los niveles de vuelo del *stack*, y consistía en integrarse a la cola de una cadena
improvisada de comunicación que empezaba en el puesto de mando de
Keating, donde Bundermann elaboraba una lista actualizada de blancos
que debían ser destruidos.

—Necesitamos que los A-10 ataquen toda la Cara Norte...
—Que los Apache coloquen un Hellfire en la clínica, hacia el este, estas
son las coordenadas...
—Quiero bombas en estos dos TCP* del Zigzag...

Estas peticiones de ataque aéreo, que se basaban en información que
Bundermann conseguía en su mayor parte de mí, pero también de Avalos y de
Adams (que era el observador avanzado del Pelotón Azul), se pasaban a Cason Shrode, que estaba con Bundermann en el interior del puesto de mando y
cuya responsabilidad incluía el manejo de todas las comunicaciones relativas al
apoyo aéreo. El mensaje implícito que había en las palabras de Bundermann
cuando enviaba las peticiones del tipo esto-es-lo-que-quiero-y-dónde-lo-
quiero era: *Me importa una mierda cómo lo hagas, sencillamente resuélvelo.*

Parte del entrenamiento de Shrode, y una de las principales razones
por las que era bueno en este trabajo, consistía en manejar un sistema de
comunicaciones altamente complejo con los operadores de la fuerza aérea
que asignan los blancos a los pilotos que llevan a cabo los ataques aéreos. Estos operadores son conocidos como «controladores adjuntos avanzados de
ataque», o JTAC,† y durante la batalla de Keating Shrode estuvo en contacto con dos de estos especialistas, el *senior airman*‡ Angel Montes y el *airman*

* *Tactical Command Post*, puesto de mando táctico. *(N. del t.)*
† *Joint Terminal Attack Controllers. (N. del t.)*
‡ Graduación de la Fuerza Aérea norteamericana con código OTAN OR-4, equiva-
lente a cabo primero en el Ejército del Aire español. *(N. del t.)*

first class[*] Stephen Kellams, que se encontraban en el puesto de mando de Bostick. Una vez que los JTAC recibían las coordenadas de los blancos que les facilitaba Shrode, estos enviaban toda la información a Polidor.

Esto significaba que el Strike Eagle de Polidor hacía ahora las veces de estación de retransmisión volante para tres bases diferentes del ejército, a la vez que gestionaba los niveles de vuelo de una flota de diecinueve aeronaves de guerra, cada una entrando y saliendo del espacio de combate que se extendía en vertical por los nueve mil metros de cielo. Trabajando conjuntamente, Polidor y Dove tenían que ordenar coordenadas de blancos y elevaciones, retransmitir la autorización final para efectuar los ataques aéreos y establecer prioridades sobre qué aeronaves eran asignadas a qué blancos. Tenían que ir moviendo a los aparatos hacia arriba y hacia abajo en el *stack* cuando llegaba alguna aeronave nueva al área de operaciones. Cada vez que los Apache regresaban a la zona de combate Polidor y Dove tenían que hacer ascender otros novecientos catorce metros a todos los aparatos de los distintos niveles del *stack* para permitir que los helicópteros pudieran dirigirse directamente contra sus blancos. Y cuando un avión lanzaba una bomba de novecientos siete kilos desde el interior del *stack* los Apache debían ponerse a una distancia de seguridad para no resultar derribados por la onda expansiva de estas enormes bombas. Pero había mucho más.

Debían asegurarse de que todos se reunían con los aviones cisterna antes de quedarse sin combustible, y tenían que manejar cualquier emergencia que pudiera surgir en el interior del *stack*. (La despresurización en cabina de uno de los aviones, que se vio obligado a regresar a la base.) Debían gestionar comunicaciones deficientes, ya que las transmisiones que mantenían con Bostick y con otros aparatos, especialmente los Apache, se veían mermadas por el terreno montañoso. Tenían que monitorizar la capa de nubes (que se estaba haciendo cada vez más densa) y las condiciones meteorológicas, que se estaban deteriorando rápidamente por una serie de tormentas que se desplazaban hacia el este a través del valle de Kunar, afectando a la visibilidad y causando finalmente la formación de peligrosas capas de hielo en las alas de los aparatos que volaban en los estratos más altos del *stack*. (Para los reactores que se disponían a repostar de los aviones cisterna en mitad de lo peor de estas tormentas, la lluvia y el granizo reducían la visibilidad en algunas ocasiones a menos de tres metros.) Tenían que volver a

---

[*] Graduación de la Fuerza Aérea norteamericana con código OTAN OR-3, equivalente a cabo en el Ejército del Aire español. *(N. del t.)*

comprobar las coordenadas para confirmar que las bombas no se arrojaban
por error en el interior del perímetro de Keating (Dove descubrió dos errores de esta clase y ordenó que se abortaran los ataques antes de que se hiciera uso del armamento). Tenían que asegurarse de que ninguna de las bombas que caían a través del «cubo letal» impactaba accidentalmente con otro
avión. Y mientras hacían todas estas cosas, Polidor tenía que mantener un
ojo en su altitud, posición, nivel de combustible y otro sinfín de detalles al
tiempo que se centraba en volar uno de los reactores más sofisticados del
mundo.

   Para alguien que no se haya sentado nunca en el interior de la cabina de
un caza resulta casi imposible de imaginar la alucinante complejidad de lo
que estaban haciendo Polidor y Dove. Y aun así, todo esto estaba teniendo
lugar sin que un solo soldado allá abajo en Keating, con la posible excepción de Shrode, tuviera la más mínima idea de ello. Pero lo que más me
sorprende es que esta maquinaria de guerra soberbiamente calibrada, ex-
quisitamente afinada e inimaginablemente cara, esta maravilla de la ingeniería aeronáutica, de la magia de las comunicaciones y de la tecnología ar-
mamentística, estaba a la entera disposición de un hombre con una radio
sujeta a la espalda. Un sargento de Stockton, California, que se llamaba a sí
mismo Red Bull, y que en ese momento, después de más de cuatro horas de
enfrentamientos en el puesto avanzado de combate Keating, estaba solicitando misiones de fuego mientras miraba a través de la puerta oeste del
edificio Shura con los pantalones bajados hasta los tobillos, en cuclillas sobre una caja vacía de munición, y cagando.

Los ataques aéreos que solicitaba Avalos eran impresionantes. La mayoría
de los blancos del Campo de Minigolf estaba a más de ciento ochenta y tres
metros de distancia, pero las bombas que caían en el Zigzag y en Urmul lo
hacían mucho más cerca. Unos diez segundos antes del impacto Avalos nos
avisaba gritando: «¡Que salpica!». Cuando las bombas explotaban, el sonido
y las nubes de tierra y rocas pulverizadas que provocaban eran inmensos.

   Definitivamente, estas bombas estaban produciendo un gran impacto,
y no solo sobre los talibanes. A medida que se fue incrementando la intensidad de los ataques aéreos comenzó a elevarse también nuestra confianza.
Por descontado que todavía estábamos metidos en un gran lío. La mitad
del puesto avanzado estaba incendiado; teníamos muertos dispersos por
una amplia zona a los que no podíamos ver ni llegar hasta ellos; y todavía no

era posible evacuar a nuestros heridos. Pero quizá por primera vez desde que comenzara el ataque, parecía como si estuviéramos dándole al enemigo al menos tan duro como él nos daba a nosotros.

Con Raz concentrado en ese momento en cogerle una vía en el brazo de Miller para la IV y Avalos solicitando misiones de fuego, las cosas estaban bajo control en el edificio Shura. Esto me liberó para lo siguiente que debía hacer, que no era otra cosa que correr de vuelta al otro extremo del campamento y hacerle una petición especial a Bundermann.

Lo que tenía en mente podía haberse dicho por radio, pero era lo suficientemente importante como para que quisiera exponer el asunto en persona.

Cuando entré en el puesto de mando le dirigí una penetrante mirada a Jonathan Hill mientras levantaba las manos con un gesto de *¡¿qué cojones...?!* Luego lo dejé estar. Teníamos cosas más importantes de las que preocuparnos que el que un equipo ametrallador no estuviera en posición, comenzando por el hecho de que todavía ignorábamos completamente dónde se encontraban los camaradas que habíamos perdido.

En esos momentos había siete hombres desaparecidos: Gallegos, Larson, Mace, Martin, Carter, Griffin y Hardt. Asumiendo que sus cuerpos estuvieran todavía en el interior del perímetro, teníamos que encontrarlos y recuperarlos antes de que se apoderaran de ellos los talibanes.

—Necesitamos un plan —dije volviéndome a Bundermann—. Tenemos que averiguar la forma en que mi equipo y yo vamos a traer de vuelta esos cadáveres.

Según le expliqué, en ese momento solo había tres hombres en el edificio Shura en los que pudiera confiar: Raz, Dulaney y Avalos. A fin de generar el suficiente fuego de cobertura para mi siguiente movimiento, que implicaba entrar en la zona batida del extremo occidental del campamento donde sospechaba que se encontraban la mayoría de nuestros caídos, tendría que dejar a uno de esos hombres con una ametralladora en el edificio Shura. Un equipo de tres hombres no era ni de lejos lo que necesitábamos si queríamos encontrar los siete cadáveres y traerlos de vuelta.

—Necesito más hombres —le dije a Bundermann—. ¿A quién puedes darme?

Antes de que terminara la pregunta ya estaba Bundermann moviendo la cabeza. Él entendía, probablemente mejor que nadie, lo lejos que había llevado las cosas asaltando el edificio Shura sin ningún fuego de cobertura. Se alegraba de que se hubiera hecho, pero sabía que había ido mucho más allá de los límites de riesgo aceptables, y que mi pelotón y yo estábamos vivos de puro milagro. Enviar a un diminuto grupo de nosotros aún más lejos de la zona batida que había más allá del edificio Shura sería un movimiento muy audaz. Pero si éramos barridos y perdíamos todo lo conseguido, también acabaría por ser un movimiento colosalmente estúpido.

—Vuélvete al edificio Shura y mantén tu posición hasta que tengamos un mejor dominio de la situación —ordenó—. Quiero que tú y tus muchachos os hagáis fuertes y os limitéis a pedir misiones de fuego.

Este no era el momento de discutir, y en cualquier caso tenía razón.

—Entendido —dije, y regresé a la carrera.

Cuando llegué, los Warthog y los F-15 estaban todavía efectuando pasadas de bombardeo en el Zigzag y en el Campo de Minigolf. Con los tiradores enemigos sometidos a semejante castigo mis preocupaciones se centraron en el área despejada que había alrededor del edificio Shura.

Nuestra visibilidad era tan limitada que sería fácil para un equipo pequeño de insurgentes llegar hasta nuestras paredes y reagruparse sin que lo advirtiéramos. Para asegurarnos de que esto no sucedía teníamos que empezar a ser creativos.

La fachada norte del edificio Shura presentaba tres pequeñas ventanas, cada una de las cuales no era mayor de sesenta por sesenta centímetros. No tenían cristal, eran simplemente agujeros rectangulares en la pared, aunque estaban protegidas por una persiana de madera que abría hacia dentro a modo de una especie de portal. Hasta ahora habíamos mantenido los postigos firmemente cerrados, pero a partir de ese momento comenzamos a utilizarlas como parte de un estrambótico juego letal concebido por Raz, por Avalos y por mí.

Cada uno seleccionábamos una ventana y nos agachábamos junto a ella con una pila de granadas de las que cogimos en el depósito de munición. Cada granada tenía un lapso de tiempo antes de estallar de entre tres y cinco segundos. En circunstancias normales tirarías de la anilla y esperarías uno o dos segundos antes de lanzarla.

El problema era que si había alguien al otro lado de la pared dispondría de algunos segundos para coger la granada y tratar de lanzarla de vuelta por la ventana o sobre el tejado. Por tanto, cada treinta segundos, uno de nosotros tiraba de la anilla y sostenía la granada activada en su mano tanto tiempo como se atreviera —tres segundos, cuatro segundos, 4,499999 segundos— antes de agarrar el postigo, abrirlo, arrojar la granada por la abertura, cerrar la persiana y echar el postigo antes de que sonara la explosión.

Cada uno seleccionábamos una ventana al azar. Algunas veces las abríamos en secuencia. Otras veces nos saltábamos una. Ocasionalmente uno de nosotros lanzaría dos o incluso tres granadas desde la misma ventana antes de cambiar. Pero en cada una de las ocasiones había algo que permanecía constante: el que tenía la granada activada contaba los segundos sabiendo que si no calculaba bien y esperaba demasiado estallaría en su mano matando a todos los que estábamos en el interior de la habitación.

Lo llamamos «granada gallina» y, honestamente, no sabría decir durante cuánto tiempo lo practicamos, porque la intensidad nos robaba toda sensación del mismo. Todo lo que sé es que mantuvimos el mismo ritmo, una nueva granada cada treinta segundos, por espacio aproximado de más de una hora, mientras esperábamos a que Bundermann nos hiciera saber si nos mandaba más hombres y daba luz verde a nuestra misión de rescate de cadáveres.

Finalmente llegó la llamada, y cuando lo hizo no fue nada que ninguno de nosotros esperáramos.

—Oye, Ro, no te vas a creer esto —anunció Bundermann—, pero acabo de tener noticias de Dragón Rojo allá en el LRAS2.

Me quedé tan pasmado que no pude articular palabra.

Si lo que estaba diciendo era verdad, Brad Larson se hallaba a noventa y dos metros de donde nos encontrábamos, y todavía estaba vivo.

18

¡Vivo!

Desde poco antes de las 8.00 de la mañana no había habido noticias del vehículo de Larson. Lo último que se había oído de este sector fue justo antes de la salida fatal, cuando Gallegos trató de aprovechar la diversión creada por Josh Hardt y su equipo de rescate para llevar a cabo una retirada hacia el edificio Shura. En consecuencia, ninguno de nosotros tenía idea de lo que había pasado cuando Gallegos, Martin y Mace trataron de escapar hacia las letrinas mientras Larson y Carter les daban fuego de cobertura.

No sabíamos nada del RPG que había cubierto de hollín a Martin y reventado las piernas y el abdomen de Mace. No sabíamos nada sobre cómo Gallegos había cogido a Mace y había desaparecido detrás del remolque de la lavandería, solo para volver unos segundos más tarde y ser acribillado a la vista de Carter, que junto con Larson habían sido alcanzados por un francotirador talibán. Lo único que sabíamos era que no había habido noticias de nadie que estuviera en la parte occidental del campamento cerca del vehículo blindado y, en virtud de ese silencio, habíamos asumido que todos estaban muertos.

No era verdad.

Sin que lo supiéramos, varios miembros de ese pelotón dado por perdido habían logrado aguantar, aunque a duras penas. Los detalles de lo que habían padecido eran tan dramáticos y sangrientos como todo lo demás sucedido hasta el momento, con el añadido de encontrarse en terrible peligro y de que uno de ellos había sido herido del tal gravedad y en tantos sitios que la misión que debía tratar de salvarlo, en mitad de una batalla cuyo desenlace todavía pendía de un hilo, necesitaría la implicación de todo soldado de Keating que aún estuviera con vida, y la de cada piloto de cada caza, helicóptero y aeronave de apoyo que formara parte del *stack* de Polidor allá arriba en el cielo.

La forma en que se desarrolló todo esto daría para mucho, pero eso sería adelantarse.

Primero tengo que contarte lo que ocurrió después de que Larson, cuyo código de radio era Dragón Rojo, fuese alcanzado por un disparo en la cabeza.

La bala que fue disparada contra Larson mientras este estaba detrás del Humvee entró por el borde de su casco, donde el kevlar la detuvo en seco, aunque le dejó una marca justo por encima de sus cejas, echándole la cabeza hacia atrás como si hubiera sido golpeado en la cara con un hierro del nueve.[*]

Estuvo asombrosamente cerca. Un centímetro más abajo y la bala le hubiera entrado por el ojo izquierdo.

— ¡Vuelve al vehículo! —gritó Larson a Carter.

Mientras ambos se dirigían a las puertas, Larson vio a un par de talibanes emergiendo desde detrás del generador contiguo a nuestro contenedor frigorífico, a no más de seis metros de distancia. El primer hombre llevaba un RPG al hombro y el segundo una ametralladora PKM. Ninguno de los dos había visto a Larson.

Levantó el fusil y disparó a ambos insurgentes en la cara. Luego se subió al vehículo por el lado del conductor y cerró la puerta.

—Le han dado a Gallegos —informo Carter mientras las balas y los RPG continuaban impactando en el Humvee blindado—. No sé qué habrá sido de Mace o Martin.

Larson tampoco sabía lo que le había pasado a Martin. Pero había visto que Mace había absorbido gran parte de la explosión de un RPG que había caído entre los dos hombres, y también vio a Gallegos levantar a Mace y arrastrarlo hasta la parte trasera de las letrinas. Estaba en medio de esta explicación cuando Carter, que estaba sentado en el asiento del jefe táctico, vio algo moviéndose al otro extremo de una pila de rocas a menos de quince metros del vehículo.

Era Mace. Se estaba deslizando por la esquina sobre sus codos y antebrazos, arrastrando las piernas.

---

[*] Un tipo concreto de palo de golf. *(N. del t.)*

—Veo a Mace, todavía está vivo —exclamó Carter—. ¡Deja que vaya a por él!

—No —dijo Larson—. No le harás ningún bien muerto.

A diferencia de Carter, Larson había pasado el tiempo suficiente en combate como para saber que una de las mejores formas de que te mataran era correr al rescate de un camarada herido o para retirar el cadáver de un amigo al que acabaran de cargarse. «Los cadáveres atraen más cadáveres», era uno de los muchos mantras que él y yo nos recordábamos durante nuestra estancia en Irak.

Al haber visto repetirse tantas veces este fenómeno con sus propios ojos, Larson no tenía intención de permitir que Carter —que era un subordinado— saliera del vehículo y ofreciera otro objetivo tentador a los talibanes. En su lugar ordenó a Carter que se asegurara de que los cierres de combate de las puertas estaban echados mientras él trataba de ponerse en contacto con Bundermann a través de la radio del Humvee.

Al no obtener respuesta Larson cambió a otro canal, y tampoco logró comunicar. Lo intentó aún con otro canal, luego dos o tres más.

Con cada intento se llegaba al mismo resultado: estática.

Larson no tenía forma de saber que mientras que él y Carter habían estado fuera del vehículo tratando de dar fuego de cobertura, el resto de nosotros habíamos cambiado a una nueva frecuencia para asegurar que nuestras comunicaciones no se vieran comprometidas. Al no haber podido recibir la señal para cambiar y no tener manera de saber la nueva frecuencia, que fue pasada de palabra por toda la posición Álamo, Carter y Larson se habían quedado fuera.

Desconcertados por creer que la radio había dejado de funcionar y sabedores de que ni él ni Carter tenían una unidad portátil, Larson se dio por vencido y pasó a enfrentarse con el siguiente problema.

Los cohetes talibanes habían causado estragos en la torreta del ametrallador, sobre la cabina del Humvee, y la escotilla que daba paso a la torreta estaba abierta y atascada por una maraña de objetos que incluían la ametralladora de calibre .50 destruida, un fragmento desgarrado que había salido volando desde el generador conectado al contenedor frigorífico, y un manojo de cables eléctricos. Con los RPG estallando todavía en el muro de sacos terreros que había delante del vehículo, se hacía imperativo que encontraran la forma de cerrar y asegurar esa escotilla.

Haciendo uso del Gerber* de Larson, Carter cortó los cables, luego puso su hombro en la escotilla y trató de forzarla hacia arriba lo suficiente como para poder echar a un lado la ametralladora y los trozos de generador. Eso le permitió cerrarla. Los cierres se negaron a girar, así que ató la tapa con cuerda de nailon de paracaídas.

Con la escotilla cerrada y la radio negándose aún a funcionar no había mucho más que pudieran hacer. Podían oír fuego de armas procedente del centro del campamento, pero no tenían ni idea de si los que disparaban eran sus compañeros estadounidenses o los talibanes. De forma ocasional podían ver soldados enemigos moviéndose por el puesto de guardia de la policía afgana, a unos noventa y dos metros de distancia al otro lado del río. Pero en el momento en que bajaran una de las ventanillas para dispararles, los francotiradores de Urmul comenzarían a tirarles a través del hueco.

Y lo que era aún más preocupante, casi se habían quedado sin munición. En ese momento tenían menos de la mitad de un cargador de M4, unas siete balas cada uno. Sabedores de que debían conservar hasta la última de esas balas, había poco que pudieran hacer salvo sentarse en sus asientos y tratar de hacer recuento de lo que había sucedido.

Gallegos, quizá el único miembro del Pelotón Rojo cuyo tamaño, fuerza y ferocidad rivalizaban con las de Josh Kirk, estaba muerto. Martin se había desvanecido, y Mace se encontraba fuera de su alcance. Nadie en el puesto de mando tenía el menor indicio de que estuvieran vivos y Larson había sido alcanzado en el brazo y hombro derechos, además de presentar heridas en la cara y el cuello. El enemigo los tenía rodeados. Y para más inri ambos hombres se detestaban mutuamente, porque parecía ser que Larson y Carter habían tenido alguna trifulca entre ellos y las cosas habían acabado mal.

El problema se remontaba a justo antes de que nos enviaran a Afganistán, cuando estuvieron en la escuela de tiradores de Fort Benning, Georgia. Allí surgió la fricción, referente a interpretaciones radicalmente diferentes de las normas de la escuela y del código de honor, que según Larson, Carter había violado. El rencor surgido de este choque no había sido especialmente problemático durante nuestra estancia en Keating, porque estando Carter en el Pelotón Azul y Larson en el Rojo, habían tenido muy poco contacto. Pero en vista de lo poco que se gustaban estos hombres, la ironía de semejante aprieto no se le escapaba a Larson. Si había una persona en todo el puesto avanzado, afganos incluidos, con la que menos quisiera estar atra-

---

* Cuchillo táctico de esa marca. *(N. del t.)*

pado en el interior de un vehículo blindado atacado que no tenía radio ni ametralladora, y cuya escotilla de la torreta estaba atada con una cuerda, ese era Carter.

Y aun así, les gustara o no, allí estaban. Pero hay que decir a favor de Larson que a pesar de todo lo que pudiera despreciar a Carter, sería el primero en poner de manifiesto más tarde que su compañero estaba a punto de superar su reputación de embaucador zalamero y completo gilipollas para centrarse como soldado.

La transformación fue rápida, y comenzó cuando Carter vio por su ventana, y comprendió para su asombro, que mientras habían estado trasteando la radio y la tapa de la escotilla Mace había logrado arrastrarse de algún modo desde detrás de las rocas y estaba en ese momento tendido a unos dieciocho metros de distancia, lo suficientemente cerca como para que pudieran oírse mutuamente. De hecho, estaba levantando su cabeza en ese instante para decir algo.

Carter bajó la ventanilla lo suficiente para poder oír las palabras.

—¡Ayudadme! —gritaba Mace—. ¡Ayudadme, por favor!

Según los cálculos de Larson todavía no había forma de que Carter corriera desde el vehículo blindado hasta la zona donde estaba Mace sin que lo hicieran pedazos. Sin embargo, con Mace tan condenadamente cerca era mucho más duro para Larson negar a Carter las reiteradas peticiones que le hacía para que le autorizara a intentarlo al menos.

Las cosas cambiaron al fin cuando Carter dijo que estaba oyendo algo más por la rendija de la ventanilla. Era el sonido de un claxon, y por lo que Carter podía deducir, parecía proceder del Vehículo 1, el Humvee que Hardt había utilizado en su fallida misión de rescate, que todavía estaba atrapado en el montón de escombros a unos cinco metros de la parte trasera del vehículo blindado en el que estaban sentados él y Larson.

¿Había un hombre herido en el interior de ese Humvee, Martin, Hardt, o quizá Griffin, que estuviera tratando de pedir ayuda? Tenían que averiguarlo. Así que cuando Carter sugirió bajarse y meterse debajo del vehículo para ver si podía divisar algo, Larson asintió con la cabeza.

Nada más salir, Carter se dio cuenta de que la idea no iba a funcionar. Las ruedas de su Humvee habían quedado acribilladas de balas y metralla y estaban completamente desinfladas. No había espacio para que pudiera meterse debajo del chasis.

—Debajo del vehículo no se puede —le dijo a Larson cuando volvió a meterse en el interior. Pese a todo, el Vehículo 1 solo estaba a cuatro metros y medio de distancia con las puertas abiertas. ¿No debería darse una carrera y comprobar si había supervivientes?

Larson no tenía ni idea de que para entonces mi equipo y yo habíamos llegado al cobertizo de la munición ni de que estuviéramos trabajando conjuntamente con los pilotos de los Apache para eliminar a los servidores de las ametralladoras enemigas situadas al otro lado del río Darreh-ye Kushtāz y en el interior de Urmul. Lo que sí estaba claro era que los Apache habían reanudado su trabajo haciendo pasadas intermitentes con sus cañones por todo el valle, y que el fuego talibán se acallaba cada vez que los helicópteros efectuaban una pasada. Así que le dijo a Carter que tenía luz verde para ir, pero que debía esperar a que regresaran los pájaros.

Cuando oyeron a uno de los Apache abrir fuego con su cañón de cadena salió Carter fuera, corrió hasta el Vehículo 1 y saltó a su interior.

No había nadie allí dentro y la radio, junto con casi la totalidad del interior de la cabina, había sido reventada por la explosión de un RPG. No se veía nada que indujera a explicar por qué se había puesto el claxon en funcionamiento, salvo quizá un cortocircuito en el sistema eléctrico causado por el daño que había encajado el vehículo. Sin embargo, Carter descubrió un par de cosas que podrían venirle bien: un M4 y una SAW.

Agarró las dos armas y se escabulló de vuelta al otro Humvee.

Nada más llegar, abrieron el tambor de la SAW y comenzaron a extraer las balas. No quedaban muchas, pero eran del mismo calibre que las de sus fusiles. Junto con las balas del otro M4 tenían ahora suficientes cartuchos como para rellenar completamente un cargador.

No era mucho, aunque podría bastar para que Larson pudiera cubrir a Carter mientras este recuperaba a Mace.

—¡Mace se está moviendo! —exclamó Carter.

—De acuerdo, ha estado vivo todo este tiempo —dijo Larson—. Vamos a esperar a que los helicópteros vuelvan a pasar.

Mientras esperaban hablaron sobre cómo saldría el siguiente intento.

En primer lugar, Carter tenía que llegar hasta Mace y comprobar la gravedad de sus heridas, y dependiendo de qué aspecto tuvieran, la mejor opción podría ser que Carter arrastrara a Mace hacia una reguera de drenaje que corría campamento abajo desde el emplazamiento de morteros y ponerlo bajo el puente de hormigón que cruzaba el río hasta la zona de aterrizaje de helicópteros, donde podrían tener alguna cobertura.

Cuando regresaron los Apache y amainó de nuevo el fuego enemigo salió Carter por segunda vez y corrió hasta la pila de rocas donde estaba Mace. Larson salió al mismo tiempo por la puerta del conductor con su fusil. Debido a que solo tenía catorce balas se abstuvo de disparar, concentrándose en escudriñar Urmul y las áreas del Zigzag y la Cascada por la mira telescópica de su M4 buscando cualquier cosa que supusiera una amenaza.

Cuando Carter llegó hasta Mace se lo encontró tumbado boca abajo, con el cuerpo de Gallegos tendido en el suelo a unos metros de distancia.

Mace estaba balbuceando y en estado de *shock*. También había perdido mucha sangre. Cuando Carter le dio la vuelta, la parte delantera desgarrada de su uniforme estaba teñida de rojo a causa de las heridas de su abdomen y piernas. Sus intestinos sobresalían parcialmente, sus piernas estaban cubiertas de orificios de bala y metralla, y uno de sus pies estaba casi seccionado a la altura del tobillo. Además, otros fragmentos de metralla habían penetrado en la cadera y nalgas, en todo el lateral derecho de su cuerpo, y en la espalda y el brazo derecho.

De rodillas junto a él, Carter se puso manos a la obra. La pierna izquierda de Mace estaba aplastada —presentaba una fractura compuesta de tibia y peroné—, así que lo primero que había que hacer era un torniquete alrededor de la pierna. Luego utilizó un vendaje compresivo para contener las heridas de su vientre, y rollos de gasa y cinta para poner sobre los orificios más grandes de sus piernas. Por último, cogió un palo y lo utilizó para entablillar el tobillo dañado.

Cuando hubo terminado, Carter empleó un momento para mirar sobre el puente de hormigón a dieciocho metros de distancia. Luego le dijo a Mace que se quedara donde estaba y corrió de vuelta al vehículo para hablar con Larson.

El puente no era buena idea, explicó Carter: demasiado expuesto, no hay suficiente cobertura. El único lugar seguro para Mace era el interior del Humvee.

—Está bien —asintió Larson—. Pero antes tenemos que hacer una cosa.

Cogiendo su navaja multiusos, Larson preparó el vehículo utilizando un viejo truco que había aprendido de mí cuando estábamos en Irak. El respaldo del asiento del Humvee está sujeto por cuatro tornillos, dos a cada lado. Si desatornillas los dos de arriba el asiento se va hacia atrás y puedes transformarlo en un asiento reclinable, permitiendo que un hombre herido pueda estar casi tendido. (Solíamos llamarlo «conducir al estilo gánster»).

Cuando el asiento estuvo listo, Larson se apostó de nuevo con su M4 para proporcionar cobertura, y Carter corrió de vuelta hacia donde estaba Mace.

Al llegar a él Carter lo cogió y lo llevó hasta un saliente de roca. Puso a Mace encima de la roca, subió a lo alto del mismo y a continuación lo arrastró el resto del camino hasta el Humvee. Luego levantó a Mace de nuevo y lo introdujo por la puerta del copiloto.

Tras poner a Mace reclinado en el asiento, Carter se escabulló por la parte trasera y entró por la puerta de atrás del conductor, sentándose detrás de Larson.

Cuando cerró la puerta de un portazo Mace giró su cabeza y los miró a ambos.

—Esto, ¿alguno de vosotros tiene un cigarrillo? —preguntó—. De veras que podría fumarme un cigarrillo ahora mismo.

Además de su sentido del humor, otra cosa que definía a Mace era su resistencia al dolor. Una vez, en octavo de primaria, quedó atrapado en una melé durante un partido de fútbol americano, siendo bloqueado de tal forma que se rompió el fémur. Era una fractura fea —el traumatólogo diría más tarde que parecía que hubiera sufrido un accidente de coche yendo a ciento sesenta kilómetros por hora— y para evitar que los bordes del hueso seccionaran la arteria femoral, los sanitarios se vieron obligados a poner el hueso en su sitio sin anestesia en el propio campo. Cuando Mace fue enviado al hospital, el personal de la sala de emergencias no podía creer que un chico de trece años pudiera soportar semejante agonía. Pero lo hizo. Incluso su madre quedó atónita al ver por todo lo que había tenido que pasar.

Ahora ese estoicismo estaba a punto de sufrir una prueba que iba mucho más allá del límite de cualquier cosa que Mace hubiera soportado. No lloró, ni gritó, pero Larson podía ver el tormento grabado en sus gestos. La piel de su cara se había tornado de un verde bilioso, y sus ojos parecían nadar en el interior de piscinas gemelas de puro sufrimiento. A Larson le parecía el peor dolor que uno pudiera imaginarse multiplicado por diez. Y quizá la parte más horrible de todo esto era que ni él ni Carter podían proporcionarle la única cosa que podría haber dado a Mace un poco de alivio, la *única* cosa que había pedido, un cigarrillo.

—Dame un cigarrillo, anda —continuó rogando una y otra vez.

A Larson le atormentaba el pensamiento de no haberse traído cigarrillos o tabaco de mascar. Pero no había manera de hacérselo entender a Mace, que escuchaba cortésmente cada vez que Larson le decía que no tenían tabaco para luego volver a hacer entre dolores la misma pregunta:

—Por favor, amigo, solo *un* cigarrillo.

Finalmente, Larson renunció a tratar de explicarle nada y se limitó a decir pequeñas frases de ánimo —«Tú eres duro... Eres bueno... Te salvaremos»— mientras él y Carter trataban de ver cuál iba a ser su próximo movimiento.

Continuaban escuchando disparos procedentes del centro del campamento, pero aún ignoraban quién disparaba. Era bastante posible, razonaron, que algunos de nosotros —la Sección de Mando y quizá unos pocos hombres de los Pelotones Rojo y Azul— permaneciéramos todavía con vida efectuando una última defensa. Pero por otro lado, podrían ser talibanes que hubieran penetrado hasta el centro del campamento y estuvieran eliminando las bolsas aisladas de supervivientes. O quizá un grupo de nuestros muchachos hubiera logrado huir más allá del perímetro a las colinas y el enemigo estuviera ahora en el interior del campamento disparándoles.

Solos y aislados como estaban, cada uno de estos escenarios parecía igualmente probable. Y a la luz de esas posibilidades, parecía que su única vía de escape posible se encontrara quizá justo delante de ellos.

— ¿Sabes nadar? —preguntó Carter mirando a través del destrozado parabrisas hacia el río.

Larson guardó silencio un momento. La respuesta era un enfático «no»: no sabía nadar una mierda, pese a no estar herido en múltiples lugares.

—Lo suficiente para sobrevivir —replicó.

Con eso, tramaron un plan desesperado en el que debían aguardar a que anocheciera, gatear hasta la orilla del río arrastrando a Mace, dejarse deslizar por la corriente y dejar que esta los llevase más de diecinueve kilómetros aguas abajo hasta Lowell, un puesto de combate avanzado norteamericano encajado en un saliente rocoso junto al río.

Ni que decir tiene que ese plan presentaba serios inconvenientes, comenzando por el hecho de que Mace acabaría desangrándose con total seguridad en el primer par de minutos de estar en el agua. Poco después, Larson probablemente se ahogaría, una perspectiva ligeramente más aceptable, se concedió con sarcasmo, si hubiera tenido la posibilidad de echarse a la boca una última porción de tabaco de mascar.

Al final estuvieron de acuerdo en que hacer un intento del tipo Huck Finn[*] para llegar a Lowell era un plan estúpido. Pero también sabían que Mace —que todavía seguía insistiendo en que le dieran un cigarrillo— estaba sufriendo una hemorragia interna masiva y que no viviría mucho tiempo. Y fue entonces cuando Carter decidió que tenía que tratar de averiguar qué estaba sucediendo en el centro del campamento y determinar, de una vez por todas, si seguían vivos todos los demás de Keating.

—Voy a efectuar un reconocimiento —anunció—. Si no estoy de vuelta en diez minutos, o bien lo conseguí o no te preocupes por ello.

Dicho eso salió del vehículo, sobre el terraplén, y corrió hacia las rocas que había junto a las letrinas, donde había recogido a Mace. Pasó junto al cadáver de Gallegos, luego giró la esquina de las letrinas, se detuvo, y escudriñó lo que había delante de él. Lo primero que vio fue el M4 de Mace, que estaba en el suelo junto al remolque de la lavandería.

Estaba a punto de correr hacia el remolque cuando miró detrás de él y vio algo más.

Era una EFJohnson, tirada en el suelo.

La EFJohnson es una radio portátil emisora-receptora de canal abierto tipo *walkie-talkie* que no está codificada ni encriptada. Como tal, no es la clase de dispositivo que uno quiera utilizar en combate, porque las comunicaciones no son seguras. Pero en Keating, al personal de mantenimiento le encantaban las EFJohnson porque les permitía una forma simple de hablar entre ellos.

El jefe de mecánicos de Keating, Vernon Martin, había llevado una de esas radios. Todo apuntaba a que se le había caído cuando él, Mace y Gallegos trataron de llegar corriendo al edificio Shura. Aunque todavía ignoraba lo que le había sucedido a Martin, Carter acababa de encontrar la radio, tropezando quizá con el único medio de comunicación que no se había visto afectado por el cambio de red. La cuestión clave ahora era si todavía había alguien con vida en el campamento, y en caso afirmativo, si iban a molestarse en monitorizar la frecuencia de Martin en la EFJohnson que estaba colocada en su cargador en la pared este del puesto de mando.

Carter cogió la radio, pulsó el botón y no oyó nada.

La apagó, luego la encendió de nuevo, pulsó el botón por segunda vez y esta vez la oyó funcionar.

---

[*] En referencia a la célebre novela *Las aventuras de Huckleberry Finn* del escritor norteamericano Mark Twain. *(N. del t.)*

—Aquí Golfo Cuatro Azul —dijo, facilitando el código de llamada que lo identificaba como miembro del Pelotón Azul—. ¿Hay alguien todavía vivo?

En respuesta oyó una voz. No pudo distinguir quién era o lo que decía, pero fue suficiente para que saliera disparado de vuelta al vehículo blindado, donde entregó la radio a Larson.

—Aquí Dragón Rojo —dijo Larson.

—Dragón Rojo, aquí Black Knight Siete —replicó el *first sergeant* Burton—. ¿Cuál es tu situación?

19

El Buno

En el interior del puesto de mando, Burton le pasó la EFJohnson a Bundermann para que Larson pudiera facilitarle un breve estado de la situación que incluía solo los detalles más importantes: que Gallegos estaba muerto; que Hardt, Griffin y Martin estaban desaparecidos; y que Mace estaba herido en estado crítico y necesitaba que lo llevaran al puesto de primeros auxilios tan pronto como fuera posible, si querían tener una oportunidad de salvarle la vida.

—Si despliego una cantidad de fuego superlativa —preguntó Bundermann—, ¿podéis tú y Carter traerlo de vuelta por vuestros propios medios?

—Demonios, claro —replicó Larson—. Tenemos aquí una camilla. Pero necesitamos un poco de tiempo para hacerlo.

—De acuerdo, ponedlo en la camilla —dijo Bundermann—. Tan pronto como oigáis el primer *boom* os ponéis en marcha.

Cogiendo a continuación la radio ICOM, Bundermann llamó a Jordan Bellamy de Fritsche. La dotación de los morteros de allí todavía estaba tratando de calibrar sus armas para que estas pudieran disparar con precisión, pero a Bundermann no le importaba eso en ese momento.

—Necesito que hagas preparativos para disparar contra Urmul —dijo.

—¿Qué parte? —preguntó Bellamy.

—Todo —dijo Bundermann dándole una coordenada de ocho dígitos del centro de la aldea y especificando que utilizara granadas incendiarias de fósforo blanco, que abrasaban todo lo que tocaban—. Dame quince disparos con el mortero de 120 milímetros y quince con el de 60 milímetros.

—Entendido —dijo Bellamy.

La siguiente llamada de Bundermann me la hizo a mí en el edificio Shura.

—Van a tratar de traer a Mace hasta aquí —me dijo tras comunicarme la sorprendente noticia de que Larson estaba vivo, noticia que levantó mi ánimo e impulsó mi confianza de un modo que nada más podría.

Si Larson está todavía combatiendo, pensé para mis adentros, *nuestra posición es sólida*.

—¿Puedes proporcionarme fuego de cobertura? —preguntó Bundermann.

—Sí —confirmé—. Podemos apostarnos en la parte frontal y trasera del edificio Shura.

—De acuerdo. Bueno, lo que va a pasar es que escucharás un *boom* y luego vamos a disparar los morteros de 120 milímetros —dijo —. Es entonces cuando quiero que tú y tus hombres os pongáis en posición y efectuéis fuego de cobertura. Disparad a cualquier cosa que veáis en el Campo de Minigolf, Urmul o la Cara Norte. Larson y Carter cogerán a Mace y saldrán corriendo.

—Entendido —dije.

A continuación Bundermann hizo llamar a Hill, que estaba fuera del puesto de mando, y le dio las mismas órdenes, pero con instrucciones para que sus hombres dirigieran su fuego al Trampolín y al Zigzag.

Finalmente, Bundermann hizo una llamada a todo el que estuviera sintonizado en el canal de combate: «Si tenéis algún tipo de sistema de armas debéis buscarle un blanco —declaró—. No me importa lo que sea, quiero que todo lo que tengamos esté listo para ser disparado en un minuto».

Era una apuesta audaz. Todas las armas del interior de Keating abrirían fuego al mismo tiempo con la esperanza de que una cortina de fuego proporcionara la suficiente cobertura como para que Larson y Carter pudieran coger a Mace y cubrir, sin que los alcanzaran, una larga carrera sobre terreno desigual, sorteando cajas de munición, rocas y una variedad de trozos de chatarra a lo largo de una distancia increíblemente larga —casi ciento ochenta y tres metros— desde el otro extremo del campamento hasta el puesto de primeros auxilios.

Todos pensamos que lo que había de desencadenar esta maniobra —el *boom* al que se refería Bundermann— serían las granadas de 120 milímetros de Fritsche.

En realidad, tenía en mente algo bastante más grande que eso.

Unas cinco horas antes de que comenzara el ataque a Keating, un capitán llamado Justin Kulish empujó hacia delante las palancas de gases y comenzó a avanzar por la pista de despegue en Al Udeid, una base aérea de Qatar a más de dos mil ochenta kilómetros al suroeste de Nuristán, a los mandos de un B-1 Lancer.

El Lancer es un bombardero supersónico intercontinental cuyo tamaño y poder son suficientes para aturdir la mente. En tierra, el avión es más alto que un edificio de oficinas de tres plantas. Su envergadura es casi la mitad de un campo de fútbol americano. A plena carga pesa casi doscientas veintisiete toneladas, y cuando está en el aire esta cosa puede volar a más de mil cuatrocientos cuarenta kilómetros por hora. Sin embargo, los pilotos que, como Kulish, vuelan este avión, no lo llaman Lancer. Utilizan en su lugar un apelativo que deriva de B-1, sencillamente se refieren a él como «el Buno».[*]

Resulta también que el Buno lleva la mayor carga de armas guiadas y no guiadas de todo el inventario de la fuerza aérea, lo que significa que ofrece un abanico de posibilidades sin igual para un comandante terrestre que esté solicitando un ataque aéreo. A veces, las tripulaciones de la fuerza aérea dicen que el Buno funciona como una especie de maleta volante de Dunkin' Donuts letales, entre los que los muchachos de tierra pueden buscar en el menú y pedir lo que se les antoje. Con independencia de si necesitas una bomba de doscientos veintisiete kilos guiada por GPS para demoler un edificio, una bomba de racimo con dispositivo corrector de viento para destruir una columna blindada, o un misil lanzado a distancia para destruir un emplazamiento de misiles tierra-aire situado a ochenta kilómetros, un piloto como Kulish y su tripulación de tres miembros (copiloto y dos *wizzos*) te garantizan la cobertura.

El bombardero de Kulish, cuyo identificativo de radio era Buno21, estaba llevando a cabo una patrulla rutinaria y llevaba en el aire casi ocho horas cuando llegó el mensaje de que Keating estaba en peligro de ser invadido y necesitaba ayuda. Mientras Kulish dirigía el avión a Nuristán los controladores de la fuerza aérea de Bostick le preguntaron cuánto tiempo tardaría en llegar allí.

Treinta minutos, radió Kulish, si volaba a la velocidad máxima sin poscombustión, pero mucho menos si empleaba la velocidad supersónica. El inconveniente: el Buno consumiría cinco veces más combustible una vez hubiera roto la barrera del sonido, y necesitaría repostar inmediatamente después de llegar allí.

---

[*] B-uno, esto es, B-1. En inglés en el original *Bone*, es decir, B-one. *(N. del t.)*

«Hazlo», replicaron los controladores.

Activando la poscombustión, Kulish puso su bombardero a una velocidad de 1,2 Mach. Mientras tanto, Michal Polidor y Aaron Dove comenzaron a reorganizar el *stack* para hacerle sitio ante su inminente llegada.

Poco antes de las 10.30 de la mañana, mientras Kulish se acercaba a la zona de combate, él y su tripulación comenzaron a captar el tráfico de radio y quedaron un poco sorprendidos al descubrir la cantidad de aviones que había en el área. El espacio aéreo sobre Keating parecía estar lleno de reactores, así que sospecharon que lo que fuera que estuviera sucediendo en tierra no se trataba en absoluto de un combate ordinario.

Cuando llegaron finalmente sobre la vertical y descubrieron los detalles de lo que estaba ocurriendo, tuvieron la misma reacción que todo piloto nuevo que llegó a la escena ese día. Lo que impactó con más fuerza a Kulish era la gran parte de Keating que estaba incendiada. Desde el aire parecía como si todo el puesto avanzado estuviera en llamas.

La otra cosa que detectaron era que las condiciones climatológicas estaban empezando a cambiar.

A las 10.39 de la mañana, los controladores de Bostick solicitaron una comprobación del tiempo a alguno de los aparatos Predator de vigilancia que orbitaban en el interior del *stack*. Un minuto más tarde, un dron con identificativo de radio Sijan, que operaba en el espacio aéreo situado a cinco millas náuticas al sureste de Keating, comenzó a recibir señales de advertencia en sus sensores de la presencia de hielo. Al mismo tiempo, Lemay —el identificativo de radio de otro dron en el área— registró que se estaban formando intensas nubes de cúmulos en todas partes.

Una tormenta anticipada de invierno estaba empezando a formarse al este, empujando una pared de nubes entremezcladas con tormentas eléctricas desde los sesenta y un metros de altitud hasta los nueve mil cien. Cuando la tormenta estuviera completamente sobre la zona, la tierra dejaría de ser visible y ningún aparato del interior del *stack* podría lanzar otra cosa que no fueran bombas inteligentes guiadas por GPS, cuyos sensores estaban configurados con coordenadas proporcionadas por los observadores avanzados de tierra. Como dificultad añadida, la tormenta obligaría a los aviones cisterna a desviarse unos ciento sesenta kilómetros, lo que forzaría a los reactores más pequeños del interior del *stack* a volar más distancia para repostar combustible.

Afortunadamente, además de todo ese armamento, el Buno estaba equipado con veinte bombas guiadas de precisión conocidas como JDAM.[*] Doce de esas bombas inteligentes eran de doscientos veintisiete kilos. Las otras ocho eran monstruos que pesaban novecientos kilos cada una y eran tan largas como una camioneta. Cargadas de alto explosivo y con una cobertura de metal que estaba diseñada para fragmentarse en trozos incandescentes de metralla, esas bombas eran capaces, si se utilizaban en conjunción, de volar una parte considerable del asalto talibán, aunque había una cuestión que debía ser tenida en cuenta.

Cuando llegó al puesto de mando de Keating la noticia de que venía de camino un B-1, Bundermann le dijo a Shrode que dejara a un lado el manual de artillería de campaña y recalculara las especificaciones sobre la distancia mínima a la que se podrían arrojar esas bombas sin abatir a todo el que estuviera en el interior de la alambrada.

Las JDAM a bordo del Buno estaban equipadas con receptores GPS en sus secciones de cola, junto con pequeños mecanismos de gobierno llamados «servomotores», que podían cambiar la dirección de su trayectoria de vuelo. Gracias a ese dispositivo direccional, se suponía que las bombas tenían una precisión de un radio de catorce metros. Esto era una cosa importante a tener en cuenta, porque la regla de oro habitual durante los entrenamientos es que quieres mantener una distancia —entre el punto de la detonación y el personal más cercano al mismo— de unos noventa y un centímetros por cada cuatrocientos cincuenta y tres gramos de explosivo, ya que nadie que no esté a cubierto en el interior de ese radio tendrá posibilidades de sobrevivir a la onda expansiva y a la metralla.

Sin embargo, no se trataba de un entrenamiento, así que cuando Shrode tuvo la información, él y Bundermann resolvieron que se encontraban cómodos solicitando un ataque aéreo a ciento ochenta y tres metros del puesto avanzado, retransmitiéndola de inmediato a los controladores de la fuerza aérea en Bostick. A continuación Shrode y Bundermann hicieron un corrillo rápido para averiguar exactamente hasta dónde querían meterse en el interior de la zona que se conoce como «distancia de peligro», siendo la pregunta que debían responder entre los dos: *¿Cuál es el punto más cercano que podemos solicitar para un ataque disminuyendo nuestras probabilidades de supervivencia otro diez por ciento?*

Un minuto más tarde avisaron a Bostick de que cualquier cosa que rondara los noventa y un metros de distancia a Keating era una opción aceptable.

---

[*] *Joint Direct Attack Munition*, munición de ataque directo conjunto. *(N. del t.)*

Lo que Bundermann pretendía era enviar una solicitud para que una serie de bombas inteligentes fueran arrojadas entre el Campo de Minigolf y Urmul. Esto, según preveía, serviría como un tipo de especial dos por uno. De un simple mazazo terminaría con un enjambre de tiradores y equipos de RPG enemigos, situados todos a lo largo de la estribación que conectaba esos dos puntos calientes. Y si tenía un golpe de suerte extra, esas bombas podrían eliminar también una o dos Dishkas que los talibanes habían emplazado en esas crestas dominando la aldea. (Aunque estas Dishkas estaban en una ubicación diferente a la ametralladora pesada que acababa de dañar a los Apache de Huff y Lewallen, a los pilotos también les preocupaba estos sistemas de armas. Su eliminación antes de que los helicópteros regresaran a la zona de combate era una prioridad para Bundermann.)

Este era el plan que estaba en proceso cuando el *first sergeant* entregó la radio EFJohnson a Bundermann y este se enteró de que Larson, Carter y Mace estaban vivos. Desde la perspectiva de Bundermann parecía obvio que el siguiente paso consistía en aprovechar el lanzamiento de bombas del Buno como desencadenante de la masiva cortina de fuego de cobertura que debían efectuar los Pelotones Rojo y Azul, además de los morteros de Fritsche, para que Larson y Carter pudieran hacer su recorrido y llevar a Mace al puesto de primeros auxilios.

A las 10.56 de la mañana los controladores de la fuerza aérea de Bostick establecieron contacto por radio con Kulish y su tripulación, que para entonces ya habían llenado sus depósitos de combustible y se encontraban listos para bombardear, y les comunicaron que se prepararan para entrar en acción.

Un minuto más tarde Kulish anunció «Bombas fuera», y dejo caer seis bombas inteligentes del Buno, todas ellas apuntadas al Campo de Minigolf y a la estribación que se extendía hasta Urmul.

Mientras las bombas caían Bundermann envió una advertencia final a cualquiera que estuviera a la escucha en la red de combate:

—Todo el mundo abajo —ordenó—. Esta va a estar cerca.

Cuando estás a menos de ciento ochenta y tres metros de distancia de un lanzamiento masivo de bombas el impacto es increíblemente violento.

La explosión inicial se registra como un estruendo de sonido ensordecedor, pero el impacto auditivo no importa en realidad, porque el estremecimiento que le sigue es mucho más potente. Y lo que es más, estas dos fuerzas, sonido más onda expansiva, van tan juntas que apenas se pueden distinguir. Lo que sientes, principalmente, es una especie de sensación de un gran *empujón*, casi como si una ola del océano te golpeara en el plexo solar y por algún extraño misterio de la física, traspasara tus tejidos, tus huesos y todo tu cuerpo.

Si no lo has experimentado en primera persona, el efecto es difícil de concebir a menos que trates de imaginar lo que entrañaría ser un insecto especialmente diminuto, digamos, algún tipo de ácaro, encerrado en el interior del bombo de la batería de una banda de rock duro.

Vaya, eso estuvo cerca, te dices a ti mismo cuando llega y pasa el primer estruendo y la primera concusión.

Pero qué coño, también ha sido divertido, piensas cuando se desvanece el último choque.

Y luego te golpea una idea perturbadora:

Oh, Dios mío...¿me he muerto y todavía no me he dado cuenta?

Sin embargo, a pesar de lo impresionante y temible que era esto, lo que realmente marcaba nuestras mentes era el impacto visual del ataque aéreo del Buno.

Cuando las bombas empezaron a caer, Raz y yo estábamos acurrucados en el suelo en mitad del edificio Shura, separados de las paredes con la idea de que si el edificio colapsaba sobre nosotros, tendríamos más posibilidades de sobrevivir a un golpe de la madera contrachapada del techo que si quedábamos enterrados bajo los escombros de las paredes de piedra. Esto significaba que podíamos ver directamente a través de la puerta oeste, que ofrecía un nítido panorama sobre el Campo de Minigolf.

La primera bomba impactó sobre la cresta que había justo encima de Urmul, haciendo saltar tierra, roca pulverizada y trocitos de árboles por los aires. El impacto generó un sonido sobrenatural que fue mucho más estruendoso, oscuro y amenazante que cualquier trueno que ninguno de nosotros hubiera escuchado antes, desplegándose la explosión como una flor carmesí. Nos dimos cuenta de que hasta podíamos *ver* la onda expansiva dirigiéndose hacia nosotros con el pulso ondulante que causaba la vibración del propio aire.

Cuando el impacto de la onda expansiva golpeó el edificio Shura levantó todo el tejado y lo precipitó de nuevo mientras golpeaba las cuatro paredes y las hacía estremecer como si fueran un conjunto de hojas muertas en la rama de un árbol. El aire del interior se llenó de una nube de agitadas partículas de polvo. Y mientras tenía lugar todo esto, la segunda y la tercera

bomba estallaban en el Campo de Minigolf, seguidas a continuación de la
cuarta, la quinta y la última.

Krak—BOOM
    Krak—BOOM
        Krak—BOOM
            Krak—BOOM
                Krak—BOOM
                    Krak—BOOM

Era bastante simple, la cosa más espectacular que Raz y yo hubiéramos
visto nunca en toda nuestra vida, y en cualesquiera otras circunstancias,
ambos nos hubiéramos sentido compelidos a tomarnos una pausa para respirar y presenciar la contundente y feroz majestuosidad de ese espectáculo
impresionante. Pero en ese momento también oía a Bundermann en mi
radio dando la cuenta atrás para abrir fuego:

—¡A todo el que me esté escuchando, abrid fuego a la de tres!
    —Una...
        —Dos...

—¡Coge ya tu M203! —le grité a Raz— ¡Sal por la puerta de atrás y
dispara todo lo que tengas!

Sin perder un segundo Raz salió corriendo por la puerta, se agachó en
la trinchera con su espalda contra el lado este del edificio Shura, y comenzó
a lanzar granadas hacia atrás por encima de su hombro en dirección a la
Cara Norte. Las lanzaba tan rápido como se las iba dando Miller, que se
había espabilado lo suficiente como para servirle de asistente, sin siquiera
molestarse en saber a dónde estaba disparando.

Mientras tanto, Dulaney y yo nos abalanzamos sobre la puerta oeste y
tomamos posiciones justo en la parte exterior. Mientras Dulaney disparaba
ráfagas con su SAW, vomitando un tambor completo de munición contra
el Campo de Minigolf con un prolongado y virulento *braaaaaaaaaaaaaaaack*,
yo disparaba una cinta de munición con la ametralladora PKM que habían
abandonado los talibanes, concentrándome en el Zigzag y en Urmul.

En Keating, todo hombre que pudiera sostenerse en pie y disparar estaba saliendo de su lugar de refugio y haciendo exactamente lo mismo.
Koppes estaba lanzando granadas sobre el Trampolín con su Mark 19 des-

de el último vehículo blindado que nos quedaba. Hill y los hombres del Pelotón Azul acribillaban las laderas de la Cara Norte y el Zigzag con cada ametralladora y arma personal que tenían. Incluso John Breeding y los dos miembros supervivientes de su dotación del emplazamiento de morteros, que por algún milagro habían logrado restablecer contacto por radio justo cuando Bundermann estaba ordenando que todo sistema de armas abriera fuego, estaban disparando sus tubos. (Solo mucho después nos enteraríamos de que Breeding y Daniel Rodriguez habían logrado retirar el mortero de 60 milímetros de su emplazamiento y que lo estaban disparando a mano hacia la Cara Norte desde el *interior* de su cobertizo.) Y mientras tenía lugar todo esto, la dotación de morteros de Fritsche disparaba granadas contra el centro de Urmul, esta vez de forma precisa, tan rápido como podían cargar y disparar.

El efecto combinado de toda esta potencia de fuego era algo digno de observar. Balas, granadas y granadas de mortero volaban en todas direcciones. Ninguno de nosotros tenía la más remota idea de la precisión que estábamos consiguiendo o del daño que podríamos estar infligiendo al enemigo. Pero una cosa que puedo afirmar con seguridad es que cuando Larson y Carter oyeron el comienzo de la barrera de fuego, supieron exactamente qué hacer.

Carter había esperado a que se produjera un breve respiro para poder preparar la camilla que teníamos en la parte trasera de la escotilla del vehículo blindado y despejar una ruta para la primera parte de su carrera. Pero tan pronto como la última de las bombas inteligentes del Buno impactó sobre Urmul, Larson empezó a gritar: «¡Vamos, vamos, vamos!».

Saltando del Humvee, Carter dio unas cuantas patadas a unas cajas dispersas de munición para despejar el camino, cogió la camilla y corrió hacia la puerta trasera del lado del copiloto, que Larson había abierto para sacar a Mace.

—Mace, tienes que mover tus piernas —ordenó Larson—. Vamos a ponerte en esta camilla, y luego vamos a salir corriendo.

Cuando Mace trató de moverse lo elevaron del asiento del Humvee y lo pusieron en la camilla. Larson puso las armas de ambos junto a Mace, luego agarró las asas de la parte posterior mientras Carter se ponía en la parte delantera.

Tenían que cubrir una distancia de más de ciento ochenta y tres metros de terreno despejado. Este era desigual y estaría batido en toda su extensión por los francotiradores y las ametralladoras.

—Mace, esto va a doler de cojones —anunció Larson—. *¡Aguanta, muchacho!*

Con eso, ambos echaron a correr.

Moviéndose lo más rápido que podían, trataron de ir en línea recta sin desviarse y sin hacer maniobras evasivas, salvo cuando tenían que sortear cráteres de bombas o piezas de chatarra. Era muy parecido a la forma en que los otros muchachos habían llevado a Kirk en su camilla tres horas y media antes, salvo por el hecho de que eran solo dos corredores en vez de cuatro y porque tenían que cubrir el doble de distancia.

Ni Larson ni Carter recordarían mucho de esa carrera, a excepción de que había sido uno de los esfuerzos físicos más duros que ninguno de los dos hubiera hecho nunca y de que corrieron a toda velocidad durante todo el camino. Saltaron al menos sobre dos soldados talibanes muertos, y en algún lugar entre los tubos urinarios y el edificio Shura encontraron también el cuerpo de un soldado norteamericano. Era Chris Griffin, que había dado su vida por tratar de rescatarlos. Esto era todo lo lejos que había llegado cuando fue alcanzado.

Pasaron junto a él y siguieron corriendo.

Cuando pasaron junto a nosotros en el lado sur del Edificio Shura, los vi por el rabillo del ojo. Desde allí recorrieron el trayecto inverso de la misma ruta que habíamos hecho nosotros cuando nos abrimos camino hacia el depósito de munición: pasando junto a Jonesie y su ametralladora; junto a la puerta demolida de la estancia de John Deere; alrededor de la parte final del muro de hescos, a lo largo del lateral del barracón del Pelotón Rojo, y directos a través de la puerta blanca de madera contrachapada con la cruz roja pintada, donde Larson y Carter entregaron a Mace a los sanitarios, hincándose de rodillas en el suelo de linóleo manchado de sangre del puesto de primeros auxilios.

En el momento en que tuvimos noticia de que el equipo de la camilla estaba a salvo, todos cesamos el fuego y nos pusimos de nuevo a cubierto. Cuando cesaron nuestros disparos descendió un sorprendente silencio sobre Keating y las crestas circundantes.

La lucha se reanudaría rápidamente. Pero en el ínterin, cuando me arrastraba de vuelta al interior del edificio Shura e inspeccionaba las paredes de barro y piedra que me rodeaban, presioné el botón de mi radio y hablé con Bundermann.

—No soy un ingeniero de estructuras —dije—, pero no sé durante cuánto tiempo más va a resistir este edificio.

—Bueno, ¿quieres que lo detenga? —preguntó. El Buno tenía muchas más bombas inteligentes y Bundermann tenía todas las intenciones de hacer uso de ellas.

—No, sigue dándole —repliqué—. Dejemos que el edificio colapse sobre nosotros y ya decidiremos a partir de ese momento.

Un minuto o dos más tarde recibí otra llamada del puesto de mando.

Era mi mejor amigo.

—Oye, hermano, acabo de ser remendado por los sanitarios y estoy listo para marchar —dijo Larson—. ¿Dónde te encuentras?

—Estamos aquí fuera cerca de la puerta principal —le dije—. Si puedes llegar hasta aquí tenemos algún trabajo más que hacer, y seguro que nos vendría bien una mano.

Todavía teníamos que recobrar la zona de aterrizaje de helicópteros, a fin de poder evacuar a nuestros heridos. También debíamos encontrar una forma de aventurarnos a recoger a nuestros hermanos caídos antes de que los talibanes se hicieran con sus cuerpos. Y mientras hacíamos todas esas cosas, nuestros sanitarios debían encontrar como fuera la manera de mantener con vida a Mace.

En ciertos aspectos, esta batalla todavía no había terminado.

Parte V

Salvando a Stephan Mace

20

«Id y hacedlo»

A pesar de los dos mazazos del ataque aéreo del B-1 y de la cortina de fuego que le sucedió, los talibanes no tardaron mucho en ponerse manos a la obra para borrar a Keating del mapa. Transcurridos unos minutos de la llegada de Mace al puesto de primeros auxilios, los edificios del centro del campamento fueron de nuevo objeto del fuego enemigo. Cualquiera que tratara de moverse por el exterior de esas estructuras atraía instantáneamente el fuego de francotiradores y de equipos de RPG y ametralladoras.

Sin embargo, desde el interior del edificio Shura nos parecía que este furioso ataque estaba siendo contrarrestado por el cada vez más agresivo apoyo aéreo que estábamos recibiendo. Tan pronto como hubo salido el Buno de la zona de combate, el cielo que había sobre nuestras cabezas pasó a ser el anfitrión de una manada de Warthog. Los reactores de ataque A-10 de nariz puntiaguda aparecieron de no se sabe dónde, generalmente en parejas, y atacaron las crestas y laderas de las montañas con largas ráfagas de sonido metálico de su cañón de 30 milímetros, que disparaba hasta cuatro o cinco veces más rápido que el cañón de cadena de los Apache. Parecían concentrarse principalmente en el Zigzag y en la Cara Norte, atacando blancos facilitados por Armando Avalos, que continuaba enviando coordenadas y solicitudes de ataque.

Los helicópteros también estaban de vuelta, barriendo el valle con aires de venganza y dirigiendo su fuego contra cualquier grieta o hendidura en la que sospecharan que pudieran estar escondiéndose los enemigos. Además en poco tiempo, tan pronto como Justin Kulish, el comandante del Buno, pudo repostar su avión, estuvo Bundermann solicitándole un nuevo ataque masivo, esta vez utilizando un conjunto aún mayor y más destructivo de bombas inteligentes de novecientos siete kilos contra el Zigzag. Esta furiosa reanudación del combate por ambos bandos suscitó una sensación no declarada que todos compartíamos sobre que el desenlace final de esta batalla aún pendía de la balanza, pudiendo decantarse enteramente todavía hacia un lado o hacia el otro.

Fue en esta atmósfera de incertidumbre cuando apareció Larson por la puerta este del edificio Shura llevando un M4, que había cogido de Dios sabe dónde, y tanta munición como podía llevar encima.

Cuando llegó, atemperé la euforia que sentí en el interior de mi pecho y mantuve la cosa fría dándole un rápido abrazo varonil (solo hombros). Aun así, era obvio que estaba muy emocionado de tenerlo de vuelta.

A continuación seguimos con lo que estábamos.

La más importante pieza de información que Larson tenía que compartir era que había visto el cadáver de Griffin cerca de los tubos urinarios cuando él y Carter habían pasado resoplando junto a él llevando a Mace. Eso estaba a menos de veintisiete metros de donde nos encontrábamos. Si actuábamos rápido podríamos recuperar al primero de nuestros caídos.

Larson y Raz se prestaron voluntarios de inmediato para recogerlo. Empezaron a prepararse liberándose de la munición, de las armas y de cualquier otra cosa que pudiera entorpecerlos. Una vez se lo hubieron quitado todo menos el chaleco antibalas, se precipitaron por la puerta oeste y corrieron hacia Griffin mientras Dulaney y yo salíamos al exterior y abríamos fuego sobre el Campo de Minigolf y el Zigzag con nuestras ametralladoras.

Cuando llegaron a donde estaba el cadáver de Griffin descubrieron que el *rigor mortis* había producido ya su efecto y que estaba rígido como una tabla. Mientras Larson cogía sus piernas, de las que una había sufrido una grave fractura y formaba un ángulo imposible, Raz lo cogió de cabeza y cuello. Cuando Raz comenzó a levantarlo se movió algo en el interior de Griffin y un borbotón de baba negruzca tan denso como la melaza salió por su boca salpicando los brazos y cara de Raz.

Este fue el primero de varios encuentros, en la hora siguiente, en los que los miembros de mi equipo se encontrarían literal y figuradamente tocados por la muerte y sus secuelas de una forma visceral, directa y lo suficientemente horrible como para que nos acompañaran durante el resto de nuestras vidas. Sin embargo, en ese momento ni Raz ni Larson pudieron permitirse reflexionar sobre lo que estaba sucediendo: estaban demasiado ocupados volviendo al edificio Shura medio llevando y medio arrastrando entre los dos el cuerpo de Griffin.

Cuando llegaron nos retiramos todos hacia el interior y pusimos a Griffin en el suelo. El daño que le habían infligido las balas, las heridas en su mejilla, el lateral de su cráneo y su cuello, los orificios de mayor calibre en su muslo, era horrible y difícil de aceptar. Pocos minutos más tarde aparecieron con una camilla el sargento Jim Stanley y Damien Grissette, un especialista de la Sección de Mando encargado del suministro de agua en Keating, para llevárselo al puesto de primeros auxilios.

Antes de irse, Stanley y Grissette nos dieron algunas noticias: el incendio que se había originado en el sector del Ejército Nacional Afgano se había extendido hasta el extremo de estar casi a punto de prender el barracón del Pelotón Azul. Solo el puesto de mando separaba el barracón del Pelotón Azul del barracón del Pelotón Rojo, lo que significaba que había muchas probabilidades de que todo lo que nos habíamos traído de Estados Unidos para pasar nuestro año en Afganistán estuviera a punto de convertirse en ceniza.

—Oye, Ro —dijo Larson en voz baja—, ¿te importa si me doy una carrera a por mi tabaco de mascar antes de que todo arda?

Teniendo en cuenta que estábamos en mitad de la lucha es difícil de imaginar una petición más inapropiada. Pero es un testimonio de la peculiar química del combate, la forma surrealista e irracional en que se puede mezclar lo serio con lo irremediablemente banal, así que ni siquiera pestañeé cuando vino con la pregunta.

—Está bien, te veo aquí de vuelta en un segundo —repliqué—. Y mientras estás allí mira si puedes traerme una lata de Dr Pepper, ¿vale?

No habían transcurrido ni cinco minutos cuando Larson estaba de regreso con una lata de Copenhagen y un *pack* de seis latas de Dr Pepper. También había sido lo suficiente considerado como para traerme mi cartón de Camel, lo que significaba que todo hombre del edificio Shura podía disfrutar de una pausa táctica para tomarse una bebida refrescante y fumarse un cigarrillo. Todos estuvimos de acuerdo en que había sido una excelente misión de reaprovisionamiento, y que bien mereció la pena correr el riesgo de que le dispararan a Larson.

Mientras abría una lata caliente de Dr Pepper y encendía mi primer cigarrillo del día, Larson y yo nos acurrucamos para repasar lo que sabíamos sobre la ubicación del resto de los hombres que estaban todavía desaparecidos.

No había duda sobre Gallegos, que yacía tendido en la parte norte de las letrinas. Pero no sabíamos decir sobre Martin. Larson estaba muy seguro de que había echado a correr hacia el edificio Shura cuando desapareció, así que nuestra conclusión más sólida era que debía estar en algún lugar entre las letrinas y la puerta de entrada principal.

En cuanto a Hardt no teníamos ni idea. Ambos barajábamos una vaga certeza de que estaba muerto, pero ignorábamos dónde podría estar su cuerpo. Todo lo que sabíamos seguro era que si no lográbamos averiguar dónde se encontraba y llegar hasta él, los talibanes cogerían su cuerpo y ni nosotros ni su familia volveríamos a verlo nunca más.

Con eso comuniqué el fin del descanso, señalando a las tres ventanas de la pared norte del edificio y explicándole a Larson como funcionaba el juego de «granada gallina».

—Sigue arrojando esas granadas por la ventana mientras voy a ver a Bundermann —dije mientras me dirigía a la puerta para darme otra carrera hasta el centro del campamento—. Necesito averiguar cómo vamos a traer a nuestros muchachos de vuelta.

Cuando llegué al puesto de mando Bundermann nos reunió a Hill y a mí para poder hacer un repaso entre los tres de en qué punto estaban las cosas.

Keating se encontraba en ese momento dividida por la mitad: casi toda la parte oriental estaba incendiada y carecíamos de control sobre nuestro sector occidental. Además, todavía teníamos a un grupo de soldados completamente aislados: John Breeding y los dos hombres de su dotación, Daniel Rodriguez y Janpatrick Barroga, que permanecían atrapados en el emplazamiento de morteros junto con el cadáver de Kevin Thomson.

Estuvimos de acuerdo en que necesitábamos abordar tres cosas de inmediato. Mientras parte del Pelotón Azul continuaba luchando contra el incendio que había consumido toda la parte del campamento del ENA, nosotros debíamos encontrar una forma de recobrar a nuestros caídos con la otra mitad del Pelotón Azul y los miembros supervivientes del Pelotón Rojo, a la vez que establecíamos contacto y rescatábamos a los hombres del emplazamiento de morteros.

La única manera de conseguirlo era lanzar un segundo asalto en el que, bajo un fuego de cobertura masivo, nos dirigiéramos desde el edificio Shura hasta el emplazamiento de morteros, buscando y recogiendo cuerpos por el camino. Para ello era necesaria una maniobra conocida como «avance de saltos por binomios», en el que dos equipos —uno dirigido por mí, a la derecha, y el otro por Hill, a la izquierda— debían marchar terraplén arriba a intervalos separados de manera que cualquiera que fuera el equipo que estuviera en movimiento, estaría protegido por el fuego de cobertura efectuado por el equipo que quedaba estacionario. Para asegurarse de que lo teníamos claro, Bundermann pasó al mapa que había en la pared oeste del puesto de mando y utilizó su dedo para trazar exactamente cómo tenía que ejecutarse la maniobra.

A la orden de Bundermann, mi pelotón —que constaría de cinco hombres incluyéndome a mí— abandonaría la protección del edificio Shura y comenzaría a subir cuesta arriba hacia el primer sitio que nos ofreciera cobertura y ocultamiento, que había de ser probablemente en algún lugar cercano al remolque de la lavandería.

Cuando estuviéramos listos presionaría el botón de mi radio y anunciaría «¡En posición!». A continuación, el equipo de Hill —que se suponía que debía estar compuesto por seis hombres, él incluido— se entregaría a una carrera desde el cobertizo de las herramientas hacia el conjunto de edificios que había alrededor del comedor. Llevarían con ellos una ametralladora de calibre medio, y cuando llegaran a un lugar en el que se sintieran seguros Hill comunicaría «¡En posición!».

En ese instante mi pelotón buscaría el cuerpo de Martin y a continuación, mientras los hombres de Hill proporcionaban fuego de cobertura, efectuaría otro avance cuesta arriba hacia las letrinas, donde adoptaríamos posiciones de nuevo para cubrir a los hombres de Hill mientras estos corrían hacia el taller mecánico.

Continuaríamos moviéndonos de esta forma —primero el Pelotón Rojo y luego el Azul, con cada uno cubriendo al otro mientras todos manteníamos un ojo puesto en la búsqueda de los cuerpos de Gallegos y Hardt— hasta que llegáramos al emplazamiento de morteros.

Dados los pocos hombres que éramos, había escasas probabilidades de que pudiéramos defender y sostener con éxito el emplazamiento. Así que cuando llegáramos allí debíamos recoger a Breeding y a su dotación, junto con el cuerpo de Kevin Thomson, y correr de vuelta hasta el edificio Shura.

Gracias al equipo de Hill tendría una masiva cortina de fuego de cobertura protegiendo mi flanco derecho, expuesto a cualquier tirador talibán que tratara de alcanzarnos desde el Campo de Minigolf y la aldea de Urmul. Gracias a mi pelotón, Hill disfrutaría de una cobertura similar en su vulnerable flanco izquierdo respecto de cualquier fuego enemigo procedente del Zigzag, la Cascada y el Trampolín. Y como medida de alivio adicional, tendríamos un extra de fuego de supresión efectuado por Koppes, que había estado martilleando las posiciones enemigas por espacio de ocho horas ya, y que continuaría empleando el lanzagranadas de su vehículo blindado como un gánster para cubrir nuestro trasero.

Además de una buena comunicación entre Hill y yo, una de las claves para poder efectuar esta maniobra con éxito era que tendríamos que asegurarnos de que los dos brazos de la maniobra evolucionaban sin problemas. Así que tanto Hill como yo íbamos a poner a nuestros mejores hombres en medio: en mi caso, Larson, que estaría a la izquierda de mi pelotón; y en el caso de Hill sería Harder, que iría en la parte derecha de su equipo. A medida que fuéramos avanzando por fases hacia el emplazamiento de morteros, Larson y Harder irían adelantándose sucesivamente, y por tanto sirviendo como una especie de bisagra móvil que conectaría a mi equipo con el de Hill.

Además de todo eso —que ya era mucho— había otra cosa que iba a necesitar para mantener mi parte del trato.

La mayoría de los cuerpos —sin duda los de Martin y Gallegos, y quizá también el de Hardt— debían de hallarse más hacia el oeste, lo que significaba que probablemente serían encontrados por mi pelotón. Con solo cinco hombres iba a ser imposible que pudiéramos abrirnos camino cuesta arriba hacia el emplazamiento de morteros a la vez que llevábamos esos cadáveres a la seguridad del edificio Shura.

—Voy a necesitar un par de muchachos extra que puedan llevar los cuerpos —dije.

Hill señaló que la Sección de Mando tenía varios hombres que no estaban empeñados directamente en la lucha pero que deseaban ayudar. Entre ellos estaban Grissette y el soldado Kellen Kahn, un operador de radio que tenía el tobillo lesionado. Si Grissette y Kahn enlazaban con Avalos, que estaba todavía allá afuera en el edificio Shura, podrían formar un equipo de recuperación de cadáveres de tres hombres y encargarse de esa tarea.

Una vez decidido esto no había mucho más que decir. Era un plan sólido. Ahora el objetivo era hacerlo realidad lo antes posible.

—Tenemos que llegar hasta nuestros muchachos caídos antes de que se los lleven —dije—. Tenemos que salir ahora.

—Negativo —replicó Bundermann, moviendo la cabeza.

Mi preocupación principal era retirar a nuestros muertos. Pero Bundermann tenía en mente algo más amplio que, entre otras muchas consideraciones, implicaba evitar que la mala situación empeorara aún más. Su preocupación, y era legítimo, radicaba en que si algo salía mal en este asalto y acabábamos perdiendo o dejando aislados a más hombres, no quedaría nadie para venir a por nosotros.

—Vuelve al edificio Shura y prepara a tu equipo —dijo—. Luego estate quieto y espera a que te dé la orden.

Miré al suelo frustrado pero no objeté, porque sabía que estaba haciendo lo correcto.

Vamos a tener que esperar a la QRF.

Una QRF,* o fuerza de reacción rápida, es un equipo de soldados en estado de alerta permanente para responder a cualquier emergencia que pueda producirse en su sector de combate. Están preparados para proporcionar refuerzos o efectuar un rescate, y siempre listos para desplegarse a una velocidad extraordinaria, a menudo en el espacio de diez minutos o menos.

Anteriormente esa mañana, poco después de las seis, cuando nuestros superiores de Bostick recibieron la noticia de que Keating corría el peligro de ser arrollado, una de las primeras cosas que habían hecho, además de dirigir hacia allá todo el apoyo aéreo disponible, fue solicitar que se trasladara una QRF por aire a Keating para reforzar nuestras defensas. La fuerza de reacción rápida de nuestra brigada consistía en dos compañías de fusileros del 1-32 de Infantería,† mandadas por el capitán Justin Sax y dos tenientes, Jake Miraldi y Jake Kerr. Ese equipo, compuesto por casi ciento cincuenta hombres, estaba repartido entre dos puestos avanzados vecinos —Joyce y Fenty— cuando recibió la llamada de acudir en nuestra ayuda.

A las 10.00 de la mañana toda la fuerza de Sax había sido trasladada a Bostick en una serie de helicópteros Black Hawk que estaban esperando en la pista mientras Sax, Miraldi, y el resto de sus oficiales se reunían en el interior del puesto de mando con el coronel Brad Brown y su estado mayor para averiguar la mejor manera de insertar al grupo de rescate en Keating.

De los soldados presentes en esa estancia nadie estaba más desesperado por ver esa operación de rescate en marcha que el capitán Stoney Portis, el comandante de Keating, que estaba en Bostick cuando se desencadenó el ataque talibán. Portis había tratado de llegar hasta nosotros en un helicóptero de evacuación sanitaria que había volado un trecho hacia el puesto avanzado antes de recibir órdenes de darse la vuelta por ser la pista de aterri-

---

* Quick-Reaction Force. *(N. del t.)*
† 1.ᵉʳ Batallón del 32.º Regimiento de Infantería. *(N. del t.)*

zaje una zona demasiado caliente. Ahora Portis estaba de vuelta en Bostick y deseoso de hacer el viaje con Sax.

En ese momento la información disponible para los comandantes de Bostick sobre la situación en Keating era vaga. Sabían que teníamos al enemigo en el interior de la alambrada, pero había confusión sobre qué edificios estaban todavía bajo control norteamericano y cuáles no. Esa confusión era exacerbada por lo rápido que estaban cambiando las cosas desde que nos retiramos a la posición Álamo hasta que efectuamos el contragolpe para recuperar el depósito de munición y el edificio Shura.

La situación se complicaba más aún por el hecho de que buena parte del puesto avanzado se hallaba también incendiado u oculto desde arriba por densas nubes de humo. Mientras Sax y Miraldi miraban los monitores que retransmitían los canales de vídeo de los drones de vigilancia se rascaban la cabeza de frustración. Había demasiada neblina para que las cámaras pudieran captar con detalle aspectos que pudieran arrojar algo de luz, aunque había una cosa que estaba clara como el agua. La zona de aterrizaje de Keating estaba demasiado expuesta al fuego enemigo como para arriesgar el envío de helicópteros con la QRF directamente al puesto avanzado.

Además de estas dificultades, el equipo de planificación tuvo que afrontar cuestiones relativas a las severas condiciones meteorológicas. En ese momento una intensa lluvia y tormentas se desplazaban hacia el valle de Kunar, reduciendo enormemente la visibilidad y cubriendo las cimas de las montañas con una densa cobertura de nubes por la que no podían volar los helicópteros. Ese frente tormentoso estaría pronto en la vertical de Bostick. En otra media hora comenzaría a interferir con los lanzamientos de bombas y los ataques aéreos sobre Keating.

Basándose en estos factores los comandantes discutieron inicialmente dos posibles zonas de aterrizaje. Una opción era poner a Sax y a su equipo en algún lugar sobre el Zigzag. Una segunda posibilidad era insertar a todo el mundo en el Campo de Minigolf, directamente sobre Urmul. Todos estaban llegando a la conclusión de que el Campo de Minigolf parecía la mejor opción cuando un par de pilotos de Apache entraron por la puerta y echaron la idea por tierra.

Eran alrededor de las 10.30 de la mañana cuando Ross Lewallen y Randy Huff trajeron de vuelta a Bostick los dos helicópteros que habían sido dañados por la Dishka de los talibanes, logrando aterrizar ambos aparatos sin más incidencias. Ninguno de los dos helicópteros podría volver al combate hasta que el equipo de reparaciones, que venía de camino desde el aeródromo de Jalalabad, pudiera configurar y reparar las máquinas.

Lewallen aprovechó bien esta pausa. Lo primero que hizo fue coger prestada una baqueta, de las que utilizan los soldados de Infantería para limpiar sus fusiles, a continuación localizó el orificio de bala que había debajo del asiento del piloto de su Apache, insertó la baqueta en el agujero y luego dio un paso atrás. La baqueta hacía ahora las veces de una especie de flecha que apuntaba en la dirección de la que había procedido la bala.

Tras estudiar unos momentos el ángulo que formaba la baqueta y revisar unos instantes sus notas mentales respecto al lugar exacto en el que se hallaba su aparato cuando fue alcanzado, Lewallen asintió para sí mismo, satisfecho de ver que se hacía una buena idea de dónde estaba situada la Dishka. Luego se reunió con Huff y ambos se dirigieron al puesto de mando para ver si podían ser de alguna ayuda en el diseño de la estrategia del asalto aéreo.

Nada más entrar los pilotos echaron un vistazo al diagrama en el que estaban trabajando los comandantes y afirmaron en términos muy claros que a alguien se le debía ocurrir una idea mejor, a menos que el objetivo de la operación fuera que murieran todos, en cuyo caso soltar a la QRF en el Campo de Minigolf era definitivamente la mejor opción.

Mientras empezaba a concebirse un plan alternativo llegaron otros dos Apache a Bostick desde el aeródromo de Bagram, dirigiéndose directamente a Keating. Pocos minutos después de entrar en el espacio aéreo de la zona de combate uno de los dos helicópteros fue alcanzado por el fuego de la Dishka. El daño, que era grave, forzó a ambos pájaros a romper el contacto y regresar a Bostick para reparaciones, confirmando la advertencia de Huff y Lewallen sobre las vulnerabilidades del Campo de Minigolf.

Tras oír la declaración de Huff y Lewallen el equipo de mando pasó a analizar otra posibilidad, decidiendo que los helicópteros trasladarían al máximo de hombres posible a Fritsche, donde una vez consolidada la fuerza de rescate bajaría hasta Keating. El descenso les llevaría unas cuatro horas. Si era necesario, se abrirían camino luchando por toda la montaña.

Eso era aceptable para los pilotos. La zona de aterrizaje de Fritsche era lo suficientemente grande como para que tres Black Hawk pudieran aterrizar simultáneamente. Basándose en el número total de soldados que necesitaban insertar, calcularon que harían falta cinco viajes distintos, o «turnos», de tres Black Hawk con dos Apache volando por delante y por detrás para dar cobertura, evitando con un poco de suerte que los abarrotados Black Hawk fueran derribados.

El tiempo no acompañaba. Para entonces las tormentas estaban exactamente sobre Bostick y el cielo se había oscurecido. El radar climatológico indicaba que este sistema tormentoso en particular sería seguido por un breve intervalo de tiempo despejado, tras lo cual venían otra serie de borrascas que podrían obligar a los helicópteros a alejarse de las montañas para permanecer en tierra durante bastante tiempo. Sin embargo, las buenas noticias eran que el equipo de reparaciones de dos hombres que había sido enviado desde Jalalabad para reparar los pájaros de Lewallen y Huff acababa de llegar y habían venido en un par de helicópteros Apache intactos.

Corriendo hacia la pista, Lewallen y Huff se aproximaron al equipo de mecánicos, John Jones y Gary Wingert, antes incluso de que tuvieran la oportunidad de apagar los motores.

Sería fantástico, les explicó Lewallen, si él y Huff pudieran coger prestados esos dos pájaros mientras Jones y Wingert trabajaban en los helicópteros que habían sido alcanzados por la Dishka.

—¡Claro! —replicó Jones.

A continuación Lewallen se puso en contacto con su jefe en Jalalabad, el coronel Jimmy Blackmon, y le expuso todo el plan.

—De acuerdo —dijo Blackmon cuando oyó lo que tenían en mente—. Id y hacedlo.

Cuando Lewallen y Huff se subieron a los helicópteros de repuesto con sus artilleros, Chad Bardwell y Chris Wright, las aspas estaban todavía girando.

Lo mismo sucedía con los tres Black Hawk que se encontraban en las inmediaciones atestados con veinte soldados, incluyendo a Sax, Miraldi y Portis.

Ahora todo lo que necesitaban era que el tiempo despejara.

Poco después de las 11.00 de la mañana el cielo se despejó lo suficiente como para que los comandantes dieran autorización para despegar a Huff, que iba a estar a cargo de este vuelo. Todavía había alguna duda sobre si el sistema tormentoso les permitiría volar sobre el paso de Bari Kowt, que tenían que superar para poder entrar en el valle de Kamdesh, así que Huff despegó primero para supervisar las condiciones meteorológicas del otro extremo. El trío de Black Hawck le siguió a continuación, con el Apache de Lewallen yendo el último en retaguardia.

Minutos más tarde, cuando Huff surcaba el paso, pudo ver cobertura de nubes con aparato eléctrico y lluvia en todo el valle. No obstante, después de hablarlo con Wright, estuvieron de acuerdo en que era posible completar la misión antes de que el tiempo impidiera completamente el vuelo.

Hecho esto los cinco aparatos se dirigieron a Fritsche lo más rápido posible, atravesando altas nubes de tormenta que los empaparon de nieve y lluvia helada. Volando aproximadamente a mitad del valle empezaron a ser objeto de algún fuego enemigo, momento en el que los artilleros de los laterales de los Black Hawk comenzaron a disparar sus ametralladoras a todo lugar en el que veían fogonazos. Wright y Bardwell hicieron otro tanto sobre esos mismos blancos con sus cañones de cadena.

Cuando se acercaron a Fritsche descendió primero Huff para despejar la zona de aterrizaje. Luego los dos primeros Black Hawk tocaron tierra simultáneamente en el interior de un área despejada en la cima de una cresta para dejar a sus pasajeros y elevarse de nuevo al aire de inmediato.

Mientras se marchaban aterrizó fugazmente el tercer Black Hawk, elevándose a continuación en busca de sus helicópteros gemelos que se dirigían a Bostick para recoger a otra tanda de soldados, además de una provisión de agua y munición. Mientras tanto, Lewallen se dirigió al norte en dirección a Keating con Huff a retaguardia. Tenían un trabajo pendiente del que encargarse con la dotación de la Dishka que había estado a punto de derribarlos.

Tan pronto como los Apache establecieron contacto por radio con Keating, Bundermann solicitó que dispararan un par de misiles Hellfire contra un gran edificio rectangular que había carretera abajo en el lateral oriental del puesto avanzado. Ese edificio funcionaba habitualmente como clínica, pero gracias a algunas comunicaciones interceptadas por los muchachos de la guerra electrónica se creía que ahora albergaba a algunos de los comandantes talibanes que estaban coordinando el ataque.

Mientras Lewallen y Huff disparaban cada uno un Hellfire sobre el edificio, Lewallen mantuvo un ojo atento a cualquier señal de fuego pesado procedente de las crestas del sur de Keating. Una de las pocas ventajas del empeoramiento del tiempo era que los cielos oscuros hacían que los fogonazos de las armas fueran mucho más visibles. Disparos que hubieran sido imposibles de detectar desde arriba con luz directa del sol surgían ahora como neones contra las rocas y la vegetación circundante.

Lewallen escudriñó el terreno elevado situado entre la cima del Trampolín y el Zigzag. Bastante seguro, justo donde había sospechado, vio el traicionero fogonazo naranja del cañón de una Dishka.

Te veo, cabrona, se dijo para sí mientras maniobraba de inmediato para atacar.

—Los tenemos —radió a Huff— ¡Cúbrenos!

El plan de Lewallen era destruir a la Dishka y a su dotación con una salva de cohetes, que podían ser disparados desde el asiento trasero donde iba él. Pero cuando hacía la aproximación y se preparaba para disparar a la izquierda, donde había descubierto el arma, Bardwell, que iba en el asiento delantero, vio un segundo fogonazo.

— ¡Tengo otra! —anunció Bardwell, y abrió fuego con su cañón de cadena de 30 milímetros.

Mientras tanto su punto, Huff y Wright, también habían abierto fuego, pero no estaban apuntando al blanco de Bardwell, ni al de Lewallen. Fue entonces cuando los cuatro pilotos se dieron cuenta de que no había una ni dos, sino tres Dishka distintas emplazadas en la cima de la cresta.

Tras saturar la cumbre con fuego de cañón y hacer múltiples pasadas sobre el lugar, buscando señales de calor humano con sus sensores, no cupo duda de que habían eliminado a las dotaciones de las tres ametralladoras. No obstante, no estaban seguros de haber eliminado los sistemas de armas propiamente dichos, que quizá pudieran estar todavía operativos. Si este era el caso y los talibanes lograban enviar nuevas dotaciones a lo alto de la cresta, esas armas aún podrían suponer una amenaza devastadora, especialmente para los helicópteros de evacuación sanitaria que trataran de aterrizar en Keating o en el trayecto de vuelta a Bostick con los soldados heridos a bordo.

Aunque las dos tripulaciones de los Apache hubieran preferido seguir disparando sobre las Dishka hasta que quedaran destruidas por completo, se vieron obligados a romper el contacto e iniciar su regreso a Bari Kowt, donde los tres Black Hawk, que traían una nueva tanda de soldados desde Bostick, se preparaban para adentrarse de nuevo en el valle, y necesitaban ser escoltados hasta Fritsche.

Justo cuando estaban a punto de marcharse de Keating, Wright se puso en contacto con nuestro puesto de mando para comunicarle que estaría de vuelta tan pronto como pudiera. Se sorprendió de ver que quienquiera que fuera su interlocutor, casi con toda seguridad Cason Shrode, todavía conservaba el sentido del humor.

—Vaya, ¡¿así que el fuego del cañón cesa y ya no podemos tener más amor?!

—Créeme, hermano, estamos aquí *solo* por vosotros —replicó Wright divertido, mientras los dos Apache volaban en línea recta hacia el paso—. Pero en este momento tenemos que echar una mano para poner en tierra al resto de vuestro equipo de socorro.

Esta vez el enemigo sabía que venían, así que cuando los Apache se unieron a los Black Hawk y volaron por el valle en su segundo trayecto, tuvieron que soportar una barrera de fuego procedente de tierra aún más intensa. No obstante lograron dejar su carga a salvo en Fritsche. Pero entonces surgió otro problema.

Cuando se retiraban, los cinco pilotos pudieron ver que las nubes se estaban cerrando rápidamente. Gozaban del tiempo despejado suficiente para llegar a Bostick. Pero una vez llegaran allí, este segundo sistema tormentoso con aparato eléctrico les cerraría las puertas y se verían obligados a permanecer en pista hasta que apareciera de nuevo el buen tiempo.

Las probabilidades de que esa mejoría llegara pronto eran prácticamente nulas. Allá arriba en Mustang, un puesto de observación encaramado en la cima de una cresta junto a Bostick, las antenas estaban acaparando rayos. Y a unos mil y algo metros por encima las condiciones estaban empeorando de tal manera que uno de los drones de vigilancia, un MQ-1 Predator con identificativo de radio Kisling, estaba acumulando tanto hielo en sus alas que su piloto (situado en Nevada) se vio obligado a estrellarlo en la ladera de una montaña.

A juzgar por el radar meteorológico, no se podía esperar una mejoría del tiempo al menos hasta pasada una hora, puede que incluso dos.

Hasta entonces, Justin Sax y su equipo de rescate tendrían que valerse por sí mismos.

Era ya cerca de la 1.00 de la tarde y Sax se enfrentaba al tipo de decisión que a ningún comandante sobre el terreno le gusta tomar.

Sus superiores habían estado de acuerdo en que necesitaba unos ciento cincuenta hombres para poder descender la montaña con garantías y socorrer Keating. En ese momento tenía menos de un tercio de ese número. Por tanto, lo prudente era esperar hasta que el tiempo despejara y los Black Hawk pudieran traer al resto de su equipo.

Por otra parte, Sax era muy consciente de que los defensores de Keating pendíamos de un hilo y que necesitábamos ayuda urgentemente. Quizá más preocupante aún era que Sax tenía en sus manos las vidas de los heridos de Keating. Sencillamente no había forma de asegurar la zona de aterrizaje del puesto avanzado sin los efectivos adicionales de su equipo de rescate, y hasta que no se despejara esa pista no habría helicópteros de evacuación sanitaria.

Stoney Portis era de la opinión de partir inmediatamente, un deseo apoyado con contundencia por todos los miembros del Pelotón Blanco, que estaban horrorizados por los partes de radio que habían estado recibiendo y a los que no les llegaba la camisa al cuerpo por la preocupación que sentían por sus hermanos de los Pelotones Azul y Rojo y la Sección de Mando allá abajo. Pero Sax, que tenía la última palabra, debía sopesar la urgencia de socorrer Keating con el deber de no precipitarse y crear una segunda crisis que añadir a la primera.

Finalmente, Sax y Portis acordaron que si las condiciones meteorológicas no mejoraban y los hombres restantes del equipo de Sax no llegaban para las 2.00 de la tarde, se pondrían en marcha sin ellos y confiarían en que todo saliera bien.

Novecientos metros en vertical por debajo de Fritsche, dentro del edificio Shura en la parte norte de Keating, mi equipo y yo esperábamos con ansiedad la señal para lanzarnos a nuestro próximo asalto hacia el emplazamiento de morteros, siendo todos plenamente conscientes de que cada minuto de retraso disminuía las probabilidades de poder traer a nuestros muchachos de vuelta.

No estábamos al tanto de los detalles del asalto aéreo que estaba teniendo lugar sobre nuestras cabezas en la cresta o los desafíos que Sax y Portis tenían por delante. Todo lo que sabíamos era que parecía que les estuviera llevando una eternidad.

Por fin, pasadas apenas las 2.00 de la tarde, Bundermann se puso en contacto conmigo por radio para decirme que la fuerza de reacción rápida acababa de abandonar el perímetro de Fritsche y que habían comenzado a descender la montaña.

—Roja Dos, la QRF está partiendo de Fritsche —anunció—. Prepárate para salir y avísame cuando estés listo.

21

Recogiendo a los muertos

Si quisieras elegir el lugar más idóneo para que un soldado norteamericano fuera alcanzado por un francotirador enemigo desde las crestas que rodeaban Keating, sería difícil encontrar uno mejor que el tramo de veintisiete metros de tierra y algún guijarro que se extendía más allá de la parte sur del edificio Shura. Se trataba de una zona despejada y cuesta arriba expuesta al fuego directo de prácticamente todos los sectores. Nadie en sus cabales se metería por propia iniciativa en esa zona batida. Y eso era exactamente lo que se requería de los hombres que habían de encabezar la carrera que nos íbamos a dar para recuperar a nuestros muertos y rescatar a la dotación del emplazamiento de morteros.

En nuestro flanco derecho irían Stanley y Dulaney, yendo este último con su SAW en el extremo por querer yo ahí un arma que pudiera infligir el máximo de bajas para protegernos en lo posible de los tiradores talibanes que estuvieran tratando de alcanzarnos desde el otro lado del río, en Urmul y más allá en el Zigzag. Larson y Raz irían en el flanco izquierdo, mientras que yo avanzaría directamente por el centro. Esa posición me permitía ejercer el mando y control del pelotón, dirigiendo nuestros movimientos al tiempo que estaba en contacto por radio con Bundermann en el puesto de mando.

—Redcon* Uno —radié a Bundermann, un código que indicaba que estábamos listos para salir.

—Entendido —replicó Bundermann, que esperó a que Hill hiciera la misma confirmación. Entonces Bundermann dio la orden de comienzo.

—Rojo, adelante —ordenó.

* Abreviatura de *readiness condition*, código táctico empleado para comunicar que una unidad está preparada para realizar una operación de combate. *(N. del t.)*

—¡Vamos! —grité. Y con eso, los cinco salimos corriendo por la puerta oeste del edificio Shura internándonos en la zona batida.

En el instante en que los talibanes advirtieron lo que estábamos haciendo abrieron fuego sus francotiradores y comenzamos a ser objeto de un intenso tiroteo. Los primeros disparos procedieron de Urmul y de la zona de la Cascada. Entonces, súbitamente, se les unieron desde el Zigzag y el Campo de Minigolf, seguidos finalmente de la Cara Norte. Cientos de balas impactaban en la tierra alrededor de nuestros pies, al tiempo que multitud de granadas de RPG serpenteaban con sus estelas de humo blanco y estallaban a nuestro alrededor.

El fuego que estábamos recibiendo era intenso e intimidante, pero íbamos un paso por delante de ellos, y antes de que los tiradores enemigos pudieran fijar bien a alguno de nosotros ya habíamos cruzado el terreno despejado y estábamos reagrupados en línea detrás de la primera cobertura que hubo disponible. Justo a mi izquierda estaba Raz, y más allá Larson, que se protegía detrás del Vehículo 2 en el extremo de nuestra línea. Stanley estaba inmediatamente a mi derecha, y a continuación se hallaba Dulaney apoyado sobre el muro de hescos que conformaba el perímetro exterior de Keating. Desde allí Dulaney había efectuado diabólicas ráfagas con su SAW en dirección al Zigzag. Guardábamos una distancia de quince metros entre unos y otros, para asegurarnos de que los RPG solo pudieran llevarse por delante a uno cada vez.

Desde mi posición central, donde me apretujaba contra el lateral sur del remolque de la lavandería, miré a ambos lados para confirmar que mis cuatro hombres estaban totalmente a cubierto antes de presionar el botón de mi radio.

—¡En posición! —grité, alertando a todos los que tuvieran sintonizada la red de combate que habíamos tomado posiciones y dando luz verde al equipo de Hill para que se pusiera en marcha. Entonces miré directamente detrás de nosotros y vi algo que me dejó desorientado y confundido.

A veintisiete metros a nuestra retaguardia estaba Hill de pie en la puerta oeste del edificio Shura.

Me giré y miré a mi izquierda, donde una línea de seis hombres debería estar cargando cuesta arriba hacia el comedor.

No se veían por ningún lado.

Hill no estaba ni remotamente cerca de donde se suponía que debía estar, y del asalto que se suponía que debía estar encabezando no parecía haber ni rastro.

¿Qué demonios se creía que estaba haciendo?

En el momento en que me preguntaba esto comprendí que la respuesta, cualquiera que pudiera ser, simplemente no importaba. Quizá Hill no había entendido como se suponía que había que efectuar esta maniobra. Quizá pensó que hacía algún bien disparando directamente sobre nuestras cabezas en vez de proporcionarnos fuego cruzado de cobertura, que era lo que necesitábamos para poder seguir avanzando. O quizá era reacio a ordenar a sus hombres que se metieran en las fauces de la misma cortina de fuego infernal que nosotros acabábamos de cruzar y arriesgarse a perderlos a todos ahora que los tiradores talibanes estaban alertados de nuestras intenciones.

En cualquier caso, daba igual. Lo único que importaba era que mi equipo y yo estábamos a nuestra suerte sin ningún fuego de cobertura, y muy expuestos a las armas que tenía el enemigo en prácticamente cada cuadrante.

En ese momento, lo más prudente —y, por supuesto, la única opción inteligente— hubiera sido retirarnos. Pero si retrocedíamos hasta el edificio Shura era bastante improbable que pudiéramos efectuar un segundo asalto después de haber mostrado de forma tan clara nuestra maniobra. Una vez perdido el impulso y la sorpresa hubiéramos despilfarrado nuestra mejor oportunidad de retirar a nuestros muertos. Y ese era un precio que no estaba dispuesto a pagar.

—Oíd, nosotros ya estamos metidos en esto —grité a los hombres que tenía a cada lado, omitiendo deliberadamente cualquier mención a que carecíamos de cobertura de flanco a nuestra izquierda—. No podemos quedarnos aquí sentados, así que vamos a hacer esto por equipos.

Todos los hombres sabían lo que eso significaba: nos dividiríamos en dos y efectuaríamos la misma maniobra que habíamos estado planeando ejecutar en tándem con el equipo de Hill, aunque en un área más estrecha y con mucha menos protección.

—¡Tenemos que avanzar ya! —bramé, girándome para echar un último vistazo al edificio Shura y confirmar que Hill y su equipo no se habían movido, y fue entonces cuando algo captó mi mirada.

Era el cuerpo de un soldado norteamericano oculto debajo del lateral este del remolque de la lavandería.

Habíamos encontrado a nuestro mecánico, Vernon Martin.

Al meterme debajo del remolque pude ver que Martin estaba tendido sobre su estómago con los pies hacia mí. No había ni rastro de su arma.

Vernon Martin.

Alargando las manos lo agarré por el asidero de su chaleco antibalas, justo por debajo del cuello, lo saqué y le eché un vistazo. Había sido alcanzado en la pierna —probablemente metralla del RPG que estalló en el interior de la torreta del vehículo blindado de Gallegos— y se había puesto un torniquete sobre la herida con un trozo de tela color verde oliva. Eso lo había ralentizado lo suficiente como para que no lograra cubrir el tramo de terreno despejado que había entre el remolque de la lavandería y el edificio Shura, así que se había arrastrado debajo del remolque con la esperanza de ocultarse. Una vez allí, sin otro lugar adonde ir, sucumbió a causa de su herida, muriendo solo y aislado.

Mirando ladera abajo al edificio Shura pulsé el botón de mi radio, llamé a Avalos y le dije que tenía que venir con su equipo de recuperación de cadáveres para recoger a Martin.

La tarea que habíamos reservado para Avalos y sus ayudantes, Grissette y Kahn, era peligrosa y excepcionalmente desagradable. Debido al enorme esfuerzo que supone llevar un cadáver por un terreno desigual, se verían obligados a dejar atrás sus armas. Y lo que era más importante, a fin de moverse lo más rápidamente posible y con la esperanza de evitar que los alcanzaran, tampoco llevarían consigo una camilla.

Avalos y Kahn fueron los primeros en efectuar la carrera hasta el remolque de la lavandería. Cuando llegaron cogieron a Martin de inmediato y comenzaron a correr cuesta abajo tan rápido como pudieron, arrastrando su cuerpo por la tierra y las rocas. Era un modo chocante de tratar a cualquiera que hubiera muerto, y mucho más a una persona a la que habían conocido. Pero no tenían elección; los tiradores talibanes dispararon contra ellos durante todo el trayecto tratando de alcanzar a uno o a ambos.

Cuando llegaron a la entrada del edificio Shura fueron recibidos por Grissette, que estaba horrorizado por lo que acababa de presenciar. Como dos de los pocos afroamericanos presentes en Keating, Grissette y Martin habían sido buenos amigos; se habían apoyado el uno en el otro y se hacían confidencias cuando necesitaban consejo o desahogo. Ahora el amigo de Grissette estaba siendo arrastrado por la tierra como una lata atada al parachoques de un coche.

—¡Hombre! —le gritó a Avalos con angustia, indignado—. ¡Con mi amigo así, no!

Poco podía sospechar Avalos que en los minutos siguientes experimentaría el mismo horror con un soldado caído de cuya amistad y apoyo había disfrutado.

Mientras todo esto sucedía yo grité «¡Vamos!», y mi pelotón de cinco hombres efectuó el siguiente movimiento, que nos había de llevar unos treinta y seis metros más arriba, desde el remolque de la lavandería hasta las letrinas, donde disfrutaríamos de nuevo de algo de cobertura.

Larson y Raz fueron primero, corriendo como locos, seguidos de Stanley, Dulaney y de mí mismo.

Cuando llegué Raz se dirigía a la puerta de las letrinas mientras cogía una granada de su chaleco táctico.

—¡Raz! —llamé—, ¡por favor, no te cargues el cagadero!

Se giró y me dirigió una mirada de total confusión.

—Si lanzas la granada ahí —le expliqué—, la explosión se va a propagar por el hueco que hay en el suelo del edificio y probablemente nos mataría a todos.

—Ah..., entendido —dijo.

—Además, vamos a quedar cubiertos de mierda —añadí—. Así que limítate a entrar y despejar, ¿de acuerdo?

—Menos mal que no soy yo el que está al mando —murmuró mientras subía, abría la puerta con el arma preparada y se encontraba en la punta de su cañón la cara de un afgano.

Era Ron Jeremy, el intérprete (o «terp», como los llamábamos), que había tratado de avisarnos justo antes de las 6.00 de la mañana de que los talibanes estaban a punto de atacar. Desde entonces, se había estado escondido en uno de los excusados de las letrinas con las piernas encogidas sobre el pecho, razón por la que apenas podía caminar en ese momento.

Una forma de calcular la intensidad del combate —un índice tosco pero revelador del aguante psíquico que puede darse en aquellos que se ven arrastrados a lo peor de sí mismos— consiste en averiguar qué pasaba por la cabeza de Raz en ese instante. Sin duda una parte de su mente reconoció plenamente a Ron: un hombre al que todos conocíamos y con el que nos relacionábamos, que había hecho todo lo posible por evitar nuestra destrucción. Pero otra parte de su mente, la parte que estaba conectada a la mano con la que Raz asía el guardagatillo de su fusil, solo distinguió una cosa: la silueta de un hombre de Afganistán. Y todo lo que quería hacer Raz en ese momento, lo *único* que quería hacer, era disparar a ese cabrón en la cara y forrar el interior de las letrinas con sus sesos.

Parte de lo que hacía a Raz un soldado soberbio era que mantenía la intensidad de acción durante un tiroteo sin detenerse o vacilar. Esta clase de impulso y de foco es esencial porque algunas veces es lo único que puede impulsar a un hombre a través de una serie de obstáculos y llevarlo hasta el otro lado. Pero por razones que ni siquiera Raz supo dilucidar por completo —algo que lo dejaría posteriormente intrigado— vaciló lo suficiente como para permitir que una pregunta algo perturbadora aflorara a la superficie de sus pensamientos:

Este tipo que está de pie frente a mí es un «terp», no un talibán, así que si le disparo en la cabeza... ¿me meteré en problemas?

Mejor pedir permiso primero.

— ¿Puedo dispararle? —me preguntó, mirando todavía a Ron a lo largo del cañón de su fusil.

— ¡No, Raz! —grité.

—Bueno, tenía que preguntar —suspiró mientras bajaba su arma, cogía a Ron de la camiseta y lo sacaba al exterior—. De verdad que deseaba hacerlo.

—No tenemos autorización para matar al «terp», al menos no hasta que averigüemos de qué lado está —dije volviendo la cara hacia Ron.

— ¡¿De dónde coño has salido?! —le pregunté.

—Me dieron ganas de cagar a las seis de la mañana —explicó—, ¡y desde entonces estoy escondido aquí dentro!

Hice una pausa, pensé sobre ello durante uno o dos segundos, y luego miré cuesta abajo a través del terreno despejado hacia el edificio Shura.

—Bueno, si has sobrevivido todo este tiempo estoy seguro de que puedes volver por tus propios medios —le dije—. No puedes quedarte aquí ni puedes venir con nosotros. Así que, ¿sabes qué, Ron?, mejor empieza a correr, y más te vale correr como si fuera lo último que hagas en tu vida.

Al igual que la estrella porno que llevaba su nombre, Ron era bajo, gordo y muy peludo. Cuando salió disparado con sus andares de pato, parecía exactamente un erizo tratando de correr sobre sus patas traseras, un espectáculo que hizo que todos nos riéramos.

Estábamos todavía con las carcajadas, y Ron aún corriendo, cuando miré a mi alrededor y me di cuenta de que faltaba alguien.

—¿Dónde coño está Larson? —pregunté.

Todos me miraron con cara de sorpresa y negaron con sus cabezas.

—Dragón Rojo, ven aquí —dije presionando el botón de mi radio—. Dragón Rojo, ¿dónde estás?

No hubo respuesta.

¡Oh no, pensé, *acabamos de perder al primer hombre de nuestro asalto!*

Escudriñé con ansia el terreno a nuestro alrededor y vi de repente una figura con uniforme estadounidense encogida en una zanja a unos dieciocho metros de distancia del lateral sur de las letrinas.

Estaba boca abajo y claramente muerto.

—Trae a tu equipo aquí arriba, tenemos otro cuerpo que bajar —radié a Avalos. A continuación volví a gritarle a Larson.

Mi mejor amigo estaba todavía desaparecido. Pero habíamos encontrado a Gallegos.

De vuelta en el edificio Shura, Grissette estaba todavía consternado por la manera salvaje con que se había tratado el cuerpo de Martin. Viendo lo molesto que estaba, Avalos pensó que Grissette no se hallaba en el mejor estado mental para correr bajo el fuego y someter el cuerpo de Gallegos al mismo tratamiento.

—Solo vamos a ir nosotros —dijo Avalos volviéndose a Kahn—. Vamos a la de tres. Una, dos.

Esta vez tenían por delante una carrera aún más larga.

En los primeros metros Avalos había dejado muy atrás a Kahn, que tenía un poco de sobrepeso y estaba en baja forma. Cuando Avalos llegó a la esquina de las letrinas, donde le señalé a Gallegos, estaba solo. (Kahn se había visto obligado a detenerse y ponerse a cubierto en el lateral norte de las letrinas.)

Una vez que Avalos llegó al cuerpo se dio cuenta de que Gallegos no podía haber escogido un peor sitio para morir. Sin ayuda, a Avalos le sería imposible alzar al hombre más corpulento de Keating hasta el borde de la zanja. Para complicar aún más las cosas, una de las piernas de Gallegos había quedado atrapada de tal forma entre unas rocas en la base de la trinchera que todavía hacía más difícil su extracción. Por último, los francotiradores talibanes de la zona de la Cascada y del Zigzag habían visto a Avalos y le estaban dirigiendo un gran volumen de fuego.

En un principio Avalos quedó tan impresionado al ver muerto a Gallegos que apenas tuvo conciencia del fuego de ametralladora y RPG, porque al igual que Grissette y Martin, Gallegos y Avalos tenían una relación que hacía que esta pérdida fuese algo personal. Al ser los dos muchachos hispanos de Keating compartían un intenso vínculo a nivel étnico y cultural. Pero su relación iba aún mucho más allá.

En Fort Carson, cuando comenzaban a conocerse, Gallegos había puesto a Avalos en cierto modo bajo su tutela, igual que lo haría un hermano o un primo. Con ello, Avalos había tenido la oportunidad de ver un lado diferente del duro y beligerante hombre rudo de Tucson, un lado del que el resto de nosotros apenas éramos conscientes.

El mes de noviembre anterior a nuestro despliegue en Afganistán Gallegos se enteró de que Avalos, que estaba soltero, no se podía permitir volar a California para pasar con su familia el Día de Acción de Gracias. Así que Gallegos insistió en que Avalos se uniera a él, a su esposa y a su hijo pequeño, Mac, en su casa de Colorado Springs.

Hacia el final de la velada la familia mostró a Avalos un calcetín navideño[*] que le habían hecho y que planeaban colgar sobre su chimenea. En la mente de Avalos, el mensaje tácito de Gallegos era: *Oye, no tienes por qué venir en Navidad, pero si no tienes otro sitio donde ir, aquí hay un lugar para ti, y serás bienvenido.*

---

[*] Bolsas en formas de calcetín que se cuelgan en los hogares norteamericanos en Nochebuena para que Papá Noel deje sus regalos. *(N. del t.)*

Desde entonces habían estado lo suficientemente unidos como para que Gallegos compartiera con él sus sentimientos sobre algunos momentos duros que había tenido en su vida, que incluían el divorcio con Amanda y el no haber sido propuesto para un ascenso. Avalos había estado allí para escuchar, y la confianza entre los dos hombres se había vuelto aún mayor. De hecho, solo una semana antes, cuando estaban sentados en uno de los vehículos blindados en mitad de la noche en servicio de guardia, habían tenido una conversación sobre qué podía pasar si Keating era invadido y uno de ellos no sobrevivía.

Por razones que parecieron insólitas en ese momento, pero que ahora le hicieron preguntarse a Avalos si su amigo no tuvo una suerte de extraña premonición sobre lo que estaba a punto de suceder, Gallegos había tratado de bromear diciendo que si resultaba muerto haría todo lo posible por morir en el lugar donde le fuera más difícil de recuperar su cadáver al resto del pelotón, como un gesto final de desafío. Cuando lo oyó Avalos pensó que aquello no tenía gracia, así que decidió hacerle una promesa a su amigo.

—No importa lo que suceda, yo estaré allí para ayudarte —prometió—. Si estoy vivo, y sin que importe dónde estés, iré a por ti y te traeré de vuelta.

Ahora, mientras Avalos recordaba esas palabras se dio cuenta de que para poder mantener su promesa tenía que sobrevivir primero, poniéndose a cubierto y esperando a que pasara la intensidad del momento y los talibanes buscaran otros blancos. Lo que significaba que iba a tener que pedirle a Gallegos un último favor, algo que ninguno de los dos hubiera podido imaginar.

Echándose al suelo junto a su amigo, Avalos levantó el cuerpo de Gallegos y se lo puso encima como escudo improvisado para protegerse de las balas y de los afilados fragmentos de metralla que rebotaban sobre las rocas y se incrustaban en los laterales de la zanja. Resultaba un poco feo utilizar a tu amigo muerto como protección. Pero era la única opción que se le ocurrió para seguir con vida y completar el trabajo.

Pasaron varios minutos antes de que pareciera que el tiroteo se alejaba de la zanja. Cuando lo hizo, Avalos salió de debajo de Gallegos y asomó cuidadosamente la cabeza por encima de la trinchera.

A unos dieciocho metros al norte vio a Kahn y le indicó que le echara una mano. Kahn corrió hasta la zanja y saltó a su interior, pudiendo entre los dos sacar a Gallegos de allí. A continuación ambos hombres comenzaron a arrastrar a Gallegos cuesta abajo hacia el edificio Shura.

Mientras desaparecían terraplén abajo, yo seguía agachado en el lateral norte de las letrinas tratando sin éxito de contactar por radio con Larson.

Sin que yo lo supiera, el último periplo de Larson lo había llevado hasta un lugar situado algunos metros más abajo del taller mecánico, donde había buscado cobertura bajo un contenedor que habíamos estado planeando utilizar para enviar material a Bostick. Mientras lo llamaba por radio me fui moviendo hasta el lado este de las letrinas, lo que hizo que este contenedor entrara en mi campo de visión y me permitiera ver a través de sus puertas.

Estaba agachado en el interior con su arma en una mano y su radio en la otra. Por la manera seria en que estaba mirando a la Cara Norte mientras trataba de hablar por radio parecía claro que no había considerado la posibilidad de que al meterse en el interior de una estructura de acero, como un contenedor de carga, había imposibilitado toda capacidad de comunicación electrónica.

—¡Mueve el culo hasta aquí! —le grité, agitando con furia mi brazo—. ¿Qué pasa? ¿Qué coño estabas haciendo allí? —le pregunté confuso cuando llegó, ajeno todavía a que al meterse en el contenedor de carga me había hecho creer que se lo habían cargado.

—Estaba tratando de enlazar con el Peloton Azul —exclamó—. ¿Dónde demonios están esos tipos?

—No te preocupes por ellos —le respondí—. Ahora estamos un poco a nuestra suerte.

En ese instante Larson, Raz, Stanley, Dulaney y yo nos hallábamos agazapados detrás del lateral norte de las letrinas. Por el momento nos ofrecía alguna protección y nos sentimos razonablemente seguros. Pero sin el fuego de cobertura del Pelotón Azul estaríamos terriblemente expuestos —y peligrosamente lejos de cualquier tipo de ayuda— cuando tratáramos de superar los cuarenta y seis últimos metros de terreno que llevaban al emplazamiento de morteros al tiempo que buscábamos a Hardt. Además, si lo encontrábamos, nos sería imposible prestarle fuego de cobertura a Avalos y a su equipo de recuperación cuando vinieran por tercera vez desde el edificio Shura y trataran luego de arrastrar a Hardt de vuelta.

Sabedores de que estábamos demasiado extendidos y cercanos a nuestro límite de exposición, pulsé el botón de mi radio y llamé al emplazamiento de morteros.

Justo antes de lanzar el asalto había hablado con el sargento Breeding por primera vez desde que comenzara el ataque. Durante las últimas ocho horas él y su dotación habían permanecido agazapados en el interior de su habitáculo de hormigón, incapaces de llegar a los tubos del emplazamiento o incluso de evacuar el cuerpo de Thomson, su compañero caído. Durante buena parte de ese tiempo habían permanecido también incomunicados, hasta que Breeding logró improvisar una antena y restablecer el contacto por radio. Una vez estuvimos al habla le había urgido a que aguantara porque estábamos de camino, y le aseguré que cuando llegásemos al emplazamiento de morteros los llevaríamos de vuelta a él, a sus hombres y el cuerpo de Thomson al centro del campamento.

Ahora era momento de hablar otra vez con el Gran John.

—Mira, tengo malas noticias —le dije—. Lo siento hermano, pero no tenemos suficientes efectivos para completar el último tramo. No vamos a poder llegar hasta ti.

Breeding no se inmutó.

—No te preocupes, hiciste lo que pudiste —replicó llanamente—. Haz lo que tengas que hacer para cuidar de tu equipo aquí arriba, que nosotros cuidaremos de nosotros mismos. Podemos esperar un poco más, y si vienen a por nosotros nos vamos a cargar a un buen puñado.

Antes de cortar le recordé a Breeding que la QRF estaba ya en camino desde Fritsche, y que su primera parada nada más llegar al perímetro exterior de Keating sería el emplazamiento de morteros. También le dije que tan pronto como volviéramos al edificio Shura, mi pelotón abriría un agujero en la pared suroeste para emplazar una ametralladora orientada directamente sobre la parte superior de la posición, de manera que pudiéramos eliminar a cualquiera que tratara de llegar hasta él o sus muchachos.

No sé hasta qué punto agradeció esas garantías. Pero mientras oía salir esas palabras de mi boca apenas pude contener mi disgusto y vergüenza. Anteriormente esa mañana no había logrado mantener una promesa hecha a un compañero de armas, cuando me había visto obligado a retirarme del generador sin poder prestar a Gallegos el fuego de cobertura que le había prometido. El cuerpo de ese hombre acababa de ser utilizado como escudo humano, arrastrado sobre una extensión aproximada de un campo de fútbol, y ahora yacía en el suelo del edificio Shura mientras yo trataba torpemente de explicar a otro soldado que necesitaba mi ayuda por qué estaba faltando a mi palabra.

El objetivo principal de la misión, lo que justificaba todos los riesgos que habíamos aceptado, era que se suponía que debíamos recoger a todo el mundo y traerlos de vuelta. En su lugar solo logramos recuperar dos cuerpos, dejando atrás a tres soldados vivos y un tercer cadáver. Y por encima de todo, no teníamos ni idea de dónde podía estar el cuarto y último cuerpo.

Supongo que podría haber cargado parte de la culpa sobre los hombros del sargento Hill. Pero mientras cortaba la comunicación con Breeding y ordenaba a mi equipo que comenzara a replegarse de vuelta al edificio Shura, la persona con la que estaba más disgustada era conmigo mismo.

En la guerra juegas a subsistir y, por ello, no hay segundas oportunidades ni segundos intentos. El cálculo de combate, en su esencia más brutal, es binario: o bien superas los obstáculos que se van interponiendo en tu camino y piensas una manera de hacer que las cosas sucedan, o no lo haces. Es una suma cero, o ganas o pierdes el juego, no hay punto intermedio, ni margen para intentarlo con todas tus fuerzas.

La conclusión es que había fallado. Y cuando mi equipo y yo completamos nuestra retirada y entramos en el edificio Shura, la conciencia de ese fracaso añadió otro nivel de amargura al sabor y olor a sangre, pólvora y muerte que había en el ambiente del interior del edificio.

Una vez que estuvimos dentro del edificio Shura lo primero que había que hacer era abrir un hueco en la pared suroeste y emplazar allí una SAW para mantener vigilada la parte superior del emplazamiento de morteros. Tan pronto como esto estuvo acabado llamé por radio a Breeding para hacerle saber que el arma estaba emplazada. A continuación me di otra carrera hasta el puesto de mando para informar a Bundermann de cómo estaban las cosas.

En este punto, mi preocupación principal radicaba en la persistente pregunta sobre qué le había sucedido a Hardt. Tras contarle a Bundermann dónde habíamos buscado y cuánto terreno habíamos cubierto antes de tener que retroceder, le expliqué lo que creía que debíamos hacer a continuación.

—Creo que hay un ochenta por ciento de probabilidades de que su cuerpo ya no esté en el interior del puesto avanzado, pero tenemos que estar seguros —le dije—. Quiero organizar otra ronda de reconocimiento.

—Ni hablar —replicó, negando con la cabeza—. Ya hemos tentado suficientemente a la suerte.

A continuación Bundermann me ordenó volver al edificio Shura, asegurarme de que la puerta de entrada principal se reforzaba de forma consistente con alambrada de espino, y estarme quieto hasta que el equipo de rescate llegara de Fritsche. Cuando bajaran de la montaña, dijo, podríamos continuar con la búsqueda de Hardt.

Era una decisión sensata y probablemente la correcta. Pero cuando regresé al edificio Shura no lograba quitarme la sensación de que había algo terrible en el hecho de que todavía no supiéramos el paradero de todo el mundo. Fue más o menos en ese momento cuando Larson me acorraló con una petición. Quería llevar a cabo un reconocimiento individual para buscar a Hardt una última vez, y necesitaba mi consentimiento.

Mi primera reacción fue que esa era una mala idea. Estaría de acuerdo en mandar una escuadra, en la que los hombres se pudieran prestar apoyo mutuo. Pero ¿un hombre en solitario? Eso era ridículo.

Sin embargo, Larson no estaba dispuesto a recibir un no por respuesta. Según manifestó, Hardt no solo era de nuestro pelotón —una razón de peso en sí misma— sino que había caído mientras trataba de rescatar a compañeros miembros del Pelotón Rojo, incluyendo al propio Larson. Además, estaba el hecho de que Larson había estado entrenando a Hardt de la misma forma que yo había entrenado a Larson: poniéndolo bajo su tutela y enseñándole no solo cómo hacer las cosas, sino también cómo pensar. Lo que significaba que Larson tenía cierta intuición de lo que probablemente pasaba por la mente de Hardt durante sus momentos finales: adónde trataba de ir, cómo pretendía hacerlo, y por tanto, dónde debía estar ahora.

De forma persistente, Larson fue sacando a relucir implacablemente un punto tras otro hasta que finalmente (y de forma irónica) me agotó de la misma forma que había hecho Hardt unas pocas horas antes, cuando estando reacio había dado luz verde a la misión de rescate que le costó la vida, suscitando de este modo la discusión que Larson y yo estábamos teniendo en ese momento.

—Está bien, puedes ir —le concedí—. Pero tienes que asegurarte de que vas ligero, y tienes que *darte prisa*.

Entonces comenzó a quitarse todo su equipo, armas, chaleco de munición, chaleco antibalas, y cualquier cosa que pudiera ralentizarlo. Cuando estuvo en camiseta, pantalones y botas se puso en la puerta, esperó unos segundos a que amainara el fuego, y se lanzó a correr hacia el oeste.

No se trataba del tipo de carrera con pausas, sino de una carrera a toda velocidad, a todo lo que podía dar de sí, con los talones echando humo, dando un gran rodeo que había de llevarlo desde la entrada principal hasta el remolque de la lavandería, las letrinas y el vehículo blindado de Gallegos, antes de girar al este hacia el taller mecánico, para luego dirigirse de vuelta al remolque de las duchas y a los tubos urinarios y finalizar la carrera en la puerta este del edificio Shura.

La asunción que subyacía detrás de la planificación de esta ruta era que cuando Hardt abandonó su vehículo blindado, se había dirigido casi con total seguridad hacia el cobertizo de las herramientas y el comedor. Si ese era el caso, y si el cuerpo de Hardt no había sido retirado ya por el enemigo, se encontraría probablemente en algún lugar al oeste del taller mecánico.

Larson comenzó a recibir fuego en el mismo instante que pisó el suelo. Pero igual que en aquellos partidos de fútbol americano de Irak o de Fort Carson, era increíblemente rápido. Tanto, que los tiradores que trataban de alcanzarlo no lograban retenerlo en sus puntos de mira, por lo que ni siquiera estuvieron cerca de anticipar sus recortes, requiebros y fintas.

Lo perdimos de vista en el momento en que pasó el remolque de las duchas, a partir de allí no tuvimos idea de cómo le fue. Pero tres minutos más tarde apareció junto al extinto emplazamiento de morteros afgano, y corrió de nuevo hacia nosotros mientras las balas impactaban en el suelo a pocos metros a su espalda.

Cuando entró por la puerta cayó de rodillas, jadeando, y movió negativamente la cabeza en respuesta a la pregunta que me disponía a hacerle sobre si había visto a Hardt.

Nada.

Mirando afuera hacia la entrada principal y más allá del río, sacudí la cabeza de la frustración. Era como si Hardt se hubiera desvanecido en el aire. O, más probablemente, como si los talibanes se hubieran abalanzado sobre él, lo hubieran cogido, y estuvieran llevándose su cuerpo ahora a las colinas. Esta perspectiva era lo suficientemente horrible como para que Larson comenzara a pedirme otra vez permiso de cara a un segundo intento, volviendo a hacer el recorrido de nuevo pero ampliándolo —y exponiéndose a un mayor peligro aún— en la escasa probabilidad de que Hardt pudiera estar todavía por allí en algún lugar.

—Ni hablar —le dije, y esta vez no habría discusión.

Entre los numerosos bajones que experimentamos ese día, este fue seguramente uno de los peores. Después de todo el esfuerzo que habíamos realizado y de los riesgos que habíamos asumido, Hardt estaba todavía desaparecido, y Breeding y su equipo atrapados en el emplazamiento de morteros.

Entre tanto, a unos noventa y dos metros de distancia del edificio Shura se estaba librando una lucha muy distinta, en la que los sanitarios de Keating batallaban desesperadamente para salvar la vida del herido grave Stephan Mace antes de que el salvaje incendio, que había consumido ya toda la parte oriental del puesto avanzado, se propagara al propio puesto de primeros auxilios y lo redujera a cenizas.

22

Conflagración

Hoy en día, cuando echo la vista atrás a la batalla de Keating, estoy cada vez más convencido de que el operativo para salvar a Mace, una batalla que se libró contra adversidades casi insuperables, se convirtió en sí misma en una especie de guerra separada, una pequeña contienda que se libró enmarcada en los límites temporales de una más grande y que, a causa de lo duro que se luchó y de lo mucho que significaba Mace para todos nosotros, acabaría marcando los sentimientos de quien estuvo allí y sobrevivió.

Más que ninguna otra cosa de las que acontecieron en el interior de aquel miserable puesto avanzado, la historia de lo que le sucedió a Mace vendría a definir nuestro entendimiento de si perdimos, ganamos, o de si el resultado final cayó por una grieta a un oscuro vacío que participara tanto de la victoria como de la derrota, no siendo al final ni una cosa ni la otra.

Poco antes, esa tarde, cuando llegaron las primeras noticias al puesto de primeros auxilios de que Mace estaba todavía vivo, Doc Chris Cordova y sus tres sanitarios, Shane Courville, Cody Floyd y Jeff Hobbs, estaban todavía ocupados con multitud de heridos, de los que el más urgente de todos era el soldado del Ejército Nacional Afgano que llamábamos el «tipo del RPG», que había entrado con una grave herida de arma de fuego que le había seccionado una arteria en su pierna izquierda. Floyd estaba aplicando un torniquete para detener la hemorragia cuando llegaron por radio las órdenes de que toda arma que hubiera en el interior de Keating debía ser disparada contra cualquier blanco al alcance para que Mace pudiera ser llevado hasta el puesto de primeros auxilios.

Para preparar la llegada de Mace los sanitarios comenzaron a trasladar de inmediato a algunos de los heridos al exterior, a la zona protegida del café.

Luego se pusieron a cubierto y se aferraron unos a otros a medida que las bombas del B-1 de Justin Kulish empezaban a caer sobre el Campo de Minigolf.

La impresión que produjo ese ataque aéreo fue tan impactante para los hombres del interior del puesto de primeros auxilios como lo había sido para los que estaban en el interior del edificio Shura o en el emplazamiento de morteros. Mientras las estruendosas explosiones reverberaban por todo el campo de batalla, las ondas expansivas hicieron estremecer violentamente las paredes del edificio con la suficiente intensidad como para sacudir los materiales médicos de las estanterías e incluso tirar al suelo el póster de las chicas de Hooters, aunque la bolsa de Ziploc que contenía las braguitas perfumadas de la estrella de tenis permaneció fijada a la pizarra.

Poco después entraron zumbando por la puerta Larson y Carter llevando a Mace en la camilla. Tan pronto como estuvieron en el interior se hicieron cargo los sanitarios. Lo pusieron sobre la mesa y los cuatro se pusieron a trabajar.

Mientras Floyd cortaba la ropa de Mace, dejando expuestas sus heridas, le hicieron un primer examen para ver a lo que se enfrentaban. Como consecuencia de las penetrantes heridas de metralla de su abdomen y de la parte derecha de su torso, tenía una parte de intestino y la glándula suprarrenal derecha destrozadas, y la pelvis aplastada. Tenía alojadas nueve piezas de metralla en su cadera, glúteos y muslo. En la herida de arma de fuego que tenía en su pierna izquierda presentaba fracturas compuestas de tibia y peroné. Había múltiples laceraciones en sus piernas y brazos, y el tobillo izquierdo estaba unido a su pierna solo por un pequeño trozo de tejido. Estaba levemente consciente, y debido a la gran cantidad de sangre que había perdido no tenía pulso distal en brazos o piernas.

En resumen, estaba hecho un desastre.

Cuando acabaron de quitarle la ropa, Floyd le aplicó un nuevo torniquete en la pierna mientras Hobbs sustituía el palo que había puesto Carter en su tobillo por una férula de plástico.

Entre tanto, Cordova y Courville se centraban en el formidable desafío de encontrar una vía en las venas de Mace para poder comenzar a administrarle fluidos y medicación. Incapaces de encontrarle una vena en brazos o piernas, trataron de hacerlo en su cadera, y luego en el cuello. Cuando todo esto falló optaron por un FAST1, el mismo dispositivo en forma de linterna multiaguja que habían utilizado horas antes con Kirk, y se lo clavaron en el esternón.

Esa vía duró lo suficiente como para que pudieran administrarle una bolsa entera de Hextend, que ayudaría a expandir el volumen de plasma en su torrente sanguíneo. Pero justo cuando se vació la bolsa y estaban preparando otra para ponerla falló la vía FAST1, obligándolos a reanudar la búsqueda de una vena. Su suerte no fue mejor que la primera vez, así que en esta ocasión recurrieron a una aguja en forma de espiral que se inserta en el interior de la médula ósea, y se la clavaron justo debajo de la rodilla de la pierna derecha.

Por desgracia, esta segunda línea solo permitía un goteo lento. Si querían tener una oportunidad de estabilizar a Mace debían hacer más. Pero entonces, en el exterior, al otro lado de los muros del puesto de primeros auxilios entraba en escena otro problema, uno que podría obligarlos, en el peor momento posible, a trasladar a su paciente a otro lugar.

El puesto de primeros auxilios estaba a punto de incendiarse.

En el transcurso de las últimas horas, la intensidad y peligro del incendio que se había originado en el interior del complejo del Ejército Nacional Afgano en la parte oriental del campamento se había expandido hacia distintas partes. El esfuerzo llevado a cabo a media mañana por varios miembros del Pelotón Azul para frenar el avance de las llamas había tenido poco efecto. Para las 11.30 el fuego estaba generando un calor tal en el interior del complejo del ENA, que la munición abandonada por los soldados afganos en sus barracones se estaba calentando y empezaba a estallar. En poco tiempo, las llamas comenzaron a expandirse por el sector norteamericano: primero al barracón de la Sección de Mando y luego al del Pelotón Azul. Pero poco después del mediodía, a medida que el frente de sistemas tormentosos que había demorado a los helicópteros de rescate en Bostick llegaba a la vertical de Keating, parecía que una lluvia fina pudiera ayudar a extinguir parte del incendio.

Transcurrida una hora se disipó cualquier duda de que esto fuera a suceder. A las 2.00 de la tarde, las llamas que consumían el barracón de la Sección de Mando generaban tanto humo que Koppes, cuyo vehículo blindado estaba situado justo enfrente de la pared norte del barracón, apenas podía ver o respirar. Mientras Stanley corría hacia el Humvee, lo arrancaba y lo movía unos seis metros hacia el oeste, el comedor y el almacén de las provisiones quedaron envueltos por el fuego, y las llamas comenzaron a abrirse camino consumiendo las redes de camuflaje que había sobre el callejón que separaba el barracón del Pelotón Azul del puesto de mando.

Cuando este comenzó a llenarse de humo, el *first sergeant* Burton ordenó a todos los que estaban en el interior que se prepararan para evacuar. Con la electricidad todavía cortada no tenía sentido llevarse los ordenadores, así que el equipo de mando se limitó a recoger todos los mapas y las radios que todavía tenían batería. Luego se cambiaron de edificio y plantaron un nuevo puesto de mando en el barracón del Pelotón Rojo, donde reanudaron el contacto por radio y las peticiones de ataques aéreos, coordinándose con el equipo de rescate que venía abriéndose camino montaña abajo desde Fritsche.

Cuando llegó a los sanitarios la noticia de que el puesto de mando estaba a punto de incendiarse, se asomó Courville al exterior del puesto de primeros auxilios para comprobar el peligro que se avecinaba. Quedó impactado no solo por la proximidad del fuego, sino también por el calor que desprendía. Descubrió que las llamas habían saltado a una nueva sección de la red de camuflaje que conectaba el puesto de mando con el puesto de primeros auxilios.

—Se va a propagar —murmuró para sí mientras sacaba su cuchillo de bolsillo y se dirigía a cortar la red. Mientras completaba su tarea se aproximó Burton con noticias inquietantes.

—Si es necesario, vamos a tener que sacaros a todos vosotros y llevaros al emplazamiento de morteros —dijo Burton—. Estad preparados.

Esto no tuvo ningún sentido para Courville. ¿Por qué demonios iban a tener que trasladar a sus pacientes a una sección del puesto avanzado que todavía estaba aislada por el fuego enemigo? Además, sería terrible para Mace.

Mira, la última cosa que necesitamos hacer en este momento es trasladar a Mace a ningún sitio, pensó mientras corría de vuelta al interior.

En ese instante, Doc Cordova había ordenado ya una evacuación parcial del puesto de primeros auxilios. Mientras se les decía a todos los pacientes ambulatorios afganos que comenzaran a dirigirse al edificio Shura, se preparaban equipos de camillas para trasladar a los pacientes gravemente heridos, que eran incapaces de caminar por sí mismos. Entre tanto, Floyd empaquetaba el material que iban a necesitar llevarse consigo.

Para Courville tenía que haber una solución mejor.

Volviendo a salir fuera a fin de ver si se le ocurría alguna idea se dio cuenta de que la amenaza principal para el puesto de primeros auxilios era el alto pino contiguo al puesto de mando, que estaba ardiendo furiosamente.

También vio que había una pequeña sierra mecánica naranja y blanca allí cerca.

—¡Oye! —gritó Courville girándose hacia Ty Carter, que había trabajado como leñador antes de ingresar en el ejército—. ¿Puedes talar ese árbol con la sierra mecánica?

—Sí —replicó Carter.

—Hazlo —dijo Courville.

Entonces Carter se puso manos a la obra, haciendo una serie de cortes en forma de cuña por toda la base del tronco con la esperanza de hacer caer el árbol hacia el barracón del Pelotón Azul y alejarlo así del puesto de mando. Mientras la sierra se comía la madera llovían ascuas ardientes sobre su cabeza y espalda desde las ramas de arriba, interfiriendo en su concentración. Tampoco ayudaba el que estuviera expuesto al fuego enemigo procedente de la Cara Norte.

Al final Carter calculó mal, y cuando hizo su corte final y dio un paso atrás, el árbol cayó en la dirección opuesta a la que pretendía, desplomándose a través del callejón sobre la parte oeste del barracón del Pelotón Rojo y destrozando el techo del puesto de mando abandonado. Las ramas pasaron por una trinchera que había en la parte suroeste de la esquina del barracón del Pelotón Rojo, y estuvieron a punto de matar a Justin Gregory y a Nicholas Davidson, que se hallaban apostados en su interior con una ametralladora.

Mientras Gregory y Davidson forcejeaban para salir de debajo de las ramas en llamas, pareciendo un par de ratas sorprendidas en un incendio forestal, Carter comprendió lo que había hecho. El árbol no había caído ni remotamente cerca de donde se pretendía que lo hiciera. Pero estaba lo suficientemente alejado del puesto de primeros auxilios como para no servir de puente a las llamas.

Misión cumplida, más o menos.

Para entonces eran las 3.30 de la tarde, y el equipo de mando en el interior del barracón del Pelotón Rojo estaba comunicando a nuestros superiores en Bostick que con la mayor parte de Keating en llamas, todos los efectivos disponibles estaban refugiados en los últimos tres edificios de muros reforzados del centro del campamento.

Uno de estos edificios era el puesto de primeros auxilios, salvado por la acción del leñador bizco Carter, y en cuyo interior Doc Cordova y su equipo habían reanudado la asistencia a su paciente en estado más crítico, cuya situación no parecía buena.

Durante la alocada lucha por contener el fuego Mace había sufrido una brusca recaída.

Fue pasadas las 4.00 de la tarde cuando Cordova se dio cuenta de que a pesar de todo lo que habían hecho hasta entonces, Mace parecía ir cuesta abajo. Sus constantes vitales no habían mejorado y su actividad cerebral estaba disminuyendo. Todos los indicativos apuntaban a un hecho: si Mace quería tener alguna oportunidad de sobrevivir debía ser evacuado a Bostick, donde había un centro avanzado de traumatología.

Con eso en mente, Cordova envió a Courville al nuevo puesto de mando para presionar a Bundermann sobre cuándo pensaba que podría llegar un helicóptero de evacuación sanitaria a la zona de aterrizaje de Keating.

—Hermano, ¿cuánto tiempo pasará antes de que nos llegue un pájaro? —preguntó Courville.

—Eso no va a suceder hasta después de que llegue la fuerza de socorro —replicó Bundermann refiriéndose a la unidad de rescate de Justin Sax, que estaba bajando desde Fritsche—. Calcula en algún momento después de anochecer.

Traducción: Mace no iba a ir a ningún lado hasta al menos las 7.00 de la tarde.

—¿Cuánto tiempo le queda? —preguntó Bundermann.

—Ahora mismo, probablemente dos horas como mucho —dijo Courville mientras se daba la vuelta y se encaminaba al puesto de primeros auxilios a darle a Cordova las malas noticias.

El desafío que se abría ante Cordova y su equipo era descubrir cómo gestionar el tiempo que le quedaba a Mace y doblarlo.

En ese momento, Cordova sabía que la necesidad más urgente de Mace era la sangre. Ya había perdido una cantidad espantosa, y necesitaba glóbulos rojos que pudieran oxigenar su cuerpo, junto con sus agentes de coagulación, que no se le estaban suministrando con los fluidos o el Hextend que le habían inyectado en su torrente.

Generalmente la sangre no se almacena en puestos de primeros auxilios de puestos avanzados remotos como Keating, principalmente porque no hay manera de mantenerla refrigerada sin un suministro permanente de electricidad. Pero Cordova sabía que había otra fuente de la que se podía valer.

Aunque son muy poco ortodoxas y están lejos de ser lo ideal, las transfusiones directas de sangre de un soldado a otro se han hecho en el campo de batalla desde antes de la segunda guerra mundial. Cordova nunca había intentado algo parecido, pero había sido entrenado para hacerlo. Y lo que era más importante, la unidad que había estado destinada en Keating antes de nuestra llegada había dejado un equipo de transfusión «de hombre a hombre».

—Oye, ¿qué hemos hecho con nuestro equipo de transfusión de sangre? —preguntó Cordova a Courville.

—Lo tiramos ayer cuando estuvimos limpiando el puesto de primeros auxilios —replicó Courville, otro recordatorio más de que los preparativos para el desmantelamiento de Keating los había privado de material esencial precisamente cuando más lo necesitaban.

Cordova comenzó a maldecir.

—Pero espera un segundo —exclamó Courville—. Ayer era jueves, ¿verdad?

—Sí.

—¡Así que hoy es viernes!

—Pues sí... —replicó Cordova, perplejo, mientras Courville desaparecía por la puerta.

Gracias a que el viernes es día de oración para los musulmanes, los obreros locales de Keating no tenían que ir a recoger la basura y llevarla al pozo para su incineración en veinte horas, lo que significaba que la bolsa de basura en la que se había metido el equipo de transfusión estaba con casi total seguridad justo detrás de la puerta del lado oeste del puesto de primeros auxilios.

Unos segundos más tarde estaba Courville de vuelta en el interior con una bolsa de basura, que vació en el suelo a continuación.

No había ningún equipo de transfusión.

Sin inmutarse, volvió al lugar y cogió otra bolsa de basura. Esta vez el dispositivo salió rodando.

Ahora se enfrentaban a otro problema: ¿cuál era el grupo sanguíneo de Mace? Las placas de identidad que mostraban esa información no parecían colgar alrededor de su cuello.

Tras varios momentos de ansiedad hurgando entre los restos de la ropa de Mace, Floyd logró encontrar las placas en el interior de uno de sus bolsillos.

Grupo A positivo.

Un rápido chequeo en el interior del puesto de primeros auxilios reveló que había tres hombres con el mismo grupo sanguíneo: el propio Floyd, Hobbs y Cordova.

Montaron el equipo de transfusión al mismo tiempo que le sacaban a Floyd una unidad de sangre,[*] tratando a continuación de derivar la sangre

---

[*] La unidad de sangre es el volumen que se extrae de una persona y se guarda en una bolsa para sangre. Debido a múltiples factores es imposible asignarle una unidad concreta de volumen del sistema métrico, aunque suelen rondar los quinientos mililitros. *(N. del t.)*

de Floyd a Mace utilizando la vía que habían puesto en su pierna izquierda con la aguja en forma de espiral. Sin embargo, para entonces, el flujo de esa vía era demasiado lento. Así que le engancharon a la bolsa una bomba de infusión electrónica,* esperando que ayudara a bombear la sangre a un ritmo mayor. Cuando tampoco esto marcó la diferencia, hubo un nuevo problema que resolver.

—Tenemos que abrir una jodida vía que sea mejor —dijo Courville.

Courville tanteaba por todos sitios buscando una vena que pudiera servir, sin encontrarla. Entonces, por obra de algún milagro, vio un lugar prometedor en el brazo de Mace y metió una aguja. Exultante, administró algo de suero salino por la vía para asegurarse de que el flujo era bueno. Pero justo cuando estaban cambiando del suero salino a la bolsa de sangre, Mace, que se debatía en un estado de semiinconsciencia, sacudió el brazo y se arrancó la vía.

Maldiciendo por la frustración, todo el equipo comenzó a buscar un nuevo sitio para la vía.

Tas varios minutos vitales, Hobbs encontró la solución metiendo una aguja directamente en la vena yugular externa. Con eso, la sangre de Floyd comenzó a pasar por fin al torrente sanguíneo de su cuerpo.

El efecto fue notable.

Incluso antes de que estuviera vacía la primera bolsa empezaron a tener mejor aspecto las constantes vitales de Mace, y su estado mental había mejorado. Comenzó a hacer bromas y a quejarse del dolor de su maltrecha pierna izquierda. También volvió a la fijación que había tenido cuando él, Larson y Carter habían estado atrapados en el vehículo blindado.

—Amigo —dijo a Courville—, ¿me das un cigarro?

—Sin problema —replicó Courville—. Tan pronto como salgas de aquí y pases por el quirófano, nos aseguraremos de que tengas uno.

—Venga hombre —rogaba Mace—. Solo un cigarro..., por favor.

No habría ninguna maldita forma de que los sanitarios pudieran disminuir la densidad de la sangre con la presencia de nicotina en mitad de una transfusión. Sin embargo, estaban absolutamente encantados de que Mace los estuviese presionando, aunque unos minutos después de que se acabara la primera bolsa comenzó a desvanecerse de nuevo.

Era hora de aplicar otra bolsa de sangre.

* Se trata de un dispositivo portátil diseñado específicamente para la administración de líquido intravenoso y sangre. *(N. del t.)*

Hobbs se sentó y dejó que Cordova le cogiera una vía en su brazo. Luego se hizo el mismo procedimiento con Cordova, el último hombre en el puesto de primeros auxilios con sangre del grupo A positivo.

Mace revivía brevemente con cada unidad adicional que se le administraba, para luego volver a desvanecerse tan pronto como se acababa la bolsa. Nunca cesó con sus bromas y dijo que le preocupaba ser menos hombre por haber recibido sangre de Floyd (del que bromeaban a menudo que era flacucho y de aspecto frágil). E importunaba a todo el que pudiera escucharlo instándolo a darle un cigarrillo. Sin embargo, tenía la piel de la cara más blanca que una hoja de papel.

A los sanitarios les parecía que Mace oscilaba —y ellos con él— hacia atrás y hacia delante como un péndulo en un reloj, cambiando de la vida a la muerte en ciclos de veinticinco minutos. Lo único que no parecía arrojar dudas era que a Mace no le quedaba mucho tiempo. *Tenían* que meterlo en el interior de un helicóptero y sacarlo de Keating pronto.

Mientras se le administraba la tercera bolsa, Courville corrió hasta el puesto de mando para obtener una lista de todos los soldados de Keating que tuvieran el grupo sanguíneo A positivo. Uno de los nombres de esa lista era Bundermann, así que Courville lo sentó de inmediato y le clavó una aguja en el brazo.

Eran las 6.38 de la tarde, y la sangre de Bundermann comenzaba a fluir, cuando llegaron noticias sobre el equipo de rescate.

Se habían tropezado con algunos contratiempos, pero habían logrado solucionarlos y avanzaban según el horario previsto.

Estaban a punto de llegar.

Cuando la fuerza de reacción rápida del capitán Justin Sax partió de Fritsche a las 2.00 de la tarde, él y sus hombres habían previsto que les llevaría unas cuatro horas llegar a Keating, en parte porque Sax había decidido que en la parte superior del trayecto evitarían el camino señalizado e irían campo a través. (Esto los retrasaría, pero también haría más difícil que el enemigo los emboscara.)

Cuando partieron, la gran pregunta que rondaba por la mente de todos era si encontrarían resistencia en el trayecto. Si ocurría, su plan consistía en hacer todo lo que fuera necesario para superar esa oposición y continuar bajando la montaña, aunque les llevara más tiempo aún llegar a Keating.

Justo antes de partir, varios de los aviones que volaban en círculos allá arriba recibieron instrucciones para efectuar ataques aéreos, con la esperanza de saturar el terreno con bombas y fuego de cañón a fin de ayudar a despejarlo de enemigos y de frustrar cualesquiera planes que pudieran estar tratando de llevar a cabo. Los Apache dispararon gran cantidad de cohetes de fósforo blanco para marcar el área, momento en el que los A-10 efectuaron múltiples pasadas con los cañones por toda la pared sur de la montaña. A continuación regresaron los Apache para descargar una buena cantidad de cohetes de alto explosivo y *flechettes*; y luego, por si acaso, dieron unas cuantas pasadas con sus cañones de cadena de 30 milímetros.

Cuando Sax y su equipo descendían por la cresta en la que se situaba Fritsche, no tardaron mucho tiempo en empezar a encontrarse evidencias de estos ataques aéreos. Árboles acribillados por trozos de metralla o hechos astillas por las bombas y el fuego de cañón. Había también grandes áreas despejadas donde la vegetación ardía o se había reducido a cenizas a causa del fósforo blanco.

El progreso era lento debido a lo pronunciado del terreno. La lluvia intermitente tampoco ayudaba y en poco tiempo la tierra comenzó a volverse resbaladiza. Pero continuaron avanzando, moviéndose tan rápido como les era posible mientras se mantenían ojo avizor ante cualquier indicio de emboscada. Apenas habían superado la mitad del trayecto, marchando por la linde de una zona de terreno despejado, cuando uno de los hombres de Sax, el especialista Kyle Barnes, descubrió a dos talibanes agazapados detrás de unas rocas.

Uno de los insurgentes, que tenía una radio, estaba gravemente herido, la mayor parte de la masa muscular había quedado desprendida de su pierna derecha y estaba desangrándose hasta la muerte. El segundo insurgente murió cuando Barnes le vació el cargador de su pistola de 9 milímetros en el pecho.

Ambos talibanes estaban bien equipados, pues entre los dos hombres llevaban un lanzagranadas RPG, dos fusiles de asalto, chalecos tácticos con cargadores y varias granadas. Los hombres de Sax recogieron todo lo que tenían y reanudaron la marcha.

En el transcurso de otra hora habían llegado a la cima del Zigzag, donde comenzaron a encontrarse gran cantidad de insurgentes muertos, nidos de cinco o seis hombres cada vez, ascendiendo finalmente a entre cincuenta y cien.

Al llegar allí también tuvieron a la vista Keating por primera vez, aunque la parte baja de la montaña que estaban descendiendo se hallaba oscurecida por el humo y la neblina de los edificios que todavía ardían en el interior del campamento. Llegados a este punto, Sax dividió su equipo en dos: un pelotón de fusileros recibió órdenes de quedarse observando en la cima mientras el segundo grupo procedía a recorrer el resto del camino. Mientras el pelotón de cabeza continuaba bajando, los hombres que quedaron atrás en misión de vigilancia lograron captar el tráfico de radio de Keating, incluyendo una llamada de Doc Cordova:

—¿Hay alguien que sea del grupo sanguíneo A?, necesito saberlo —anunció Cordova—. Que venga al puesto de primeros auxilios de ser posible.

Era poco después de anochecer cuando el pelotón de cabeza cubrió el último tramo del Zigzag y llegó a los alrededores de la parte trasera del emplazamiento de morteros, donde Breeding y sus hombres estaban aguardándolos, después de haber envuelto el cadáver de Kevin Thomson en sus impermeables y haberlo puesto en una camilla. A continuación todo el mundo descendió por los peldaños hechos de cajas de munición y entraron en el núcleo principal del campamento de Keating.

Mientras Breeding y su equipo continuaban hacia el puesto de primeros auxilios con Thompson, el pelotón de Sax se reunió en el taller mecánico para encontrarse con Eric Harder y ver la manera en que haríamos el traspaso de nuestras posiciones defensivas al equipo de Sax. Fue entonces cuando Harder tropezó con algo en el suelo en la creciente oscuridad y se acercó a investigar.

Era el cuerpo de Josh Hardt, tendido boca abajo próximo al gran saliente de roca donde había estado el Vehículo 1 antes de que se subiera en él e iniciara su arriesgada operación de rescate.

Había llegado al punto de partida, casi exactamente al mismo lugar desde el que comenzó la misión para salvar a sus camaradas atrapados en el LRAS2.

Con el descubrimiento del cuerpo de Hardt se completaba otro círculo. Era poco antes de las 8.00 de la tarde y por primera vez, en las catorce horas que habían transcurrido desde que comenzara el ataque, podíamos hacer por fin un recuento completo de todos los soldados de Keating: quién estaba muerto, quién vivo y dónde estaba cada uno.

Mientras recogían a Hardt y se preparaban para llevarlo al puesto de primeros auxilios a reunirse con sus seis hermanos caídos, me dieron deseos de ir al taller mecánico a presentarle mis últimos respetos.

Por desgracia no iba a ser posible, porque me habían dado la orden de cruzar el puente de hormigón sobre el río Darreh-ye Kushtāz y asegurar la zona de aterrizaje, a fin de poder enviar a Mace a un centro médico apropiado antes de que también lo perdiéramos.

En el interior del puesto de primeros auxilios, Mace, que estaba tumbado en la mesa bajo una manta mientras la vía de transfusión le bombeaba sangre de sus camaradas en el cuello, era destinatario de tanta atención que parecía que se hubiera convertido en una celebridad. Los sanitarios monitorizaban su estado continuamente: Floyd tomaba sus constantes vitales cada cinco minutos y nunca se retiraba del lado del paciente a menos que otro sanitario estuviera con él. Entre tanto, cualquier soldado que se hallara haciendo algo en los alrededores del puesto de primeros auxilios se asomaba por la puerta para decir hola, preguntar cómo se encontraba Mace, y decirle lo fantástico que era.

Uno de esos que le deseaban todo lo mejor era Raz, que se dejó caer para saber si Doc Cordova estaba buscando todavía sangre del grupo A positivo y, de ser así, para donar un poco. Cordova, que estaba afuera, le dijo que por el momento tenían sangre suficiente; acababan de sacarle cuatrocientos setenta y tres mililitros a Bundermann y el helicóptero de evacuación sanitaria estaría pronto en camino.

— ¿Cómo está? —preguntó Raz.

—Está bien, hombre —replicó Cordova alegremente—. Entra y dile algo, quiere saber de vosotros.

Para entonces habían empezado a administrarle también algo de morfina, así que Mace se sentía bastante aturdido. Además, tenía una máscara de oxígeno en la cara que hacía sonar su voz hueca y lejana. Pero a pesar de ello, y pese a las horribles heridas que Raz sabía que había debajo de la manta, era el mismo viejo Mace.

—Oye, amigo —dijo Mace débilmente—, ¿por casualidad no llevarás un cigarrillo?

Raz sabía que eso era lo último que necesitaba Mace en ese momento, así que movió negativamente su cabeza y cambió de tema: el tipo de comentarios que se intercambian los soldados cuando el aire que los rodea está saturado de cosas demasiado serias y demasiado intensas como para hablar de otra cosa.

Raz sabía que tan pronto como llegara el helicóptero de evacuación, Mace iniciaría la primera etapa de una serie de vuelos que lo trasladarían a centros de traumatología y hospitales de Bostick y Bagram, seguidos por una escala en Alemania antes de llegar a su destino final, que casi con toda seguridad sería el hospital de Walter Reed en Bethseda, a las afueras de Washington, D. C. Raz sabía también que pasaría mucho tiempo antes de que pudieran volver a verse de nuevo, contando, por supuesto, con que Raz lograra sobrevivir los ocho meses de despliegue restantes sin que lo mataran. Y sabía que debido al grado de gravedad de las heridas de Mace y a los muchos obstáculos que se le presentaban por delante en el camino de la recuperación —el dolor y las cirugías, la terapia física y los desafíos psicológicos—, Mace podría no ser la misma persona la próxima vez que se encontraran.

Pero la esperanza es lo último que se pierde.

—Oye, buena suerte, amigo —dijo Raz cuando recibieron noticias de que el helicóptero estaba llegando. Era el momento de comenzar a preparar al paciente para el vuelo y trasladarlo a la zona de aterrizaje—. Tranquilo, ya nos veremos.

—Muy bien, amigo —replicó Mace apretándole la mano—. Voy a echar de menos tus huevos flácidos.

Siempre el bromista, pensó Raz mientras salía moviendo la cabeza. *Aunque algo de razón tiene después de todo. Tienden a colgar más de lo que deberían.*

El helicóptero que tenía la misión de evacuar a Mace era un UH-60 Black Hawk, cuyo piloto, Carlos Hernandez, había servido como tirador en un carro de combate antes de ganar sus alas en las fuerzas aerotransportadas del ejército. Hernandez y su tripulación habían estado comiéndose las uñas desde que esa mañana temprano poco antes del amanecer habían llegado a Jalalabad, donde estaban acuartelados, las primeras noticias del ataque. El pájaro había despegado de inmediato y se había dirigido directamente a Bostick, donde Hernandez recogió a un puñado de soldados, incluido Stoney Portis, nuestro comandante, que estaba desesperado por llegar a Keating. Pero poco después de despegar se le denegó el permiso para aterrizar en Keating y recibió órdenes de regresar a Bostick, donde él y su tripulación se sentaron en el helipuerto con los rotores en marcha esperando nueva autorización.

Mientras esperaban monitorizaron ansiosamente el tráfico de radio a medida que Doc Cordova comunicaba una baja detrás de otra y hacía repetidas peticiones para que le enviaran un helicóptero de evacuación. Hernandez recibió autorización cinco o seis veces, solo para tener que regresar debido a que la zona de aterrizaje de Keating estaba sometida a un fuego demasiado intenso, o más tarde esa mañana, porque los Apache habían sido alcanzados por fuego de Dishka.

El capitán Brendan McCriskin, el cirujano de vuelo del helicóptero, estaba tan furioso por estos repetidos retrasos que en cierto momento del día estuvo a punto de entrar en el puesto de mando y exigir la autorización. McCriskin había desistido de ello solo después de hablar con su amigo Ross Lewallen y enterarse de que los pilotos de Apache contemplaban completamente la posibilidad de ser derribados cada vez que regresaban a Keating.

Al fin, después de muchas horas de nervios, el helicóptero de evacuación sanitaria recibió autorización para despegar y Hernandez se dispuso a volar con el sistema de visión nocturna, y con dos Apache escoltándolo.

Mientras se dirigían al puesto avanzado a toda velocidad, McCriskin y su sanitario prepararon bolsas de suero intravenoso y pusieron su instrumental en orden. Mientras tanto, allá abajo, en Keating, cinco hombres y yo, incluyendo a Larson, atravesamos la puerta de entrada principal, corrimos a través del puente de hormigón que cruzaba el río y aseguramos la zona de aterrizaje.

Hernandez aceleró su Black Hawk al máximo de velocidad, pero cuando se acercaba a la zona de combate recibió órdenes de mantenerse estático a tres mil cincuenta metros mientras los Apache barrían la zona para asegurarse de que el área estaba despejada. Entonces Hernandez los llevó abajo efectuando una espiral, mientras trataba de ver a través de la neblina que creaba en sus gafas de visión nocturna el humo de los incendios.

Para entonces, Mace, que había sido envuelto en una manta térmica para prevenir una hipotermia, había sido trasladado en camilla hasta el edificio Shura y luego a través del puente hasta la zona de aterrizaje. La última bolsa de sangre, la de Bundermann, iba a su lado en la camilla. Justo detrás de él iban otras dos camillas con los soldados afganos más gravemente heridos.

El helicóptero de evacuación sanitaria tocó tierra a las 8.07 de la tarde, manteniendo Hernandez los rotores en movimiento mientras los heridos eran puestos en su interior. Estuvo en tierra menos de cuatro minutos, mientras los equipos de las camillas llevaban a los pacientes por una pronunciada pendiente descendente al borde de la zona de aterrizaje y los subían a bordo. Luego Hernandez despegó, aceleró, y partió a toda velocidad para Bostick.

Mientras observábamos cómo se marchaban, nuestra sensación de alivio de ver por fin en camino a Mace se combinó con algo más, una sensación que no era propiamente de victoria, pero que quizá fuera lo que venía a continuación.

Habíamos perdido a siete hombres ese día, sin que hubiéramos tenido la oportunidad de poder salvar a ninguno. Pero Mace era diferente. Habíamos tenido cierto control sobre lo que le sucedió, y lo habíamos empleado de forma extraordinaria. Como salidos de la nada, habíamos logrado obrar de algún modo una serie de milagros que habían consistido en retirar a Mace de la zona de combate, correr con él en medio de un diluvio de fuego, y quizá, lo más difícil de todo, mantenerlo vivo con nuestra propia sangre utilizando una herramienta que habíamos recuperado de la basura. Y a pesar de todas las cosas terribles que habían jugado en su contra, logrando sobrevivir a cada una de ellas, ahora estaba en buenas manos, con una excelente oportunidad de conseguirlo.

Aun cuando Mace lograra salir adelante, su supervivencia no compensaría la pérdida de esos siete hombres cuyos cuerpos aguardaban a ser evacuados de Keating con la siguiente tanda de helicópteros. Pero esa pérdida se había paliado en cierta medida, y hasta cierto punto se había compensado por el hecho de que la mitad de esos hombres habían perecido cuando trataban de salvar a Mace, dando sus vidas la otra mitad por la defensa de Keating y de sus compañeros de armas, incluido Mace.

Eran las 8.11 de la tarde cuando despegó el Black Hawk bajo un cielo nocturno impregnado del olor a resina de los pinos quemados y del humo que flotaba a través de la luz de la luna. La vida de Mace no valía más que la de los hombres que habían muerto. Pero salvar a Mace ayudó a que sus muertes tuvieran un sentido y un contexto que entrañaban una enorme importancia.

Resulta casi imposible exagerar la dificultad que supone proporcionar cuidados de traumatología a un soldado gravemente herido en el interior de un Black Hawk en pleno vuelo cuando ha oscurecido completamente. Nueve meses antes, cuando McCriskin había llegado a Afganistán y comenzado a volar en misiones como cirujano de vuelo, había asumido que iba a ser el entorno más desafiante imaginable en el que practicar la medicina. Lo que había descubierto desde entonces es que era diez veces más duro que cualquier cosa que se hubiera imaginado.

Quizá la mayor dificultad consistía simplemente en examinar a tu paciente y tratar de descubrir qué podría necesitar para mantenerse con vida hasta que el helicóptero llegara a su destino. Llevabas puesto el casco y tus gafas de visión nocturna, más otros veintitrés kilos de equipo y elementos de protección. Tenías que maniobrar en un espacio increíblemente estrecho con solo unos centímetros de holgura mientras el helicóptero se lanzaba furiosamente a efectuar pronunciados giros y picados para evitar el fuego procedente de tierra. Debido a todo el ruido y a las vibraciones era casi imposible sentir el pulso del paciente, no podías oír sus pulmones y apenas era audible lo que estaba diciendo.

McCriskin llamó a esto «medicina no sensorial», y una de sus herramientas más importantes, según descubrió, resultó ser su minilinterna, que sostenía con los dientes y que proporcionaba un haz de luz del tamaño de una moneda de diez centavos, suficiente para evaluar a Mace.

McCriskin podía ver que Doc Cordova había hecho un trabajo soberbio a la hora de mantener a su paciente con vida, y no había mucho más que él pudiera hacer. Mace tenía una buena vía con administración de suero intravenoso en el cuello, y tres buenos torniquetes aplicados en las piernas. Tenía puesto oxígeno, y las heridas de su vientre estaban vendadas. Todo lo que McCriskin podía hacer en realidad allí agachado en la oscuridad sobre la cabeza de Mace era conectarlo a un monitor cardíaco, cambiar las bolsas de IV —que estaban casi vacías— y comprobar sus torniquetes para asegurarse de que estaban cumpliendo su función.

Otra cosa que también pudo hacer fue hablar con su paciente. Mace estaba en las últimas fases de un choque hemorrágico severo, por la gran cantidad de sangre que había perdido. Mientras su corazón latía aceleradamente, su presión sanguínea era la más baja que hubiera visto MacCriskin con anterioridad en una persona viva. Sin embargo, Mace estuvo consciente en el transcurso del breve trayecto, y se mostró lo suficientemente lúcido como para acribillar a MacCriskin con preguntas. No estaba preocupado por él mismo, sus heridas, su pronóstico o lo que fuera a sucederle cuando llegaran a Bostick. Lo único que quería saber era cómo estábamos sus amigos de Keating, y si nos encontrábamos bien.

Cuando McCriskin le aseguró que todos estábamos bien, Mace lo miró con alivio, y luego le hizo un breve resumen sobre su propio estado.

—No siento ningún dolor, doctor —informó—. No siento ningún dolor.

A las 8.21 de la tarde, apenas diez minutos después de que hubieran partido de Keating, el Black Hawk se posó en la pista de helicópteros de Bostick y el equipo médico se dispuso a evacuarlo de inmediato.

Los miembros del equipo de traumatología que sacaron a Mace del helicóptero estaban tan impacientes por llevarlo al puesto médico que casi volcaron la camilla allí mismo sobre la pista. En sesenta segundos lo tenían en el interior de la tienda de traumatología, donde una enfermera y el que había de ser su cirujano, el mayor Zagol, le hicieron una evaluación inicial, solicitando llevarlo al quirófano de inmediato.

En el transcurso de otro par de minutos McCriskin, que había ido siguiendo a Mace en cada paso, ayudaba a intubarlo y a anestesiarlo mientras el equipo quirúrgico se preparaba para operar.

Justo antes de que la anestesia hiciera efecto sobre Mace pareció experimentar un último momento de lucidez y tuvo una breve charla con MacCriskin. De nuevo, quería confirmar que los chicos allá en Keating estaban bien. Cuando MacCriskin le aseguró que se encontraban genial y que estaban preocupados por él, Mace sonrió y le pidió a McCriskin que nos hiciera saber que estaba bien.

—Yo casi he terminado aquí, mi período de despliegue está a punto de terminar y me voy a casa pronto —dijo MacCriskin—. ¿Quieres que nos veamos cuando estemos de vuelta en Estados Unidos? Te invitaré a una cerveza.

Mace dijo que sí.

— ¿Qué tipo de cerveza te gustaría? —preguntó McCriskin.

—Coors Light —replicó Mace con cierta timidez, y cerró los ojos mientras la anestesia comenzaba a hacer su efecto.

23

Adiós a Keating

Por extraño que pueda parecer, uno de los pocos miembros del Pelotón Rojo que no se había dejado caer por el puesto de primeros auxilios, para estrechar la mano de Mace y desearle buena suerte antes de que se marchara de Keating, era su mejor amigo. Exactamente lo contrario de lo que uno podría esperar. Sin embargo, como se vio después, había algunas razones sólidas para que fuera así.

A las 7.39 de la tarde, apenas media hora antes de que llegara el helicóptero de evacuación sanitaria de Mace, Zach Koppes fue por fin relevado de su puesto en el lanzagranadas Mark 19. Hasta ese momento había permanecido durante más de trece horas de pie, casi sin pausa, en el interior de la torreta del LRAS2. Durante ese tiempo había estado siguiendo con mucha atención los informes sobre Mace a través de su radio, así que cuando por fin salió del vehículo blindado sabía que todo estaba pintando bastante bien. Lo suficiente, de hecho, como para que Koppes comenzara a tener dudas sobre si llegarse a verlo y decirle adiós.

Él quería, por supuesto. Pero mientras más pensaba en ello, más le preocupaba la posibilidad de realizar algún tipo de ritual de despedida que pudiera acabar gafando las probabilidades de Mace. Además, seguro que acabarían viéndose más adelante, puede que incluso en Bostick, si la cirugía de Mace iba lo suficientemente bien como para que decidieran dejarlo allí ingresado un poco más de tiempo antes de enviarlo a Bagram.

Así que al final, Koppes decidió que lo mejor que podía hacer era evitar ponerle un contrapeso a la suerte de Mace y a su karma con cualquier acción que pudiera apuntar, ni siquiera vagamente, a que él y su amigo no fueran a reunirse de nuevo, y muy pronto. En su lugar, Koppes decidió centrarse en hacer lo que pensó que Mace valoraría más que tener a otro tipo dejándose caer para preguntar cómo se sentía, que era recoger los efectos personales que más significaban para él —su ordenador portátil, su iPod, sus uniformes y las fotografías de su familia— y asegurarse de que todo ello iba en el helicóptero de evacuación sanitaria acompañándolo en su viaje adonde quiera que lo llevaran.

Con eso en mente, el primer lugar al que se dirigió Koppes tras bajarse del vehículo blindado fue el barracón del Pelotón Rojo, donde se fue al camastro de Mace, cogió su petate y comenzó a guardar cosas en su interior. Cuando hubo terminado se lo entregó al *first sergeant* Burton, y fue entonces cuando descubrió que aunque había sido relevado de su puesto en el LRAS2, sus quehaceres estaban lejos de terminar.

—Muy bien —dijo Burton a Koppes y Chris Jones, que estaba por allí cerca—, vamos a sacar a nuestros héroes de aquí.

La tarea que se les asignó a Jones y a Koppes consistía en llevar los cadáveres de los norteamericanos muertos hasta la zona de aterrizaje y prepararlos para ser subidos a bordo de una serie de helicópteros que irían llegando para transportarlos a Bostick poco después de que partiera el helicóptero de evacuación sanitaria de Mace.

Para entonces Doc Cordova había declarado oficialmente muertos a los siete hombres, y sus sanitarios habían preparado los cadáveres para su transporte, poniendo cinco en el interior de bolsas y envolviendo a los otros dos, Thomson y Hardt, en impermeables de plástico, por no tener más bolsas de cadáveres a mano para acomodarlos. A continuación, los cuerpos fueron trasladados del puesto de primeros auxilios al edificio Shura por miembros del Pelotón Azul. Sería tarea de Koppes y Jones, junto con unos pocos muchachos de la unidad de rescate de Sax, llevarlos el resto del camino hasta la zona de aterrizaje.

Cuando llegaron al edificio Shura, Koppes y Jones encontraron los cuerpos apilados a lo largo de la pared. No había forma de saber quién era quién salvo por Thomson, que era tan alto que sus botas sobresalían al final de las envolturas de plástico. También descubrieron otra cosa: un gran charco de sangre en el suelo de madera contrachapada, sobre el que un soldado afgano estaba a punto de echar unos puñados de tierra en un intento de que se absorbiera. Asumiendo que la sangre pertenecía a Kirk, Jones se vio preso de una implacable y salvaje sensación de rabia.

— ¡Que te jodan! —gritó al desconcertado soldado afgano—. No pongas esa jodida tierra sucia en la jodida sangre de ese hombre, hijo de la gran puta. ¡Limpia eso ahora mismo o te mato!

Mientras el afgano se retiraba prudentemente, Jones parpadeó unas cuantas veces y respiró hondo, desconcertado por la intensidad de su rabia.

Luego, él y Koppes se pusieron manos a la obra.

Como los hombres cuyos cuerpos estaban llevando en esta última fase de su estancia en Keating, cada viaje desde el edificio Shura a través de la entrada principal y por el puente sobre el río fue diferente. Gallegos era tan pesado que Jones, que tenía la espalda herida, tuvo que hacer verdaderos esfuerzos para evitar que la bolsa rozara las rocas. Hardt estaba envuelto tan precariamente que la corriente de aire generada por las palas de uno de los helicópteros voló el plástico y dejó expuesta su cara. Y Kirk era tan corpulento que a uno de los soldados de Sax, que estaba tratando de echar una mano, se le resbaló cuando lo estaban subiendo a bordo y se cayó uno de los extremos, un error que puso tan furioso a Raz, que también estaba allí ayudando a subirlo, que amenazó al tipo con pegarle un puñetazo en la cara.

Los helicópteros aterrizaron y despegaron en sucesión. Los dos primeros se llevaron a nuestros muertos y a los heridos que podían caminar. Luego fue el turno de los afganos heridos y muertos. Cada aparato dejaba también un cargamento de provisiones —equipo, agua, munición, combustible y baterías— antes de despegar con los pasajeros.

Este continuo tráfico de provisiones en una dirección y cuerpos, sin vida o heridos, en la otra, era confuso y agotador para Jones y Koppes. También propició algunos momentos surrealistas, quizá el más extraño de ellos tuvo lugar cuando miraron a la zona de aterrizaje justo después de que uno de los helicópteros hubiera despegado y se dieron cuenta de que había una bolsa de cadáveres allí en medio. Horrorizados por la eventualidad de que uno de sus compañeros de armas se hubiera quedado atrás, o aún peor, que de algún modo se hubiera caído del cielo, Jones cogió con vacilación un extremo de la bolsa y experimentó una sensación de horror cuando descubrió que su contenido adoptaba posiciones imposibles para cualquier cuerpo humano.

Cuando abrieron la cremallera descubrieron que la bolsa estaba llena de cajas de munición. Parecía ser que el personal de Bostick estaba retirando los cuerpos y luego llenando esas mismas bolsas con suministros y enviándolas de nuevo de vuelta a Keating sin pararse a considerar lo que esto pudiera parecerle a los que las recibieran en el otro extremo.

Y así continuó la cosa, una y otra vez, un helicóptero detrás de otro. Y durante toda la operación, mientras Koppes y Jones se concentraban en el proceso de carga, Larson, Grissette y yo permanecimos justo detrás de la zona de aterrizaje efectuando un servicio de vigilancia que garantizara que el área era segura.

A medida que fue pasando la tarde perdimos la cuenta del número de aparatos que entraron y salieron. Era agotador estar todavía de servicio, pero en cierto modo agradecíamos haber sido designados para ello. Durante los intervalos entre un helicóptero y el siguiente nos sentábamos allí los tres en la oscuridad pensando en todo lo que había sucedido ese día, hablando tranquilamente de lo ocurrido y de lo que quedaba por delante.

El tema recurrente al que acabábamos volviendo era la venganza. Todavía nos quedaba buena parte del año de nuestro período de despliegue, y cada uno de nosotros parecía obtener consuelo en la idea de que podría ser tiempo suficiente para hacerles pagar a esos bastardos por lo que le habían hecho a nuestros amigos.

Después de que partiera el último helicóptero pudimos retirarnos por fin. Las dos compañías de fusileros de Sax ya se habían hecho cargo de las posiciones defensivas de Keating, así que ninguno de nosotros tenía que hacer servicio de guardia. Esto significaba que esa noche éramos libres de irnos a la cama, aunque al principio hubo algo de confusión sobre dónde exactamente debíamos hacerlo.

La mayoría de los barracones habían quedado completamente destruidos, y gran parte del barracón del Pelotón Rojo servía ahora como nuevo puesto de mando. Así que, a falta de un plan mejor, cada hombre se fue a donde le pareció mejor. Buena parte de los muchachos del Pelotón Azul se dirigieron al café, en la zona exterior del puesto de primeros auxilios, donde hicieron todo lo posible por combatir el frío poniéndose por encima cualquier pieza de ropa extra que pudieron gorronear de los soldados que no habían perdido todas sus pertenencias y equipo en los incendios. Entre tanto, mis muchachos del Pelotón Rojo se dispersaron. Jones se acurrucó en una estantería del depósito de municiones, justo encima de Koppes. Larson se pegó a la pared exterior de nuestro barracón sin siquiera molestarse en quitarse el chaleco antibalas. Raz hizo otro tanto en el emplazamiento de morteros, y yo acabé derrumbándome en el interior de nuestro barracón en lo alto de la pequeña mesa de cartas en la que habíamos jugado incontables partidas de naipes y dominó.

A medida que fue entrando la noche y se fue normalizando el puesto avanzado, uno de los pocos lugares en los que todavía había actividad era el puesto de primeros auxilios, donde Cordova y sus sanitarios, en un esfuerzo por prepararse para un posible contraataque a primera hora de la mañana, hacían todo lo posible por limpiar y reponer el material que pudieran necesitar para atender una nueva oleada de heridos. Debido a los daños que habían sufrido los generadores no había ni electricidad ni agua, así que trabajaban en la oscuridad con sus linternas de cabeza, recogiendo trozos de uniforme manchados de sangre seca y tirándolos en bolsas, y fregando luego el suelo con rollos de vendas Kerlix. Acabaron creando refregones de sangre marrón rojiza por todos los azulejos de linóleo azul. Iluminados por los cimbreantes haces de sus linternas de cabeza, el puesto parecía como si un artista loco se hubiera colado en el interior para crear un macabro fresco sobre la muerte.

Alrededor de las 10.00 de la noche se fue a la cama Cordova, que llevaba despierto más de treinta y seis horas. Pronto le siguieron Floyd, Cody y Hobbs, lo que dejó a Courville solo, sentado en la oscura estancia limpiando su fusil y escuchando a Shinedown en sus auriculares hasta que se abrió la puerta y entró Bundermann.

Hay cosas que no cambian, pensó Courville. Incluso en esas circunstancias, el puesto de primeros auxilios era el lugar al que iba un hombre cuando necesitaba desahogarse.

Mientras Courville activaba dos calentadores* para raciones MRE y hacía con ellos un poco de café, Bundermann comenzó a hablar de lo que había sucedido. Habló de cómo el Pelotón Azul había perdido a dos de sus miembros, y la Sección de Mando y la dotación de morteros uno cada una, pero que era su pelotón, el Rojo, con tres muertos y un hombre que todavía se debatía entre la vida y la muerte en una mesa de operaciones en Bostick, el que se había llevado la peor parte. Habló de cómo su verdadero sitio durante la batalla, el lugar en el que se había hallado siempre durante todos los enfrentamientos, sin excepción, y en el que debería de haber estado ese día, era fuera, en el vehículo blindado de Gallegos, en

---

* El calentador es una bolsa de plástico que contiene una sustancia que reacciona con el agua generando una reacción química exotérmica que desprende el suficiente calor como para calentar una ración de comida preparada (MRE). *(N. del t.)*

el centro de la zona de combate, el lugar más ventajoso y con la mejor visibilidad, donde podría haber visto lo que estaba sucediendo mientras participaba directamente en la lucha. Habló de que debería haber sido él el que liderara el contragolpe para recuperar el depósito de municiones y la puerta de entrada principal desde el edificio Shura. Y, sobre todo, habló de lo absolutamente mal que se sentía por haber estado gestionando un puñado de radios en el lugar más fortificado del campamento mientras cincuenta soldados daban la cara y entregaban todo lo que tenían para asegurarse de que, si se daba el caso, fuera el último hombre en perecer, cuando lo que en realidad debería de haber sucedido, lo que él hubiera preferido y lo que era su obligación como líder de su pelotón, era haber muerto el primero.

Courville hizo cuanto pudo para recordarle a Bundermann la otra cara de la moneda: la cara que veían como cierta todos los demás, que era que Bundermann había asumido el papel que se le había asignado y que lo había hecho con una visión y pericia brillantes; que había hecho mucho más por el bien de todos en el interior del puesto de mando de lo que hubiera podido hacer en la periferia del campamento, porque si no hubiera ejercido el liderazgo desde el centro de mando, ninguno de nosotros lo hubiéramos conseguido, y todo Keating —incluyendo la estancia donde estaban sentados— hubiera quedado bajo el control de los talibanes.

Courville sabía que el peso de su verdad significaba poco para su teniente en comparación con la pesada carga que suponía el convencimiento de Bundermann de que había fracasado en el desempeño absoluto de su vocación como líder y que al no conseguirlo, le había fallado también a sus hombres, hombres de los que él era responsable, hombres que estaban directamente bajo su cuidado y que ahora estaban muertos.

Hablaron largo y tendido hasta la madrugada, hasta que el grado de agotamiento de Bundermann se apoderó finalmente de su sentimiento de culpa y autorreproche y se vio obligado a irse a la cama.

Eso dejó a Courville solo de nuevo. Pero en vez de seguir los pasos de Bundermann, decidió que le quedaba una última cosa por hacer: darse una vuelta por el campamento para asegurarse de que todos los hombres de la tropa se habían quitado los calcetines antes de acostarse para que sus pies pudieran secarse.

Courville se mostraba reacio a despertar a nadie, así que hizo lo que pudo para ir quitando los calcetines a la gente mientras dormían. La mayoría de los muchachos estaban tan profundamente dormidos que ni siquiera lo notaron. En efecto, un puñado de ellos dormía tan profundamente que Courville tuvo que comprobar si respiraban y tomar su pulso para asegurarse de que estaban vivos. Aunque uno o dos se incorporaron de golpe cuando notaron que alguien les estaba tocando los pies.

—¿Qué coño estás haciendo? —exigió Jones.

—Solo quitarte los calcetines, Jonesie —dijo suavemente Courville—. No puedes dormir con ellos puestos.

Mientras Jones volvía a dormirse farfullando, Courville pensó lo absurdo que le podría haber parecido a estos hombres, después de todo lo ocurrido desde que se desencadenó el ataque, que un sanitario estuviera obsesionado con un detalle tan trivial. Ni el propio Courville estaba completamente seguro de por qué estaba haciendo eso salvo, quizá, como parte de un esfuerzo por imponer un pequeño retorno a algo que se pareciera a la normalidad en lo que de otra manera hubiera sido un día de horror prácticamente ininterrumpido.

Con independencia de la razón, siguió adelante con ello, moviéndose en la oscuridad y poniendo cuidadosamente los calcetines que quitaba junto a cada una de las siluetas durmientes. A medida que fue haciendo esto por todo el campamento se percató vagamente de que allá arriba, por encima de él, en algún lugar a la luz de la luna, había aviones. Podía oír el sonido de los reactores, el zumbido intenso de los rotores de los helicópteros, y de forma ocasional, el sonido de algo más: el zumbido metálico de los sistemas de armas del Spooky, un AC-130H que estaba fijando las coordenadas de la ubicación de cualquier radio portátil de los talibanes en las montañas circundantes y disparando su cañón giratorio de 30 milímetros con un gemido escalofriante que sonaba como *rrrrrrraaaaahhhhhhhh*.

Sin que lo supiese Courville o ninguno de los que estaban en Keating, había también algo más en marcha.

A eso de la 1.00 de la madrugada, un vuelo de cuatro Chinook cargados con ciento treinta soldados de las fuerzas especiales —una unidad combinada de norteamericanos y afganos— se dirigió de Bostick a Fritsche. Allí el equipo de comandos se bajó de los helicópteros y de dispersó por las laderas de las colinas, donde pasarían el resto de la noche y los días siguientes enfrascados en un barrido cueva por cueva y aldea por aldea buscando a los hombres responsables de los ataques a Keating y Fritsche, y eliminándolos de forma sistemática.

A continuación los cuatro Chinook regresaron a Bostick, donde un par de ellos recibieron la última misión de la batalla.

Cuando despegaron del helipuerto de Bostick en dirección a Bagram transportaban en su interior a los caídos de Keating, iniciando la primera de una serie de jornadas que llevarían finalmente a Josh Kirk y a Justin Gallegos, a Kevin Thomson y a Michael Scusa, a Vernon Martin y a Chris Griffin, y a Josh Hardt a la Base de la Fuerza Aérea de Dover en Delaware, donde se les practicaría la autopsia a los cadáveres antes de ser enviados a lo largo y ancho de Estados Unidos a reunirse con sus familias.

Pero además de esos Chinook, había otro helicóptero que llevaba otro cuerpo más, aunque la mayoría de los muchachos de Keating, incluyéndome a mí, no nos enteramos de ello hasta que despertamos de nuestro estupor colectivo.

El día 4 de octubre el sol despuntó a las 5.51, unos minutos más tarde de lo que lo había hecho el día 3, y para Zach Koppes, este acontecimiento, el hecho de que el sol hubiera decidido salir, era quizá la única cosa que esas dos mañanas tuvieron en común.

En el puesto de combate avanzado en el que amaneció Koppes no había posibilidad de tomarse un desayuno caliente, porque el comedor era ahora un montón de cenizas y brasas incandescentes. No había posibilidad de que pudiera hojear las páginas de una revista, o ninguna otra cosa parecida, en la torreta de su vehículo blindado, porque el Humvee había sido hecho pedazos. Y no habría una ducha de agua caliente para él ni para nadie más, porque no había agua en el campamento y porque las duchas, junto con las letrinas, el puesto de mando, el gimnasio y prácticamente todo lo demás, habían sido destruidos.

Sin embargo, Koppes hizo lo que pudo para cambiar su estado de ánimo y prepararse para afrontar el día mientras cogía su equipo y se preparaba para ir a desempeñar cualquier tarea que el *first sergeant* o cualquiera otro pudiera encomendarle. Y fue entonces cuando Armando Avalos, que pasaba por allí por algún asunto propio, se volvió y comentó de la forma más trivial que uno pueda imaginar:

—Oye, no sé si te has enterado ya, pero anoche Mace no logró salir adelante.

Y entonces, como si se tratara de una mera noticia más, Avalos continuó caminando y se dirigió al exterior, dejando a Koppes de pie, mirando la punta de sus botas y parpadeando con fuerza mientras trataba de procesar esa información con todo lo demás que había oído sobre Mace antes de ese preciso instante. Sobre cómo parecía que las cosas iban bien y cómo los médicos se mostraban optimistas sobre sus posibilidades. Sobre cómo, una vez que Mace hubiera ingresado en la sala de operaciones, todo iba a salir bien porque es allí, en el quirófano, donde pueden arreglar todos tus problemas; y cómo el esfuerzo de mantenerlo vivo hasta lograr llegar allí había sido supuestamente la peor parte. Pero, sobre todo, pensó en cómo toda esta información le había permitido a él, a Koppes, poner a un lado sus preocupaciones sobre Mace y poder dormir con el convencimiento de que todo iba a ir genial, y que todo eso ponía de relieve que Koppes había hecho lo correcto al optar por no ir a decirle adiós al mejor amigo que había tenido nunca.

Un momento más tarde, entró Jones.

—Oye, amigo, ¿estás bien? —preguntó con cautela.

De algún modo, Koppes logró balbucear que Mace había muerto.

—Sí —replicó Jones suavemente—, lo sé.

Y también se marchó.

No voy a decirte lo que le sucedió a Koppes después de eso, no de forma específica, aunque sí diré que la información que estaba tratando de procesar lo llevó a hincarse de rodillas, y que cuando cayó de bruces contra el suelo, se quedó allí durante un gran espacio de tiempo.

En cierto modo, Koppes no se ha levantado todavía de ese suelo, y tampoco el resto de nosotros, porque eso es lo que Mace significaba y continúa significando para los que fuimos sus amigos, los que habíamos tratado de salvar su vida con todas nuestras fuerzas, dando más de lo que hubiéramos dado o intentado dar en ningún otro aspecto de nuestras propias vidas.

En vez de ello, te contaré qué ocurrió con Stephan Mace.

Acababan de dar las 9.30 de la noche cuando el equipo médico de Bostick llevó a Mace al quirófano y le aplicó la anestesia. Para entonces habían pasado más de doce horas desde que recibiera sus primeras heridas, y los efectos de esa dilación fueron evidentes en el momento en que el mayor Brad Zagol lo abrió.

Zagol, que se había graduado en West Point y había recibido su formación en el hospital Walter Reed, pudo ver que buena parte del tejido de su intestino parecía estar necrosado: había pasado demasiado tiempo sin ser regado por sangre rica en oxígeno para que las células pudieran sobrevivir.

La parte izquierda de su colon y la mayor parte de su intestino delgado presentaban perforaciones, y sufría una hemorragia interna cerca de su riñón derecho.

Zagol se puso manos a la obra, haciendo todo lo que pudo para detener la hemorragia y reparar las heridas del abdomen. Pero a los treinta minutos de haber comenzado la operación, el corazón de Mace dejó de latir.

Zagol efectuó de inmediato una reanimación cardiopulmonar que logró que su corazón se pusiera en marcha de nuevo. Pero el latido era irregular y poco constante. Así que unos cuarenta y cinco minutos más tarde, Zagol abrió la parte izquierda del pecho de Mace para confirmar que el propio músculo cardíaco no había recibido daños. A continuación cogió cuidadosamente el corazón de Mace entre las palmas de sus manos y trató de masajearlo para devolverlo a la vida, una técnica que raramente funciona pero que se emplea cuando ya no quedan más opciones.

Poco más tarde, Brendan McCriskin, el cirujano de vuelo que había ayudado a evacuar a Mace desde Keating y que había sido requerido para dirigirse a una base de fuego en otra misión de evacuación, aterrizó de nuevo en Bostick y corrió de inmediato hacia el puesto médico.

Como todos los demás, McCriskin tenía muchas esperanzas de que la cirugía hubiera ido bien. De hecho esperaba, sin género de dudas, recoger a Mace y llevarlo a bordo de su Black Hawk a Bagram para un tratamiento postoperatorio avanzado. Pero al entrar, McCriskin descubrió a un angustiado y agotado Zagol apoyado en una puerta al otro lado de la estancia. Su cara estaba llena de lágrimas.

Ahogado por el dolor, Zagol le dijo a McCriskin que Mace había sufrido un ataque al corazón durante la operación, y que una vez que lo perdieron no lograron volver a recuperarlo.

De acuerdo con su informe médico oficial, Mace murió de una hemorragia masiva producida por múltiples heridas de bala en su torso, intestino y glándula suprarrenal. Pero aquellos de nosotros que combatimos con él en Keating sabemos que la verdad es en cierto modo diferente.

Sabemos que Mace había deseado vivir durante tanto tiempo, mucho más del que hubiera logrado sobrevivir una persona normal, porque quería estar con sus amigos. Y todos sabíamos que cuando finalmente abandonó Keating, cuando ya no estaba con nosotros pero le dijeron que todos estábamos bien, fue cuando cesó de luchar y decidió que era el momento de partir.

Stephan Mace.

Cuando Mace fue declarado muerto a las 10.35 de esa noche, elevó el número total de muertos de nuestra lista de siete a ocho.

Ese fue el balance total de víctimas por la defensa de puesto avanzado de combate Keating.

El resto de ese día quedó bastante difuso para todos nosotros.

A medida que nos fuimos despertando y nos fuimos enterando de las noticias sobre Mace, nos vimos enfrentados a un panorama devastador y ruinoso que reflejaba los mismos sentimientos en el interior de cada uno de nosotros. A cada sitio que íbamos veíamos la chatarra y los despojos de la batalla: chasis calcinados de vehículos blindados; montones de madera carbonizada y escombros donde antes habían estado nuestros edificios; árboles que habían sido abatidos por las armas automáticas; pequeños y rizados montoncitos de excrementos humanos y charcos oscuros y viscosos de sangre humana. Y en cada dirección, brillantes capas de

Keating después de la batalla.

casquillos de latón, entremezclados con los cadáveres de soldados talibanes.

Había docenas de talibanes muertos. Uno estaba tendido en mitad del área despejada existente entre el edificio Shura y las duchas. Otro yacía detrás de las letrinas, y un tercero, que estaba encogido en una zanja justo al sur del taller mecánico, debió de haber sufrido el impacto directo de una granada, a juzgar por la forma en que sus piernas se habían doblado sobre su cabeza.

No sentimos ninguna pena por esos hombres, y si demostramos algún respeto hacia ellos fue solo para hacernos una idea de lo bien equipados que estaban —la munición en sus chalecos tácticos, las zapatillas deportivas en los pies— y para reconocer que lo que habían hecho era impresionante. Efectuar ataques simultáneos contra dos puestos avanzados fortificados, cada uno de ellos férreamente defendido con potencia de fuego norteamericana, y apoyados por el poder aéreo norteamericano, requería organización, planificación y audacia. Habían demostrado claramente que poseían esas tres cualidades, aunque también es cierto que pagaron un alto precio.

El ejército calculó con posterioridad que el Black Knight Troop y las aeronaves que nos habían apoyado mataron a entre cien y ciento cincuenta milicianos durante el proceso de rechazo del asalto, una proporción de bajas que debió rondar entre el veinticinco y el treintaicinco por ciento.

Por nuestra parte, el precio no fue menos espantoso. De los cincuenta norteamericanos de Keating, veintisiete habían sido heridos y ocho estaban muertos. No era un buen dato, pero cuando echas un vistazo más detallado a los números era aún peor, porque solo alrededor de treinta soldados nuestros habían participado realmente en la lucha. Entre los que combatieron de forma activa en el puesto avanzado, nuestro porcentaje de bajas era directamente comparable con el que habían sufrido los talibanes.

Y luego estaban nuestros aliados afganos. Ocho de los cuarenta y ocho soldados estaban heridos, tres soldados y dos guardias de seguridad perecieron, y quince soldados sencillamente desaparecieron.

No tenemos la menor idea de lo que les sucedió a estos hombres desaparecidos, pero los que se quedaron en el interior del campamento se convirtieron en el blanco de nuestra ira y odio más absolutos. Ya había estado muy mal que la mayoría de estos hombres hubieran abandonado sus puestos y se hubieran pasado toda la batalla rehuyendo el combate. Pero lo que empeoró aún más las cosas fue un descubrimiento que tuvo lugar posteriormente, la mañana en que los afganos se preparaban para subir a una serie de helicópteros que los llevarían a Bostick.

Cuando fueron obligados a vaciar sus mochilas por las restricciones de peso, comenzó a rodar por el suelo un alijo de bebidas energéticas, revistas, auriculares, barritas de chocolate y cámaras digitales. Al descubrir que esas cosas nos pertenecían nos dimos cuenta de que mientras estábamos ocupados defendiendo el puesto avanzado, los afganos habían estado saqueando nuestros barracones y robándonos nuestras pertenencias.

Decir que estábamos encantados de verlos marchar sería quedarse corto.

Mientras los helicópteros se llevaban a los afganos a un lugar seguro nosotros volvimos al primer punto del día, que era asegurar la aldea de Urmul.

Mientras me llevaba a un pequeño equipo de hombres del Pelotón Rojo al Zigzag, en busca de un sitio desde el que pudiéramos dominar la aldea y establecer un servicio de vigilancia, una patrulla de cinco hombres del Pelotón Azul salió por la entrada principal, atravesó el puente y se dirigió directamente a Urmul. Cuando llegaron encontraron un nivel de devastación que rivalizaba con el estado del interior de Keating.

El lugar estaba en ruinas. La mayor parte de los edificios habían sido completamente destruidos, y los que permanecían en pie estaban tan acribillados que parecía que fuera solo cuestión de días el que acabaran derrumbándose también. La patrulla vio solo a cuatro personas vivas, una mujer que estaba trabajando en su parcela de terreno y un anciano con dos niños, pero los muertos estaban por todos lados.

Por lo que se desprendía de las evidencias, parecía claro que el diminuto puesto de la policía había sido el primero en ser atacado, y que los oficiales que sobrevivieron al asalto inicial habían sido reunidos y ejecutados por los combatientes que ocuparon el lugar. Había también buena cantidad de cadáveres vestidos con sus ropajes marrones de talibán, muchos de los cuales permanecían en el lugar en el que habían caído.

Mientras el equipo revisaba los restos en busca de cualquier cosa que pudiera ser útil para el servicio de inteligencia —radios, fotografías, documentos— se llevaba a cabo una operación similar en Keating. Allí, el coronel Brown y el capitán Portis recorrían metódicamente el puesto avanzado de un extremo a otro en un esfuerzo por comprender lo que había sucedido: cómo nuestras defensas habían colapsado, por dónde había penetrado el enemigo nuestro perímetro, la gravedad de los daños producidos y si lo que había quedado —provisiones, munición, equipo o vehículos blindados— podía salvarse y trasladarse.

Mientras los dos oficiales deambulaban por el campamento, haciendo su evaluación, y deliberaban sobre si lo que quedaba del mismo debía ser destruido o simplemente abandonado, fueron rodeados por una delegación de mujeres de las aldeas vecinas que habían venido a recuperar los cadáveres de los soldados talibanes para su enterramiento.

Estas mujeres iban ataviadas con burkas, esos ropajes de color azul que cubren la figura femenina desde la cabeza hasta los pies, y parecían levitar sobre el suelo como fantasmas azules, en silencio y de forma espectral, mientras se entregaban a la tarea de reunir a los muertos. Entre tanto, los miembros del Black Knight Troop que se hallaban todavía en el campamento llevaban a cabo su propia tarea, poco entusiasta, de cribar los escombros y recuperar cualquier cosa que pudiera merecer la pena ser salvada.

Fue poco después del mediodía cuando Ryan Schulz, el sargento de la Sección de Mando que formaba parte de nuestra unidad de inteligencia, surgió de los restos de la tienda Haji de John Deere llevando varias camisetas de COMANDO AFGANO a las que los soldados afganos eran tan aficionados.

—Oye —dijo caminando hasta Jones y ofreciéndole una—. Asegúrate de hacerle llegar una de estas a Mace, ¿vale?

Resultaba evidente que las noticias sobre lo que había pasado no habían llegado a todo el campamento.

—Mace ya no vestirá nunca esa camiseta —dijo Jones, y se marchó.

Y así fue pasando el resto de la tarde, el día siguiente y buena parte del día tercero: extrayendo cosas de los escombros y empaquetando todo aquello que mereciera la pena salvarse, hasta que nuestros superiores nos avisaron de que era hora de largarse de Keating.

Como era preceptivo evacuamos de noche, y con toda la intención de volar por los aires el lugar mientras nos marchábamos.

En la tarde del 6 de octubre, un equipo de ingenieros de combate traído de Bostick había colocado explosivos en todo el campamento, uniéndolos con cordón detonante conectado a un dispositivo detonador que podía ser operado desde la entrada principal. Para entonces ya habíamos evacuado cualquier material que pudiera ser transportado por helicóptero. Todo lo que quedaba éramos nosotros.

Estaba planeado que los Chinook llegaran en oleadas, empezando ya pasada la medianoche. La fuerza de socorro del capitán Sax sería la primera en ser evacuada. Quince o veinte minutos más tarde regresarían los Chinook para recoger a los miembros del Pelotón Azul y la Sección de Mando, junto con la mayoría de los sanitarios. Esto requeriría varios viajes, y cuando se hubieran completado, los pájaros vendrían de vuelta una vez más.

Como siempre, el Pelotón Rojo sería el último en partir.

Los trayectos fueron puntuales, aterrizando y despegando los Chinook en dirección a Bostick, y regresando luego para subir a bordo su siguiente cargamento; así hasta que partió el penúltimo vuelo, que nos dejó a unos veinte de nosotros allí de pie, juntos en la zona de aterrizaje solo con nuestras armas, radios y una pequeña provisión de agua.

Habíamos formado en media luna alrededor de la parte oeste de la zona de aterrizaje, lo que nos permitiría subir a bordo de nuestro helicóptero sin perder la formación. Ahora que todo lo demás se había esfumado no nos quedaba otra cosa que hacer que permanecer allí en silencio, mirando hacia el oscuro río que discurría frente a nosotros y a las crestas aún más sombrías que había encima, aguardando nuestro turno para partir.

Esperamos quince minutos, y luego algo más hasta superar ligeramente los veinte. Cuando hubieron pasado los veinticinco, las dudas con las que habíamos estado forcejeando comenzaron a tomar forma de palabra hablada.

—Están ahí fuera —exclamó Justin Gregory, que como siempre, era el tipo más nervioso de la sección, convencido de que veía movimiento enemigo en la distancia—. Vienen a por nosotros, lo sé.

—Amigo, si no cierras la puta boca te voy a dar un puñetazo ahora mismo —dijo Avalos, que estaba junto a él—. Vamos a limitarnos a esperar a que regrese el Chinook y a meternos dentro, entonces ya seremos historia.

Avalos tenía razón, todos lo sabíamos. Pero también sabíamos que Gregory había puesto voz a los miedos a los que nos enfrentábamos todos, que en el fondo se reducían a una cuestión:

¿Van a venir a por nosotros?

Finalmente, pasados treinta minutos oímos el sonido de los rotores y nos pusimos de pie, levantando nuestras armas para estar preparados en caso de que el helicóptero recibiera fuego.

Cuando el pájaro aterrizó, nuestra línea comenzó a replegarse hacia la rampa trasera del helicóptero. Nick Davidson fue el primero en subir a bordo, seguido de Koppes y todos los demás.

Cuando casi se hubo completado el embarque el coronel Brown, que se había quedado con nosotros, hizo una pausa para activar el temporizador que detonaría las cargas explosivas en veinte minutos. Luego subió por la rampa. Le siguió el *first sergeant* Burton, que había estado esperando a que Brown subiera a bordo para arrogarse el honor de haber sido el último hombre en abandonar Keating. Pero Burton no se había percatado de los dos hombres encargados de asegurar la retaguardia, y que se encontraban todavía en tierra entre las sombras a cada lado de la rampa.

Cuando Burton hubo subido a bordo, Brad Larson y yo nos miramos a los ojos para asegurarnos de que estábamos sincronizados. Y luego, tal y como habíamos planeado, nos fuimos a la vez, de manera que ninguno de los dos pudiéramos reclamar el honor de haber sido el último hombre en abandonar la posición.

Ambos llevábamos puros en nuestros bolsillos, que mordisqueamos y nos llevamos a la boca a continuación.

Mientras el Chinook daba sacudidas en el aire e iniciaba su viaje a Bostick rompió un aplauso, enfatizado con algunos gritos de «sí, ¡bravo!». Luego todos se giraron hacia la escotilla trasera con la esperanza de poder ver las explosiones finales. Pero por la razón que fuera, el temporizador o un fallo en el funcionamiento de los detonantes, la explosión nunca llegó a producirse. Lo que, en cierto modo, constituía un perfecto y simbólico «que os jodan» de parte de Keating.

En cualquier caso, seguíamos teniendo la última palabra.

Posteriormente, esa misma noche, un bombardero B-1 hizo una pasada sobre Nuristán, abrió sus compuertas y arrojó varias toneladas de bombas inteligentes en una docena de coordenadas del interior de Keating. A la mañana siguiente, por si acaso, vino un segundo B-1 y arrojó otra carga de bombas.

Esos ataques aéreos deberían de haber bastado para arrasar el puesto avanzado. Pero al día siguiente, cuando enviaron un dron Predator para inspeccionar los daños, las imágenes revelaron que varias estructuras estaban todavía en pie, y que catorce talibanes vagaban por el campamento. Así que fueron despachados dos drones más, cada uno de los cuales disparó un par de misiles Hellfire.

De acuerdo con los informes del ejército, que fueron publicados más tarde, entre los insurgentes que fueron eliminados en ese último estallido se encontraba Abdul Rahman Mustaghni, el comandante que había dirigido el ataque a Keating.

24

Rescoldos

Nuestra llegada a Bostick fue una experiencia surrealista no solo para nosotros, sino también para los soldados que nos vieron salir de los Chinook. La mayoría íbamos manchados de sangre seca, y aparte de las armas que portábamos y de las ropas que vestíamos, casi todas nuestras pertenencias se habían esfumado. Pero cada uno de nosotros llevaba impregnado un olor en la piel y en el aliento con reminiscencias a Keating y a todo lo que ese lugar representaba: un hedor que se componía a partes iguales de rabia, miedo y muerte.

Para entonces la batalla por Keating ya había sido noticia en Estados Unidos y estaba adquiriendo amplia difusión que unos cuantos soldados habían muerto, así que era importante hacer saber a nuestras familias que otros seguíamos vivos. Una vez hechas las llamadas telefónicas a nuestros seres queridos pasamos los dos días siguientes tratando de adecentarnos, procurándonos uniformes nuevos y siendo atendidos de nuestras heridas.

Entre tanto lidiábamos con nuestros recuerdos de los hombres a cuyos cuerpos se les estaba haciendo la autopsia en las dependencias de la morgue de la Base de la Fuerza Aérea de Dover, en Delaware. Y nadie sentía más la carga de esos recuerdos que nuestro jefe de pelotón, que aún seguía convencido de que, de algún modo, nos había fallado.

Ni que decir tiene que el resto de nosotros no veía las cosas de esa manera, e hicimos todo lo que pudimos por inculcarle el mensaje de que de no haber sido por nuestro teniente, ninguno de nosotros lo hubiéramos conseguido con casi total seguridad. Con él, habíamos perdido ocho hombres. Sin él hubiéramos perdido a todo el mundo.

Después de la batalla.

A pesar de nuestros mejores esfuerzos nada de esto pareció calar lo suficiente como para que Bundermann estuviera dispuesto a deshacerse de ese sentimiento de culpa. Simplemente no nos creía. Pero cuando el ejército concluyó finalmente su investigación sobre lo que había ido mal y publicó los resultados durante la primera semana de febrero de 2010, la versión oficial apoyaba el mensaje que habíamos estado tratando de inculcarle.

La investigación sobre el asalto a Keating fue dirigida por el mayor general[*] del ejército Guy Swan, que efectuó entrevistas a ciento cuarenta soldados norteamericanos y nativos afganos que estuvieron en el puesto avanzado o tuvieron noticia sobre el ataque. El informe de Swan ofrecía pruebas concluyentes de que lo que había ido mal en Keating no tenía nada que ver con nadie que hubiera luchado allí aquel día.

---

[*] Graduación con código OTAN OF-7, equivalente al empleo de general de división en el Ejército de Tierra español. *(N. del t.)*

De acuerdo con el informe, tras los reiterados ataques al puesto avanzado encaminados a la obtención de información de inteligencia sobre nuestras disposiciones de combate, el enemigo había analizado nuestros patrones de respuesta, empleando con posterioridad esa información para concebir un detallado plan que pretendía explotar las debilidades observadas. Habían comenzado disparando a los generadores, al emplazamiento de morteros y a nuestros vehículos blindados con un gran volumen de fuego de RPG, y no iniciaron el asalto terrestre hasta que hubieron alcanzado una superioridad decisiva en potencia de fuego. Los insurgentes habían emplazado francotiradores y ametralladoras para batir las entradas de los edificios y los barracones por donde habían observado que salían los refuerzos durante los ataques previos.

Todo esto fue posible, y el informe de Swan lo dejaba bien claro, gracias a que los talibanes ocupaban el terreno elevado y podían ver todo lo que hacíamos.

La investigación concluyó que como comandante y oficial de mayor graduación en Keating desde la llegada del Black Knight hasta el relevo en el mando el 20 de septiembre, el capitán Melvin Porter era el mayor responsable en relación con lo que había ido mal. Entre las faltas que se le imputaban a Porter se mencionaba haber «rechazado las recomendaciones de los suboficiales mayores de llevar a cabo medidas adicionales de protección, incluyendo la proposición del emplazamiento de equipos de tiradores y otros equipos menores de ejecución fuera del perímetro para negar al enemigo las posiciones clave». Además, Porter también «fracasó a la hora de construir o reforzar de forma adecuada las posiciones defensivas, pese a que había madera y sacos terreros de sobra dejados por las unidades que habían estado allí con anterioridad», y había rechazado reiteradamente las peticiones de comprobación, reubicación o sustitución de las minas Claymore que habían sido emplazadas por la unidad anterior en derredor del perímetro del puesto avanzado.

Por último, el informe afirmaba que Porter había descuidado el cierre y protección de «una brecha bien conocida en el perímetro del puesto avanzado de combate en el sector del ENA, una ruta de acceso que había sido utilizada por las fuerzas de la AAF[*] para penetrar en el puesto avanzado de combate el 3 de octubre».

---

[*] Anti-Afghanistan Forces, que es como se conocía en ese momento a las fuerzas insurgentes afganas. *(N. del t.)*

A medida que fueron pasando los días que siguieron a la batalla, cada uno de nosotros se enfrentó a su modo con sus sentimientos íntimos hacia los compañeros perdidos, pero estábamos unidos en una cosa. Nos gustara o no, todavía nos quedaba casi un año de despliegue, y nuestra misión no nos permitía el lujo de autocompadecernos o llorar la muerte de los hombres que ya no estaban con nosotros.

Aparte del puñado de muchachos del Black Knight para los que este era su primer despliegue, todos los demás sabíamos lo que había que hacer. Guardarte los sentimientos, enterrarlos profundamente y, si alguna de esas emociones se negaba a permanecer allá abajo, aprovechar esa energía para canalizarla en hacer bien tu trabajo hasta que hubiera terminado la misión y fuera el momento de volver a casa. Una vez que estás de vuelta en Estados Unidos puedes abrir la puerta de ese espacio en el que se ha almacenado todo ese dolor y tratar de hacer balance de todo lo que ello significa.

O no.

Pasamos los ocho meses siguientes proporcionando seguridad a los grandes convoyes militares responsables de llevar los suministros desde Jalalabad a la red de puestos avanzados norteamericanos dispersos por los valles y crestas de la provincia de Kunar. También pasamos buena parte de nuestro tiempo conociendo a los habitantes afganos de las aldeas cercanas para ayudarlos, proporcionándoles carreteras y puentes, escuelas y proyectos hídricos, hasta que a finales de la primavera de 2010 recibimos la noticia de que había llegado la hora de hacer la maleta.

En el desempeño de esas tareas sufrimos dos bajas más. Kent Johnson, uno de los soldados de reemplazo del Pelotón Rojo, recibió un tiro en el culo durante un intercambio de disparos que tuvo lugar en diciembre. Más tarde, en la primavera siguiente, otro soldado de reemplazo del Pelotón Blanco resultó gravemente herido cuando iba en el interior de un vehículo blindado alcanzado por un IED. Con posterioridad acabaría perdiendo una pierna a raíz de ello.

Aparte de estos incidentes, el resto consiguió llegar sano y salvo al mes de mayo, cuando por fin fuimos enviados a casa.

En abril de 2011, casi un año después de regresar a Estados Unidos, puse fin a mi carrera militar, trasladé a mi familia de Colorado a Dakota del Norte y traté de dejar atrás al ejército aceptando un trabajo de supervisor de seguridad en los campos petrolíferos que hay en las afueras de la ciudad de

Minot. Fue allí, en el otoño de 2012, sentado en el interior de una camioneta *pick up* junto a una torre de perforación petrolífera cuando recibí la llamada de un coronel que estaba destinado en el Pentágono. Me telefoneaba para preguntarme si estaría dispuesto a subirme en un avión con destino al Distrito de Columbia y pasarme por su oficina.

No tenía ni idea de qué podría tratarse, pero ya había gastado todos mis días de vacaciones de ese año, así que tendría que esperar un mes antes de poder acceder a la solicitud. Cuando finalmente logré hacer el viaje, fui conducido al interior de una sala de conferencias e invitado a unirme a un grupo de coroneles y generales que estaban sentados en una larga mesa. Fue entonces cuando exigí una explicación de por qué estaba allí.

— ¿No lo sabes?

Cuando negué con la cabeza me explicaron que tras llevar a cabo una extensa revisión de mis acciones durante la batalla por Keating, se me había propuesto para recibir la Medalla de Honor, la más alta condecoración que otorga la nación.

Sería quedarse corto decir que encontré estas noticias desconcertantes. De hecho, no tenían ningún sentido. El ser señalado para una recomendación tan excepcional se me antojó inapropiado y erróneo. Desde mi punto de vista nada de lo que hice ese día fue diferente de lo que habían hecho el resto de mis compañeros. Y lo que es más, podía señalar a media docena de hombres —especialmente Gallegos, Kirk, Hardt, Mace y Griffin— que sí merecían ser elegidos por haber dado sus vidas en un esfuerzo por salvar las de otros.

Pero ¿yo? De ningún modo. La idea parecía violar mi comprensión de lo que más importaba —y lo que merecía ser conmemorado— sobre aquel día.

Aunque en aquel momento lo ignoraba, resulta que la mayoría de los condecorados con la Medalla de Honor sienten exactamente lo mismo. Resulta también que este hecho ha tenido escasa influencia en mi punto de vista respecto al honor para cuya recepción he sido escogido y todo lo que posteriormente se desprendería del mismo.

Habían elegido al hombre equivocado.

Pasaron otros siete meses antes de que se fijara una fecha para la ceremonia, y cuando se celebró por fin en la Casa Blanca en la mañana del 11 de febrero de 2013, el evento hizo las veces de una especie de reencuentro. Allí estaba Larson, junto con otros seis miembros supervivientes del Pelotón Rojo: Bundermann, Raz, Koppes, Jones, Avalos y Knight.

Lo de la Casa Blanca fue una extraña experiencia para todos. Ninguno de ellos se sentía cómodo a la hora de ir a saludar al presidente, así que el resto de los muchachos obligaron a Jonesie a ir delante.

—Primero en entrar, último en salir, amigo —dijo Koppes, recordándole a Jones el lugar que ocupaba en la jerarquía mientras lo empujaba hacia el podio.

—Nada cambia —balbuceó Jones moviendo la cabeza—. Cuando la mierda empiece a entrar en el ventilador, *enviad a Jonesie*.

Al no tener la menor idea de cómo saludar al presidente, Jones se quedó con la mente en blanco cuando le estrechó la mano a Barack Obama. No obstante, con posterioridad esa misma noche volvió a su estado normal de locuacidad.

—El hombre tenía las manos suaves —informó sobre lo que parecía haber sido la principal impresión de su breve encuentro con el comandante en jefe—. Quiero decir, realmente suaves. De hecho, no creo que haya ninguna parte de mi cuerpo que sea tan suave.

Otra cosa que impresionó a Jones, y a algunos de los otros muchachos, era un inusual olor a perfume que desprendía una mujer del público. Todos estuvieron de acuerdo en que ese aroma, que era embriagador e inconfundible, los transportó directamente de vuelta a Nuristán y a la pequeña bolsa de Ziploc que una vez colgó de la pared del puesto de primeros auxilios de Keating.

Cuando Courville se aproximó a la mujer y educadamente le preguntó por el tipo de perfume que llevaba, descubrimos por fin que antes de que María Kirilenko, la estrella rusa de tenis, hubiera enviado sus braguitas a Afganistán, las había perfumado con unas gotitas de Obsession.

En cuanto a mí, la mayor parte de mis recuerdos de ese acontecimiento se encuentran borrosos, salvo por las cosas que consideré realmente importantes, que en realidad fueron dos.

La primera es que quedé abrumado por la oportunidad de poder ver a los muchachos, a los que no había visto desde que abandonamos Afganistán. Son, todos ellos, los mejores amigos que tendré nunca. Y por eso, el vínculo que comparto con ellos, y que siempre compartiré, es sólido como la roca: una cosa tan inmutable como el Hindú Kush.

A eso hay que añadir que me sentí profundamente conmovido por un grupo de familiares que representaban a siete de los ocho hombres que perdimos aquel día en Keating. Esta fue mi primera oportunidad de conocer a estas familias ejemplares y de dar fe del dolor que llevan dentro, un sentimiento que fue expresado quizá con la mayor fuerza de la elocuencia por Vanesa Adelson, la madre de Mace, en una carta que había escrito al presidente, de la que este citó algunos fragmentos justo antes de condecorarme con la medalla:

—Señor presidente —dijo Obama, leyendo lo que ella había escrito—, usted me escribió una carta diciéndome que mi hijo era un héroe. Solo quería que supiera la clase de héroe que era. Mi hijo fue un gran soldado. Tan lejos como pueda recordar, Stephan siempre quiso servir a su país.

La carta, explicó Obama, continuaba hablando de lo mucho que se había preocupado por nosotros, sus hermanos del Black Knight Troop: lo mucho que significábamos para él; lo orgulloso que estaba de servir junto a nosotros; y cómo haría cualquier cosa por nosotros, incluyendo el sacrificio de su propia vida.

—Ese sacrificio —concluyó el presidente leyendo todavía la carta—, estaba movido por un amor puro.

Treinta minutos más tarde, cuando concluyó la ceremonia, me dirigí al lugar donde se encontraban los integrantes de estas familias modélicas, saludando a cada uno de ellos y dándoles abrazos a todos. Al final de la fila estaba la viuda de Gallegos, Amanda, con su hijo, Mac, al que levanté en un gran abrazo.

Solo tenía siete años, y él y su madre habían venido nada menos que desde Alaska.

De acuerdo con la citación oficial que se leyó ese día, fui responsable directo de la muerte de más de diez combatientes enemigos con mi ametralladora y con el fusil de francotirador Dragunov que le había quitado de las manos al soldado afgano herido que esperaba ser atendido en el puesto de primeros auxilios. El informe afirmaba también que había sido responsable de forma indirecta de la eliminación de más de treinta talibanes, que fueron abatidos por los helicópteros Apache y los aviones de caza utilizando las coordenadas que yo les proporcioné durante la batalla y que los hombres a los que dirigí en la recuperación del terreno de la base habían matado, como mínimo, a otros cinco soldados enemigos.

Ceremonia de imposición de la Medalla de Honor, Washington, D. C.

Yo no sé nada sobre eso. Esas estimaciones son notoriamente imprecisas, aunque la verdadera razón por la que creo poco en ellas es que los relatos oficiales tienden a poseer una limpieza y un sentido del orden que no podría estar más alejado de la realidad, de lo que realmente sucede en un combate.

En el fondo, solo hay una cifra que signifique algo para mí: las vidas que perdimos, y que podrían haberse salvado si nosotros, si yo, hubiéramos actuado de forma diferente.

Es cierto que lo hice lo mejor que pude. Pero no lo es menos que podía haber hecho más. En el espacio que media entre estas dos realidades hay ocho tumbas, los recuerdos de los hombres cuyos nombres están grabados en las lápidas de dichas tumbas y mis propios sentimientos, profundamente encontrados, acerca de la obtención de la más alta condecoración que confiere este país.

En lo concerniente a la medalla me surgió una pregunta cuando regresé a casa para la que, en realidad, no tenía respuesta:

¿Qué tengo que hacer exactamente con esta cosa?

No sé lo que hacen la mayoría de los condecorados, aunque le he preguntado a un puñado de ellos. Algunos han encargado más ejemplares para poder llevarlas y mostrarlas a amigos cuando les piden verlas, guardando la original en una caja de seguridad. Otros las tienen en el cajón de los calcetines o en la mesita de noche. En lo que a mí respecta nunca me molesté en hacerme con un duplicado, y de forma ocasional suelo llevar la original en el bolsillo delantero. A consecuencia de ello ha sufrido varios viajes accidentales a la lavadora, así que la superficie dorada está un poco deslucida y la cinta azul ha comenzado a decolorarse. Aunque eso no me molesta en absoluto. De hecho, hasta me gusta así, quizá, en parte, porque en realidad no la considero mía.

Me guste o no, esta medalla pertenece a otros ocho muchachos con los que serví, porque los héroes —los verdaderos héroes, los hombres cuyo espíritu encarna la medalla— nunca vuelven a casa. De acuerdo con esa definición, yo no soy un verdadero héroe. Solo soy un custodio, un cuidador. Yo tengo la medalla, y todo lo que simboliza, en representación de aquellos que son sus legítimos propietarios.

Eso, más que ninguna otra cosa, es la verdad que ahora me sostiene, junto con otra cosa también, que es una creencia que llevo en el corazón.

Yo sé, sin ningún género de duda, que cambiaría al instante esa medalla y todo lo que representa si con ello trajera de vuelta aunque solo fuera a uno de mis camaradas de armas caídos.

Epílogo

Si hay soldados que añoran el furor del combate, que se sienten torturados por el deseo de volver a sus llamas, yo no me puedo contar entre ellos. No albergo ningún deseo en absoluto de regresar a Keating o Afganistán, y la mayoría de mis hombres sienten lo mismo. Sin embargo, el vínculo que nos mantuvo juntos como una unidad, como un equipo, es algo que añoro y aprecio.

Es también algo que está muy vivo.

Poco después de nuestro regreso de Afganistán Zach Koppes se licenció del ejército, se trasladó al sótano de la casa donde vive la madre de Mace y se matriculó en la universidad. Recientemente se ha graduado y espera dedicarse a la política local en Virginia.

Chris Jones siguió una trayectoria similar después de dejar el ejército, aunque optó por una profesión práctica y está intentado convertirse en operario mecánico. Prefiere mantener su lugar de residencia en secreto, pero estamos en contacto.

Ese es también el caso de Thom Rasmussen, que sigue siendo uno de mis mejores amigos y compañeros. Tras regresar a la vida civil encontró trabajo en los campos petrolíferos de la región de Front Range en Colorado, y emplea todo lo que puede de su tiempo libre en trabajar con un grupo solidario de veteranos que ofrece un programa de caza de aves acuáticas. También trabaja como guía de caza de patos en las inmediaciones de los terrenos de Fort Carson que tanto pateamos.

Antes de dejar el ejército, Andrew Bundermann dirigió una oficina de gestión de ingreso al servicio militar en Mineápolis, donde atendía a los reclutas. Actualmente vive en el área metropolitana de Mineápolis-Saint Paul y trabaja para una compañía que fabrica algunas de las bombas que arrojamos a los talibanes durante la batalla por Keating.

En cuanto a Brad Larson, el general Curtis Scaparrotti le concedió, a instancias del capitán Stoney Portis, la oportunidad de una «selección directa», con la que evitaba el proceso normal de selección para ingresar en la Escuela de Aspirantes a Oficiales, un honor que está reservado únicamente a los mejores y más dotados soldados y suboficiales. A consecuencia de ello Larson se ha acercado más al «lado oscuro».

Como miembro del arma aérea de la Guardia Nacional de Nebraska ha dejado de ser un soldado raso y sus botas ya no pisan más el suelo. En su lugar, el teniente Larson está desempeñando actualmente otro despliegue en ultramar como piloto de un helicóptero Chinook.

El resto de los muchachos y yo nos preocupamos por su seguridad. Pero nos importa aún más que no pierda la perspectiva ni olvide de dónde proviene, razón por la cual estamos tonteando con la idea de iniciar sesión en PoopSenders.com y encargar una remesa de estiércol de elefante para que le sea enviada a la base donde está destinado.

Por el momento nos abstenemos de hacer dicho encargo, porque las señales que hemos estado recibiendo de Larson son alentadoras. Justo antes de marchar al despliegue me dijo que se negaba a seguir el ejemplo de un graduado de West Point. En su lugar quiere ser un líder, igual que Bundermann.

En cuanto a los hombres de los Pelotones Azul y Blanco, se encuentran un poco más distanciados y tengo noticias de ellos solo de forma ocasional, aunque la mayoría de las noticias son buenas.

Eric Harder y Shane Courville continúan sirviendo todavía en el ejército. Jonathan Hill se licenció, pero ha estado haciendo un gran trabajo ayudando a veteranos a enfrentarse al trastorno por estrés postraumático y a integrarse en el mercado laboral. Y Daniel Rodriguez cumplió la promesa que le hizo a Kevin Thomson, su mejor amigo de Keating, respecto a que haría lo posible por cumplir el sueño que tuvo un día de jugar al fútbol americano profesional. Logró ingresar en el equipo de fútbol de la Universidad de Clemson, a continuación fue seleccionado por los Redskins y finalmente transferido a los Saint Louis Rams.

Y así van las cosas. Todos hacemos lo posible para mantener el contacto, porque estamos fuertemente unidos, y lo seguiremos estando durante el resto de nuestras vidas. Estamos unidos por los recuerdos de la batalla, pero nuestras vidas también se han unido y consagrado por la convicción de que ocho hombres que perdieron las suyas están todavía entre nosotros, porque los llevamos en nuestros corazones.

Nunca nos dejarán.

In memorian

Sargento Justin Gallegos, jefe de equipo
Especialista Chris Griffin, explorador
Sargento Josh Hardt, jefe de equipo
Sargento Josh Kirk, jefe de equipo
Especialista Stephan Mace, explorador
Sargento Vernon Martin, mecánico jefe
Especialista Michael Scusa, explorador
Soldado de primera Kevin Thomson, servidor de mortero

Notas sobre las fuentes

En algún momento, mucho después de que haya acabado el tiroteo, casi todo soldado que sobrevive al mismo se siente atrapado entre dos impulsos contrapuestos.

Por un lado está el instinto de permanecer en silencio. El lenguaje es una herramienta imperfecta y cualquiera que haya estado en combate entiende que las palabras son incapaces de describir el verdadero horror de la batalla. Esta es la razón por la que las verdades más profundas nunca pueden ser descritas, solo entendidas, por los hombres que lo han vivido.

Por otra parte aflora la conciencia intranquila de que sin lenguaje, sin palabras, la experiencia de la guerra y todo lo que ello supone —incluyendo los sacrificios hechos tanto por los vivos como por los muertos— no podrán ser preservados ni comunicados a otros.

En algún lugar entre esas dos verdades opuestas hay una zona especial, una especie de zona desmilitarizada en la que los soldados hacen lo que siempre han hecho. En ausencia de nada mejor, nos contamos historias unos a otros, y lo hacemos con el convencimiento de que aunque nuestras historias pudieran ser imperfectas, son lo más cercano que estaremos jamás de lograr transmitir una sensación y preservar la memoria de lo que padecimos.

La batalla por el puesto avanzado de combate Keating fue extensamente cubierta por la prensa norteamericana, tanto en los medios escritos como en televisión, en los días y semanas que siguieron al ataque. Tres años más tarde, el periodista Jake Tapper publicó *The Outpost* («El puesto avanzado»), un libro que investigaba tanto la decisión del establecimiento de Keating como las razones por las que el ejército continuó manteniendo una base de fuego al albur de semejantes desafíos tácticos y estratégicos.

La investigación de Tapper fue realizada con un meticuloso cuidado. Pero lo único que no logró conseguir fue reproducir una crónica de lo que sucedió durante la batalla final —una crónica hora a hora de las acciones de los vivos, y un repaso de los muertos— a través de las palabras de alguien que estuvo allí y que participó directamente en la lucha. Eso es algo que solo podría provenir de alguno de nosotros. Y aunque a menudo me describen como un hombre de pocas palabras, esta descripción es algo cuya importancia y urgencia parece haber crecido con el paso del tiempo.

Durante los dos últimos años efectué múltiples viajes por Estados Unidos con el propósito de encontrarme cara a cara con los miembros clave del Black Knight Troop con los que serví en Keating, registrar sus recuerdos sobre la batalla y luego yuxtaponer esos recuerdos con mis propias notas y evocaciones de lo que sucedió aquel día.

También revisé cientos de páginas de testimonios de testigos, transcripciones de radio y otros materiales que fueron recopilados por el general Swan en su informe oficial.

Este libro es el resultado de ese trabajo, y pese a que no pretende ser un testimonio definitivo de lo sucedido en la batalla, he hecho todo lo posible por representar con precisión los acontecimientos en los que yo, y aquellos que estuvieron más cerca de mí —los hombres del Pelotón Rojo— participamos o presenciamos.

Me gustaría dejar claro que esto no es un trabajo de ficción. Todo lo que está dialogado me lo dijeron o lo dije yo mismo, es parte de una transcripción oficial o me lo contó más tarde la persona que se cita. En los casos en los que se describen los pensamientos de una persona, estos me los refirió el propio soldado que los tuvo, reflejando esa parte del texto en cursiva.

Aunque inicié este proyecto con alguna reticencia y vacilación, mi convicción se fue afianzando con el paso de los meses. Finalmente, llegué al convencimiento de que contar esta historia, *nuestra* historia, era la única forma de honrar lo que habíamos hecho. Por extraño que pueda parecer, también llegué a la convicción de que esto podría permitirme cumplir con la parte final de mi deber para con todos mis camaradas de Keating que no lograron sobrevivir.

Era la única manera que tenía de traerlos a casa.

Agradecimientos

Tengo una deuda de gratitud que nunca podrá ser debidamente pagada a todos y cada uno de los miembros del Pelotón Rojo y a los hombres con los que luché de forma más estrecha durante la batalla por el puesto avanzado de combate Keating: Andrew Bundermann, Brad Larson, Shane Courville, Matthew Miller, Mark Dulaney, Christopher Jones, Zachary Koppes y James Stanley. También estoy profundamente agradecido a Armando Avalos, Damien Grissette y Kellen Kahn, junto con el resto de los hombres del Black Knight Troop, especialmente aquellos que sirvieron en los Pelotones Azul y Blanco y en la Sección de Mando, así como en la dotación de Morteros.

A los pilotos de helicóptero del 7.º Escuadrón del 17.º Regimiento de la 101.ª División Aerotransportada, incluyendo a Ross Lewallen, Chad Bardwell, Randy Huff y Chris Wright, y a los pilotos de los cazas y de otras aeronaves que prestaron apoyo a Keating, especialmente a Michal Polidor, Aaron Dove y Justin Kulish. Los que estábamos en tierra no teníamos la más remota idea de vuestros nombres, pero estamos vivos gracias a vuestra pericia y coraje. Gracias.

Estoy agradecido a los hombres de la Compañía Chosin, del 1.er Batallón del 32.º Regimiento de Infantería, dirigidos por el capitán Justin Sax, que formaron la fuerza de acción rápida que liberó Keating. También me gustaría dar las gracias al personal sanitario de la brigada, incluyendo a Chris Cordova, Cody Floyd, Jeffrey Hobbs y todo el equipo médico de Bostick.

Durante la preparación de este libro ha habido mucha gente que ha tenido la amabilidad de concederme extensas entrevistas en las que han compartido sus conocimientos y sus recuerdos. Mi agradecimiento para todo el que ha formado parte de este grupo, incluidos Vanesa Adelson, Jimmy Blackmon, James Clark, Eric Harder, Brendan McCriskin, Jake Miraldi y Stoney Portis.

Me gustaría dar las gracias a todos en Dutton y Penguin Random House, especialmente a Ben Sevier, Christine Ball, Amanda Walker, Carrie Swetonic y Paul Deykerhoff. Estoy en deuda con mi agente Jennifer Joel, y con Madeleine Osborn, Sharon Green, Josie Freedman y el resto del equipo de ICM. Y estoy agradecido también al escritor Kevin Fedarko por ayudarme a encontrar una forma de contar esta historia.

Por último, me gustaría expresar mi más sincero agradecimiento y mis más profundas condolencias a las familias de Justin Gallegos, Chris Griffin, Josh Hardt, Josh Kirk, Stephan Mace, Vernon Martin, Michael Scusa y Kevin Thomson. Vosotros lleváis la carga más pesada.

Índice